新华
国际政治
精·品·文·库

THE CLASH OF CIVILIZATIONS AND THE REMAKING OF WORLD ORDER

文明的冲突与世界秩序的重建

（修订版）

[美] 塞缪尔·亨廷顿 著
周 琪 刘 绯 张立平 王 圆 译

新 华 出 版 社

图书在版编目（CIP）数据

文明的冲突与世界秩序的重建/（美）亨廷顿著；周琪等译.
北京：新华出版社，2009. 12
ISBN 978-7-5011-9040-9

Ⅰ. ①文… Ⅱ. ①亨… ②周… Ⅲ. ①国际政治—研究 Ⅳ. ①D5

中国版本图书馆CIP数据核字（2009）第215310号

著作权合同登记号：01-2019-1655

文明的冲突与世界秩序的重建（修订版）

作　　者：[美]塞缪尔·亨廷顿　　**译　　者：**周琪　刘绯　张立平　王圆

责任编辑：朱思明　　**装帧设计：**李尘工作室

出版发行：新华出版社
地　　址：北京石景山区京原路8号　　**邮　　编：**100040
网　　址：http://www.xinhuapub.com
经　　销：新华书店、新华出版社天猫旗舰店、京东旗舰店及各大网店
购书热线：010－63077122　　**中国新闻书店购书热线：**010－63072012

照　　排：新华出版社照排中心
印　　刷：三河市君旺印务有限公司

成品尺寸：170mm×240mm　1/16
印　　张：22.5　　**字　　数：**350千字
版　　次：2010年1月第一版　　**印　　次：**2025年 4月第五十六次印刷

书　　号：ISBN 978-7-5011-9040-9
定　　价：49.00元

中文版序言

中国文明是世界上最古老的文明，中国人对其文明的独特性和成就亦有非常清楚的意识。中国学者因此十分自然地从文明的角度来思考问题，并且把世界看作是一个具有各种不同文明的、而且有时是相互竞争的文明的世界。因此，据我所知，中国学者对我1993年的文章《文明的冲突?》所作的评论总的来说精深而富有洞见，虽然他们有时也误解了我论证中的政策含义，并对之持相当批评的态度。为此，我的完整著作现在尤其应与中国读者见面，这样他们便可以了解我对世界政治所作的分析的更全面、更精确和更详尽的版本，而不仅仅是从一篇30页的文章中可能了解的东西。

为什么我的文章在世界上引起了这么大的兴趣并刺激了这么多的讨论，为什么我的著作至今已被翻译成22种不同的文字，并具有相应的影响?我认为，答案是，人们正在寻求并迫切地需要一个关于世界政治的思维框架。冷战期间，人们很容易把全球政治理解为包含了美国及其盟国、苏联及其盟国，以及在其中发生了大量冷战斗争的不结盟国家组成的第三世界。这些集团之间的差别在很大程度上是根据政治意识形态和经济意识形态来界定的。随着冷战的结束，意识形态不再重要，各国开始发展新的对抗和协调模式。为此，人们需要一个新的框架来理解世界政治，而“文明的冲突”模式似乎满足了这一需要。这一模式强调文化在塑造全球政治中的主要作用，它唤起了人们对文化因素的注意，而文化因素长期以来一直为西方的国际关系学者所忽视。同时在全世界，人们正在根据文化来重新界定自己的认同。文明的分析框架因此提供了一个对正在呈现的现实的洞见。它也提出了一个全世界许多人们认为似乎可能和合意的论点，即：在未来的岁月里，世界上将不会出现一个单一的普世文化，而是将有许多不同的文化和文明相互并存。那些最大的文明也拥有世界上的主要权力，它们的领导国家或是核心国家——美国、欧盟、中国、俄罗斯、日本和印度，将来可能还有巴西和南非，或许再加上某个伊斯兰国家，将是世界舞台的主要活动者。在人类历史上，全球政治首次成了多极的和多文化的。

在这样一个多元化的世界上，任何国家之间的关系都没有中国和美国之间的关系那样至关重要。如果中国经济在未来的10年或20年中仍以现在的速度发展，那么中国将有能力重建其1842年以前在东亚的霸权地位。另一方面，美国一贯反对由另一个强国来主宰欧洲或东亚，为了防止这样的情况发生，美国在本世纪参加了两次世界大战和一次冷战。因此，未来的世界和平在相当大的程度上依赖于中国和美国的领导人协调两国各自利益的能力，以及避免紧张状态和对抗升级为更加激烈的冲突甚至暴力冲突的能力，而这些紧张状态和对抗将不可避免地存在。

我于1993年发表的文章在中国和其他地方被批评为可能提出了一个自我实现的预言，即文明的冲突由于我预测其可能发生而增加了发生的可能性。然而，任何预测都不是自我实现的或非自我实现的。预测能否实现依赖于人们如何作出反应。20世纪50年代和60年代，许多严肃的和信息灵通的人士认为苏美之间的核战争实际上不可避免。但是这场核战争并未发生，因为人们意识到了它的可能性，并推动了武器控制和其他安排来确保它不发生。我所期望的是，我唤起人们对文明冲突的危险性的注意，将有助于促进整个世界上“文明的对话”。欧洲和亚洲国家最主要的政治家已经在谈论需要抑制文明的冲突和参与这样的对话。我所主持的哈佛国际和亚洲研究会正在积极地提倡这一努力。我相信，我的著作在中国的出版将鼓励中国领导人和学者做同样的事情。

塞缪尔·亨廷顿

1997年12月6日

前　言

1993年夏，美国《外交》季刊发表了我的一篇文章《文明的冲突?》。据该杂志的编辑讲，这篇文章在三年内所引起的争论，超过他们自20世纪40年代以来所发表的任何一篇文章。而它在三年内所引起的争论肯定也超过我所撰写的其他任何文章。对这篇文章的反应和评论来自各个大陆和许多国家。我在这篇文章中提出的论点：正在出现的全球政治主要和最危险的方面将是不同文明集团之间的冲突，引起了人们的各种反应，包括新奇、义愤、恐惧和困惑。无论这篇文章还产生了其他什么效果，它已触动了各个文明中的人们的神经。

鉴于人们对这篇文章的兴趣、误解和争论，我似乎需要进一步阐述它所提出的问题。提出一个问题的建设性方式是陈述一个假设，这篇文章正是在作这样的尝试，而它的标题带有的问号却被普遍忽视了。此书便旨在对该篇文章提出的问题提供一个比较充分的、深刻的和更详尽论证的解答。我在此书里试图详细阐述、提炼、补充，偶尔也界定该文章中提出的论题，并提出和涉及许多在该篇文章中没有论及或只是一笔带过的思想和主题。它们包括：文明的概念；普世文明的问题；权力和文化之间的关系；文明之间均势的转移；非西方社会中的文化本土化；文明的政治结构；西方普世主义、穆斯林的好战性和中国对自身文化的伸张所导致的冲突；对中国权力的增长所作出的反应——是均势还是搭车；断层线上战争的原因和动力；西方的未来和由各种文明构成的世界的未来。该文章缺少的一个重大主题是人口增长对权力的不稳定和均势的关键影响。缺少的第二个重要问题是这本书的标题和结束语所总结的：“文明的冲突是对世界和平的最大威胁，建立在文明之上的国际秩序是防止世界大战的最可靠的保障。”

这本书不是也并不打算成为一本社会科学著作，而是要对冷战之后全球政治的演变作出解释。它渴望提出一个对于学者有意义的和对于决策者有用的看待全球政治的框架或范式。对于其意义和有用性的检验不在于看它是否说明了正发生于全球政治中的所有事情，它显然做不到这一点，而在于看它是否比其他任何可供选择的范式提供了一个更有意义和更有用的观察国际发展的视角。此外，没有一个范式是永久有效的。虽然文明的研究方法可能有助于理解20世纪末和21世纪初的全球政治，但并不意味着它同样有助于理解20世纪中叶和21世纪中叶的全球政治。

最终形成该文章和这本书的思想，最初是我于1992年10月在设于华盛顿的美国企业研究所所作的一个布雷德利讲座上公开表述的，然后又在为奥林研究所关于“变化中的安全环境与美国的国家利益”项目准备的提纲中提出，这个项目是由史密斯·理查森基金会设立的。该篇文章发表之后，我在美国各地与学术界、政界、商界和其他各界人士一起参加了不可胜数的关于“冲突”的研讨会和会议。此外，我还有幸参加了在许多其他国家和地区举办的关于该篇文章及其主题的讨论会，包括阿根廷、比利时、中国、法国、德国、英国、韩国、日本、卢森堡、俄罗斯、沙特阿拉伯、新加坡、南非、西班牙、瑞典、瑞士和中国台湾等。这些讨论会使我面对了除印度教之外的所有主要文明，我从这些讨论的参加者的洞见和视角中获益匪浅。1994—1995年我在哈佛大学主持关于冷战后世界的性质的研讨班，参加研讨班的学生总是活跃地对我的观点提出评论，而且时常是带相当批评性的评论，这更进一步刺激了我的写作愿望。本书的写作也极大地得益于哈佛大学约翰·奥林战略研究所和国际事务研究中心的学院环境及他们的支持。

迈克尔·德施、罗伯特·基奥恩、法里德·扎卡里亚和斯科特.齐默尔曼阅读了全部手稿，根据他们的评论，本书的内容和结构作了重大的改进。在本书的整个写作过程中，斯科特·齐默尔曼还提供了必不可少的研究协助，如果没有他精力充沛的、内行的和热心的帮助，本书便不可能问世。我们的本科生助手彼得·琼和克里斯蒂安娜·布里格斯也作出了建设性的贡献。格雷斯·马吉斯特里斯打印了初稿，卡罗尔·爱德华兹极富责任心和高效率地多次重新打印手稿，以至于她几乎一定把大部分手稿都熟记在心。乔治斯·博查特出版公司的丹尼斯·香农和林恩·考克斯，西蒙和舒斯特出版公司的罗伯特·阿萨赫那、罗伯特·本德和约翰娜·李在整个出版过程中对手稿给予了令人振奋的、专业性的指导。本人对所有这些人在此书的成书过程中所给予的帮助不胜感激。是他们使此书大为增色，余下的缺陷只应由我个人负责。

此书的写作工作全仗约翰·奥林基金会和史密斯·理查森基金会的资助。如果没有它们的支持，成书的完成可能要推迟若干年，本人衷心感谢它们的慷慨资助。尽管其他基金会越来越注重于国内问题，奥林基金会和史密斯·理查森基金会仍然把它们的兴趣和资助放在关于战争、和平以及国家和国际安全的研究工作上，为此堪加赞扬。

塞缪尔·亨廷顿

目 录

第三部分 正在形成的文明秩序

第四部分 文明的冲突

第五部分　文明的未来

附　录

第一部分

一个多文明的世界

第一章

世界政治的新时代

引论：旗帜与文化认同

1992年1月3日，俄罗斯和美国学者在莫斯科政府大楼的演讲厅中举行了一次会议。两个星期以前，苏联不复存在，俄罗斯联邦成为一个独立的国家。结果，从前装饰在演讲台上的列宁塑像消失了，取而代之的是挂在前墙上的俄罗斯联邦的国旗。一个美国人注意到，唯一的问题是那面国旗挂反了。当美国人向俄罗斯东道主指出这个问题后，他们在第一次休会期间迅速悄悄地纠正了这个错误。

冷战结束后的几年中，人们的认同和那些认同的标志开始发生急剧的变化。全球政治开始沿着文化线被重构。被反挂的国旗是变化的一个迹象，但是越来越多的国旗正在被正确地高高挂起，俄罗斯人和其他民族正在他们新的文化认同的这样和那样的标志背后动员和前进。

1994年4月18日，2000人聚集在萨拉热窝市挥舞着沙特阿拉伯和土耳其的国旗。这些萨拉热窝人通过挥舞这些旗帜而不是联合国、北约或美国的旗帜，认同于他们的穆斯林伙伴，并告诉世界谁是他们真正的朋友，谁不是。

1994年10月16日，在洛杉矶，7万人在“墨西哥国旗的旗海”下游行抗议187号公民提案，该提案是一个提交公民复决的措施，它否定国家给予非法移民及其子女的多项福利。一些观察者提出这样的问题：为什么他们“举着墨西哥国旗游行，同时又要求这个国家给予他们免费教育？他们应当挥舞美国国旗”。两个星期以后，更多的抗议者确实举着美国国旗在街上行进，但却是倒举着。这种举旗方式确保了187号公民提案的胜利，它得到了加利福尼亚州59%的选民的赞同。

在冷战后的世界，旗帜有其考虑的价值，其他文化认同的标志也是如此，包括十字架、新月形、甚至头盖，因为文化有其考虑的价值，文化认同对于大多数人来说是最有意义的东西。人们正在发现新的但常常是旧的认同，在新的但常常是旧的旗帜下行进，这导致了同新的但常常是旧的敌人的战争。

迈克尔·迪布丁的小说《死亡环礁湖》中的威尼斯民族主义煽动者，用一个不祥的世界观为这一新时期作了很好的表述："如果没有真正的敌人，也就没有真正的朋友。除非我们憎恨非我族类。我们便不可能爱我族类。这些是我们在一个世纪之后正在痛苦地重新发现的古老真理和更加充满情感的套语。那些否定它们的人也否定他们的家庭、他们的遗产、他们的文化、他们的与生俱来的权利以及他们本身！他们不能轻易地得到原谅。"政治家和学者们不能忽视蕴含在这些古老真理中的不幸的真理。对于那些正在寻求认同和重新创造种族性的人们来说，敌人是必不可少的，而潜在的最危险的敌人会出现在世界各主要文明之间的断层线上。

本书的主题是文化和文化认同（它在最广泛的层面上是文明认同）形成了冷战后世界上的结合、分裂和冲突模式。本书的五个组成部分详细阐述了这一主要命题的推论。

第一部分：历史上，全球政治第一次成为多极的和多文明的；现代化有别于西方化，它既未产生任何有意义的普世文明，也未产生非西方社会的西方化。

第二部分：文明之间的力量对比正在发生变化：西方的影响在相对下降；亚洲文明正在扩张其经济、军事和政治实力；伊斯兰世界正在出现人口爆炸，这造成了穆斯林国家及其邻国的不稳定；非西方文明一般都正在重新肯定自己的文化价值。

第三部分：以文明为基础的世界秩序正在出现：文化类同的社会彼此合作；从一个文明转变为另一个文明的努力没有获得成功；各国围绕着它们文明的领导国家或核心国家来划分自己的归属。

第四部分：西方国家的普世主义日益把它引向同其他文明的冲突，最严重的是同伊斯兰和中国的冲突；在区域层面的断层线上的战争，很大程度上是穆斯林同非穆斯林的战争，产生了"亲缘国家的集结"和更广泛的逐步升级的威胁，并因此引起核心国家努力制止这些战争。

第五部分：西方的生存依赖于美国人重新肯定他们对西方的认同，以及西方人把自己的文明看作独特的而不是普世的，并且团结起来更新和保护自己的文明，应对来自非西方社会的挑战。避免全球的文明战争要靠世界领导人愿意维持全球政治的多文明特征，并为此进行合作。

一个多极和多文明的世界

在冷战后的世界中，全球政治在历史上第一次成为多极的和多文明的。在人类生存的大部分时期，文明之间的交往是间断的或根本不存在。然后，随着近代时期的起始，大约在公元 1500 年，全球政治呈现出两个方面。在 400 多年里，西方的民族国家——英国、法国、西班牙、奥地利、普鲁士、德国和美国以及其他国家在西方文明内构成了一个多极的国际体系，并且彼此相互影响、竞争和开战。同时，西方民族也扩张、征服、殖民，或决定性地影响所有其他文明。冷战时期，全球政治成为两极化的，世界被分裂为三个部分。一个由美国领导的最富裕的和民主的社会集团，同一个与苏联联合和受它领导的略贫穷一些的集团展开了竞争，这是一个无所不在的意识形态的、政治的、经济的，有时是军事的竞争。许多这样的冲突发生在这两个阵营以外的由下述国家组成的第三世界里：它们常常是贫穷的，缺少政治稳定性的，新近独立的，宣称是不结盟的。

20 世纪 80 年代末，随着共产主义世界的崩溃，冷战的国际体系成为历史。在冷战后的世界中，人民之间最重要的区别不是意识形态的、政治的或经济的，而是文化的区别。人民和民族正试图回答人类可能面对的最基本的问题：我们是谁？他们用人类曾经用来回答这个问题的传统方式来回答它，即提到对于他们来说最有意义的事物。人们用祖先、宗教、语言、历史、价值观、习俗和体制来界定自己。他们认同于部落、种族集团、宗教社团、民族，以及在最广泛的层面上认同于文明。人们不仅使用政治来促进他们的利益，而且还用它来界定自己的认同。我们只有在了解我们不是谁、并常常只有在了解我们反对谁时，才了解我们是谁。

民族国家仍然是世界事务中的主要因素。它们的行为像过去一样受对权力和财富的追求的影响，但也受文化偏好、文化共性和文化差异的影响。对国家最重要的分类不再是冷战中的三个集团，而是世界上的七八个主要文明。非西方社会，特别是东亚社会，正在发展自己的经济财富，创造提高军事力量和政治影响力的基础。随着权力和自信心的增长，非西方社会越来越伸张自己的文化价值，并拒绝那些由西方“强加”给它们的文化价值。亨利·基辛格曾注意到：“21 世纪的国际体系……将至少包括六个主要的强大力量——美国、欧洲、中国、日本、俄罗斯，也许还有印度——以及大量中等国家和小国。”[注1] 基辛格提到的六个主要强大力量属于五个十分不同的文明，此外，还存在着一些重要的伊斯兰国家，它们的战略位置、庞大的人口和（或）石油资源，使得它们在世界事务中具有影响力。在这个新世界中，区域政治是种族的政治，全球政治是文明的政治。文明的冲突取代了超级大国的竞争。

在这个新的世界里，最普遍的、重要的和危险的冲突不是社会阶级之间、富人和穷人之间，或其他以经济来划分的集团之间的冲突，而是属于不同文化实体的人民之间的冲突。部落战争和种族冲突将发生在文明之内。然而，当来自不同文明的其他国家和集团集结起来支持它们的“亲缘国家”时，这些不同文明的国家和集团之间的暴力就带有逐步升级的潜力。[注2] 索马里部族的流血冲突没有造成更广泛的冲突威胁。卢旺达部落的流血冲突波及了乌干达、扎伊尔、布隆迪，但是没有广泛地蔓延。波黑、高加索、中亚，或克什米尔境内的文明之间的流血冲突，可能演化为更大的战争。在南斯拉夫的冲突中，俄罗斯向塞尔维亚人提供外交支持，而沙特阿拉伯、土耳其、伊朗和利比亚向波斯尼亚人提供资金和武器，但它们这样做不是由于意识形态，或者权力政治或经济利益的缘故，而是由于文化亲缘关系。瓦茨拉夫·哈韦尔注意到，“文化的冲突正在增长，而且如今比以往历史上任何时候都更危险”，雅克·德洛尔也认为，“未来的冲突将由文化因素而不是经济或意识形态所引起”。[注3] 而最危险的文化冲突是沿着文明的断层线发生的那些冲突。

在冷战后的世界，文化既是分裂的力量，又是统一的力量。人民被意识形态所分离，却又被文化统一在一起，如两个德国所经历的那样，也如两个朝鲜和几个中国正开始经历的那样。社会被意识形态或历史环境统一在一起，却又被文明所分裂，它们或者像苏联、南斯拉夫和波斯尼亚那样分裂开来，或者像乌克兰、尼日利亚、苏丹、印度、斯里兰卡和许多其他国家的情况那样，陷于激烈的紧张状态。具有文化亲缘关系的国家在经济上和政治上相互合作。建立在具有文化共同性的国家基础之上的国际组织，如欧洲联盟，远比那些试图超越文化的国际组织成功。在45年里，“铁幕”是欧洲的主要分裂线。这条线已东移了几百英里。现在，它是一条一方面把西方基督教民族分离于穆斯林，另一方面把它分离于东正教的界线。

哲学假定、基本价值、社会关系、习俗以及全面的生活观在各文明之间有重大的差异。遍及世界大部分地区的宗教复兴正在加强这些文化差异。文化可以改变，它们的性质对政治和经济的影响可能随时期的不同而不同。但是，文明之间在政治和经济发展方面的重大差异显然植根于它们不同的文化之中。东亚经济的成功有其东亚文化的根源，正如在取得稳定的民主政治制度方面东亚社会所遇到的困难有其文化根源一样。伊斯兰文化在很大程度上解释了为什么民主未能在大部分伊斯兰世界中出现。后共产主义的东欧社会和苏联的发展受到了其文明认同的影响。那些具有西方基督教遗产的国家正在取得经济发展和民主政治的进步；东正教国家的经济和政治发展前景尚不明朗；而各穆斯林共和国的前景则很暗淡。

西方是而且在未来的若干年里仍将是最强大的文明。然而，它的权力相对于其他文明正在下降。当西方试图伸张它的价值并保护它的利益时，非西方社会正面临着一个选择。其中一些试图竭力仿效和加入西方，或者“搭车”。其他儒教社会和伊斯兰社会则试图扩大自己的经济和军事力量以抵制和“用均势来平衡”西方。因此，冷战后时代世界政治的一个主轴是西方的力量和文化与非西方的力量和文化的相互作用。

总而言之，冷战后时代的世界是一个包含了七个或八个主要文明的世界。文化的共性和差异影响了国家的利益、对抗和联合。世界上最重要的国家绝大多数来自不同的文明。最可能逐步升级为更大规模的战争的地区冲突是那些来自不同文明的集团和国家之间的冲突。政治和经济发展的主导模式因文明的不同而不同。国际议题中的关键争论问题包含文明之间的差异。权力正在从长期以来占支配地位的西方向非西方的各文明转移。全球政治已变成多极的和多文明的。

其他世界？

地图和范式。冷战后时代的世界政治受文化因素的影响，并包含来自不同文明的国家和集团的相互作用，这一画面是非常简单化的。它省略了许多事物，歪曲了一些事物，模糊了其他事物。然而，如果我们想要认真地对世界进行思考，并有效地在其中活动，某种简化现实的图画、某种理论、概念、模式和范式就是必要的。正如威廉·詹姆斯所说，如果没有这样的思想产物，就只有“一团乱七八糟的混乱”。托马斯·库恩在其经典著作《科学革命的结构》中，显示了思想和科学的进步是由新范式代替旧范式所构成的，当旧的范式变得日益不能解释新的或新发现的事实时，能用更加令人满意的方法来说明那些事实的范式就取代了它。库恩写道：“一种理论要想被接受为一个范式，必须看上去强于其竞争对手，但它不必要解释，事实上也从来没有解释所有它可能遇到的事实。”(注4) 约翰·刘易斯·加迪斯也明智地观察到，“寻找穿过所不熟悉的领域的道路，一般需要某种地图。像认识本身一样，制图学是使得我们了解自己在哪儿和可能走向哪儿的必要的简化。”正如他所指出的，超级大国竞争的冷战形象就是这样一个模式，它是由哈里·杜鲁门首次清楚地表达的，作为“地缘政治制图学方面的练习，它用每个人都能理解的话来描述国际图景，以此来为即将实行的复杂的遏制战略铺平道路”。世界观和因果关系理论对国际政治是不可缺少的指导(注5)。

40年间，国际关系的研究者和实践者都是根据非常简化的但也是非常有用的关于世界事务的冷战范式来思考和行动的。这一范式不能说明世界政治中发生的一切事情。用库恩的话说，存在着许多例外，而且这一范式时而会妨碍学者和政治家看清一些重大的发展，如中苏破裂。然而，作为全球政治的简单模式，它比其他任何竞争对手都更能说明更重要的现象。它是思考国际事务的必不可少的出发点，几乎被普遍接受，并影响了两代人关于世界政治的思考。

简化的范式或地图对于人类的思想和行动来说是必不可少的。一方面，我们必须清楚地阐述理论或模式，并有意识地运用它们来指导我们的行为。或者，我们可以否认需要这样的指导，并假设我们将只是根据具体的“客观”事实来行动，根据“它的是非曲直”来处理每一个案。然而，如果我们这样假定，我们就欺骗了自己。因为在我们的头脑中隐藏着一些假设、偏好和偏见，它们决定我们如何看待现实，留意什么事实和怎样判断它们的重要性和价值。我们需要明确的或含蓄的模式以便能够：

1. 理顺和总结现实；

2. 理解现象之间的因果关系；

3. 预期，如果我们幸运的话，预测未来的发展；

4. 从不重要的东西中区分出重要的东西；

5. 弄清我们应当选择哪条道路来实现我们的目标。

每一个模式或地图都是一个抽象，而且对于一些目的比对另一些目的更有用。一份道路图告诉我们怎样从A点驶到B点，但如果我们驾驶飞机，它就不是很有用，在这种情况下，我们会想要一份突出各个飞机场、无线电航空信标、飞行路线和地形的地图。然而，如果没有地图，我们将会迷路。一份地图越详细，就越能充分地反映现实。然而，一张过分详细的地图对于许多目的来说并非有用。如果我们想要沿高速公路从一个大城市前往另一个大城市，我们并不需要包括许多与机动运输工具无关的信息的地图，因为在这样的地图中，主要的公路被淹没在大量复杂的次要道路中了，我们可能发现这样的地图令人糊涂。另一方面，一份其中只有一条高速公路的地图，可能会排除许多现实，并限制我们发现可供选择的道路的能力，如果这条高速公路被重大的交通事故堵塞的话。简而言之，我们需要一份这样的地图，它既描绘出了现实，又把现实简化到能够很好地服务于我们的目的。冷战结束时，人们曾提出了一些世界政治的地图或范式。

一个世界：欢欣而和谐。一个被广泛阐明的范式建立在下述假设之上：冷战的结束意味着全球政治中重大冲突的结束和相对和谐的世界的出现。受到最广泛讨论的对此模式的阐述是弗朗西斯·福山提出的"历史的终结"的命题。* 福山论证说，"我们可能正在目睹……这样的历史终结，即人类意识形态的演进的终结点和作为人类政府最终形式的西方自由民主制的普及。"他说，可以肯定，在第三世界中可能发生一些冲突，但全球冲突已经终结，且不仅仅是在欧洲。"正是在非欧洲的世界中"，出现了巨大的变化，尤其是在中国和苏联。思想的战争已经终结。马克思列宁主义的信仰者可能将仍然存在于"像马那瓜、平壤和马塞诸塞的坎布里奇这样一些地方"，但是自由民主制已经获得全面胜利。未来人们将不再致力于令人振奋的思想斗争，而是致力于解决世间的经济问题和技术问题。他相当惋惜地总结道，这将是十分令人厌倦的。[注6]

对和谐的期待得到了广泛的赞同。政治领袖和知识领袖都详细阐述了类似的

---

* 一个类似的论证并不是建立在冷战结束的基础上，而是建立在经济和社会的长期趋势将导致一个"普世文明"的论点的基础上，对此第三章将作讨论。——原书脚注

观点。柏林墙倒塌了，共产主义政权垮台了，美国将呈现出新的重要性，昔日的冷战对手将参与“伙伴关系”和“重大的讨价还价”，维持和平和缔造和平将被提到每日日程上。世界最主要国家的总统宣布了“新的世界秩序”；世界最主要大学的校长否决了对一名从事安全研究的教授的任命，因为不再有此需要：“感谢上帝！我们不再研究战争，因为不再有战争”。

冷战结束时的异常欢欣时刻产生了和谐的错觉，它很快就被证明确实是错觉。在20世纪90年代初，世界变得不一样了，但并不一定是更加和平。变化是不可避免的，进步却不是不可避免的。20世纪的其他每一场重大冲突结束时都曾流行类似的和谐错觉。第一次世界大战是“结束战争的战争”，是创造一个能保障民主国家安全的世界的战争。就像富兰克林·罗斯福所说，第二次世界大战将“结束单边行动体系、排他性的联盟、均势和所有其他已尝试了许多世纪但总是遭到失败的权术”。取而代之的是，我们将有“一个所有热爱和平的国家”组成的“世界组织”和“永久的和平结构的开端”。(注7) 然而，第一次世界大战产生了共产主义、法西斯主义，改变了持续了一个世纪之久的走向民主制的趋向。第二次世界大战产生了真正的全球冷战。冷战结束时的和谐错觉很快被下述情况所驱散：发生了大量的种族冲突和“种族清洗”，法律和秩序陷于崩溃，出现了国家之间联盟和冲突的新模式，新共产主义和新法西斯主义开始复活，宗教原教旨主义得到了加强，俄罗斯结束了同西方关系的“微笑外交”和“同意政策”，联合国和美国没有能力制止流血的地区冲突，一个正在兴起的中国日益自信。在柏林墙倒塌五年之后，世界比冷战时代的任何五年都更频繁地听到“种族灭绝”一词。一个和谐世界的范式显然距离现实太遥远，它不能对冷战后世界作有用的指导。

两个世界：我们和他们。虽然在一些重大冲突结束时出现了对一个世界的期待，但整个人类历史上的两个世界思维模式的倾向再次出现。人们总是试图把人分成我们和他们，集团中的和集团外的，我们的文明和那些野蛮人。学者们曾根据东方和西方、南方和北方、中心和外围来分析世界。穆斯林传统上把世界分为Dar al-Islam和Dar al-Harb，即和平的住所和战争的住所。这一区分在相反的意义上反映在冷战结束时美国学者把世界划分为“和平地带”和“动乱地带”。前者包括西方和日本，它拥有大约15%的世界人口，后者包括其他所有的人。(注8)

说世界是由两部分组成的，可能在某种程度上接近于现实，这取决于如何界定这两部分。出现在各种名称下的最普遍的划分是富裕（现代的、发达的）国家和贫穷（传统的、不发达的或发展中的）国家。从历史上来说，与这种经济划分方法相关的是西方和东方之间的文化划分方法，后者较少强调经济富裕程度的差别，较多强调基本的哲学、价值和生活方式差别。[注9]这些形象中的每一种都反映了现实的某些成分，但同时又有局限性。富裕的现代国家具有一些使它们区分于贫困的传统国家的共同特征，后者也具有一些共同的特征。财富的差别可能导致社会之间的冲突，但是有证据表明这主要发生在当富裕的、更强大的社会试图征服贫穷的或更传统的社会，并使之殖民化时。西方在400年间就是这样做的，然后一些殖民地开始造反，发动了反对殖民国家的解放战争，殖民国家则很可能失去了维持殖民帝国的意志。在当代世界，已发生了非殖民化，殖民地的解放战争被已获得了解放的民族之间的冲突所代替。

在更一般的层面上，富国和穷国之间的冲突是不可能的，因为除了特殊的环境以外，穷国缺乏向富国挑战的政治团结力、经济实力和军事能力。亚洲和拉丁美洲的经济发展正在模糊所有者和一无所有者之间的简单的界限。富国可能彼此进行贸易战；穷国可能彼此进行暴力战争；但是贫穷的南方和富裕的北方之间的国际阶级战争几乎像一个幸福和谐的世界一样远离现实。

把世界在文化上划分为两部分更没有意义。西方在某种层面上是一个实体。然而，非西方国家除了它们都是非西方的之外还有什么共同性吗？日本、中国、印度、穆斯林和非洲文明在宗教、社会结构、体制和普遍价值观方面几乎没有共同之处。非西方的统一和东西方的两分法是西方制造出来的神话。这些神话带有东方主义的缺陷，对此爱德华·赛义德作了适当的批评，因为它宣扬了“熟人（欧洲、西方、‘我们’）同陌生人（地中海以东地区、东方、‘他们’）之间的差别”，而且假定前者天生优越于后者。[注10]冷战时期，世界在相当大的程度上是沿着一个意识形态系列两极化的。然而，不存在一个单一的文化系列。“东方”和“西方”文化上的两极化，部分是由于把欧洲文明称作西方文明的普遍的但却是不幸的做法所致。代替“东方和西方”的，是“西方和非西方”这一较恰当的提法，它至少暗示存在着许多非西方。世界太复杂，以致不能简单地在经济上把它划分为南方和北方，或在文化上把它划分为东方和西方，就大多数目的而言，这样的想象是毫无意义的。

或多或少184个国家。描绘后冷战世界的第三个地图产生于常常被称为国际关系的“现实主义”理论的东西。根据这一理论，国家是世界事务中主要的而且确实是唯一重要的活动者，国家之间的关系处于无政府状态，因此为了确保自己的生存和安全，国家总是试图尽量扩大它们的实力。如果一个国家看到另一个国家正在增强自己的实力，因而成为一个潜在的威胁，它就要试图通过加强自己的实力，或者通过与其他国家结盟，来保护自身安全。冷战后世界中或多或少有184个国家的利益和行为都可以根据这些假设来预测。(注11)

这种关于世界的描述对于分析国际事务和解释许多国家行为来说，是非常有用的起点。国家是而且仍将是世界事务中起支配作用的实体。它们维持军队，实施外交，谈判条约，控制国际组织，影响并在相当大的程度上塑造生产和商业。各国政府把确保本国的外部安全作为优先考虑（虽然它们可能常常把对付内部威胁以确保政府的安全作为更优先的考虑）。从整体上说，这一国家主义范式的确比一个世界或两个世界的范式更现实地反映了全球政治的情况，并提供了这方面的指导。

然而，它也有严重的局限。

它假设所有的国家都以同样的方式看待自己的利益，并以同样的方式行动。它简单地假定实力是理解国家行为的唯一出发点，但却没有达到深入的理解。国家根据实力，但除此之外也根据许多其他东西来确定自己的利益。国家固然常常试图保持均势，但如果这就是它们所做的一切，那么西欧国家也许就会在20世纪40年代末与苏联携手反对美国了。国家主要对所察觉的威胁作出反应，欧洲国家因此看到了来自东方的政治、意识形态和军事的威胁。它们用一种根据经典现实主义理论无法预测的方式来看待自己的利益。价值观、文化和体制深刻地影响国家如何界定它们的利益。国家的利益不仅受其内部价值和体制的影响，也受国际规范和国际体制的影响。在主要的安全关注之上和之外，不同类型的国家用不同的方式来界定自己的利益。具有类似文化和体制的国家会看到它们之间的共同利益。民主国家同其他民主国家有共同性，因此不会彼此发动战争。加拿大不必同另一个国家结盟来威慑美国的侵略。

在基本层面上，国家主义的范式所作的假设在整个历史上一直是有效的，但它因此无助于我们理解冷战后的全球政治如何不同于冷战期间和冷战之前的全球政治。然而它们之间显然存在着差别。在冷战后的世界中，国家日益根据文明来确定自己的利益。它们同具有与自己相似或共同文化的国家合作或结盟，并常常同具有不同文化的国家发生冲突。国家根据其他国家的意图来确定威胁，而这些意图以及看待它们的方式受到文化考虑的强大影响。公众和政治家不太可能认为威胁会产生于他们感到能够理解和可信任的民族，因为他们具有共同的语言、宗教、价值观、体制和文化。他们更可能认为威胁会来自那样一些国家：它们的社会具有不同的文化，因此他们对之不理解和感到不可信任。既然马克思列宁主义的苏联不再构成对自由世界的威胁，美国不再构成对共产主义世界的威胁，那么这两个世界中的国家就日益认为威胁会来自文化不同的社会。

尽管国家仍然是国际事务中的主要活动者，它们却也正在某种程度上失去主权、职能和权力。国际机构现在宣称拥有判断和限制国家在自己领土范围内行事的权利。在一些情况下，最引人注目的是在欧洲，国际机构已承担起以前由国家来执行的重要职能，强有力的国际行政机构已被制造出来，它们直接作用于公民个人。全球范围内，存在着国家政府丧失权力的趋势，其过程也是通过把权力下放给次国家的、地区的、省的和地方的政治实体。在许多国家，包括那些发达世界中的国家，存在着提倡实质的自主和脱离国家的地区运动。各国政府在相当大的程度上已失去了控制资金从他们的国家流入和流出的能力，而且越来越难以控制思想、技术、商品和人员的流动。简而言之，国家边界已日益变得容易被渗透。所有这些事态发展导致许多人认为坚硬互碰的“台球”式国家将逐渐消失，这种国家自 1648 年威斯特伐利亚条约*以来曾一直被有意地当作规范；[注12]现在，各种复杂的、多层次的国际秩序的出现已更加接近于中世纪时期的情况。

完全的混乱。国家的弱化和“衰败的国家”的出现，促使人们勾画出第四个世界形象，即无政府状态下的世界的形象。这一范式强调：政府权威的崩溃；国家的分裂；部落、种族和宗教冲突的加强；国际犯罪组织的出现；避难者倍增至数千万人；核武器和其他大规模杀伤武器的扩散；恐怖主义的泛滥；大屠杀和种族清洗的盛行。两本于 1993 年出版的畅销书的书名令人信服地提出和总结了这幅陷于混乱的世界的图景，一本是兹比格纽·布热津斯基的《大失控》，另一本是丹尼尔·帕特里克·莫伊尼汉的《大混乱》。[注13]

---

* 1648 年的威斯特伐利亚条约是神圣罗马帝国皇帝及欧洲多数邦国代表达成的一批协议的总称，它结束了欧洲长期混战（包括西班牙荷兰 80 年战争和德意志 30 年战争）的局面，划定了各国疆域和确认了它们的主权。一些历史学家认为这标志着当代民族国家形成过程的一个转折点。——编者注

同国家主义的范式一样，混乱的范式也接近于现实。它提供了一幅关于世界上许多正在发生的事情的生动、精确的图景，而与以国家为主体的范式不同的是，它突出了冷战结束以来世界政治中所发生的重大变化。例如，到 1993 年初为止，估计全世界共发生了 48 场种族战争，苏联存在着 164 个“领土—种族要求和与边境有关的冲突”，其中 30 个卷入了某种形式的武装冲突。(注14) 然而，混乱范式由于过于接近现实，因而比国家主义范式有更大的缺陷。世界可能是混乱的，但它并非全然无秩序。把世界描述成普遍的和无区别的无政府状态，几乎没有提供任何线索可以用来理解世界，整理事件和估价它们的重要性，预测无政府状态的趋势，区分不同类型的混乱和它们可能不同的原因和后果，为政府政策制定者提出指导路线。

不同世界的比较：现实主义、简化和预测

这四个范式中的每一个都显示了现实主义和简化两方面的各自不同的结合。每一个都含有自身的缺点和局限。可以设想，这些缺点和局限可以通过各范式的结合和提出例如世界同时参与分裂和整合的过程来加以抵消。(注15) 两个趋势确实都存在，因此一个较复杂的模式将比一个较简单的模式更接近于现实。然而，这会为了现实主义而牺牲简化，而且，如果走得过远，会导致拒绝所有的范式和理论。此外，同时包含两个相反趋势的分裂—整合模式，未能提出在什么样的环境下一个趋势占上风，在什么样的环境下另一个占上风。我们所遇到的挑战是如何在一个相似的抽象思维层面上，提出一个比其他范式都更能说明更关键的事件和提供对趋势的更深入理解的范式。

这四个范式彼此也不相容。世界不可能既是一个整体，又在根本上分裂为东方和西方，或南方和北方。如果民族国家是分裂的，而且又被日益扩散的国内冲突搞得无所适从，它也不可能是国际事务的坚实基石。世界既不是一个，或两个，或 184 个，也不可能是近乎无限多的部落、种族集团和民族。

从七八个文明来看待世界，可避免许多困难。它不像一个世界和两个世界的范式那样，为了简化而牺牲现实；但它也不像国家主义和混乱范式那样为了现实而牺牲简化。它提供了一个易于把握和易于理解的框架，可以用来理解世界，在

越来越多的冲突中区分不重要的和重要的，预测未来的发展，为政策制定者提供指导路线。它也建立在其他范式的要素的基础之上，并结合了这些要素。它与其他范式之间较之那些范式彼此之间更加相容。例如，从文明角度看世界的方法认为：

●世界中的整合力量是真实的，而且正在产生对文化伸张和文明意识的抵消力量。

●世界在某种意义上是一分为二的，主要的区分存在于迄今占统治地位的西方文明和其他文明之间，然而，其他文明之间几乎没有任何共同之处。简言之，世界是划分为一个统一的西方和一个由许多部分组成的非西方。

●民族国家是而且仍将是世界事务中最重要的因素，但它们的利益、联合和冲突日益受到文化和文明因素的影响。

●世界确实是无政府主义的，充满了部落和民族冲突，但是给稳定带来最大危险的是那些来自不同文明的国家和集团之间的冲突。

这样，文明的范式为理解20世纪结束之际世界正在发生什么，提出了一个相对简单但又不过于简单的地图。然而，任何范式都不可能永远有效。世界政治的冷战模式在40年中是有用的和相关的，但它在20世纪80年代末已变得过时了。在将来的某一时刻，文明的范式将遭受类似的命运。然而，就当前阶段来说。它为区分较重要的和较不重要的东西提供了一个有用的指导。例如1993年初48个种族冲突中的将近一半发生于不同文明的集团之间。文明的视角导致联合国秘书长和美国国务卿把他们的维和努力集中在这些冲突上，它们比其他冲突更可能升级为更广泛的战争。

范式也能导出预测，对一个范式的有效性和有用性的决定性检验应当达到这样的程度：从这个范式导出的预测结果证明比其他可供选择的范式更精确。例如，国家主义范式导致约翰·米尔斯海默预测“乌克兰和俄罗斯之间的局势成熟到它们之间可能爆发安全竞争。像俄罗斯和乌克兰这样彼此之间有漫长而无保护的共同边界的大国，常常陷入因担忧安全而导致的竞争。俄罗斯和乌克兰可能克服这一担忧，学会一起和谐生存，但如果它们这样做，那将是反常的”。[注16]另一方面，文明的范式强调俄罗斯与乌克兰之间密切的文化、人员和历史联系以及两国内俄罗斯人与乌克兰人的混合，于是把注意的焦点放在分裂东正教的东乌克兰和东仪天主教的西乌克兰的文明断层上，这是一个长期存在的主要历史事实，与把国家看作是统一的和自我认同的实体的“现实主义”国家概念相一致，而这却完全被米尔斯海默忽略了。国家主义的研究方法突出了俄罗斯和乌克兰的战争可能性，而文明的研究方法却对发生这种战争的可能性作了最低的估计，它突出了乌克兰分裂为二的可能性，这是文化因素可能导致人们预测的分裂，它可能比捷克斯洛伐克的分裂更猛烈，但远不及南斯拉夫的分裂血腥。这些不同的预测也引起不同的政策优先考虑。米尔斯海默依据国家主义预测了爆发战争的可能性和俄罗斯人可能战胜乌克兰人，这导致他支持乌克兰拥有核武器。文明的研究方法则鼓励俄罗斯和乌克兰之间进行合作，敦促乌克兰放弃其核武器，提倡通过大量的经济援助和其他措施来帮助乌克兰维持统一和独立，为防止可能发生的乌克兰的分裂而倡议应急计划。

冷战结束后的许多重要事态发展都与文明的范式相一致，并可以从它作出预测。这些事态发展包括：苏联和南斯拉夫发生分裂；它们前领土上爆发战争；宗教原教旨主义正在世界各地兴起；俄罗斯、土耳其和墨西哥国内进行着关于认同的斗争；美国和日本之间贸易冲突加剧；伊斯兰教国家在伊拉克和利比亚问题上抵制西方的压力；伊斯兰教国家和儒教国家努力争取获得核武器和运载工具；中国继续扮演“局外者”大国的角色；一些国家中新的民主政权得到巩固，另一些则没有；东亚在发展武器上进行竞争。

文明的范式与正在出现的世界的相关性通过1993年六个月期间发生的适合于这一范式的事件得到了说明：

- 南斯拉夫的克罗地亚人、穆斯林和塞尔维亚人之间的战争持续不断并逐渐加剧；
- 西方未能对波斯尼亚的穆斯林提供有意义的支持，未能像谴责塞尔维亚人的暴行那样来谴责克罗地亚人的暴行；
- 俄罗斯不愿加入联合国安理会的其他成员国的行动，以促使克罗地亚的塞尔维亚人与克罗地亚政府一起创造和平，同时伊朗和其他穆斯林国家提供了18000人的军队保护波斯尼亚的穆斯林；
- 亚美尼亚人同阿塞拜疆人的战争加剧，土耳其和伊朗要求亚美尼亚人放弃他们征服的土地，土耳其把军队部署到阿塞拜疆边界上，伊朗部署的军队跨过了阿塞拜疆边界，俄罗斯人警告说伊朗的行动将促使“冲突升级”，并“将把它推到危险的国际化边缘”；

●俄罗斯军队和伊斯兰圣战者组织游击队之间的战斗在中亚持续不断；

●在维也纳国际人权大会上，美国国务卿沃伦·克里斯托弗领导的西方同伊斯兰教和儒教国家的联盟发生了对抗，前者谴责“文化相对主义”，后者抵制“西方普世主义”；

●俄罗斯和北约的军事计划者以类似的方式把注意力重新集中到“来自南方的威胁”上；

●显然几乎完全是沿着文明界线进行的投票，把举办 2000 年奥林匹克运动会的资格给了悉尼而不是北京；

●中国向巴基斯坦出售导弹部件导致美国要为此对中国实行制裁；中美之间因据说中国向伊朗转让核技术而发生对抗；

●尽管美国作出了强烈抗议，中国还是破坏了暂时停止核试验的协定而进行核武器试验；朝鲜拒绝就其发展核武器计划进行进一步谈判；

●据透露，美国国务院正在执行对伊朗和伊拉克的“双重遏制”政策；

●美国国防部宣布了为两个“重大的地区冲突”准备的新战略，一个是针对朝鲜的冲突，另一个是针对伊朗或伊拉克的；

●伊朗总统号召同中国和印度结盟，以便“我们能够获得国际事件的决定权”；

●新的德国立法急剧削减了接受避难者的限额；

●俄罗斯总统鲍里斯·叶利钦和乌克兰总统列昂尼德·克拉夫丘克在黑海舰队和其他问题的处理上达成了协议；

●美国轰炸巴格达，它实际上得到了西方各国政府的一致支持，但几乎所有的穆斯林政府都谴责它是西方“双重标准”的又一例证；

●美国把苏丹列为恐怖主义国家，并指出埃及的谢克·奥马尔·阿卜杜勒·拉赫曼及其追随者阴谋“发动一场反对美国的城市恐怖主义战争”；

●最终接受波兰、匈牙利、捷克共和国和斯洛伐克加入北约的前景得到了改善；

●1993 年俄罗斯议会选举显示出俄罗斯确实是一个“无所适从的”国家，因为它的人民和精英不能确定他们是应当加入西方，还是向西方挑战。

如果把 20 世纪 90 年代初任何其他六个月发生的类似事件汇编成一个清单，就会发现它们都显示出文明范式的相关性。

在冷战的最初年月里，加拿大政治家莱斯特·皮尔逊富有先见之明地指出了非西方社会的复兴和活力。他警告说："设想这些诞生于东方的新的政治社会将复制那些我们西方人所熟悉的政治社会是荒谬的。这些东方文明的复兴将采取新的形式。"他在指出"几世纪以来"国际关系一直是欧洲国家之间的关系之后，提出"最广泛的问题不再出现在同一文明的国家之间，而是出现在各文明之间"。(注17)旷日持久的冷战两极化推迟了皮尔逊预料的即将来临的事态发展。冷战的结束使他在20世纪50年代确认的文化和文明力量得以释放出来，广大学者和观察者已承认并强调了这些全球政治中的新因素的新作用。(注18)费尔南·布罗代尔曾明智地警告说："对于对当代世界感兴趣的人来说，尤其对那些不仅对当代世界感兴趣，而且还想有所作为的人来说，'值得'了解怎样在一幅世界地图上发现今天存在着什么文明，了解怎样能界定它们的边界、它们的中心和它们的外围、它们的范围和人们在那儿呼吸的空气，它们内部一般的和特殊的存在'形式'和结合形式。否则，可能会产生怎样的灾难性的观点错误啊！"(注19)

第二章

历史上的文明和今天的文明

文明的性质

人类的历史是文明的历史。不可能用其他任何思路来思考人类的发展。这一历史穿越了历代文明，从古代苏美尔文明和埃及文明到古典文明和中美洲文明再到基督教文明和伊斯兰文明，还穿越了中国文明和印度文明的连续表现形式。在整个历史上，文明为人们提供了最广泛的认同。结果，杰出的历史学家、社会学家和人类学家，包括马克斯·韦伯、埃米尔·涂尔干、奥斯瓦尔德·施本格勒、皮季里姆·索罗金、阿诺德·汤因比、支尔弗雷德·韦伯、克罗伯、菲利普·巴格比、卡罗尔·奎格利、拉什顿·库尔伯恩、克里斯托弗·道森、艾森施塔特、费尔南·布罗代尔、威廉·麦克尼尔、阿达·博兹曼、伊曼纽尔·沃勒斯坦、费利佩·费尔南德斯一阿姆斯托以及其他一些人，在很大程度上一直在探索文明的起源、形成、兴起、相互作用、成就、衰落和消亡。[注1]这些作者和其他一些作者撰写了大量博大精深的著作，致力于文明的比较分析。视角、方法、焦点和概念的差异在这些著作中随处可见。然而，在关于文明的性质、认同和变化的中心命题上仍存在着广泛的一致意见。

首先，在单一文明和多元文明之间存在着区别。文明的观点是由 18 世纪法国思想家相对于“野蛮状态”提出的。文明社会不同于原始社会，因为它是定居的、城镇的和有文字的。文明化的是好的，非文明化的是坏的。文明的概念提供了一个判断社会的标准；而且 19 世纪期间，欧洲人把许多思想能量、外交能量和政治能量投入于详细阐述一个标准，根据它来判断非欧洲人的社会是否充分“文明化”到可以被接受为欧洲人所支配的国际体系的成员。然而同时，人们越来越多地谈论多元文明。这意味着“放弃把一个文明解释为一种理想，或毋宁说是唯一的理想”，并意味着放弃一个假定：只存在一个单一的标准来判断什么是文明化的，这个标准用布罗代尔的话说即是，“仅限于少数特权民族或集团，即人类的‘精英’”。相反，存在着许多文明，它们每一个都以自己的方式文明化了。简而言之，单一文明的论点“丧失了其某些威望”，而一个单一意义上的文明事实上可能在多元意义上是相当非文明化的。[注2]

多元文明是本书所关注的，但单一文明和多元文明之间的区别仍然与本书有关。单一文明的观点已重现在关于存在着一个普遍的世界文明的争论中。这一争论不可能持久，但探索各文明是否将变得更加文明化是有用的，这正是本书最后一章所做的。

第二，在德国之外，文明被看作是一个文化实体。19 世纪德国的思想家描述了文明和文化之间的明显区别，前者包括技巧、技术和物质的因素，后者包括价值观、理想和一个社会更高级的思想艺术性、道德性。这一区分在德国的思想中保持了下来，但在其他地方并没有被接受。一些人类学家甚至颠倒了这一关系，把原始的、一成不变的、非城市的社会设想为代表了文化，而更复杂的、发达的、城市的和动态的社会是文明。然而，这些区分文化和文明的努力从未被人们所理解，而且在德国之外，绝大多数人赞成布罗代尔的观点，即：“想要用德国的方式把文化分离于其基础——文明，是虚妄的。”[注3]

文明和文化都涉及一个民族全面的生活方式，文明是放大了的文化。它们都包括“价值观、准则、体制和在一个既定社会中历代人赋予了头等重要性的思维模式”。[注4]对于布罗代尔来说，文明是“一个空间，一个‘文化领域’”，是“文化特征和现象的一个集合”。沃勒斯坦把文明定义为“世界观、习俗、结构和文化（物质文化和高层文化）的特殊联结。它形成了某种历史总和，并与这一现象的其他变种（即使不总是同时）共存”。根据道森的看法，文明“是一个特定民族发挥其文化创造力的一个特定的原始过程”的产物，而对于涂尔干和毛斯来说。它是“一种包围着一定数量的民族的道德环境，每一个民族文化都只是整体的一个特殊形式”。在施本格勒看来，文明是“文化不可避免的命运……是一种发达的人类能够达到的一些最外部的和人为的状态……是一个从形成到成熟的结局”。文化实际上是所有文明定义的共同主题。[注5]

当雅典人向斯巴达人重新保证自己不会向波斯人出卖斯巴达人时，他们用古典的形式提出了界定文明的文化核心因素：

> 因为即使我们倾向于此，也有许多强有力的考虑禁止我们这样做。首要的是，众神的形象和住所被焚烧和夷为平地，我们必须竭尽全力为此雪耻，而不是同那些犯下如此罪行的人达成协议。其次，希腊种族具有同样的血统和同样的语言，有相同的神庙和献祭；以及我们相似的习俗；雅典人如果背叛这些将不会有好结果。

血统、语言、宗教、生活方式是希腊人共有的东西，也是使他们区别于波斯人和非希腊人的东西。(注6)然而，正如雅典人所强调的，在所有界定文明的客观因素中，最重要的通常是宗教。人类历史上的各主要文明在很大程度上被基本等同于世界上的各伟大宗教；那些具有共同的种族和语言，但在宗教上相异的人们可能相互屠杀，就像在黎巴嫩、南斯拉夫和南亚次大陆所发生的那样。(注7)

根据文化特征把人们划分为不同的文明与根据身体特征把人们划分为不同的种族，其结果有相当大的重合。然而文明与种族并不等同。同种族的人可能因文明而产生深刻的分裂；不同种族的人可能因文明而趋向统一。伟大的负有使命感的宗教基督教和伊斯兰教，尤其包含了来自各种种族的社会。人类群体之间的关键差别是他们的价值观、信仰、体制和社会结构，而不是他们的体形、头形和肤色。

第三，文明是包容广泛的，即，如果不涉及全面的文明，它们的任何构成单位都不能被充分理解。汤因比认为，文明"包含着不被其他文明所理解的东西"。文明是一个"整体"，梅尔科继续说，文明

> 具有一定程度的整合。文明各个部分之间的关系和它们同整体之间的关系规定了它们的各个部分。如果文明是由一些国家组成的，这些国家彼此之间的关系将多于它们同该文明之外的国家的关系。它们可能更多地相互打仗和更经常地建立外交关系，在经济上将更加相互依赖，会存在普遍的美学潮流和哲学潮流。(注8)

一个文明是一个最广泛的文化实体。各个乡村、地区、种族群体、民族、宗教群体都在文化异质性的不同层次上具有独特的文化。意大利南部的村落文化可能不同于意大利北部的村落文化，但它们具有使自己区别于德国村落的共同的意大利文化。欧洲社区也具有使自己区别于中国社区或印度社区的文化特征。然而，中国人、印度人和西方人都不是任何更大的文明实体的一部分。他们构成了

一些文明。因此，文明是对人最高的文化归类，是人们文化认同的最广范围，人类以此与其他物种相区别。文明既根据一些共同的客观因素来界定，如语言、历史、宗教、习俗、体制，也根据人们主观的自我认同来界定。人们的认同有各种层面：一个罗马居民可能以不同的强度把自己界定为罗马人、意大利人、天主教徒、基督教徒、欧洲人、西方人。他所属的文明是他与之强烈认同的最大的认同范围。文明是最大的“我们”，在其中我们在文化上感到安适，因为它使我们区别于所有在它之外的“各种他们”。文明可能包含大量的人，如中国文明，也可能包含很少的人，如讲英语的加勒比文明。纵观整个历史，一直存在着许多小的人类群体，它们具有独特的文化，但缺乏更大范围的文化认同。人们一直根据规模和重要性来区分主要的文明和边缘的文明（巴格比），或者区分主要的文明和被征服的或流产的文明（汤因比）。本书所关心的是，一般来说是什么决定了人类历史上的主要文明。

文明没有明确的边界，也没有精确的起点和终点。人们可能而且确实重新界定过他们的认同，结果，文明的内涵和外延会随着时间的变化而变化。各民族的文化既相互作用又相互重合。各种文明的文化彼此相似或相异的程度也发生着相当大的变化。然而，文明是有意义的实体，尽管它们之间的界限难得清晰，但这些界限却是真实的。

第四，文明终有终结，但又生存得非常长久；它们演变着，调整着，而且是人类最持久的结合，是“极其长久的现实”。它们的“独特性和特殊性”是“它们长期的历史延续性。事实上，文明是所有史话中最长的史话”。帝国兴起又衰落，政府上台又下台，但文明依旧，它“历经政治的、经济的、社会的，甚至意识形态的动荡而幸存下来”。(注9) 博兹曼总结说：“世界历史正确地证明了下述论点：政治制度是文明表面转瞬即逝的权宜手段，每一个在语言上和道德上统一的社会的命运，都最终依赖于某些基本的建构思想的幸存，历代人围绕着它们结合在一起，因此，它们标志着社会的延续性。”(注10) 实际上，20 世纪世界上的所有主要文明都已经存在了 1000 年之久，或者像拉丁美洲的文明那样，是另一个长期生存的文明的直接后代。

文明虽然是持久的，但它们也在演变。文明是动态的；它们兴起又衰落；合并又分裂；而且正如所有历史研究者所了解的，它们也会消失，掩埋在时间的沙丘之中。它们的演变阶段可以用各种方式来详细说明。奎格利认为文明的运动经历了七个阶段：混合、孕育、扩张、冲突时代、普遍帝国、衰败和被入侵。梅尔科总结出了一个变化模式：从一个定型的封建制度演变到一个定型的国家制度，再从一个定型的国家制度演变到一个定型的帝国制度。汤因比把文明的兴起看作是对挑战的回应，在其发展过程中，富于创造性的少数人所造成的文明环境日益得到控制，接下来便是动乱时期，普遍国家兴起，然后崩溃。虽然所有这些理论之间存在着重大差别，但它们都认为文明经过动乱或冲突时期演变到普遍国家，再到衰败和崩溃。[注11]

第五，既然文明是文化实体而不是政治实体，它们本身并不维持秩序，建立法制，征缴税收，进行战争，谈判条约，或者做政府所做的任何其他事情。文明的政治组成在文明之间各不相同，在一个文明之内也随着时间而变化。一个文明可能包含一个或多个政治单位。这些单位可以是城市国家、帝国、联邦、邦联、民族国家、多民族国家，所有这些单位都可以有不同的政府形式。当一个文明演变时，其政治构成单位的数量和性质一般也会发生变化。在一个极端上，文明和政治实体可能恰好重合。卢西恩·派伊曾评论说，中国“自命是一个国家的文明”。[注12]日本既是一个国家又是一个文明。然而，大多数文明包含一个以上的国家或其他政治实体。在现代世界，大多数文明包含两个或两个以上的国家。

最后，学者们一般在确认历史上的主要文明和在现代世界存在的文明上意见一致。然而，对于历史上曾经存在的文明总数，他们常常各执一词。奎格利认为，历史上有 16 个明显的文明，很可能还有另外 8 个。汤因比起先列出了 20 个文明，然后是 23 个；施本格勒详举了 8 个主要文化。麦克尼尔分析了全部历史上的 9 个文明。巴格比也认为有 9 个文明，或者 11 个，如果把日本文明和东正教文明从中国文明和西方文明中区分出来的话。布罗代尔识别了 9 个文明，罗斯托万内指出了 7 个主要的当代文明。[注13]这些差别部分取决于是否把像中国人和印度人这样的文化群体看作在整个历史上曾有一个单一的文明，或者有两个或两个以上密切相关的文明，其中一个是另一个的后代。尽管存在着这些差别，人们对主要文明的身份都没有争议。正如梅尔科在考察文献之后所得出的结论，人们至少在下述看法上存在着合理的共识：至少有 12 个主要文明，其中 7 个文明已不复存在（美索不达米亚文明、埃及文明、克里特文明、古典文明、拜占庭文明、中美洲文明、安第斯文明），5 个仍然存在（中国文明、日本文明、印度文明、伊斯兰文明和西方文明）。[注14]鉴于我们认识当代世界的目的，除这 5 个文明之外，或许还应加上东正教文明、拉丁美洲文明，可能还有非洲文明。

这样，当代的主要文明可以列举如下：

中华（Sinic）文明。所有学者都承认存在着一个单一的独特的中国文明，它可以追溯到至少公元前1500年，也许还可以再往前追溯1000年；或者存在着两个中国文明，其中一个在公元最初的世纪中继承了另一个。我在发表于《外交》季刊的文章中，把这个文明称为儒教文明。然而，使用中华（Sinic）文明一词更为精确。虽然儒教是中国文明的重要组成部分，但中国文明却不仅是儒教，而且它也超越了作为一个政治实体的中国。许多学者所使用的“中华”（Sinic）一词，恰当地描述了中国和中国以外的东南亚以及其他地方华人群体的共同文化，还有越南和朝鲜的相关文化。

日本文明。一些学者在一个单一的远东文明的称呼下把日本文明和中国文明合并在一起。然而，大多数学者不这样看，而是承认日本文明是一个独特的文明，它是中国文明的后代，出现于公元100—400年之间。

印度（Hindu）文明。人们普遍认为至少自公元前1500年以来，在南亚次大陆存在着一个或一个以上的相继的文明。这些文明一般被称为Indian、Indic或Hindu文明，人们更喜欢用后者来称呼最近的那个文明。自公元前1000多年以来，印度教一直以这样或那样的形式成为南亚次大陆文化的中心。它“不止是一个宗教或一个社会制度；它是印度文明的核心”。[注15]它经过现时代继续起着这种作用，即使印度本身有重要的穆斯林社区以及一些更小的少数文化。像“中华”一词一样，Hindu一词也把文明的名称与它的核心国家分离开来，因为在这些情况下，当该文明的文化超越了那个国家时，这样做是合乎需要的。

伊斯兰文明。所有重要学者都承认存在着独特的伊斯兰文明。伊斯兰教起源于公元7世纪的阿拉伯半岛，然后迅速传播，跨越北非和伊比利亚半岛，并向东伸展到中亚、南亚次大陆和东南亚。结果，许多独特的文化或次文明存在于伊斯兰文明之中，包括阿拉伯、土耳其、波斯和马来文化。

东正教文明。有几位学者单独列出了以俄罗斯为中心的东正教文明，它区别于西方基督教文明，是因为它源自拜占庭文明，不同于西方的宗教；那些地区遭受过鞑靼人200年统治，以后又是实行君主专制制度，受文艺复兴、宗教改革、启蒙运动等西方重大事件的影响是有限的。

西方文明。西方文明的出现通常被追溯到大约公元700到800年。学者们一般认为它有三大组成部分，分布于欧洲、北美和拉丁美洲。

拉丁美洲文明。然而，拉丁美洲有区别于西方的独特认同。虽然拉丁美洲文明是欧洲文明的后代，但它却是沿着非常不同于欧洲和北美的道路演进的。它具有社团主义的、独裁主义的文化，而这种文化在欧洲的程度要小得多，在北美则根本不存在。欧洲和北美都感受到宗教改革的影响，并且把天主教和新教文化结合在一起。从历史上看，虽然可能会有所变化，但拉丁美洲一直仅仅是天主教的世界。拉丁美洲文明结合了一些本土文化，这些文化不曾存在于欧洲，在北美也已被有效地消灭，而在以墨西哥、中美、秘鲁和玻利维亚为一方和以阿根廷和智利为一方两者之间有重大的不同。拉丁美洲的政治演变和经济发展与流行于北大西洋国家的模式大相径庭。从主观上说，拉丁美洲人在他们的自我认同上存在着分歧。一些人说，“是的，我们是西方的一部分。”另一些人则声明，“不，我们有自己独特的文化”，拉丁美洲人和北美人的大量文学作品详细描述了他们的文化差别。[注16]拉丁美洲可以被看作西方文明中的次文明，或者被看作是与西方有紧密联系、但在它是否属于西方的问题上有分歧的独立文明。对于把注意力放在文明的国际政治含义（包括以拉丁美洲为一方和以北美和欧洲为一方两者之间的关系）的研究来说，后者是更恰当的和有用的称呼。

这样，西方就包括欧洲、北美，加上其他欧洲人居住的国家，如澳大利亚和新西兰。然而，西方两个主要组成部分之间的关系随着时间的推移而变化。美国人历史上有很长时间把自己的社会看作与欧洲相对立。美国是一片充满了自由、平等、机会和未来的土地；欧洲则代表了压迫、阶级斗争、等级制和落后。甚至曾有人认为美国是一个独特的文明。这种把美国和欧洲相对立的做法，在相当大的程度上反映了一个事实：至少直到19世纪末，美国同非西方文明只有有限的交往。然而，一旦美国走上世界舞台，它同欧洲的更广泛的认同感就得到了加强。[注17]尽管19世纪美国把自己看作不同于和对立于欧洲，但20世纪美国已把自己看作一个更广泛的实体——包括欧洲在内的西方——的一部分，而且还是这个实体的领导。

于是“西方”一词现在被普遍用来指以前被称为西方基督教世界的那一部分。这样，西方是唯一的一个根据罗盘方向，而不是根据一个特殊民族、宗教或地理区域的名称来确认的文明。* 这种确认方法是把文明从其历史、地理和文化环境中提升出来。从历史上看，西方文明是欧洲文明。在现代时期，西方文明是欧美文明或北大西洋文明。可以在地图上发现欧洲、美国和北大西洋，却不能在地图上发现西方。“西方”的名称也引发了“西方化”的概念，并促使人们产生使人误入歧途的把西方化和现代化合在一起的想法：更容易把日本设想为“正在西方化”而不是“正在欧美化”。然而，欧洲—美国文明被普遍归诸西方文明，尽管这一术语有严重的缺陷，但这里仍将沿用之。

非洲文明（可能存在的）。除了布罗代尔之外，大多数研究文明的学者都不承认存在着一个独特的非洲文明。非洲大陆的北部及非洲的东海岸属于伊斯兰文明。历史上，埃塞俄比亚构成了自己的文明。在其他地方，欧洲的帝国主义和殖民活动带去了西方文明的因素。在南非，荷兰、法国然后是英国的殖民者创造了一个多板块式的欧洲文化。(注18) 最重要的是，欧洲的帝国主义把基督教带到了撒哈拉沙漠以南的大部分大陆。在整个非洲，部落认同普遍而强烈，但非洲人的非洲认同感也在日益发展，可以想象，由于南非可能成为撒哈拉以南非洲的核心国家，这个地区可能会黏合成为一个独特的文明。

宗教是界定文明的一个主要特征，正如克里斯托弗·道森所说，“伟大的宗教是伟大的文明赖以建立的基础。”(注19) 在韦伯提出的五个“世界性宗教”中，有四个——基督教、伊斯兰教、印度教和儒教与主要的文明结合在一起。第五个宗教佛教的情况有所不同。为什么情况会是这样？像伊斯兰教和基督教一样，佛教早期分裂为两个主要分支，而且它像基督教一样，没有在其诞生地幸存下来。从公元1世纪开始，大乘佛教被输出到中国，随后输出到朝鲜、越南和日本。在这些社会里，人们以不同的方式使佛教适应于和被吸收进本土文化（例如在中国适应于儒教和道教），并压制它。因此。虽然佛教仍然是这些社会的文化的重要组成部分，但这些社会并没有构成佛教文明，也不会认为自己是佛教文明的一部

---

* 用“东方”和“西方”来识别地理上的区域是令人困惑不解的和种族中心主义的。“北方”和“南方”有被普遍接受的两极的固定参照点。“东方”和“西方”却不具备这样的参照点。问题是相对于什么而言是东方和西方？这完全取决于你站在何处。西方和东方最初大概是指欧亚大陆的东部和西部。然而，从一个美国人的观点来看，远东实际上是远西。对于中国历史的大部分时期来说，西方意味着印度，而“在日本‘西方’通常意味着中国”。见威廉·E·纳夫《从日本观点看“东方和西方”问题的回顾》，载于《比较文化评论》杂志第13—14期，1985年秋和1986年春，第228页。——原书脚注

分。然而，能够被合理地描述成小乘佛教文明的东西确实存在于斯里兰卡、缅甸、泰国、老挝和柬埔寨。此外，西藏、蒙古和不丹的人口，历史上曾认同于大乘佛教的变种喇嘛教，这些社会构成了佛教文明的第二个区域。然而，佛教实际上在印度绝种以及它之适应于和被结合进中国和日本的现存文化，意味着它虽然是一个主要宗教，但却一直不是一个主要文明的基础。(注20) *

文明之间的关系

遭遇：公元1500年前的文明。文明之间关系的演变经历了两个阶段，现在正处于第三个阶段。在各文明最初出现后的3000年中，除了个别例外，它们之间的交往或者不存在，或者很有限，或是间断的和紧张的。历史学家用来描述这些交往的词——“遭遇”，准确地表达了它们的性质。(注21)文明被时间和空间分隔开来。只有数量很少的文明存在于同一时期，而且，正像施瓦茨和艾森施塔特所论证的，在轴心时代和前轴心时代之间存在着重大的差别，其差别在于它们是否承认“超验的秩序和世俗的秩序”之间的区别。轴心时代的文明不像它们的前辈，具有被一个独特的知识阶级所传播的超验神话，这个阶级的组成是“犹太人的预言家和祭司、希腊的哲学家和诡辩家、中国的文人术士、印度的婆罗门、佛教的桑加和伊斯兰教的乌理玛（Ulema）”。(注22)随着一个文明的陨落和经过一个中断期另一代继承者的兴起，一些宗教目睹了两代或三代隶属文明。图2.1是依时间顺序排列的主要欧亚文明之间关系的简图（根据卡罗尔·奎格利的图表复制）。

---

* 那么犹太文明又如何呢？大多数研究文明的学者很少提到它。从信仰者的人数来看，犹太教显然不是一个主要文明。汤因比把它描述为一个从早期叙利亚文明中演变而来的被抑制了的文明。它在历史上与基督教和伊斯兰教相联系，而且犹太人在几个世纪中把自己的文化认同保持在西方的、东正教的和伊斯兰教的文明中。随着以色列的建立，犹太人有了文明的所有客观认同：宗教、语言、习俗、文学、体制以及领土的和政治的家园。但是什么是它的主观认同呢？在其他文明中生活的犹太人的文明认同程度各有不同。从完全认同于犹太教和以色列，到一般信仰犹太教和完全认同于他们居住地的文明。然而，后者主要发生在居住在西方的犹太人中。见摩德凯·M·卡普兰：《作为一种文明的犹太教》（费城：犹太教复兴运动出版社，1981年版；初版于1934年），主要见该书第173—208页。——原书脚注

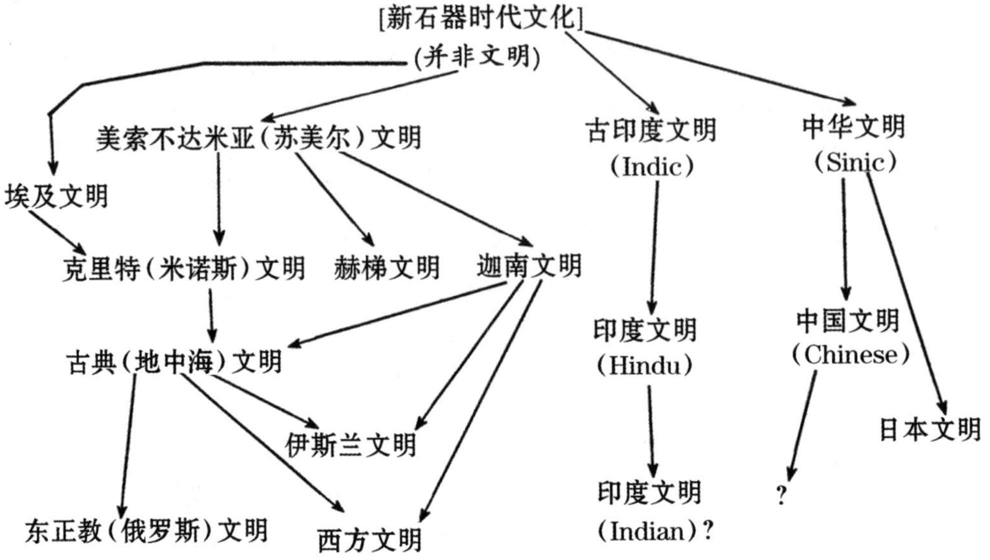

图 2.1 东半球的文明

资料来源：卡罗尔·奎格利：《文明的演变：历史分析导论》(印第安纳波利斯：自由出版公司，第 2 版)，第 82 页。

文明也在地理上相互分离。公元 1500 年以前，安第斯文明和中美洲文明与其他文明之间以及相互之间几乎没有交往。尼罗河流域、印度河流域、底格里斯河和幼发拉底河流域，以及黄河流域的早期文明，也相互没有影响。东地中海、西南亚和北印度地区的文明之间的交往最终的确增多了，然而，分隔文明的距离和有限的克服距离的交通工具，限制了交流和商业关系。虽然在地中海和印度洋上有一些海上通商，但“旅行的有效手段是穿越平原的马匹，而不是海上航船，像公元 1500 年以前一样，世界上相互分离的文明靠它们而彼此之间维持着微小的联系”。(注23)

思想和技术从一个文明传到另一个文明，但这常常历时几个世纪之久。最重要的并非由征服所引起的文化传播，也许是佛教被传到中国，这发生在它发源于印度北部大约 600 年之后。公元 8 世纪中国发明了印刷术，11 世纪发明了活版印刷，但直到 15 世纪这一技术才传到欧洲。造纸术公元 2 世纪出现于中国，7 世纪传到日本，8 世纪向西传播到中亚，10 世纪到北非，12 世纪到西班牙，13 世纪到北欧。中国的另一项发明——火药，产生于 9 世纪，几百年后它才传到阿拉伯

国家，14 世纪才到达欧洲。[注24]

文明之间最引人注目的和最重要的交往是来自一个文明的人战胜、消灭或征服来自另一个文明的人。这些交往一般来说不仅是暴力的，还是短暂的，而且仅仅是断断续续地发生的。从公元 7 世纪开始，伊斯兰和西方之间以及伊斯兰和印度之间确实发展了相对持续的和时而强化的文明间交往。然而，大多数商业、文化和军事的相互作用发生在文明内部。例如，虽然印度和中国偶尔受到外族（莫卧尔人、蒙古人）的入侵和奴役，但这两个文明在自己的文明内部都有漫长的“战国时代”。同样，希腊人相互之间的战争和贸易要比他们同波斯人或其他非希腊人之间的更频繁。

冲击：西方的兴起。欧洲基督教文明作为一个独特的文明最早出现于 8 世纪和 9 世纪。然而，几百年间，它在文明程度上落后于许多其他文明。唐、宋、明朝时期的中国、8—12 世纪的伊斯兰世界、8—11 世纪的拜占庭，在财富、领土、军事力量以及艺术、文学和科学成就上都远远超过了欧洲。[注25] 11—13 世纪之间，欧洲人热情而系统地借鉴了“来自更高的伊斯兰文明和拜占庭文明的适当因素，同时使这一遗产适应于西方的特殊条件和利益”，在此推动下，欧洲文明开始发展。同一时期，匈牙利、波兰、斯堪的纳维亚和波罗的海沿岸皈依了西方基督教，随后又接受了罗马法和西方文明的其他方面，西方文明的东部边界从而稳定了下来，并从此固定在那儿而无重大的改变。12 和 13 世纪期间，西方人千方百计地扩大对西班牙的控制，而且确实建立了对地中海的有效统治。然而，其后土耳其势力的兴起引起了“西方欧洲的第一个海外帝国”的垮台。[注26]不过到 1500 年，欧洲顺利地进行了文化上的文艺复兴，社会多元主义、扩大的商业和技术成就为一个全球政治的新纪元提供了基础。

文明之间断断续续的或有限的多方向的碰撞，让位于西方对所有其他文明持续的、不可抗拒的和单方向的冲击。15 世纪结束时欧洲人终于从摩尔人手中重新夺回了伊比利亚半岛，葡萄牙人开始了对亚洲的渗透，西班牙人开始了对美洲的渗透。在其后的 250 年间，整个西半球和亚洲的一些重要部分都被置于欧洲的统治和控制之下。18 世纪末，欧洲首先撤回了对美国，尔后是对海地的直接控制；然后大部分拉丁美洲起而反抗欧洲的统治并获得了独立。然而，19 世纪后半叶，重整旗鼓的西方帝国主义扩大了西方对几乎整个非洲的统治，巩固了西方在南亚次大陆和亚洲其他地区的控制，到 20 世纪初，除土耳其之外的整个中东实际上都直接或间接地受到西方的控制。1800 年欧洲人或前欧洲的殖民地（在南美和北美）控制了地球表面土地的 35％，1878 年这一数字为 67％，1914 年为 84％。到 1920 年，当奥斯曼帝国被英国、法国和意大利瓜分时，这一比例进一步提高。1800 年英帝国包括 150 万平方英里的土地和 2000 万人口。到 1900 年，维多利亚女王时代的“日不落”英帝国包括了 1100 万平方英里土地和 3.9 亿人口。[注27]在欧洲扩张的过程中，安第斯和中美洲文明被有效地消灭了，印度文明和伊斯兰文明同非洲文明一起被征服，中国受到渗透并从属于西方的影响。只有俄罗斯、日本和埃塞俄比亚这三个在高度中央集权的帝国权威统治下的文明得以抵制西方的冲击，并维持了有意义的独立存在。400 年之久的文明间关系是由其他社会对西方文明的从属所构成的。

这一独特的和急剧的发展的原因是：西方社会结构和阶级关系的发展；城市和商业的兴起；西方社会的权力在各等级和贵族之间、世俗权威和宗教权威之间的相对分散；西方各民族的民族意识的觉醒以及国家行政机构的发展。然而，西方扩张的直接根源是技术：发明了到达距离遥远的民族的航海工具，发展了征服这些民族的军事能力。正如杰弗里·帕克所观察到的，“‘西方的兴起’在很大程度上依赖于使用武力，依赖于下述事实：欧洲人及其海外对手之间的军事力量对比稳定地有利于前者……西方人在 1500—1750 年期间成功地创造出第一批全球帝国的要诀，恰恰在于改善了发动战争的能力，它一直被称为‘军事革命’。”西方军队的组织、纪律和训练方面的优势，以及随后因工业革命而获得的武器、交通、后勤和医疗服务方面的优势，也促进了西方的扩张。[注28]西方赢得世界不是通过其思想、价值观或宗教的优越（其他文明中几乎没有多少人皈依它们），而是通过它运用有组织的暴力方面的优势。西方人常常忘记这一事实；非西方人却从未忘记。

到 1910 年，世界在政治上和经济上比以往人类历史上的任何时期都更加联为一体。国际贸易占世界总产值的比例高于以往任何时期，而且直到 20 世纪 70 年代和 80 年代之前没有再次接近于这一比例。那时国际投资占总投资的比例也高于其他任何时期。[注29]此时，文明意味着西方文明，国际法意味着源自格劳修斯*传统的西方国际法，国际体系是西方的威斯特伐利亚体系，其主体是主权而文明化的民族国家及其所控制的殖民地领土。

这一由西方所确定的国际体系的出现，是公元1500年以后的几个世纪中全球政治的第二个重大发展。除了同非西方社会之间以控制－从属模式相互作用之外，西方各社会之间也在更平等的基础上相互作用。这些在一个单一文明内的政治实体之间的相互作用，与那些曾发生在中国、印度和希腊文明内部的相互影响非常相似。它们建立在包含“语言、法律、宗教、行政实践、农业、土地占有制，也许还有亲族”的文化同质性之上。欧洲人“具有共同的文化，并通过有活力的贸易网络、人员的不断流动和统治家族之间的大量联姻而维持着广泛的交往”。他们实际上也无休止地相互打仗；在欧洲国家中和平只是例外而不是常态。(注30)虽然在这一时期的大部分时间里，奥斯曼帝国控制着常常被看作是欧洲的四分之一的部分，但人们并不认为这个帝国是欧洲国际体系的一个成员。

西方文明内部的政治受巨大的宗教分裂以及宗教战争和王朝战争的制约达150年之久。在威斯特伐利亚条约签订后的另一个150年中，西方世界的冲突在很大程度上是君主或皇帝、绝对君主和立宪君主之间的冲突，他们都试图扩大自己的官僚机构、军队、商业经济力量，以及最重要的是，扩大他们所统治的领土。在他们创建民族国家的过程中，以法国革命为开端，主要的冲突变成了民族之间的而不是君主之间的冲突。正如R. R. 帕尔默1793年所指出的，“国王之间的战争结束了；民族之间的战争开始了。”(注31)这一19世纪的模式一直延续到第一次世界大战。

1917年，由于俄罗斯革命，民族国家冲突之外又加上了意识形态冲突，首先是法西斯主义、共产主义和自由民主之间的冲突，然后是后两者之间的冲突。在冷战中，这些意识形态体现在两个超级大国的身上，两者都根据自己的意识形态来确定自己的认同，两者又都不是欧洲传统意义上的民族国家。马克思主义首先在俄罗斯，然后在中国和越南掌握了政权，这代表了从欧洲国际体系向后欧洲多文明体系过渡的阶段。马克思主义是欧洲文明的产物，但它既没有在那儿扎根，也没有在那儿取得成功。而现代化的和革命的精英把它引入到非西方社会；

---

* 格劳修斯（1583—1645），荷兰法学家，其《战争与和平法》（1625）确立了国际法的标准。——编者注

列宁、毛泽东和胡志明使它适应了他们的目的，并用它来向西方的权力挑战，来动员其人民，坚持民族认同以及自己国家对西方的自主。然而，这一意识形态在苏联的垮台以及它在中国和越南的实质性改编，并不一定意味着它们将引进另一个西方意识形态——自由民主。作出这种假设的西方人可能因非西方文化的创造性、恢复力和个性而感到意外。

相互作用：一个多文明的体系。因此，在 20 世纪，文明之间的关系从一个文明对所有其他文明单方向影响所支配的阶段，走向所有文明之间强烈的、持续的和多方向的相互作用的阶段。前一时期文明间关系的两个主要特征都开始消失。

首先，历史学家所钟爱的短语“西方的扩张”终结了，“对西方的反抗”开始了。西方的力量相对于其他文明的力量不规则地下降了，虽然时有中断和倒转。1990 年的世界地图与 1920 年的世界地图很少有相似之处。军事和经济力量的对比以及政治影响的对比发生了变化（在以后的一章中将对此作更详细的探讨）。西方仍然具有对其他社会的重要影响，但是西方与其他文明之间的关系日益受到西方对其他文明发展的反应的制约。非西方社会远不只是西方创造的历史的客体，而是日益成为它们自己的历史和西方的历史的推动者和塑造者。

第二，由于这些事态发展，国际体系超越了西方，成为多文明的。同时，西方国家之间的冲突——它几个世纪以来一直支配着这个体系——消失了。20 世纪后期，西方作为一个文明步出了其发展的“战国”阶段，走向其“普遍国家”的阶段。20 世纪末，当西方的民族国家黏合为欧洲和北美的两个半普遍的国家时，这一阶段仍然没有完成。然而，这两个实体及其组成单位，被正式的和非正式的机构组带构成的一个极其复杂的网络结合在了一起。以前文明的普遍国家是帝国，但自从民主制成为西方文明的政治形式以来，正在出现的西方文明的普遍国家便不再是帝国，而是联邦、邦联以及国际政权和组织的混合物。

20 世纪重大的政治意识形态包括自由主义、社会主义、无政府主义、社团主义、马克思主义、共产主义、社会民主、保守主义、国家主义、法西斯主义和基督教民主。它们在一点上是共同的，即它们都是西方文明的产物。没有任何一个其他文明产生过一个重要的政治意识形态。然而，西方从未产生过一个主要的宗教。世界上的伟大宗教无不是非西方文明的产物，而且，在大多数情况下是先于西方文明产生的。当世界走出其西方阶段时，代表晚期西方文明的意识形态衰落了，它们的地位被宗教和其他形式的以文明为基础的认同和信奉所取代。西方文明的特有产物——威斯特伐利亚条约所造成的宗教与国际政治的分离——正在走向终结，正如爱德华·莫蒂默所指出的，宗教“越来越可能侵入国际事务”。[注32]西方所造成的文明间的政治思想冲突正在被文明间的文化和宗教冲突所取代。

全球政治地理因此从1920年的一个世界走向20世纪60年代的三个世界，然后走向20世纪90年代的6个以上的世界。与此相伴随的是，1920年的西方全球帝国收缩为20世纪60年代的较有限的“自由世界”（它包括许多反对共产主义的非西方国家），然后进一步收缩为20世纪90年代的更为有限的“西方”。这一变化在用词上反映在1988到1993年之间使用意识形态的术语“自由世界”的减少和使用文明的术语“西方”的增多上（见表2.1）。它也表现在越来越多地把伊斯兰教当作一个文化—政治现象来提及，以及越来越多地提到“大中华”、俄罗斯及其“近邻”和欧洲联盟所有这些带有文明内容的术语。在这第三个阶段，文明间的关系比它们在第一个阶段更为频繁和紧张，也比它们在第二个阶段更为平等和互惠。同样，与冷战时代不同，西方和其他文明之间、许多非西方文明之间，没有一个单一的分裂占支配地位，而是存在着多种分裂。

赫德利·布尔认为，“当两个或两个以上的国家相互之间有充分的交往，而且对相互的决定有充分的影响，以使它们至少在某种程度上作为整体的部分来行动时”，一个国际体系就出现了。然而，只有当一个国际体系中的国家具有“共同利益和共同价值观”，“认为它们都受一套共同规则的约束”，“有共同的机构运作”时，才存在一个国际社会。像它的前辈苏美尔、古希腊、公元前1世纪希腊、中国、印度和伊斯兰国际体系一样，17至19世纪的欧洲国际体系也是一个国际社会。19至20世纪期间，欧洲的国际体系扩大到实际上包括了其他文明的所有社会。一些欧洲的体制和实践也被输出到这些国家。然而，这些社会仍然缺乏支撑欧洲国际社会的共同文化。根据英国的国际关系理论，世界因此是一个发展良好的国际体系，但至多是一个非常原始的国际社会。

每一个文明都把自己视为世界的中心，并把自己的历史当作人类历史主要的戏剧性场面来撰写。与其他文明相比较，西方可能更是如此。然而，这种单一文明的观点在多文明的世界里日益不相关和无用。研究文明的学者长期以来承认这一自明之理。1918年，施本格勒谴责流行于西方的把历史简单地划分为古代、中世纪和近代阶段的狭隘的历史观，指出它仅仅适用于西方。他说，有必要用哥白尼的研究方法来代替这一“托勒密的历史研究方法”，并用“大量强大文化的戏剧性场面”来代替“历史直线式发展的空洞虚构”，(注34)几十年后，汤因比严厉批评了表现在“自我中心的错觉”中的西方的“狭隘和傲慢”，即认为世界环绕着西方旋转，存在着“不变的东方”，以及“进步”是不可避免的。像施本格勒一样，他不愿承认历史的单一性的假设，即这样一个假设：“只存在着一条文明之河，那就是我们自己的，所有其他的文明之河都或者从属于它，或者消失在荒漠之中。”(注35)在汤因比之后50年，布罗代尔同样强调需要努力寻找一个更广阔的视野，并理解“世界上伟大的文化冲突和世界文明的多样性”。(注36)然而，这些学者所警告过的错觉和偏见依然存在，而且到20世纪末已膨胀为普遍的和狭隘的自负，自以为欧洲的西方文明现在是世界的普遍文明。

表2.1　使用“自由世界”和“西方”两个词汇的情况

	提到的次数		百分比的变化
	1988	1993	
纽约时报			
自由世界	71	44	－38
西方	46	144	＋213
华盛顿邮报			
自由世界	112	67	－40
西方	36	87	＋142
国会记录			
自由世界	356	114	－68
西方	7	10	＋43

资料来源：Lexis/Nexis。提到的次数是关于或包含“自由世界”或“西方”这两个术语的文章数量。凡提到“西方”之处都检验过其出处的适当性，以确保提到“西方”时是指一个文明或一个政治实体。

第三章

普世文明？现代化与西方化

普世文明：含义

一些人认为，现时代正在目睹奈保尔所说的“普世文明”的出现。(注1)那么普世文明的含义是什么？这一观点暗示，总的来说，人类在文化上正在趋同，全世界各民族正日益接受共同的价值观、信仰、方向、实践和体制。更具体地说，这一观点可能意味着一些深刻但不恰当，恰当但不深刻，以及既不恰当又不深刻的事情。

首先，实际上在所有的社会里，人类都具有某些共同的基本价值观，如把谋杀看作是罪恶；也具有某些共同的基本体制，如某种形式的家庭。大多数社会的大多数人民具有类似的“道德感”，即“浅层”的关于什么是正确和谬误的基本概念的最低限度道德。(注2)如果这就是普世文明的含义，那么它既是深刻的又是根本重要的，但是它既不是新鲜的也不是相关的。如果人们在历史上共有少数基本的价值观和体制，这可能解释人类行为的某些永恒的东西，但却不能阐明或解释人类行为的变化所构成的历史。此外，如果普世文明对于所有的人类存在都适用，那么我们用什么词来称呼人类这一层面之下的主要的人类文化群体呢？人类被划分为一些次群体——部落、民族和一般被称为文明的更广泛的文化实体。如果文明一词被提高到和被限于人类作为一个整体所共有的东西，人们就必须或者发明一个新词来指人类整体层次之下的最大的文化群体，或者假设这些大的但非人类范围的群体消失了。例如，瓦茨拉夫·哈韦尔曾指出，“我们现在生活在一个单一的全球文明中”。它“不过是一块薄板”，“覆盖或掩藏了各种各样的文化、民族、宗教、历史传统和历史上形成的态度，所有这些在某种意义上说都存在于它‘之下’”。(注3)然而，把“文明”仅限于全球层面和把那些在历史上总是被称为文明的最大的文化实体叫作“文化”或“次文明”，只会造成语义上的混乱。*

其次，“普世文明”一词可以用来指文明化社会所共有的东西，如城市和识字，这些使它们区别于原始社会和野蛮人。当然，这是18世纪时这一词的独特含义，而且正是在这一意义上说普世文明正在出现，它使各种人类学家和其他带着惊慌看待原始人群消失的人感到恐惧。文明在这一意义上说已在整个人类的历史上逐步扩张，文明本身的传播与多元文明的存在并不矛盾。

第三，“普世文明”一词可以指西方文明中的许多人和其他文明中的一些人目前所持有的假定、价值观和主张。这可以被称为达沃斯文化。每年大约有1000名商人、银行家、政府官员、知识分子和记者从几十个国家聚集到瑞士达沃斯的世界经济论坛。几乎所有这些人都有物理学、社会学、商学或法学的学位，从事文字或数字工作，英语相当娴熟，受雇于政府、公司和学术机构，有着广泛的国际交往，时常在他们自己的国家之外旅行。他们一般具有对个人主义、市场经济和政治民主的共同信念，这些也是西方文明中的人所共有的。达沃斯人控制了几乎所有的国际机构，许多世界管理机构，以及大量的世界政治和军事职位，达沃斯文化因此极为重要。然而，在世界范围内有多少人共有这种文化？在西方之外，可能不到5000万人，即少于世界人口的1%，也可能少至世界人口0.1%的人。它远不是普遍的文化，而且那些在达沃斯文化方面有共同性的领导人不一定在他们自己的社会确保权力控制。正如赫德利·布尔所指出的，“共同的知识文化只存在于精英层次：它在许多社会中根基很浅……（而且）值得怀疑的是，它是否甚至在外交层面上包含被称为共同的道德文化或一套共同价值观的东西，以此与共同的知识文化相区别。”(注4)

第四，一种思想得到了发展，即：西方消费模式和大众文化在全世界的传播

---

* 海沃德·阿尔克曾准确地指出，我在《外交》季刊上发表的文章中，在“定义上排除了”世界文明的思想，因为我把文明定义为“是对人最高的文化归类，是人们文化认同的最广范围，人类以此与其他物种相区别”。当然，这是大多数研究文明的学者使用文明一词的方式。然而，在本章中，我暂且把这一定义放宽到使其可以容纳全世界的民族认同于独特的全球文化的可能性，这一全球文化补充或取代了西方的、伊斯兰的或中华意义上的各种文明。——原书脚注

正在创造一个普世文明。这种论点既不是基本的也不是相关的。历史上文化时尚一直是从一个文明传到另一个文明。一个文明中的革新经常被其他文明所采纳。然而，它们只是一些缺乏重要文化后果的技术或昙花一现的时尚，并没有改变文明接受者的基本文化。文明接受者之所以“接纳”这些进口，或者因为它们是新奇的，或者因为它们是被强加的。在过去的一些世纪里，西方世界经常出现对来自中国文化或印度文化的各种物品的渴慕热潮。19世纪，在中国和印度，来自西方的文化变得流行起来，它们似乎反映了西方的实力。说什么通俗文化和消费品在世界上的流行，代表了西方文明的胜利，这一论点反而使西方文化变得无足轻重。西方文明的本质是大宪章（Magna Carta）而不是“大麦克”（“巨无霸”Magna Mac）。非西方人可能接受后者，但这对于他们是否接受前者来说没有任何意义。

这一论点对于他们对待西方的态度来说也没有意义。在中东的某个地方，几名年轻人完全可以穿着牛仔裤，喝着可乐，听着摇滚乐，但他们却可能在向麦加顶礼膜拜的间隙，造好一枚炸弹去炸毁一架美国飞机。20世纪70年代和80年代期间，美国人消费了成百万的日本轿车、电视机、照相机和小电器，却没有变得“日本化”，相反却变得与日本更加敌对。只有幼稚的妄自尊大才会导致西方人假设非西方人会通过获得西方商品而变得“西方化”。试想，当西方人把他们的文明等同于充气饮料、褪色的裤子和油腻的食品时，关于西方，这告诉了世界什么呢？

关于普遍大众文化的论点稍微复杂些的版本，一般没有把注意力集中在消费品上，而是集中在传媒上，集中在好莱坞而不是可口可乐上。美国对全球电影、电视和录像业的控制甚至超过了它对飞机制造业的控制。1993年全世界最受关注的100部影片中有88部是美国片，两家美国组织和两家欧洲组织控制了全球范围的新闻收集和新闻传播。(注5)这一情况反映了两个现象。第一是人类对爱情、性、暴力、神秘事物、英雄主义和财富的普遍兴趣，第二是受利益驱使的公司，主要是美国公司，利用这些兴趣来达到自身目的的能力。然而，几乎没有或完全没有证据证明下述假设：普遍的全球通讯的出现正在导致观点和信仰的趋同。正如迈克尔·弗拉霍斯所说，“娱乐不等于文化转变。”第二，人们根据自己先前存在的价值观和观点来解释这些通讯。基肖尔·马赫布巴尼注意到，“当同样的视觉形象跨越全球同时进入千家万户的起居室时，它激起了一些彼此相反的看法。当巡航导弹击中巴格达时，西方的起居室里一片欢呼。生活在这之外的人都认为西方将迅速对非白种的伊拉克人或索马里人，而不是对白种的塞尔维亚人给予惩

罚，但是用任何标准来衡量后者都是危险的标志。”(注6)

全球通讯是西方权力最重要的当代表现形式之一。然而西方的这一霸权鼓励了非西方社会中的民粹主义政治家谴责西方的文化帝国主义，并集结他们的公众来保护其本土文化的延续和完整。因此，西方控制全球通讯的程度是非西方民族对西方不满和敌视的重要根源。此外，到20世纪90年代初，非西方社会中的现代化和经济发展，正在导致出现一些迎合那些社会独特口味的地方的和地区的传媒业。(注7)例如，到1994年，CNN（美国有线电视新闻公司）估计它拥有5500万潜在的收视者，即世界人口的1%（令人惊异地等于达沃斯文化人的数量，而且无疑在很大程度上与这些人相重合），而且它的董事长预测，其英语广播可能最终会吸引2%—4%的市场。然而，地区的（即文明的）网络将会出现西班牙语、日语、阿拉伯语、法语（为西非）和其他语言的广播。三位学者得出结论说：“建立全球统一的新闻编辑室仍然是一个空想。”(注8)罗纳德·多尔就外交家和公共官员中出现的全球知识文化提出了一个令人印象深刻的看法。然而，甚至他也对被强化了的通讯的影响作出了一个非常有限度的结论：“在其他事情相同的情况下，通讯密度的增加将确保民族之间，至少是中间阶级之间，或更至少是世界的外交官之间同伴感基础的扩大”，不过他补充说，“一些可能不相同的事情的确会是非常重要的。”(注9)

语言。任何文化或文明的主要因素都是语言和宗教。如果一种普遍的文明正在出现，那就应当有出现一种普遍语言和普遍宗教的趋势。人们常常提出普遍语言的要求。《华尔街日报》的一位编辑就提出，“世界语言是英语”。(注10)这可能意味着两件事，其中只有一件可能支持普世文明的论点。它可以意味着世界人口有越来越大的比例说英语。但不存在任何证据支持这一命题，确实可以找到的最可靠的证据（无可否认它们不可能非常精确）恰好显示了相反的情况。所能得到的涵盖了30年以上的数据（1958—1992），显示出世界上语言使用的整个模式并没有发生急剧的变化，而讲英语、法语、德语、俄语和日语的人口比例却有了显著的下降，讲汉语普通话的人口比例有较小的下降，讲印地语、马来—印度尼西亚语、阿拉伯语、孟加拉语、西班牙语、葡萄牙语和其他语言的人口比例则有所增长。世界上讲英语的人在讲至少有100万人所使用的各种语言的人口中所占的比例从1958年的9.8%下降到1992年的7.6%，（见表3.1）。世界人口中讲五种主要的西方语言（英语、法语、德语、葡萄牙语、西班牙语）的比例从1958年的24.1%

下降到1992年的20.8%。1992年，世界人口中的15.2%讲汉语普通话，大约两倍于讲英语的人口，而且还有另外3.6%的人口讲其他形式的汉语（见表3.2）。

表3.1 讲主要语言的人

（占世界人口的百分比*）

年度 语言	1958	1970	1980	1992
阿拉伯语	2.7	2.9	3.3	3.5
孟加拉语	2.7	2.9	3.2	3.2
英语	9.8	9.1	8.7	7.6
印地语	5.2	5.3	5.3	6.4
汉语普通话	15.6	16.6	15.8	15.2
俄语	5.5	5.6	6.0	4.9
西班牙语	5.0	5.2	5.5	6.1

* 讲100万以上的人口所使用的各种语言的总人数。

资料来源：比例数是从设在西雅图的华盛顿大学心理学系的西德尼·卡伯特教授所汇编的数据，根据讲100万以上的人口所使用的各种语言的人数和逐年发表在《世界年鉴和事实》(World Almanac and Book of Facts) 上的报告中的数据计算出来的。他的估计包括讲“母语”者和讲“非母语”者，其来源是全国人口统计、人口抽样调查、无线电和电视广播调查，人口增长数据，第二手研究和其他来源。

从一种意义上说，对于世界上92%的人来说是外语的语言，不可能是世界语言。然而从另一种意义上说，如果它是来自不同的语言群体和文化的人用来彼此交流的语言，如果它是世界的通用语言，或者用语言学的术语来说，是世界上主要的“更广泛交流的语言”(Language of wider Communication)(LWC)，那就也可以这么说。(注11)需要彼此交流的人们不得不寻找交流的工具。在一个层面上。他们可以依赖于受过特殊训练的专业人员，这些人可以熟练地使用两种以上的语言来作口译和笔译。但这是不方便的，花费的时间和代价是昂贵的。因此，在整个历史上，不断出现通用语言，在古代世界和中世纪世界是拉丁语，在西方几个世纪中是法语，在非洲的许多地区是斯瓦希里语，20世纪后半叶，在全世界的大部分地区是英语。外交家、商人、科学家、旅游者和为他们服务的餐饮业、飞机驾驶员和空中交通控制人员，彼此需要某些有效的交流手段，现在这在很大程度上是英语。

从这一意义上说，英语是世界上进行知识交流的方式，正如公历是世界的计时方式，阿拉伯数字是世界的计数方式，以及对于世界上的大部分地区来说，公制（米制）是世界的度量方式一样。然而，用这种方式使用英语是在进行文化间的知识交流；它的前提是存在着相互分离的文化。通用语言是处理语言差异和文化差异的方式，而不是消灭它们的方式。它是交流的工具，而不是认同和社会群体的根源。日本的银行家和印度尼西亚的商人彼此用英语交谈，并不意味着他们之中的任何一个人盎格鲁化或西方化了。讲德语和法语的瑞士人用英语相互交流的可能性，不亚于他们使用两种国语中的任何一种，这同样也不意味着他们盎格鲁化了。同样，英语作为一种辅助国语在印度被保留了下来，尽管尼赫鲁不赞成这样做。这证明了印度非印地语民族保存自己语言和文化的强烈愿望，以及印度仍然作为一个多语言社会的必要性。

表 3.2　讲主要的汉语和西方语言的人

	1958		1992	
语言	讲该语言的人数（单位 100 万）	占世界人口的百分比	讲该语言的人数（单位 100 万）	占世界人口的百分比
普通话	444	15.6	907	15.2
广东话	43	1.5	65	1.1
吴语	39	1.4	64	1.1
闽语	36	1.3	50	0.8
客家话	19	0.7	33	0.6
汉语	581	20.5	1119	18.8
英语	278	9.8	456	7.6
西班牙语	142	5.0	362	6.1
葡萄牙语	74	2.6	177	3.0
德语	120	4.2	119	2.0
法语	70	2.5	123	2.1
西方语言	684	24.1	1237	20.8
世界总数	2845	44.5	5979	39.4

资料来源：比例数是从设在西雅图的华盛顿大学心理学系的西德尼·卡伯特教授所汇编的数据，根据讲 100 万以上的人口所使用的各种语言的人数和逐年发表在《世界年鉴和事实》(World Almanac and Book of Facts) 上的报告中的数据计算出来的。他的估计包括讲"母语"者和讲"非母语"者，其来源是全国人口统计、人口抽样调查、无线电和电视广播调查，人口增长数据，第二手研究和其他来源。

正如著名的语言学家乔舒亚·菲什曼所观察到的，如果人们认为一种语言不与某一特殊的种族群体、宗教或意识形态相一致，那它就更可能被当作共同语言或 LWC 来接受。过去，英语有许多这样的特点。更晚些，英语已“非民族化了”（或最小程度地民族化了），正如以往阿卡德语、阿拉米语（古代西亚的通用语言——译者注）、希腊语和拉丁语所经历的那样。下述情况是“英语作为一种例外的语言相对较好运气的一部分：在过去的大约四分之一世纪里，人们并没有把英语的英国本源或美国本源放到一个种族的或意识形态的背景下加以广泛的或深入的考察”。[注12]使用英语来作知识交流因而有助于维持民族相互分离的文化认同，并且确实加强了这种认同。正是由于人们想要保存他们自己的文化，他们才使用英语来同具有其他文化的民族交流。

全世界讲英语的人也在日益讲不同的英语。英语已经被非本土化了，而且它吸收了使它区别于英国英语和美国英语的地方色彩。在极端的情况下，这使得那些英语几乎彼此不可理解，就像是汉语的各种变种所遇到的情况那样。尼日利亚皮钦英语、印度英语和另一些形式的英语正在被并入它们各自的本土文化，而且可以假定，它们将继续保持自己的区别，以便成为既有联系而又独特的语言，甚至会像各种罗曼语从拉丁语演变出来那样。然而，与意大利语、法语和西班牙语不同，这些从英语中产生出来的语言或者将只是社会一小部分人所使用的语言，或者将主要被用于特殊语言群体之间的交流。

可以在印度看到所有这些过程。例如，1983 年印度 73300 万人口中有 1800 万讲英语，1991 年 86700 万人口中有 2000 万讲英语。这样，印度人口中讲英语的比例相对稳定在大约 2％—4％。[注13]在范围相当狭窄的精英之外，英语甚至不是通用语言。两位新德里大学的英语教授宣称，“基本的现实是，当一个人从克什米尔南下旅行到坎尼亚库马里的最南端时，最好的交流手段是某种形式的印地语，而不是英语。”此外，印度英语正在吸收许多自己的独特特点：它正在被印度化，或者毋宁说，随着带不同地方口音的各种讲英语者之间差异的发展，它正在变得地方化。[注14]英语之被吸收进印度文化，正如梵语和波斯语从前之被吸收进印度文化一样。

历史上，语言在世界上的分布反映了世界权力的分配。使用得最广泛的语言——英语、汉语普通话、西班牙语、法语、阿拉伯语和俄语，都是或曾是帝国的语言，这些帝国曾积极促进其他民族使用它们的语言。权力分配的变化产生了语言使用的变化。在全世界，“两个世纪以来英国和美国殖民的、商业的、工业的、科学的和财政的权力在高等教育、政府、贸易和技术方面留下了相当大的遗产”。[注15]英国和法国坚持在其殖民地使用自己的语言。然而，大多数前殖民地在独立之后，都在不同程度上努力用本土语言来代替帝国语言，并取得了不同程度的成功。在苏联的全盛期，俄语是从布拉格到河内的通用语言。由于俄罗斯权力的衰落，把俄语作为第二语言来使用者相应减少了。像在其他形式的文化中一样，日益增长的权力既引起人民对本国语言的维护，又刺激其他人学习该语言。在柏林墙倒塌后的令人兴奋的日子里，统一了的德国仿佛是个新的庞然大物，一个引人注目的趋势是，那些英语娴熟的德国人在国际会议上说德语。日本的经济力量刺激了非日本人学日语，中国经济的发展正在产生类似的汉语热。汉语正在迅速取代英语成为香港的主导语言，[注16]而且鉴于海外华人在东南亚的作用，汉语已经成为这一地区许多国际商业交易中使用的语言。随着西方实力相对于其他文明逐渐衰落，其他社会中使用英语和其他西方语言，以及用它们来进行各社会间交流的情况，也将缓慢减少。假如在遥远未来的某一天，中国取代了西方成为世界占优势的文明，英语作为世界的共同语言就将让位于汉语普通话。

前殖民地走向独立并获得独立时，宣扬或使用本土语言、压制帝国语言，是民族主义精英使自己区别于西方殖民主义者和确定自己认同的一种方式。然而，独立以后，这些社会中的精英又需要使自己区别于其社会的普通人民。掌握熟练的英语、法语或其他西方语言使他们做到了这一点。结果，非西方社会的精英与西方人之间和彼此之间交流的能力常常胜于他们与自己社会的人民交流的能力（这种局面像是在 17 和 18 世纪的西方国家，其时来自不同国家的贵族能够轻易地用法语相互交流，但他们却不会说自己语言的方言）。非西方国家中似乎正在出现两个相反的趋势。一方面，在大学层次上英语日益被用来装备大学生，以便他们在全球资本和市场的竞争中有效地发挥作用。另一方面，社会和政治压力使得本土语言的使用更加普遍，阿拉伯语在北非代替了法语。乌尔都语在巴基斯坦取代了英语作为官方语言和教育语言，本土语言的媒体在印度代替了英语媒体。1948 年印度教育委员会预见了这一发展，当时它指出：“使用英语……把人民分裂成两个民族，少数统治者和多数被统治者，一个民族不能讲另一民族的语言，而且相互不理解。”40 年后，坚持把英语作为精英语言的做法证实了这一预测，并在“一个建立在成年人选举权基础上的、运作着的民主制中，制造了一个反常现象……讲英语的印度和有政治意识的印度越来越分道扬镳”，这刺激了“懂英语的少数上层人士和那些不懂英语却享有选举权的数百万民众之间的紧张状态”。(注17) 随着非西方社会建立起民主体制和这些社会中的人民更广泛地参与行政管理，对西方语言的使用下降了，本土语言变得更为流行。

苏联帝国的解体和冷战的结束促进了原先被压制和遗忘了的语言的传播及其活力的恢复。在大多数苏联共和国中，人们作出了重大的努力来使其传统语言复苏。爱沙尼亚语、拉脱维亚语、立陶宛语、乌克兰语、格鲁吉亚语和亚美尼亚语现在是这些独立国家的国语。在穆斯林共和国中发生着类似的对本国语言的维护，阿塞拜疆人、吉尔吉斯斯坦人、土库曼斯坦人、乌兹别克斯坦人的书写方式从其前俄罗斯主人的西里尔书写方式改变为其土耳其亲族的西方书写方式，而讲波斯语的塔吉克斯坦则采用了阿拉伯的书写方式。另一方面，塞尔维亚人现在把他们的语言称作塞尔维亚语，而不是塞尔维亚一克罗地亚语，并从他们天主教敌人的西方书写方式改变为他们俄罗斯亲族的西里尔书写方式。并行的现象是，克罗地亚人现在把他们的语言称为克罗地亚语，并正试图从中清洗土耳其语词汇和其他外来词汇，而在波斯尼亚，“因奥斯曼帝国在巴尔干半岛各国统治 450 年而遗留下来的语言沉淀”——同样的“土耳其语和阿拉伯语的外来语，却重新流行”。(注18) 语言正在被重新组合和重建，以使之与文明认同和文明界线相一致。随着权力的分散，使用本土语言而引起的混乱蔓延开来。

宗教。一种普遍宗教出现的可能性比一种普遍语言出现的可能性大不了多少。20 世纪末宗教在世界各地出现了全球性的复兴（见本书第四章最后一节），这一复兴包含了宗教意识的加强和原教旨主义运动的兴起，它因此扩大了宗教之间的差异。宗教复兴不一定包含信奉不同宗教的人口的重大变化。关于信教者的数据甚至比关于讲某种语言者的数据更不完整，也更不可靠。表 3.3 的数据引自一份被广泛使用的资料，这些数据和其他一些数据表明，全世界信奉各种宗教者的相对数量在本世纪没有发生急剧的变化。这一资料所记录的最大的变化是被划分为“非教徒”和“无神论者”的人数比例从 1900 年 0.2％增加到 1980 年 20.9％。可以确信，这可能反映了脱离宗教的重大变化和 1980 年的宗教复兴尚在积蓄力量。然而，这一 20.7％的非信徒的增长比例几乎可以同被划分为“中国民间宗教”的信奉者的下降比例相比，后者从 1900 年的 23.5％下降到 1980 年的 4.5％。这些实际上相等的增长和下降表明，随着共产主义的来临，中国的大量人口从民族宗教的信徒被重新划分为非信徒。

这些数据确实显示出信奉两个主要的具有改宗力的宗教，即伊斯兰教和基督教的世界人口比例在这80年中有所增长。西方基督教徒1900年估计占世界人口的26.9%，1980年占30%。穆斯林增加得更快，从1900年的12.4%增加到1980年的16.5%，或者依另一个估计为18%。在20世纪的最后几十年中，伊斯兰教和基督教的信徒人数在非洲有很大的增长，在韩国也发生了人们皈依基督教的重大变化。在迅速实现现代化的社会里，如果传统宗教不能适应现代化的需要，西方基督教和伊斯兰教就会有传播的潜力。在这些社会中，西方文化最成功的主角不是新古典经济学家、富有使命感的民主主义者或多国公司的经理人员。他们是而且很可能继续是基督教的传教士。无论是亚当·斯密，还是托马斯·杰斐逊，都不能满足城市移居者和第一代中学毕业生的心理、感情、道德和社会需要。虽然耶稣基督可能也满足不了他们，但他可能有更好的机会。

然而，从长期来说，穆罕默德会占上风。基督教主要是通过使人皈依来传布，而伊斯兰教则通过使人皈依和人口繁殖来传布。20世纪80年代基督徒在世界上的增长比例在达到大约30%后稳定下来，现在开始下降，到2025年可能占世界人口的将近25%。世界上穆斯林人口由于极高的人口增长率（见第五章），将继续急剧增长，大约在世纪之交将达到世界人口的20%，再过若干年后将超过基督徒的人数，而到2025年可能占到世界人口的大约30%。[注19]

表 3.3　世界人口信奉主要宗教传统的比例（百分比）

年代 宗教	1900	1970	1980	1985（估计）	2000（估计）
西方基督教	26.9	30.6	30.0	29.7	29.9
东正教	7.5	3.1	2.8	2.7	2.4
穆斯林	12.4	15.3	16.5	17.1	19.2
非信徒	0.2	15.0	16.4	16.9	17.1
印度教	12.5	12.8	13.3	13.5	13.7
佛教	7.8	6.4	6.3	6.2	5.7
中国民间宗教	23.5	5.9	4.5	3.9	2.5
部落宗教	6.6	2.4	2.1	1.9	1.6
无神论者	0.0	4.6	4.5	4.4	4.2

资料来源：戴维·巴雷特主编：《世界基督教百科：公元1900—2000年现代世界各教会和各宗教比较研究》（牛津大学出版社，1982年版）。

普世文明：来源

普世文明的概念是西方文明的独特产物。19世纪，“白人的责任”的思想有助于为西方扩大对非西方社会的政治经济统治作辩护。20世纪末，普世文明的概念有助于为西方对其他社会的文化统治和那些社会模仿西方的实践和体制的需要作辩护。普世主义是西方对付非西方社会的意识形态。在那些单一文明思想的最狂热的支持者中，像边缘者和皈依者中常有的情况一样，有移居西方的知识分子，如奈保尔和福阿德·阿扎米，对于他们来说，普世文明的概念对于“我是谁”的问题提供了一个非常令人满意的解答。然而，“白人的黑鬼”是一个阿拉伯知识分子用来称呼这些移民的词，[注20]普世文明的思想在其他文明中几乎得不到支持。非西方把西方视为普遍的东西视为西方的。西方人宣布为有益的全球一体化先兆的东西，如世界范围媒体的扩散，却被非西方人宣布为邪恶的西方帝国主义。非西方人若是把世界看作是单一的，他们就感到它是一个威胁。

存在着三种说明普世文明为什么会出现的假设，某种普世文明正在出现的论点就建立在三个假设之中的一个之上。首先，是在第一章中讨论过的假设，即：苏联共产主义的垮台意味着历史的终结和自由民主制在全世界的普遍胜利。这一论点的谬见是认为只存在唯一的选择。它建立在冷战的视角之上，认为共产主义的唯一替代物是自由民主制，前者的死亡导致了后者的普遍出现。然而，显然存在着许多形式的独裁主义、民族主义、社团主义和市场共产主义（如在中国），它们在当今世界存活得很好。更重要的是，存在着许多位于世俗意识形态世界之外的宗教选择。在现代世界，宗教是一个重要的、可能是唯一重要的促动和动员人民的力量。下述想法是十足傲慢的表现：由于苏联共产主义垮台了，西方就永久赢得了世界，穆斯林、中国人、印度人和其他人将仓促地把西方自由主义当作唯一的选择来接受。冷战所造成的人类分裂已经结束，但种族、宗教和文明所造成的人类更根本的分裂依然存在，而且产生着大量新的冲突。

第二个假设是，民族之间的相互作用——一般来说包括贸易、投资、旅游、媒体和电子通信——的增长正在产生一个共同的世界文化。交通和通信技术的改善确实使得资金、商品、人员、知识、思想和影像在全世界的流动变得更加容易和费用低廉。毫无疑问上述一些方面的国际流动增长了。然而，人们对于这些流动的增长会产生什么影响，却存在着许多疑问。贸易会增加或减少冲突的可能性吗？它会减少民族国家之间发生战争的可能性的假设至少没有得到证实，而且还存在着大量相反的证据。20 世纪 60 年代和 70 年代国际贸易大大扩展，在接下来的 10 年中冷战宣告结束。然而，1913 年，国际贸易达到了创纪录的水平，但是在其后的几年中，民族国家之间的相互屠杀却规模空前。[注21] 如果那种程度的国际商业尚不足以阻止战争，那么何种程度可能？这一证据不能支持商业会促进和平的自由主义和国际主义的假设。90 年代所作的分析进一步对这一假设提出了疑问。一项研究得出结论说：“对于国际政治来说，贸易的增长水平可以是很大的分裂力量……”“国际制度中日益增长的贸易本身不可能缓解国际紧张状态或促进更大的国际稳定。”[注22] 另一项研究论证说，高水平的经济相互依赖“可能导致和平，也可以导致战争，这取决于对未来贸易的预期”。经济相互依赖只是“在各国预期高水平的贸易在可预见的将来将持续下去时”，才会促进和平。如果各国预期高水平的相互依赖不会持续，战争就可能出现。[注23]

贸易和通信未能产生和平和认同感，这与社会科学的发现是一致的。在社会心理学上，差异性理论认为，人们根据在特定的背景下用把自己区别于其他人的东西来界定自己："一个人根据把他自己区别于其他人的特性，特别是区别于他通常所处的社会环境中的人的特性……来看待自己。与 12 名从事其他职业的妇女在一起时，一个女心理学家把她自己看作是心理学家；当她同 12 名男心理学家在一起时，她把自己看作是一个女人。"(注24) 人们根据他们与别人的不同之处来确定自己的身份。随着通信、贸易和旅游的增长扩大了文明之间的相互作用，人们日益赋予其文明认同以更大的重要性。两个相互交往的欧洲人，一个德国人和一个法国人，会把彼此认作是德国人和法国人。而两个欧洲人，一个德国人和一个法国人，在同两个阿拉伯人，一个沙特阿拉伯人和一个埃及人交往时，会把自己和对方看作是欧洲人和阿拉伯人。移居法国的北非移民在法国人中引起敌意，但法国人却日益愿意接纳信仰天主教的欧洲波兰人移民。加拿大和欧洲国家对美国的投资超过日本，但美国对后者的反感却远远超过前者。同样，正如唐纳德·霍罗威茨所指出的，"一个艾比欧人在尼日利亚东北地区可以是……奥韦里艾比欧人或是奥尼查艾比欧人；在拉各斯，他不过是一个艾比欧人；在伦敦，他是一个尼日利亚人；在纽约，他则是一个非洲人。"(注25) 从心理学的角度讲，全球化理论产生了类似的结论："在一个日益全球化的世界里（其特征是历史上从未有过的文明的、社会的和其他模式的相互依赖以及由此而产生的对这些模式的广泛意识），文明的、社会的和种族的自我意识加剧了。"全球各种宗教的复兴，"向神回归"，是对人们把世界看作是一个"单一场所"的回应。(注26)

西方与现代化

为普世文明正在出现作辩护的第三个，也是最常用的论据，是把它看作自 18 世纪以来持续进行的广泛的现代化进程的结果。现代化包括工业化、城市化，以及识字率、教育水平、富裕程度、社会动员程度的提高和更复杂的、更多样化的职业结构。它是始于 18 世纪的科学知识和工程知识惊人扩张的产物，这一扩张使得人类可能以前所未有的方式来控制和营造他们的环境。现代化是一个革命进程，唯一能与之相比的是从原始社会向文明社会的转变，即文明本身的出现，它发端于大约公元前 5000 年的底格里斯河和幼发拉底河流域、尼罗河流域和印度河流域。(注27) 现代社会中的人的态度、价值观、知识和文化极大地不同于传统社会。作为第一个实现现代化的文明，西方首先获得了具有现代性的文化。上述论证提出，当其他社会获得类似的教育、工作、财富和阶级结构的模式时，这一现代西方文化将成为世界的普遍文化。

毋庸置疑，现代文明和传统文明之间存在着重大差别。然而，这并不一定意味着具有现代文化的各社会比具有传统文化的各社会彼此更加相似。显然，一个在其中一些社会非常现代，而另一些则仍然很传统的世界，与另一个在其中所有社会都具有彼此相差无几的高水平的现代性的世界相比，较少同质性。那么一个在其中所有的社会都是传统社会的世界又是如何呢？这样的世界存在于几百年以前。它的同质性会少于一个具有普遍现代性的未来世界吗？或许不会。布罗代尔认为，“明朝时期……的中国同瓦鲁瓦王朝时期的法国的相似程度肯定超过毛泽东时代的中国同法兰西第五共和国的相似程度。”(注28)

然而，现代社会可能由于两个原因比传统社会彼此更加相似。第一，现代社会之间相互作用的日益增多虽然可能不会产生一个共同文化，但它确实促进了技术、发明和实践从一个社会向另一个社会的转移，其速度和程度在传统世界中是不可设想的。第二，传统社会以农业为基础；现代社会以工业为基础，其工业可能从手工业演变为传统重工业再到以知识为基础的工业。农业模式及与之相适应的社会结构比工业模式更加依赖于自然环境。它们因土壤和气候的差异而不同，因此可能造成不同形式的土地所有制、社会结构和政府。无论威特福格尔的水利文明的论点具有什么样的全面优点，依赖于大规模灌溉系统的建造和操作的农业，确实促进了中央集权的和官僚的政治权威的产生。很难作其他的解释。富饶的土壤和适宜的气候可能促进大规模的种植业及其所带来的社会结构的发展，这个社会结构包括人数不多的富裕的地主阶级和从事种植劳动的广大的农民、奴隶或农奴阶级。不利于大规模农业的条件可能鼓励独立的农场主社会的出现。简而言之，在农业社会中，地理塑造了社会结构。相反，工业社会较少依赖于地方的自然环境。工业组织的差别可能产生于文化和社会结构的差别，而不是地理差别。可以设想，前者能够趋同，后者则不能。

现代社会因此有很多共同性，但是它们必然融为同质性的吗？那种认为它们必然如此的论点建立在下述假设之上：现代社会一定接近于某种单一的类型，即西方类型，现代文明即西方文明，西方文明即现代文明。然而，这是完全虚假的同一。西方文明出现于 8 世纪和 9 世纪，其独特的特征在以后的世纪中得到了发展，它直到 17 和 18 世纪才开始实现现代化。西方远在现代化之前就是西方，使西方区别于其他文明的主要特征产生于西方现代化之前。

在现代化之前的几百年间西方社会的这些独特特征是什么？各类学者已对此作出了回答，这些答案在一些细节上有所不同，但在可以被合理地看作西方文明核心的体制、实践和信念方面却意见一致。包括下述方面：[注29]

古典遗产。作为第三代文明，西方从以前的文明中继承了许多东西，包括最引人注目的古典文明。西方从古典文明中得到很多遗产，包括希腊哲学和理性主义、罗马法、拉丁语和基督教。伊斯兰文明和东正教文明也对古典文明有所继承，但是在任何方面其程度都远不及西方。

天主教和新教。西方的基督教，先是天主教，而后是天主教和新教，从历史上说是西方文明唯一最重要的特征。确实，在它诞生后的第一个 1000 年的大部分时间里，人们把现在认作西方文明的东西称为西方基督教世界；在西方信仰基督教的各民族中，存在着成熟的社会群体感，这使它们区别于土耳其人、摩尔人、拜占庭人以及其他民族；正是为了上帝和黄金，西方人在 16 世纪向外征服世界。宗教改革与反改革和西方基督教世界之分裂为北方的新教和南方的天主教，也是西方历史的独特特征，而这在东正教中是全然不存在的，很大程度上也与拉丁美洲的经历相距甚远。

欧洲语言。语言是仅次于宗教的、使一种文化的人民区别于另一种文化的人民的要素。西方在其语言的多样性方面不同于大多数其他文明。日语、印地语、汉语普通话、俄语，甚至阿拉伯语都被认为是它们文明的核心语言。西方继承了拉丁语，但是出现了各种民族和与之相伴随的民族语言，这些语言被宽泛地划分为范围广泛的罗曼语系和日耳曼语系。到 16 世纪，这些语言一般已呈现出它们的当代形式。

精神权威和世俗权威的分离。在整个西方的历史上，先是唯一的教会然后是许多教会与国家并存。上帝与皇帝，教会与国家，精神权威与世俗权威，在西方文化中始终普遍地是二元的。除西方文明之外，只是在印度文明中也才有宗教与政治如此明显的分离。在伊斯兰教中，上帝即皇帝；在中国和日本，皇帝即上帝；在东正教中，上帝是皇帝的小伙伴。作为西方文明象征的教会与国家之间的分离和一再出现的冲突，在其他文明中并不存在。这种权威的分裂极大地有利于西方自由的发展。

法治。法治是一个文明社会的核心观念，是从罗马继承来的。中世纪的思想家曾详细阐述过自然法的思想，君主应当根据自然法来行使他们的权力，而普通法的传统则在英国得到了发展。在 16 和 17 世纪的绝对君主制阶段，法制在现实中遭到的破坏多于被遵守，但是人类的权力应受某种外部力量制约的思想仍然延续了下来，这就是拉丁文名言“Non sub homine sed sub Deo et lege”的意思。法治的传统为宪政和人权保护奠定了基础，包括保护财产权不受专制权力的侵犯。在大多数其他文明中，法治在影响思想和行为方面是一个较不重要的因素。

社会多元主义。历史上，西方社会一直是非常多元化的。正如多伊奇所注意到的，西方的独特性是“多样化的自主集团的兴起和延续，它们并非建立在血缘关系或婚姻基础之上”。[注30]从 6 世纪和 7 世纪开始，这些集团最初包括修道院、修士会、行会，但以后在欧洲的许多地区扩大到包括各种其他协会和社团。[注31]协会的多元性又得到阶级多元性的补充。大多数西欧社会包括相对强大和自主的贵族、大量农民和虽然为数不多但很重要的商贾阶级。在大多数欧洲国家，封建贵族的力量在限制绝对君主制稳固扎根的能力方面特别重要。欧洲的多元性与同时存在于俄罗斯、中国、奥斯曼帝国和其他非西方社会中的市民社会的贫困、贵族的虚弱和中央集权的官僚帝国形成了鲜明的对比。

代议机构。社会的多元性最初导致了等级、议会和其他代表贵族、教士、商人和其他集团的利益的机构。这些机构提供了在现代化过程中演变为现代民主体制的代议制形式。在一些例子中，这些机构在绝对君主制期间被废除，或者受到很大的限制。然而甚至当这种情况发生之后，如在法国，它们仍然得以复活，并成为扩大政治参与的工具。没有任何其他的当代文明具有可与之相比的可以追溯到 1000 年前的代议机构的传统。在地方层面上，也发生了大约始于 19 世纪的自治运动，它们先是在意大利的各城市中发展，然后向北蔓延。这些运动“迫使主教、地方贵族和其他显贵与市民分享权力，而且最终常常完全屈从于他们”。[注32]这样，全国层次上的代议制就得到了地方层次上的自治措施的补充，后者在世界的其他地区是不存在的。

个人主义。上述许多西方文明的特征促进了文明社会中所独有的个人主义意识及个人权利传统和自由传统的出现。个人主义产生于 14 和 15 世纪，被多伊奇称为“罗密欧与朱丽叶革命”的个人选择权利到 17 世纪在西方被普遍接受。对所有个人平等权利的要求——“英格兰最贫穷的人也可以大体上像最富有的人一样度过自己一生”——即使没有被普遍接受，也得到了清楚的表达。在20世纪的各文明中，个人主义仍然是西方的显著标志。在一位学者对包括50个国家的类似例子的分析中，在个人主义指标方面得分最高的20个国家包括了除葡萄牙之外的所有西方国家，再加上以色列。[注33]另一个对个人主义和集体主义作跨文化研究的作者同样强调，与其他集体主义盛行的地方相比，在西方，个人主义占统治地位，该作者得出如下结论：“在西方被视为最重要的价值观，在世界范围内最不重要。”西方人和非西方人都一再把个人主义认作西方主要的区分标志。[注34]

上述条目并不意味着穷尽了西方文明的特征，也不意味着那些特征总是普遍地存在于西方社会中。显然它们不总是普遍存在，因为在西方历史上经常有许多暴君忽视法制和中止代议机构。它也不意味着所有这些特征都没有出现在其他文明中，显然其他一些社会也有某些类似的特征，例如古兰经和伊斯兰教法构成了伊斯兰社会的基本法律；日本和印度曾有过与西方相似的阶级制度（也许由于此，它们是仅有的两个维持了一定时间民主政府的重要的非西方社会）。这些因素单独来说几乎没有一个是西方独有的。然而，所有这些因素的结合却是西方独有的，是它们赋予了西方独特性。这些概念、实践和体制在西方确实是比在其他文明中更普遍。它们至少形成西方文明必不可少的持续不变的核心的一部分。它们是西方之为西方的东西，但不是西方之为现代的东西。它们也在很大程度上是使西方能够在实现自身和世界的现代化中起带头作用的因素。

对西方和现代化的回应

西方的扩张促进了非西方社会的现代化和西方化。这些社会的政治领袖和知识领袖用以下三种方式中的一种或一种以上对西方的影响作出了回应：拒绝现代化和西方化；接受两者；接受前者，拒绝后者。[注35]

拒绝主义。日本从1542年第一次同西方交往到19世纪中叶，实质上遵循了拒绝主义的路线。它只允许有限的现代化形式，如获得火器，但严格禁止引进西方文化，包括最引人注目的基督教。西方人在17世纪中叶全部被驱逐。这一拒绝主义立场由于日本1854年在美国海军准将柏利（Perry，一译“佩里”，译注）

的压力下被迫开放门户和1868年明治维新之后全力学习西方而告终。几个世纪中，中国也试图阻止任何重要的现代化或西方化。虽然中国于1602年允许基督教传教士进入中国，但以后又在1722年把他们驱逐出境。与日本不同，中国的拒绝主义政策在很大程度上植根于中国作为中央帝国的自我形象和坚信中国的文化优越于所有其他文化的信念。像日本的闭关自守一样，中国的闭关自守也是被西方的武力打破的，那是在1839—1842年的鸦片战争中英国之所为。正如这些例子所表明的，19世纪期间，西方的权力使得非西方社会越来越难以坚持，而且最终不可能坚持纯粹的排斥主义战略。

20世纪交通和通信的改善以及全球范围的相互依赖，极大地提高了排斥的代价。除了一些想要维持基本生计的小而孤立的农村社区外，在一个现代性开始占压倒优势和高度相互依赖的世界里，完全拒绝现代化和西方化几乎是不可能的。丹尼尔·派普斯写道："只有最极端的伊斯兰原教旨主义者拒绝现代化和西方化。他们把电视机扔到河里，禁止戴手表，拒绝使用内燃机。然而，他们的纲领的不可实践性严重地限制了这些集团的吸引力；在一些情况下，例如尼日利亚卡诺城的延·依扎拉（Yen Izala）集团、暗杀埃及总统萨达特的阴谋集团、袭击麦加清真寺的集团以及马来西亚的一些达克瓦（Dakwah）集团，在他们与当局的武力遭遇中失败后便也销声匿迹了。"[注36]销声匿迹总结了到20世纪末纯粹的拒绝主义政策的命运。用汤因比的话来说，狂热不是一个可靠的选择。

基马尔主义（凯末尔主义）。对西方的第二个可能的回应是汤因比所说的希律党人的主张（Herodianism），即拥护现代化和西方化。这一回应建立在下述假设的基础上：现代化是可望的和必要的，本土的文化与现代化不相容，必须抛弃或废除；为了成功地实现现代化，社会必须完全西方化。现代化和西方化相互加强，而且必须相辅相成。这一方法以19世纪末一些日本和中国的知识分子的论点为典型，他们认为，为了实现现代化，他们的社会必须放弃其传统语言，而采用英语作为国语。毫不令人惊异的是，这一观点在西方人中甚至比在非西方精英中更加流行。它提供的信息是："要想成功，你必须像我们一样。我们的方法是唯一的方法。"论据是，"这些（非西方）社会的宗教价值观、道德设想和社会结构至少同工业主义的价值观和实践相异化，有时还相敌对"。因此，经济发展要求"根本地和建设性地重建生活和社会，而且，正如生活在这些文明中的人所理解的那样，常常要求重新解释生存本身的含义"。[注37]派普斯在明确提到伊斯兰教时提出了同样的观点：

> 为了逃避社会的反常状态，穆斯林只有一个选择。因为现代化要求西方化……伊斯兰教没有提供可供选择的实现现代化的方法……世俗主义不可避免。现代科技要求吸收伴随着它们的思想进程；政治体制也要求如此。由于对内容的模仿必须不亚于形式，所以必须承认西方文明的主导地位以便能够学习它。欧洲语言和西方教育体制是不可避免的，即使后者鼓励自由地思考和随意地生活。只有当穆斯林明确接受西方模式时，他们才可能实现技术化，尔后才可能发展。(注38)

在派普斯写这些话60年之前，穆斯塔法·基马尔（凯末尔）·阿塔蒂尔克已经得出了类似的结论，并在奥斯曼帝国的废墟上创建了一个新土耳其，付出了巨大的努力使它既西方化也现代化。在从事这项事业和抛弃伊斯兰的历史时，基马尔使土耳其成了一个“无所适从”的国家，一个在其宗教、遗产、习俗和体制方面是伊斯兰的社会，但是其统治精英却决心使它成为现代的、西方的和与西方一致的。20世纪末，有几个国家正在追求基马尔主义的选择，并试图用西方的认同来代替非西方的认同。它们的努力将在第六章中进行分析。

改良主义。拒绝意味着把一个社会孤立于一个正在缩小的现代世界之外的一种无望做法。基马尔主义意味着一个困难的和痛苦的做法：摧毁已经存在了许多世纪之久的文化，用从另一个文明中引入的全新的文化来取代它。第三种选择是试图把现代化同社会本土文化的主要价值观、实践和体制结合起来。可以理解，在非西方的精英中，这种选择一直是最流行的。在中国的晚清时期，人们提出了一个口号：“中学为体，西学为用”。在日本，口号是“日本的精神，西方的技术”。在19世纪30年代的埃及，穆罕默德·阿里“尝试过不使文化过分西方化的技术现代化”。然而，这一努力失败了，因为英国人迫使他放弃了他的大部分改革。结果，阿里注意到，“埃及的命运不是日本的没有文化西方化的技术现代化的命运，也不是通过文化西方化来实现技术现代化的基马尔的命运。”(注39)然而，19世纪后半叶，贾迈勒·阿富汗尼、穆罕默德·阿布杜和其他改良者进行了新的尝试来协调伊斯兰教和现代性，论证了“伊斯兰与现代科学和西方思想精髓的相容性”，“并为接受现代思想和体制，无论是科学、技术体制，还是政治体制（宪政和代议制政府）”，提供了一个“伊斯兰教的理论基础”。(注40)这是一个范围广泛的改良主义，倾向于基马尔主义，它不仅接受现代性，而且接受西方的体制。这种类型的改良主义是自 19 世纪 70 年代到 20 世纪 20 年代的 50 年中穆斯林精英对西方的占优势的回应，其时它先是受到基马尔主义兴起的挑战，然后又受到以原教旨主义为形式的更纯粹的改良主义兴起的挑战。

拒绝主义、基马尔主义和改良主义对什么是可能的、什么是可取的问题的解答，建立在不同的假设基础之上。对于拒绝主义来说，现代化和西方化是不可取的，有可能同时拒绝两者。对于基马尔主义来说，现代化和西方化都是可取的，由于后者对于获得前者是必不可少的，所以两者都是可能的。对于改良主义来说，现代化在没有实质上的西方化的情况下是可取的也是可能的，而西方化则不是可取的。因此，拒绝主义和基马尔主义在现代化和西方化的可取性方面存在着冲突，基马尔主义和改良主义在是否可以在没有西方化的前提下实现现代化的问题上存在着冲突。

图 3.1 用图解法表示了三种行动路线。拒绝主义可能停留在 A 点上，基马尔主义可能沿着对角线移向 B 点，改良主义可能水平地移向 C 点。然而，社会实际上沿着哪条路线前进呢？显然，每一个非西方社会都循着自己的路线，它们可能相当不同于这三条原型路线。马兹鲁伊甚至认为埃及和非洲已经沿着“没有技术现代化的文化西方化的痛苦过程走向 D 点”。在非西方社会对西方的回应中存在着现代化和西方化的任何一般模式，在其程度上。它可能显示出沿着 A 到 E 的曲线。原先，西方化和现代化密切相连，非西方社会吸收了西方文化相当多的因素，并在走向现代化中取得了缓慢的进展。然而，当现代化进度加快时，西方化的比率下降了，本土文化获得了复兴。于是进一步的现代化改变了西方社会和非西方社会之间的文化均势，加强了对本土文化的信奉。

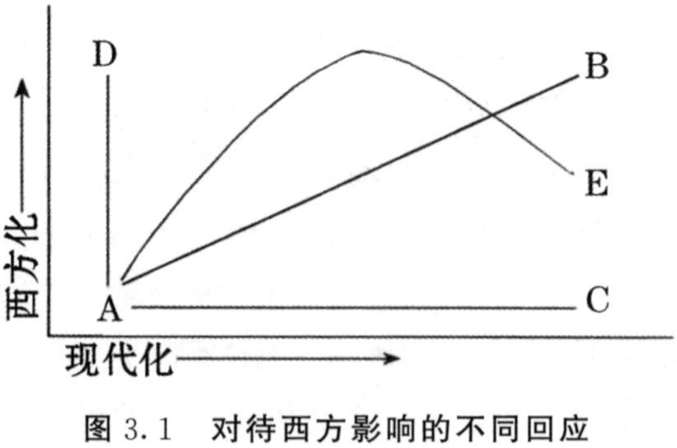

图 3.1　对待西方影响的不同回应

因此，在变化的早期阶段，西方化促进了现代化。在后期阶段，现代化以两种方式促进了非西方化和本土文化的复兴。在社会层面上，现代化提高了社会的总体经济、军事和政治实力，鼓励这个社会的人民具有对自己文化的信心，从而成为文化的伸张者。在个人层面上，当传统纽带和社会关系断裂时，现代化便造成了异化感和反常感，并导致了需要从宗教中寻求答案的认同危机。表 3.2 的简单形式指出了这一变动的过程。

这一假设的一般模式与社会科学理论和历史经验都是一致的。雷纳·鲍姆检验了一系列可以得到的关于“不变性的假设”的证据后，得出如下结论：“人们不断地寻求有意义的权威和有意义的个人自主的情况，发生在各种独特的文化模式中。在这些方面不存在走向跨文化的同质化世界的趋同。相反，在发展的历史阶段和早期现代阶段以独特形式发展的模式中似乎存在着不变性。”[注41] 正如弗罗本纽斯、施本格勒和博兹曼等人所详细阐述的，借鉴理论强调接受者的文明在多大程度上有选择地借鉴其他文明的内容，接受、改变和吸收它们，以便加强和确保自身文化的核心价值的延续。[注42] 几乎世界上所有非西方文明都至少存在了 1000 年，有些是几千年。有记录证明，它们都借鉴过其他文明来增强自己的延续。学者们认为，中国从印度吸收的佛教并没有导致中国的“印度化”，中国吸收佛教是为了中国的目的和需要，中国的文化仍然是中国的。中国人至今仍在不断挫败西方使他们基督教化的强大努力。假如在某一天，中国确实引入了基督教，那也只能期望它在与中国文化的主要要素相容的前提下被吸收和改造。同样，信仰伊斯兰教的阿拉伯人“实质上为了功利主义的目的”，而接受、估价和利用他们的“希腊遗产”。由于对借鉴某些外部形式或技术非常感兴趣，他们知道如何忽略希腊思想体系中可能同“真理”相冲突的所有要素，这些真理已被确立在他们奉若神明的古兰经的规范和戒律中。[注43] 日本遵循了同样的模式。公元 7 世纪，日本引入了中国文化，“在没有经济和军事压力的情况下，主动转变为”高级的文明。“在其后的几个世纪里，相对孤立于大陆影响的时期（在此期间，他们对以前的借鉴作了挑选，吸收了有用的东西）和重新开始交往和文化借鉴的时期交替出现。”[注44] 在所有这些阶段，日本文化保留了其独特性。

基马尔主义论点的温和形式——非西方社会可以通过西方化而现代化，仍然没有得到证实。基马尔主义论点的极端形式：非西方社会为了现代化必须西方化，并没有作为一个普遍的命题而成立。然而它确实提出了一个问题：是否存在

图 3.2　现代化与文化复兴

一些非西方社会，其中本土文化为现代化所造成的障碍如此之大，以至于如果要实现现代化，该文化必须实质上为西方文化所取代？从理论上讲，就终极文化而言而不是就工具文化而言可能更是如此。工具文化的“特点是有很大部分的中间目标，它们分离于并独立于最终目标”。这些系统“可以轻易地通过用旧瓶装新酒的方式来革新自身……这样一些系统的革新可以显得没有根本改变它们的社会体制。确切地说，革新为恒久性服务”。相反，终极系统的“特点是中间目标和最终目标之间有密切的关系……社会、国家、权威和诸如此类的事物都是一个煞费苦心支撑的、高度统一的系统的一部分，在其中，宗教作为认识的指导无所不在。这样一些系统一直敌视革新”。[注45]阿普特尔使用这些范畴来分析非洲部落的变化，艾森施塔特把类似的分析运用于一些伟大的亚洲文明，并得出了类似的结论。“社会、文化和政治体制的自主极大地促进了”内部变化。[注46]由于这些原因，更具有工具性的日本社会和印度社会比儒教社会和伊斯兰社会更早也更容易地进入了现代化。它们更有能力引进西方技术和运用它来支持自己的现存文化。这是不是意味着中国社会和伊斯兰社会必须同时放弃现代化和西方化，或同时接受两者？选择似乎并非仅限于此。除日本之外，新加坡、中国台湾、沙特阿拉伯，在较小的程度上还有伊朗，已成为现代社会而没有变为西方化。伊朗国王确实曾试图遵循基马尔主义路线，实行现代化和西方化，但引起了强烈的反西方反应，而不是反现代的反应。中国显然开始走上了改革道路。

伊斯兰社会在实现现代化方面一直存在着困难，派普斯用下述论据来支持其西方化是现代化的前提条件的观点：伊斯兰教与经济事务方面的现代性在诸如利息、斋戒、遗产法和妇女参加工作等方面相冲突。然而甚至他也赞同地引用了马克辛·罗丁森的话：“没有任何令人信服的证据说明穆斯林宗教曾阻碍穆斯林社会沿着通向现代资本主义的道路发展”，他还认为，在除经济以外的其他大多数方面：

伊斯兰教与现代化并不冲突。虔诚的穆斯林能够研习科学，在工厂中有效率地工作，或利用先进武器。现代化并不要求有一个政治意识形态，或一套体制，因为选举、国家边界、市民联合以及西方生活的其他标志，对于经济的发展并不是必需的。伊斯兰教作为一个信条可以满足管理顾问和农民的需要。伊斯兰教法没有就伴随着现代化的转变说任何话，诸如从农业向工业的转变，从乡村向城市的转变，或从社会静止向社会流动的转变；也没有冲击诸如大众教育、高速通信、新形式的运输工具或医疗照顾这样一些事物。[注47]

同样，甚至反西方主义和复兴本土文化的极端支持者，也并不拒绝使用电子函件、录音录像磁带和电视等现代技术来促进他们的事业。

简言之，现代化并不一定意味着西方化。非西方社会在没有放弃它们自己的文化和全盘采用西方价值观、体制和实践的前提下，能够实现并已经实现了现代化。西方化确实几乎是不可能的，因为无论非西方文化对现代化造成了什么障碍，与它们对西方化造成的障碍相比都相形见绌。正如布罗代尔所说，持下述看法几乎“是幼稚的”：现代化或“单一”文明的胜利，将导致许多世纪以来体现在世界各伟大文明中的历史文化的多元性的终结。[注48]相反，现代化加强了那些文化，并减弱了西方的相对力量。世界正在从根本上变得较多现代化和较少西方化。

第二部分

变动中的各文明力量对比

第四章

西方的衰落：力量、文化和本土化

西方的力量：支配和衰落

相对于其他文明而言，西方的力量呈现出两幅画面。第一幅是西方处于压倒一切的、成功的、几乎是完全的支配地位。苏联的瓦解消除了西方唯一最强劲的挑战者，其结果是在日本可能会偶然给予的支持下，世界正在并将继续被西方主要国家的目标、优先考虑和利益所塑造。作为一个仅存的超级大国，美国会同英国和法国一道在政治和安全事务上作关键性的决策，会同德国和日本一道在经济问题上作关键性的决策。西方是唯一在其他各个文明或地区拥有实质利益的文明，也是唯一能够影响其他文明或地区的政治、经济和安全的文明。其他文明中的社会通常需要西方的帮助来达到其目的和保护其利益。正如一位作者所概括的，西方

- 拥有和操纵着国际金融系统
- 控制着所有的硬通货
- 是世界上主要的消费品主顾
- 提供了世界上绝大部分制成品
- 主宰着国际资本市场
- 对许多社会发挥着相当大的道义领导作用
- 有能力进行大规模的军事干预
- 控制着海上航线
- 进行着最先进技术的研究和开发
- 控制着尖端技术教育

- 控制着宇航技术
- 控制着航天工业
- 控制着国际通信系统
- 控制着高科技武器工业（注1）

关于西方的第二幅图画却与这第一幅画面大不相同。那是一个衰落的文明，相对于其他文明而言，西方在世界政治、经济和军事领域的力量正在下降。西方在冷战中获胜带来的不是胜利，而是衰竭。西方越来越关注其内部问题和需求，因为它面临着经济增长缓慢、人口停滞、失业、巨大的政府赤字、职业道德下降、储蓄率低等问题；此外在许多国家，包括美国，面临着社会解体、吸毒、犯罪等问题。经济力量正在迅速转移到东亚，军事力量和政治影响开始向东亚转移。印度处于经济起飞的边缘，伊斯兰世界日益敌视西方。其他社会很快不情愿接受西方旨意和容忍其说教，西方的自信和支配意志也会随之消失。20 世纪 80 年代末，人们就美国衰落的问题展开了激烈的辩论。20 世纪 90 年代中期，一项力量对比分析得出了某种相似的结论：

> 在许多重要方面，它（指美国）的相对力量将加速下降。就其纯经济能力而言，美国的地位相对于日本、最终相对于中国可能会进一步动摇。在军事领域，美国与许多日益壮大的地区力量（可能包括伊朗、印度和中国）之间的实力对比的天平将由中心向外围倾斜。美国的一些组织权将转移到其他国家，另一些实力（其中一些是软实力）将落到诸如跨国公司等非国家行为体的手中。（注2）

这两幅关于西方世界地位的相反画面，究竟哪一幅描绘了现实？答案当然是：它们描绘的都是现实。西方现在占绝对优势，并在进入 21 世纪时仍将在实力和影响力方面保持世界第一。然而文明间的力量对比也发生了一些逐步的、无情的、也是根本的变化。西方的力量相对于其他文明将继续衰落。随着西方老大的地位被侵蚀，它将丧失很多力量，其余的力量将在地区基础上分散给几个主要文明及其核心国家。最重要的力量增长正在并将继续发生在亚洲文明之中，中国正逐渐成为最有可能在全球影响方面向西方挑战的国家。这种文明间的力量转移正在并将继续导致非西方社会的复兴和日益伸张其自身文化，并摒弃西方文化。

西方的衰落有如下三个特征：

首先，这是一个缓慢的过程。西方力量的上升历时 400 年之久，它的衰退可能也需要同样长的时间。20 世纪 80 年代，著名英国学者海德里·布尔论证说，“欧洲或西方对广大国际社会的控制可以说在 1900 年左右达到了顶点”。[注3] 施本格勒文集的首卷于 1918 年问世，自那时以来“西方的衰落”一直是 20 世纪历史的主题。衰落过程在这个世纪的大部分时期一直在延续。然而，可以设想的是，它可能会加速。在一国的能力中，经济增长及其他方面的增长通常呈 S 形曲线：起步缓慢然后急剧加速，接着是增长速度降低，再到停滞。国家的衰落也可能沿倒 S 形曲线发展，正如苏联的情形一样：起先是中速下降，然后迅速加速，最后到达谷底。西方的衰落仍处于缓慢的第一阶段，但在未来的某一天，它可能会急剧加速。

第二，衰落并不是呈直线型的。它极不规则，并带有间歇和反复，在西方的弱点暴露出后，它会再次坚持自己的权力。西方开放的民主社会具有巨大的更新能力。此外，与许多文明不同，西方有两个主要的力量中心。布尔所看到的始于 1900 年左右的衰落，实质上是西方文明中欧洲部分的衰落。从 1910 年到 1945 年，欧洲发生了不利于自己的分裂，被其内部的经济、社会和政治问题所困扰。然而，在 20 世纪 40 年代，西方主导地位中的美国阶段开始了，而且 1945 年，美国短暂地支配了世界，其地位几乎可以与 1918 年的同盟国相比。战后的非殖民化运动进一步削弱了欧洲的影响，但并没有削弱以新的跨国帝国主义代替传统殖民帝国的美国的影响。然而在冷战时期，苏联的军事力量可以与美国相抗衡，而且美国的经济力量相对日本来说下降了。尽管如此，美国仍为恢复军事和经济力量作了不懈的努力。1991 年，另一位英国著名学者巴利·布赞认为“更深刻的现实是，现在的中心变得比非殖民化以来任何时期都更处于支配地位，而边缘更处于从属地位”。[注4] 然而这种看法的准确性随着引起它的军事胜利在历史上被淡忘而消失了。

第三，实力是一个人或群体改变另一个人或群体行为的能力。行为可以通过指导、强制或告诫加以改变，这需要拥有实力者具有经济、军事、制度、人口、政治、技术、社会或其他方面的资源。因而，一个国家或群体的实力通常通过衡量它所支配的资源同其试图影响的其他国家或群体所支配的资源的对比来估价。西方对大部分（虽然不是全部）重要的实力资源的占有在 20 世纪达到顶峰，然后相对于其他文明开始下降。

领土和人口。1490 年，西方社会控制了巴尔干之外的大部分欧洲半岛，即

5250 万平方英里的全球陆地面积（南极洲除外）中的大约 150 万平方英里。1920 年其领土扩张达到顶峰之际，西方直接统治了大约 2550 万平方英里的土地，将近地球陆地面积的一半。至 1993 年，西方控制的领土减少了一半，大约还有 1270 万平方英里。西方的领土恢复到其原先欧洲核心部分，再加上其在北美、澳大利亚和新西兰的移民聚居的广袤土地。与此形成对照的是，独立后的伊斯兰国家的领土由 1920 年的 180 万平方英里扩大到 1993 年的 1100 万平方英里。类似的变化也发生在对人口的控制上。1900 年西方人口大约占世界人口的 30%，西方政府统治着几乎 45%的世界人口，1920 年达到 48%。1993 年，除几个小的帝国残余如香港外，西方政府只统治着西方人。西方人口占人类总人口的比例略多于 13%，预计到 21 世纪初将下降到大约 11%，2025 年下降到 10%。(注5) 就西方总人口而言，1993 年它排在中国、伊斯兰和印度文明之后，名列第四。

表 4.1　各文明政治控制下的领土，1900—1993 年

年份	西方文明	非洲文明	中华文明	印度文明	伊斯兰文明	日本文明	拉丁美洲文明	东正教文明	其他
文明控制的总领土估算（单位：万平方英里）									
1900	2029	16.4	431.7	5.4	359.2	16.1	772.1	873.3	746.8
1920	2544.7	40	391.3	5.4	181.1	26.1	809.8	1025.8	225.8
1971	1280.6	463.6	393.6	131.6	918.3	14.2	783.3	1034.6	230.2
1993	1271.1	568.2	392.3	127.9	1105.4	14.5	781.9	716.9	271.8
占世界领土的百分比估算*									
1900	38.7	0.3	8.2	0.1	6.8	0.3	14.7	16.6	14.3
1920	48.5	0.8	7.5	0.1	3.5	0.5	15.4	19.5	4.3
1971	24.4	8.8	7.5	2.5	17.5	0.3	14.9	19.7	4.4
1993	24.2	10.8	7.5	2.4	21.1	0.3	14.9	13.7	5.2

注：占世界领土的相对份额根据当年通行的国界估算。

* 世界领土估计为 5250 万平方英里，不包括南极洲。

资料来源：《政治家年鉴》（纽约：圣马丁出版社，1901—1927 年）；《世界书籍图册》（芝加哥：领域企业教育公司，1970 年）；《大不列颠年鉴》（芝加哥：大不列颠百科全书出版公司，1992—1994 年）。

表 4.2　世界主要文明所属国家的人口，1993 年（单位：万）

中华文明	134090	拉丁美洲文明	50750
伊斯兰文明	92760	非洲文明	39210
印度文明	91580	东正教文明	26130
西方文明	80540	日本文明	12470

资料来源：据大不列颠百科全书数字统计，《1994 年年鉴》（芝加哥：大不列颠百科全书出版公司，1994 年），第 764—769 页。

表 4.3　在各文明政治控制下的世界人口份额

1900—2025 年（百分比）

年代 [世界总数]*	西方文明	非洲文明	中华文明	印度文明	伊斯兰文明	日本文明	拉丁美洲文明	东正教文明	其他
1900 [1.6]	44.3	0.4	19.3	0.3	4.2	3.5	3.2	8.5	16.3
1920 [1.9]	48.1	0.7	17.3	0.3	2.4	4.1	4.6	13.9	8.6
1971 [3.7]	14.4	5.6	22.8	15.2	13.0	2.8	8.4	10.0	5.5
1990 [5.3]	14.7	8.2	24.3	16.3	13.4	2.3	9.2	6.5	5.1
1995 [5.8]	13.1	9.5	24.0	16.4	15.9+	2.2	9.3	6.1‡	3.5
2010 [7.2]	11.5	11.7	22.3	17.1	17.9+	1.8	10.3	5.4‡	2.0
2025 [8.5]	10.1	14.4	21.0	16.9	19.2+	1.5	9.2	4.9‡	2.8

注：占世界人口的相对份额根据当年通行的国界估算。1995 年至 2025 年的人口估算根据 1994 年边界。

＊世界人口估算以 10 亿为单位。

＋估算不包括独联体或波斯尼亚的人口。

‡估算包括独联体、格鲁吉亚和南斯拉夫的人口。

资料来源：联合国人口署经济和社会信息及政策分析部：《世界人口预测，1992 年修订本》（纽约：联合国，1993 年）；《政治家年鉴》（纽约：圣马丁出版社，1901－1927 年）；《世界年历和事实书籍》（纽约：新闻出版公司，1970－1993 年）。

因此，在数量上，西方人构成世界人口中持续下降的少数。在质量上，西方和其他人口之间的对比也在发生变化。非西方人民正在变得较健康，较城市化，有较高的识字率和较良好的教育。到 20 世纪 90 年代初，拉丁美洲、非洲、中东、南亚、东亚和东南亚的婴儿死亡率只是其 30 年前的三分之一至二分之一。这些地区人口的预期寿命显著增长，增加值从非洲的 11 年到东亚的 23 年不等。20 世纪 60 年代初，第三世界的大部分国家中仅有不足三分之一的成年人识字。

20 世纪 90 年代初，除非洲外几乎所有国家的人口识字率都高于二分之一。50％的印度人和 75％的中国人能够读和写。1970 年发展中国家的识字率平均是发达国家的 41％；1992 年平均是 71％。20 世纪 90 年代初，除非洲外的所有地区的学龄人口几乎都接受了小学教育。最重要的是，20 世纪 60 年代初，亚洲、拉丁美洲、中东和非洲不到三分之一的适龄人口接受中等教育；到 20 世纪 90 年代初，除非洲外，一半的适龄人口接受了中等教育。1960 年城市居民占不发达国家全部人口的比例不到四分之一。然而 1960 年至 1992 年间。城市人口所占的百分比在拉丁美洲从 49％增加到 73％，在阿拉伯国家从 34％增加到 55％，在非洲从 14％增加到 29％，在中国从 18％增加到 27％，在印度从 19％增加到 26％。(注6)

表 4.4　各文明或国家在世界制造业产值中所占份额，1750—1980 年

（百分比，世界总量＝100％）

国家	1750	1800	1830	1860	1880	1900	1913	1928	1938	1953	1963	1973	1980
西方	18.2	23.3	31.1	53.7	68.8	77.4	81.6	84.2	78.6	74.6	65.4	61.2	57.8
中国	32.8	33.3	29.8	19.7	12.5	6.2	3.6	3.4	3.1	2.3	3.5	3.9	5.0
日本	3.8	3.5	2.8	2.6	2.4	2.4	2.7	3.3	5.2	2.9	5.1	8.8	9.1
印度/巴基斯坦	24.5	19.7	17.6	8.6	2.8	1.7	1.4	1.9	2.4	1.7	1.8	2.1	2.3
俄罗斯/苏联*	5.0	5.6	5.6	7.0	7.6	8.8	8.2	5.3	9.0	16.0	20.9	20.1	21.1
巴西和墨西哥	—	—	—	0.8	0.6	0.7	0.8	0.8	0.8	0.9	1.2	1.6	2.2
其他	15.7	14.6	13.1	7.6	5.3	2.8	1.7	1.1	0.9	1.6	2.1	2.3	2.5

* 包括冷战期间华约组织国家。

资料来源：保罗·贝罗克：《1750 年至 1980 年的国际工业化水平》，《欧洲经济史杂志》，第 11 期（1982 年秋季号），第 269—334 页。

在识字率、教育和城市化方面的这些变化造就了社会动员起来的人口，这些人口的能力加强了，期望值更高了，他们可能积极参与政治活动，而这是不识字的人所做不到的。动员起来的社会是更强有力的社会。1953 年，伊朗只有不到 15％的人识字，不到 17％的人是城市居民，科米特·罗斯福以及少数中央情报局的特务轻而易举地镇压了一次暴动，使伊朗国王重登宝座。而到 1979 年，当 50％的伊朗人识字和 47％的人口居住在城市时，多大的美国军事力量都不可能再保住国王的王位了。一道明显的鸿沟仍把中国人、印度人、阿拉伯人和非洲人与西方人、日本人和俄罗斯人分离开来。但这道鸿沟正迅速变窄。同时，又出现了另外一道鸿沟。西方、日本和俄罗斯人的平均年龄日趋稳定，在人口中占比例更大的那部分退休者给那些仍然受雇的生产者增添了沉重的负担。其他文明的负担是大量的儿童，但儿童是未来的工人和士兵。

经济产值。西方在全球经济产值中所占的份额可能是在 20 世纪 20 年代达到了顶峰，但自从第二次世界大战结束以来明显下降。1750 年中国在世界制造业产值中占了几乎三分之一，印度占将近四分之一，西方则占不到五分之一。至 1830 年西方已略微超过中国。在后来的几十年里，正如保罗·贝罗克所指出的，西方的工业化导致了世界其他地区的非工业化。1913 年非西方国家的制造业产值大约是其 1800 年的三分之二。从 19 世纪中期开始，西方所占份额急剧增加，1928 年达到其最高点，占世界制造业产值的 84.2%。此后由于其增长率不高，以及工业化程度较低的国家二战后制造业产值的迅速增加，西方所占份额有所下降。至 1980 年，西方占全球制造业产值的 57.8%，大致相当于其 120 年前即 19 世纪 60 年代所占的份额。[注7]

关于第二次世界大战以前的经济总产值的可靠数据无法找到。然而 1950 年，西方占世界总产值的大约 64%；80 年代这个比例降至 49%。（见表 4.5）据估计，到 2013 年，西方将仅占世界产值的 30%。据 1991 年的另一项估计，世界上 7 个经济实力最强大的国家中有 4 个是非西方国家：日本（第二位），中国（第三位），俄罗斯（第六位）和印度（第七位）。1992 年美国是世界第一大经济国，在十大经济国中包括 5 个西方国家，还有其他 5 个文明的带头国家：中国、日本、印度、俄罗斯和巴西。一些似乎言之成理的预测表明 2020 年排名前 5 位的经济强国将是 5 个不同文明的国家，经济占前 10 位的国家中将只有 3 个是西方国家。当然，西方的相对衰落在很大程度上是由于东亚的迅速崛起。[注8]

表 4.5 各文明在世界经济总产值中所占份额，1950—1992 年（百分比）

年份	西方文明	非洲文明	中华文明	印度文明	伊斯兰文明	日本文明	拉丁美洲文明	东正教文明*	其他+
1950	64.1	0.2	3.3	3.8	2.9	3.1	5.6	16.0	1.0
1970	53.4	1.7	4.8	3.0	4.6	7.8	6.2	17.4	1.1
1980	48.6	2.0	6.4	2.7	6.3	8.5	7.7	16.4	1.4
1992	48.9	2.1	10.0	3.5	11.0	8.0	8.3	6.2	2.0

* 1992 年东正教文明的估算包括苏联和南斯拉夫。

+ “其他”包括其他文明和四舍五入造成的误差。

资料来源：1950、1970、1980 年的百分比由荷伯特·布洛克按不变美元价格计算出，见《1980 年全球总产值：创造性的停顿?》（华盛顿哥伦比亚特区：美国国务院公共事务局，1981 年），第 30－45 页。1992 年的百分比根据《1994 年世界发展报告》（纽约：牛津大学出版社，1994 年）中的关于世界银行购买力平价估算表 30 计算出。

经济生产总值部分地掩盖了西方在质量上的优势。西方和日本几乎垄断了先进技术工业。然而技术正在传播，如果西方希望维持优势，它将竭力把传播减小到最低限度。然而多亏西方创造了相互联系的世界，减缓技术向其他文明的扩散将变得日益困难。由于不存在冷战时期的那种单一的、压倒一切的、公认的威胁，加之技术控制措施效力有限，情况便更是如此。

表面上看似乎中国经济在历史上大部分时期都是世界上最强大的。20 世纪后半叶技术的扩散和非西方国家的经济发展正在使历史上的格局再现。这将是一个缓慢的过程，但是即使不是在 21 世纪中叶之前，那么到 21 世纪中叶，经济生产和制造业产值在主要文明之间的分布也可能与 1800 年的情况类似。西方对世界经济为时 200 年的“主宰”行将结束。

军事能力。军事实力包括四个方面的因素：数量——兵力、武器、装备和资源；技术——武器和装备的效能和尖端性；组织——凝聚力、纪律性、训练和军队士气以及指挥和控制关系的有效性；社会——社会有效地使用军队的能力和愿望。20 世纪 20 年代西方在所有这些方面都遥遥领先。在以后的岁月里，西方的军事实力相对于其他文明下降了，这种下降反映在军事人员对比的变动上，尽管很明显这不是军事能力最重要的衡量标准，但也是标准之一。现代化和经济发展引发了国家发展其军事能力的愿望并为其提供了资源，很少有国家不是这样。20

世纪 30 年代，日本和苏联建立了非常强大的军队，这一点在二战中得到显示。冷战期间苏联拥有世界上两支最强大的军队之一。目前西方垄断了在世界任何地区部署大量常规军事力量的能力，至于它是否将保持这种能力尚不得而知。然而答案似乎是肯定的，因为没有一个非西方国家或国家集团在未来几十年内可能具有与之相当的能力。

表 4.6　各文明在世界军事人员总数中所占份额（百分比）

年份 [世界总数]	西方文明	非洲文明	中华文明	印度文明	伊斯兰文明	日本文明	拉美文明	东正教文明	其他
1900 [1008.6]	43.7	1.6	10.0	0.4	16.7	1.8	9.4	16.6	0.1
1920 [864.5]	48.5	3.8	17.4	0.4	3.6	2.9	10.2	12.8*	0.5
1970 [2399.1]	26.8	2.1	24.7	6.6	10.4	0.3	4.0	25.1	2.3
1991 [2579.7]	21.1	3.4	25.7	4.8	20.0	1.0	6.3	14.3	3.5

注：以该年度通行国界为基础估算。

世界武装部队总人数（现役）以万为单位。

* 其中的苏联军队人数，系 G・M・麦金托什所估算的 1924 年数字，见 D・H・利德尔—哈特：《红军：1918—1945 年的红军及 1946 年迄今的苏军》一书（纽约：哈考特，布雷斯，1956 年）。

资料来源：美国军备控制和裁军署：《世界军费和武器转让》（华盛顿哥伦比亚特区：该署，1971—1994 年）；《政治家年鉴》（纽约：圣马丁出版社，1901—1927 年）。

总的来说，冷战后几年中全球军事能力的演变由五大趋势所主导。

第一，苏联武装部队在苏联解体之后迅即不复存在。除俄罗斯外。只有乌克兰从苏联脱离之后，继承了重要的军事能力。俄罗斯军队在规模上大大缩小，并已从中欧和波罗的海沿岸三国撤出。华约组织解散了。向美国海军挑战的目标被放弃。军事装备要么被处理要么任其损坏，以致无法使用。国防预算锐减，官兵士气普遍低落。同时，俄罗斯军队正重新确定其使命和学说，并为其在保护俄罗斯人和对付近邻的地区冲突中所起的新作用而进行重建。

第二，俄罗斯军事能力的急剧减弱引起了西方军费开支、兵力和能力较为缓慢但明显的下降。根据布什政府和克林顿政府的计划，美国军费开支将减少 35%，即从 1990 年的 3423 亿美元（按 1994 年美元价格计算）减至 1998 年的 2223 亿美元。1998 年的军队建制将减至冷战结束时的一半到三分之二。军队总人数将从 210 万减至 140 万。许多重要的武器研制项目已经或正在被取消。1985

年至1995年期间主要武器的年度采购量从29艘舰只减至6艘，943架飞机减至127架，720辆坦克减至0，战略导弹从48枚减至18枚。20世纪80年代末开始，英国、德国，在较小的程度上还有法国，在国防开支和军事能力方面也进行了类似的削减。20世纪90年代中期，德国武装部队预计将从37万人减至34万人，也可能减至32万人；法国军队将从1990年的29万人减至1997年的22.5万人。英国军队从1985年的37.71万人减至1993年的27.48万人。北大西洋公约组织的欧洲大陆成员国也缩短了服兵役期限，并讨论了放弃征兵制的可能性。

第三，东亚的趋势与俄罗斯和西方有很大的不同。增加军费和改善军队被列入日程，在这方面中国是样板。在自身经济财富增长和中国扩充军备的刺激下，东亚其他国家和地区也开始实行军事现代化和扩大军队。日本继续改善其高度先进的军事能力。中国台湾、韩国、泰国、马来西亚、新加坡和印度尼西亚都纷纷把更多的资金投入军队，从俄罗斯、美国、英国、法国、德国和其他国家购买飞机、坦克和舰只。北大西洋公约组织的防务开支在1985至1993年期间大约降低了10%（从5396亿美元减至4850亿美元，按1993年美元不变价格计算），而在同一时期，东亚的军费开支增加了50%，从898亿美元增加到1348亿美元。(注9)

第四，包括大规模毁灭性武器在内的军事能力正在世界范围内广泛扩散。随着一些国家经济上的发展，它们获得了生产武器的能力。例如，20世纪60年代至80年代，能够生产战斗机的第三世界国家从1个增加到8个，生产坦克的国家从1个增加到6个，生产直升机的国家从1个增加到6个，生产战术导弹的国家从无增加到7个。20世纪90年代的主要趋势是军火工业的全球化，这可能进一步削弱西方的军事优势。(注10)许多非西方社会或拥有核武器（俄罗斯、中国、以色列、印度、巴基斯坦，或许还有朝鲜），或竭尽全力获得核武器（伊朗、伊拉克、利比亚，可能还有阿尔及利亚），或者使自己达到这样的地位：当它们认为必要时，便能够很快获得核武器（日本）。

最后，这些事态发展使区域化成为冷战后世界军事战略和军事实力的主要趋势。区域化为俄罗斯和西方裁减军队和其他国家增加军队提供了理论依据。俄罗斯不再拥有全球军事能力，而是把其战略和兵力集中于防范近邻国家。中国已重新调整了其战略和军队，把重点放在了地区兵力投放和保护中国在东亚的利益上。同样。欧洲国家也在通过北大西洋公约组织和西欧联盟来进行军事调整，以应付西欧周边地区的不稳定局势。美国明确地把其军事计划由在全球遏制苏联并与其作战，改变为准备同时对付波斯湾和东北亚发生的地区性紧急情况。然而美国不可能具备达到这些目的的军事能力。为击败伊拉克，美国在波斯湾部署了其75％的现役战术飞机、42％的现代化作战坦克、46％的航空母舰、37％的陆军兵力和46％的海军陆战队兵力。由于未来将进行大幅度裁军，美国若进行一场针对西半球之外一些地区强国的干涉都很困难，更不用说两场了。全世界军事安全日益不依赖于全球的实力分配和超级大国的行动，而是依赖于世界各区域内的实力分配和各文明核心国家的行动。

总而言之，从整体来说西方在21世纪的前几十年仍将是最强大的文明，在此之后，它可能继续在科技人才、科学研究和开发能力，以及民用和军用技术革新方面处于实际领先地位。然而，其他实力资源的控制正日益分散到非西方文明的核心国家和主要国家。西方对这些资源的控制在20世纪20年代达到顶峰，尔后便无规则地但显著地下降。到21世纪20年代，即距达到该顶峰100年之后，西方将可能控制世界版图的约24％（顶峰时曾达到49％），世界人口的10％（顶峰时为48％）和社会动员人口的15％—20％，世界经济产值的大约30％（顶峰时大概为70％），制造业产值的25％（顶峰时为84％），以及全球兵力的不到10％（顶峰时为45％）。

1919年，伍德罗·威尔逊、劳合·乔治和乔治·克里孟梭实际上一起控制着整个世界。他们坐在巴黎，决定着哪些国家将存在，哪些将不存在，将创造哪些新的国家，它们的边界应如何划分，谁将统治它们，以及中东和世界其他地区在战胜国之间应如何分配。他们还决定如何对俄罗斯进行军事干涉，从中国榨取经济特权。100年之后，将不会再有能够行使类似权力的政治家小集团；任何这样的集团将不是由3个西方人组成，而是由世界7个或8个主要文明的核心国家的领导人所组成。邓小平、中曾根、英迪拉·甘地、叶利钦、霍梅尼和苏哈托的继承者将对抗里根、撒切尔夫人、密特朗和科尔的继承者。西方主宰天下的时代正在终结。与此同时，西方的衰落和其他权力中心的兴起正在促进全球本土化和非西方文化的复兴进程。

本土化：非西方文化的复兴

文化在世界上的分布反映了权力的分布。贸易可能会、也可能不会跟着国旗走，但文化几乎总是追随着权力。历史上，一个文明权力的扩张通常总是同时伴随着其文化的繁荣，而且这一文明几乎总是运用它的这种权力向其他社会推行其价值观、实践和体制。一个普世文明需要普世的权力。罗马的权力在古典世界的有限范围内创造出了一个近乎普世的文明。19世纪以欧洲殖民主义为表现形式的西方权力和20世纪美国的霸权把西方文化推广到了当代世界的大部分地区。欧洲殖民主义已经结束，美国的霸权正在衰落。随着本土的、植根于历史的习俗、语言、信仰及体制的自我伸张，西方文化也受到侵蚀。现代化所带来的非西方社会权力的日益增长，正导致非西方文化在全世界的复兴。*

约瑟夫·奈曾论证说，在以经济和军事力量为基础的指挥权，即“硬实力”，与一个国家通过其文化和意识形态的吸引力使“其他国家想要它所想要的东西”的“软实力”之间，存在一个差别。正如奈意识到的那样，世界上正在发生硬实力的广泛分散，主要国家“已不能像过去那样运用它们的传统实力资源来达到其目的”。奈继续说，如果一个国家的“文化和意识形态具有吸引力，其他国家会更愿追随”其领导，因此软实力“与硬的指挥权力同样重要”。[注11]然而是什么使文化和意识形态具有吸引力呢？当它们被看作是根植于物质上的胜利与影响时，它们就是有吸引力的。软实力只有建立在硬实力的基础上才成其为实力。硬的经济和军事实力的增长会提高自信心、自负感，以及更加相信与其他民族相比，自己的文化或软实力更优越，并大大增强该文化和意识形态对其他民族的吸引力。经济和军事实力的下降会导致自我怀疑、认同危机，并导致努力在其他文化中寻求经济、军事和政治成功的要诀。当非西方社会经济、军事和政治能力增长时，

---

* 那些认为一个普世文明正在并且一定会出现的人们，以及那些认为西方化是现代化的前提条件的人们，几乎普遍忽略了权力和文化之间的联系。他们拒绝承认，其论点的逻辑需要他们支持西方扩大和巩固其对世界的控制，而且如果其他社会能自主地决定自己的命运，它们就会恢复旧的信条、习俗和实践，而这对于普世主义者来说是有碍进步的。然而，那些为普世文明的优点辩护的人，通常不为世界帝国的优点辩护。——原书脚注

它们就会日益鼓吹自己的价值、体制和文化的优点。

共产主义意识形态在20世纪50年代和60年代吸引了世界各地的人民，当时它是与苏联的经济成功和军事实力联系在一起的。当苏联发生经济萧条且不能维持其军事力量时，这种吸引力也就随之消失了。西方的价值观和体制已吸引了其他文化的人民，因为它们被看作是西方实力和财富的源泉。这个进程已持续了几个世纪。正如威廉·麦克尼尔所指出的，1000年至1300年期间，基督教、罗马法和西方文化的其他要素被匈牙利人、波兰人和立陶宛人所采用，“对西方君主军事才能的畏惧和钦佩的混合，刺激了人们去接受西方文明”。[注12] 随着西方实力的削弱，西方向其他文明强加其人权、自由主义和民主等概念的能力降低了，那些价值对其他文明的吸引力也随之减小。

这种情况已经发生。几个世纪内，非西方民族曾一直羡慕西方社会的经济繁荣、先进技术、军事实力和政治凝聚力。他们在西方的价值观和体制中寻求成功的秘诀，如果发现自认为可能的答案，他们就尝试在自己的社会中加以运用。为了变得富有和强大，他们不得不效仿西方。然而现在这种基马尔主义的态度在东亚已经消失。东亚没有将其经济的迅速发展归因于对西方文化的引进，而是归因于对自身文化的伸张。他们论证说，他们之所以正在取得成功，就是因为他们与西方不同。同样，如果非西方社会感到与西方相比自己相对弱小，他们就援引西方的价值观，如自决、自由、民主和独立，来为其反对西方控制辩护。现在他们不再弱小而是日益强大，于是他们便毫不犹豫地攻击起那些他们先前曾用来维护自己利益的价值观。对西方的反叛最初是通过宣称西方价值观的普遍性来证明其合理性的，现在则是通过宣称非西方价值观的优越性来加以证明。

这些态度的抬头是罗纳德·多尔所称的“第二代本土化现象”的表现。在西方的前殖民地和像日本和中国这样的独立国家，“第一个‘推行现代化的人’或‘独立后’的一代人常常是在外国（西方）的大学里接受用西方广为传播的语言进行的教育。部分是由于他们第一次出国时是易受影响的青少年，因而他们从根本上吸收了西方的价值观和生活方式。”相比之下，为数众多的第二代人大多数在国内由第一代人创立的大学里接受教育，授课越来越多地是使用当地语言而不是殖民语言。这些大学“与全球性世界文化的联系更加淡薄”，“知识通过翻译而变为本国化的，这些知识通常范围有限，水平也很低”。这些大学的毕业生不满于早些时候受过西方训练的那一代人的控制，因此经常“易受排外主义运动的鼓动”。(注13)随着西方影响的减弱，那些年轻的、雄心勃勃的领导人不能指望西方为他们提供权力和财富。他们不得不在自己社会内部寻找成功的手段，因此他们必须适应该社会的价值观和文化。

本土化并不需要等待第二代来进行。能干的、有洞察力和有适应性的第一代领导人就进行了自我本土化，其中三个著名的例子是穆罕默德·阿里·真纳、哈里·李和所罗门·班达拉奈克。他们分别是牛津、剑桥和林肯律师学院的优秀毕业生*，是卓越的法学家，是其社会中彻底西方化的精英。真纳是一个坚定的世俗主义者。李，用一个英国内阁成员的话说，是“苏伊士运河以东好得没治的英国人”。班达拉奈克从小就是个基督教徒。然而在领导他们的国家走向独立和独立之后，他们不得不实行本土化。他们回到自己祖先的文化中，在此过程中不时改变自己的认同、姓名、装束和信仰。英国律师真纳成为巴基斯坦的“伟大领袖”，哈里·李则成为李光耀。世俗主义者真纳成为把伊斯兰教作为巴基斯坦立国基础的热情倡导者。盎格鲁化的李光耀学会了汉语普通话，并成为一个能言善辩的儒教促进者。信仰基督教的班达拉奈克皈依了佛教并求助于僧伽罗民族主义。

20世纪80年代和90年代，本土化已成为整个非西方世界的发展日程。伊斯兰教的复兴和“重新伊斯兰化”是穆斯林社会的主题。在印度，普遍的趋势是拒绝西方的形式和价值观，以及使政治和社会“印度化”。在东亚，政府正在提倡儒家学说，政界和知识界领袖都在谈论其国家的“亚洲化”。20世纪80年代中期日本充斥着“日本和日本人理论”。随后一位重要的日本知识分子提出：日本在历史上经历了“这样一种循环：引进外来文化，通过复制和提纯而使那些文化‘本土化’，然后是引进的和有创造性的推动力被耗竭，从而导致了不可避免的动乱，最终再向外部世界开放”。目前日本正在“着手进行这个循环的第二阶段”。(注14)冷战结束后，随着西方化主张者和斯拉夫文化优越论者之间传统冲突的再度出现，俄罗斯重新变成了一个“无所适从的”国家。然而在10年里，当西方化的戈尔巴乔夫被具有俄罗斯风格和西方信仰的叶利钦所取代时，趋势也随之从西方化转为斯拉夫化，而叶利钦又受到集中体现了俄罗斯东正教本土化的民族主义者的威胁。

---

* 事实上，真纳是毕业于伦敦的林肯律师学院，李光耀毕业于剑桥大学，班达拉奈克毕业于牛津大学。——编者注

民主的矛盾进一步推动了本土化：非西方社会对西方民主体制的采用鼓励了本土主义的和反西方的政治运动，并使它们能获得权力。20世纪60和70年代，发展中国家西方化的和亲西方的政府受到了政变和革命的威胁；20世纪80和90年代它们日益面临被选举下台的危险。民主化与西方化相冲突，民主本来就是一个地区化而并非世界化的进程。非西方社会的政治家并非通过显示自己有多么西方化来赢得选票。相反，选举竞争刺激他们把自己的信仰说成是最能吸引大众的东西，那些东西通常具有种族的、民族主义的和宗教的特征。

结果是大众动员起来反对受过西方教育和西方取向的精英。伊斯兰教原教旨主义集团在穆斯林国家为数不多的几次选举中表现出色，如果不是军队取消了1992年的选举，它有可能在阿尔及利亚掌握国家政权。在印度争取选民支持的竞争可能鼓励了向社会群体发出呼吁和社会群体间的暴力。(注15)斯里兰卡的民主使得斯里兰卡自由党于1956年击败了西方取向的、具有精英观念的统一国民党，为80年代津达那亚僧伽罗民族主义运动的崛起提供了机会。1949年之前南非精英和西方精英都把南非看作是一个西方国家。种族隔离政权建立后，西方精英们逐渐把南非开除出了西方国家阵营，而南非白人仍然把自己当成是西方人。然而为了恢复他们在西方国际秩序中的地位，他们不得不引进西方民主制度，这导致了高度西方化的黑人精英掌权。然而如果第二代本土化因素起作用的话，他们的继承人将会有更多的科萨人、祖鲁人和非洲人观念，南非将日益把自己看作是一个非洲国家。

在19世纪以前的各个时期，拜占庭人、阿拉伯人、中国人、土耳其人、蒙古人、俄罗斯人对自己的力量和成就非常自信。那时，他们也蔑视西方文化的低劣、体制的落后、腐化和衰败。现在，随着西方的成功相对减弱，这种态度重新出现了。人们感到“他们不必再接受它”。伊朗是一个极端的例子，但正如一位观察家所说的，“西方的价值观遭到不同方式的反对，但在其他地方都没有像在马来西亚、印度尼西亚、新加坡、中国和日本那样坚决。”(注16)我们正在目睹“由西方意识形态主宰的进步时代的结束”，正在跨入一个多种不同文明相互影响、相互竞争、和平共处、相互适应的时代。(注17)这一本土化的全球进程通过世界众多地区出现的宗教复兴广泛地表现出来，其中最引人注目的是亚洲和伊斯兰国家的文化复兴，后者在很大程度上是由其经济增长和人口增长所推动的。

上帝的报复

20世纪上半叶，知识精英们普遍假定经济和社会的现代化正导致作为人类存在的一个重要因素的宗教的衰亡。无论是欢迎还是痛惜这种趋势的人都接受这一观点。现代世俗主义者为科学、理性主义和实用主义在一定程度上消除了构成现存宗教核心的迷信、神话、非理性和宗教仪式而欢呼。正在出现的社会将是宽容的、理性的、重实效的、进步的、人道主义的和世俗的。另一方面，忧心忡忡的保守主义者警告说：宗教信仰、宗教体制以及宗教对人类个人和集体行为所起的道德指导作用的消失将导致可怕后果，最终结果将是无政府状态、堕落及文明生活的破坏。艾略特说，“如果你不信上帝（他是一位嫉妒的上帝），你就应当尊敬希特勒或斯大林。”(注18)

20世纪下半叶证明这些希望和恐惧是毫无根据的。经济和社会的现代化在全球展开，同时也发生了一场全球性的宗教复兴。吉利斯·凯伯尔称这次复兴为“上帝的报复”，它遍及所有大陆、所有文明和几乎所有的国家。70年代中期，如凯伯尔所说的那样，世俗化和宗教与世俗主义相适应的趋势“发生了逆转。一种新的宗教方法开始形成，它不再旨在适应世俗价值观，而是旨在为社会组织重建一个神圣的基础——如果必要的话，通过改变社会来达到目的。这种方法以多种形式表现出来，它提倡从失败的现代主义中摆脱出来，将挫折和穷途末路归因于脱离了上帝。它的主题不再是使教义现代化，而是‘第二次向欧洲宣讲福音’；它的目标不再是使伊斯兰教现代化，而是‘使现代性伊斯兰化’”。(注19)

这种宗教复兴部分地涉及一些宗教的扩张，这些宗教在一些原先没有成员的社会中吸收了新成员。然而在更大范围内，宗教的复兴包括人们回归和振兴他们社会的传统宗教，并赋予它新的含义。基督教、伊斯兰教、犹太教、印度教、佛教、东正教都经历了原先的因某种原因皈依宗教的信徒掀起的信奉、传播教义和举行仪式的新浪潮。在所有这些宗教中原教旨主义运动都专注于对宗教教义、体制的净化，其方式是好战的，并根据宗教信条来重塑个人、社会和公共行为。原教旨主义运动是剧烈的，并可能产生巨大的政治影响。然而它们仅仅是在20世纪末给人类生活带来不同特色的更广阔和更深刻的宗教大潮的表面波浪而已。世界范围内的宗教复兴远远超过原教旨主义极端主义分子的活动。在各个社会这体现在人们的日常生活和工作、政府的关注和计划中。世俗的儒家文化的文化复兴采取了肯定亚洲价值观的形式，但在世界其他地方，宗教文化复兴却表现为对宗教价值观的肯定。正如乔治·威格尔所评论的，“世界的非世俗化是20世纪末占主导地位的社会事实之一。”(注20)

在前共产主义国家，宗教的普遍存在和现实意义一直是不言而喻的。宗教复兴席卷了从阿尔巴尼亚到越南的许多国家，填补了意识形态崩溃后所留下的空缺。在俄罗斯，东正教经历了一场重大的复兴。1994年，俄罗斯30%的25岁以下的人称自己从无神论者转变为信仰上帝。莫斯科地区使用中的教堂数目由1988年的50所增加到1993年的250所。宗教得到政治领袖一致的尊重和政府的支持。在俄罗斯的城市里，正如一位敏锐的观察家于1993年所报道的：“教堂的钟声再次回荡在空中。新镀金的圆顶在阳光下闪闪发光。不久前还是废墟的教堂重新回响起美妙的歌声。教堂是城市里最繁忙的地方。”(注21)与东正教在斯拉夫共和国复兴的同时，一场伊斯兰复兴运动席卷了中亚。1989年，中亚有160座启用的清真寺和一所伊斯兰教神学院；到1993年初有大约1万座清真寺和10所神学院。尽管这场复兴涉及一些原教旨主义的政治运动，并得到来自沙特阿拉伯、伊朗和巴基斯坦的外界鼓励，但它基本是一场基础极其广泛的、主流的文化运动。(注22)

如何解释这场全球性的宗教复兴？显然，各个国家和文明有其不同的特殊原因。然而，大量不同的原因不可能同时在世界的大部分地区引起类似的发展。全球性的现象需要一个全球性的解释。无论在一些特殊国家发生的大量事件可能受到什么独特因素的影响，一些一般的原因一定在起作用。它们是什么呢？

全球性宗教复兴最明显、最突出也是最强有力的原因，恰恰是那些被认为会引起宗教消亡的东西：20世纪后半叶席卷世界的社会、经济和文化现代化进程。认同和权力体系长期存在的根源瓦解了。人们从农村移居到城市，脱离了他们的根基，从事新的工作或没有工作。他们与大批陌生人相互作用，面对着一套新的关系。他们需要新认同根源、新形式的稳定社会以及一套新的道德规范来赋予他们意义感和目的感。不论是主流的宗教还是原教旨主义的宗教，都满足了这些需要。正如李光耀对东亚情况所解释的：

> 我们是在一代或两代人的时间内进行了工业化的农业社会。在西方

用了200年或更长时间才做到的事情，在这里只用了大约50年或更少的时间。所有的一切都被挤压进一个非常短的时间框架内，因而注定会有脱节和失误。如果你看一眼那些迅速发展的国家和地区——韩国、泰国、中国香港和新加坡，就会发现一个引人注目的现象：宗教的兴起……旧的风俗和宗教——祖先崇拜、萨满教，已不再完全令人满意。人们在寻求关于人类目的和为什么我们会如此的更深层的解释。这与社会中存在巨大压力的阶段是联系在一起的。(注23)

人们并不只靠理性活着。只有在界定了自我之后，他们在追求自身利益时才能理性地筹划和行动。利益政治以认同为先决条件。在社会飞速变革的时期，已确立的认同消失了，必须重新界定自我，确立新的认同。对于那些面临需要决定我是谁、我属于哪里的人们，宗教给予了令人信服的答案，宗教群体提供了小的社会群体来替代那些由于城市化而失去的东西。正如哈桑·图拉比所说的，所有宗教都赋予“人们认同感和生活方向”。在此进程中，人们重新发现或确立了新的历史认同。无论人们有什么样的普世主义目标，宗教都能在信徒和非信徒之间、群体内的优等人和与之不同的群体外的劣等人之间设置一道基本界线，从而赋予人们认同感。(注24)

伯纳德·刘易斯认为，穆斯林世界正“再次出现一种趋势，在紧急时刻，穆斯林需要在宗教社会中，也就是说，在一个由伊斯兰教而不是由种族或区域标准来定义的实体中，寻找他们的基本认同和忠诚”。吉利斯·凯伯尔也同样强调了寻求认同所占的中心地位：“‘从底部’重新伊斯兰化是在一个已经失去意义并变得乱七八糟和异化的世界里，重新确立认同的第一个和最重要的方法。”(注25)在印度，“一种新的印度教认同正在确立”，它是对现代化所造成的紧张状态和异化状态的反应。(注26)在俄罗斯，宗教复兴是“对认同的狂热渴望的结果，而这种认同只有东正教会能够提供，因为它是唯一未被破坏的与1000年前的俄罗斯相联系的纽带”。而在中亚伊斯兰各共和国，宗教复兴同样源自“中亚人民最强烈的渴望：重申已被莫斯科压制了几十年之久的认同”。(注27)特别是原教旨主义运动，是“应付混乱、失去认同、失去意义和安全的社会结构的一种方法，而这些都是由于迅速引进现代社会和政治模式、世俗化、科学文化及经济发展而造成的”。威廉·麦尼尔赞同说，重要的原教旨主义运动“……是那些从社会上广泛吸收成员的运动，因为它们回答了，或似乎回答了人们新近感到的人类需要……这些运动毫无例外地发生在这样的国家，在那里人口对土地的压力使古老的乡村生活方式对于大多数人来说已不可能，而以城市为基础的大众传播通过对乡村的渗透，已开始侵蚀农民生活的古老框架”。(注28)

更广义地说，遍及世界的宗教复兴是针对世俗化、道德相对主义和自我放纵的反应，也是对秩序、纪律、工作、互相帮助和人类团结的价值的重新肯定。宗教团体满足了被国家官僚所忽视的需要，包括提供医疗及医院服务设施、幼儿园和学校、对老人的照顾、自然灾害或其他灾难之后的紧急救援，以及经济遭受损失时给予福利和社会援助。因秩序和市民社会的破坏而造成的空白，被宗教团体，常常是原教旨主义宗教团体所填补。(注29)

如果传统上占主导地位的宗教没有满足无根基者的感情和社会需要，那么其他宗教团体就会来这样做，并在此过程中大量扩大其成员，并扩大宗教在社会和政治生活中的影响。韩国在历史上是一个佛教徒占绝大多数的国家，1950 年基督教徒的人数可能占人口的 1%－3%。当韩国进入经济迅速发展阶段，随着大规模的城市化和职业分工，佛教就变得不再适用。“对于涌入城市的几百万人，以及许多留在已发生变化的农村的人们来说，韩国农业时代不活跃的佛教已失去了吸引力。宣扬个人拯救和个人命运的基督教在混乱和变化的时期则给人以更可信的安慰。”(注30)到 20 世纪 80 年代基督徒在韩人口中至少占 30%，其中大部分是基督教长老会教友及天主教徒。

类似的变化也发生在拉丁美洲。拉丁美洲的新教徒数目由 1960 年的大约 700 万增加到 1990 年的 5000 万。拉丁美洲的天主教主教们 1989 年承认，新教成功的原因在于“天主教会不能迅速适应城市生活的技术性”和“教会结构有时也使它不能对现代人们的心理需要作出反应”。据一位巴西牧师说，与天主教会不同，新教教会满足了“个人的基本需要——人情温暖、治疗、深刻的精神体验”。新教在拉丁美洲穷人中的传播主要不是一种宗教代替另一种宗教，而是宗教信奉和参与的巨大净增，即由名义上的消极的天主教徒变成积极而虔诚的福音派信徒。例如在巴西 20 世纪 90 年代初 20%的人口称自己是新教徒，73%的人称自己是天主教徒，然而礼拜日时新教教堂里聚集了 2000 万人，天主教堂里约有 1200 万人。(注31)像世界其他宗教一样，基督教正经历着一场与现代化相关联的复兴，在拉丁美洲它采取了新教而不是天主教的形式。

韩国和拉丁美洲发生的这些变化反映了佛教和既定的天主教已不能满足在现

代化中遭受精神创伤的人们的心理、感情和社会需要。其他地方是否也发生宗教信奉的重大转变，取决于流行的宗教能在多大程度上满足这些需求。鉴于儒教在感情上缺乏生气，它在失去信徒方面显得首当其冲。在儒教国家，基督新教和天主教可能具有与福音新教对于拉丁美洲人、基督教对于韩国人以及原教旨主义对于穆斯林和印度教徒同样的吸引力。在中国，20 世纪 80 年代末当经济增长达到高峰时，基督教也得到传播，“尤其在年轻人中”，可能有 5000 万中国人是基督徒。政府企图阻止其增长，监禁了一些牧师、传教士和福音传道者，禁止和压制一些宗教仪式和活动，而且在 1994 年通过了一项法律，禁止外国人劝诱人们改变宗教信仰、设立宗教学校或其他宗教组织，并禁止宗教团体从事独立的或由国外资助的活动。在新加坡，正如在中国一样，有大约 5%的人口是基督教徒，20 世纪 80 年代末和 90 年代初政府部长们警告福音传道者不要打破国家“微妙的宗教平衡”，拘留了包括天主教组织官员在内的宗教工作者，并以不同方式骚扰基督教团体和个人。[注32]随着冷战的结束和随之而来的政治开放，西方教会也进入了东正教的苏联各共和国，与复兴的东正教会相竞争。在那里也和在中国一样，政府极力限制人们改变宗教信仰。1993 年，在东正教会的强烈要求下，俄罗斯议会通过立法，要求外国宗教团体在从事传教或教育工作时需经国家许可，或从属于某一俄罗斯宗教组织。然而叶利钦总统拒绝签署该法案，使之未能生效。[注33]总的来说，这件事表明，在“上帝的报复”与本土化发生冲突的地方，前者会获胜，因为如果人们的传统信仰不能满足他们在现代化中对宗教的需要，他们就会转向能够满足其感情需要的外来宗教。

除了在现代化中遭受的心理、感情及社会创伤外，刺激宗教复兴的因素还包括西方的退却和冷战的结束。从 19 世纪开始，非西方文明对西方作出的反应一般来说是从西方引进一系列意识形态。19 世纪，非西方精英们吸收了西方自由主义价值观，他们最初采取自由民族主义的形式对西方表示反对。20 世纪，俄罗斯、亚洲、阿拉伯、非洲和拉丁美洲的精英们引进了社会主义和马克思主义意识形态，并把它们与民族主义相结合，以反对西方资本主义和西方帝国主义。共产主义在苏联的垮台及其在中国的重大修改，以及社会主义经济不能获得持续发展，现在已造成一个意识形态的真空。西方政府、集团和国际机构，如国际货币基金组织和世界银行，试图用新古典经济学和民主政治学来填补这个真空。这些学说将在非西方文化中产生多大的持续影响还很难说。然而人们同时看到共产主义作为唯一最新的世俗上帝失败了，由于缺少令人信服的新的世俗上帝，他们带着信仰和热情转向了真正的上帝。宗教代替了意识形态，宗教民族主义取代了世俗民族主义。[注34]

宗教复兴运动是反世俗的，反普世的，而且，除了在基督教中的表现，也是反西方的。它们也反对与布鲁斯·劳伦斯所称的有别于“现代性”的“现代主义”相关联的相对主义、本我主义和消费主义。总的来说，它们并没有摒弃城市化、工业化、发展、资本主义、科学和技术，以及这些因素对社会组织所造成的影响。从这一意义上说，它们不是反现代的。正如李光耀所评论的，它们接受现代化，以及“科学和技术的不可避免性及它们所带来的生活方式的转变”，但它们“不能接受它们已被西方化的观点”。图拉比认为，民族主义和社会主义都没有促进伊斯兰世界的发展。“宗教是发展的动力”，经过净化的伊斯兰教在当代将起与新教伦理在西方历史上所起的类似作用。宗教与现代国家的发展也不相矛盾。[注35]伊斯兰原教旨主义运动在较先进且似乎较世俗的穆斯林社会中势力强大，如阿尔及利亚、伊朗、埃及、黎巴嫩和突尼斯。[注36]宗教运动，尤其是原教旨主义运动，非常善于运用现代通信和组织技术传播其信息，最引人注目的例子是中美洲新教福音派成功的空中传教。

参与宗教复兴运动的人来自各界，但绝大多数来自两个组成部分，这两部分都是城市人口和流动人口。新移居到城市的人是第一个组成部分，他们一般需要感情上、社会上以及物质上的支持和引导，在这方面宗教团体比其他任何机构都做得多。正如拉吉斯·德布里所说，宗教对于这些人来说，不是“人民的鸦片，而是弱者的维他命”。[注37]另一个主要组成部分是体现多尔所说的“第二代本土化现象”的新中间阶级。正如凯伯尔所指出的，“伊斯兰原教旨主义团体中的积极分子并不是年迈的保守主义者或目不识丁的农民。”对于穆斯林和其他人来说，宗教复兴是一个城市现象，它吸引了那些现代取向的、受过良好教育的，在专业部门、政府和商界中追求事业的人。[注38]在穆斯林中，一些年轻人信仰宗教，而他们的父母却是世俗的。印度教的情况也与此大致相同，其复兴运动的领袖也来自本土化的第二代人，而且常常是“成功的商人和官员”，印度新闻界称他们为“穿藏红色衣服的雅皮士”。20世纪90年代初其支持者越来越多地来自“印度稳健的中间阶级印度教徒——商人和会计师，律师和工程师”，以及来自“高级文官、知识分子和新闻记者”。[注39]在韩国，20世纪60至70年代期间，天主教和基督教长老会教堂越来越多地汇集了同样类型的人。

土生土长的宗教或外来宗教给现代化社会中的新兴的精英们指出了意义和方向。罗纳德·多尔注意到，“传统宗教的价值属性”“是主张相互尊重，反对居控制地位的其他国家，而且常常同时更接近于反对当地统治阶级，因为后者接受那些居控制地位的其他国家的人的价值观和生活方式”。据威廉·麦尼尔指出，“无论对伊斯兰教的重新肯定采取什么样的具体教派形式，它都更多地意味着否认欧洲和美国对当地社会、政治和道德的影响”。[注40]从这种意义上来说，非西方宗教的复兴是非西方社会中反对西方化的最强有力的表现。这种复兴并非拒绝现代性，而是拒绝西方，以及与西方相关的世俗的、相对主义的、颓废的文化。它是非西方社会对所谓的“西方毒化（Westoxification）”的抵制。它是针对西方的文化独立宣言，是一个骄傲的声明：“我们将是现代的，但我们不会是你们。”

第五章

经济、人口和挑战者文明

本土化和宗教的复兴是全球现象。然而，它们在亚洲和伊斯兰世界的文化自我伸张及其文化对西方的挑战中表现得最为明显。它们是 20 世纪最后 25 年中充满生机的文明。伊斯兰的挑战表现为穆斯林世界普遍出现的伊斯兰文化、社会和政治复兴，以及与此相伴随的对西方价值观和体制的抵制。亚洲的挑战表现在所有的东亚文明——中华文明、日本文明、佛教文明和穆斯林文明——都强调自己与西方的文化差异，有时也强调它们之间的共性，这些共性常常认同于儒教。亚洲人和穆斯林都强调他们的文化优越于西方文化。相比之下，其他非西方文明——印度文明、东正教文明、拉丁美洲文明和非洲文明——的人民可能肯定自己文化的独特性，但在 20 世纪 90 年代中期却踌躇于宣称自己的文化优越于西方文化。亚洲和伊斯兰有时单独地，有时携手对西方国家表现出日益自信的自我伸张。

在这些挑战的背后存在着相互关联但又不同的原因。亚洲的自信植根于经济的增长；穆斯林的自我伸张在相当大的程度上源于社会流动和人口增长。这些挑战中的每一个都正在，并将在进入 21 世纪后继续对全球政治产生冲击，造成全球政治的极大不稳定。然而这些冲击又有很大区别。中国和其他亚洲社会的经济发展为其政府提供了动力和资源，使其在同其他国家打交道时更苛求。穆斯林国家人口的增长，尤其是 15 至 20 岁年龄段人口的膨胀，为原教旨主义、恐怖主义、暴动和移民提供了生力军。经济增长增强着亚洲政府的力量；人口增长威胁着穆斯林政府和非穆斯林社会。

亚洲的自我肯定

东亚经济的发展一直是 20 世纪后半叶世界上最重要的发展之一。这一进程在 20 世纪 50 年代始于日本，日本曾一度被看成是很大的例外，即一个非西方国家成功地进行了现代化，并成为经济发达的国家。然而经济发展的进程蔓延到了四小龙（香港、台湾、韩国、新加坡），然后到中国、马来西亚、泰国和印度尼西亚，并正对菲律宾、印度和越南产生影响。这些国家和地区多数保持了 10 年或 10 年以上的 8％－10％或更高的年平均增长率。亚洲同世界之间的贸易也同样持续高速增长，然后是亚洲内部贸易的急剧扩大。亚洲的经济成就与欧洲和美国经济的中速增长以及世界其他大部分地区的普遍停滞形成了鲜明对比。

例外的不再只是日本，整个亚洲都在成为例外。西方以富有为特征和非西方以欠发达为特征的状况将不会持续到超出 20 世纪。这种转变的速度是势不可挡的。正如奇索·马赫布巴尼所指出的，英国和美国分别花了 58 年和 47 年的时间才使其人均产值翻了一番，而日本做到这一点用了 33 年时间，印度尼西亚用了 17 年，韩国用了 11 年，中国用了 10 年。20 世纪 80 年代和 90 年代上半叶中国经济以年平均增长率 8％的速度递增，四小虎紧跟其后。（见图 5.1）世界银行 1993 年宣布，“中华经济区”已成为继美国、日本和德国之后的世界“第四增长极”。根据大多数估计，中国经济将于 21 世纪早期成为世界上规模最大的经济。20 世纪 90 年代已拥有世界第二、第三大经济国的亚洲，可能到 2020 年将拥有世界五大经济国中的四个，世界十大经济国中的七个。到那时，亚洲国家可能占全球经济产值的 40％以上。大多数经济竞争力强的国家可能都是亚洲国家。[注1] 即使亚洲经济增长比预期的更早、更突然地放慢速度，已经发生的增长对于亚洲及世界的影响仍是巨大的。

东亚的经济发展正改变着亚洲与西方的力量对比，具体讲是与美国之间的力量对比。成功的经济发展给创造出和受益于这一发展的国家带来了自信和自我伸张。财富像权力一样也被看作是优点的证明及道德和文化优越性的显示。当东亚人在经济上获得更大成功时，他们便毫不犹豫地强调自己文化的独特性，鼓吹他们的价值观和生活方式优越于西方和其他社会。亚洲社会越来越少地顾及美国的要求和利益，越来越有能力抵制美国或其他西方国家的压力。

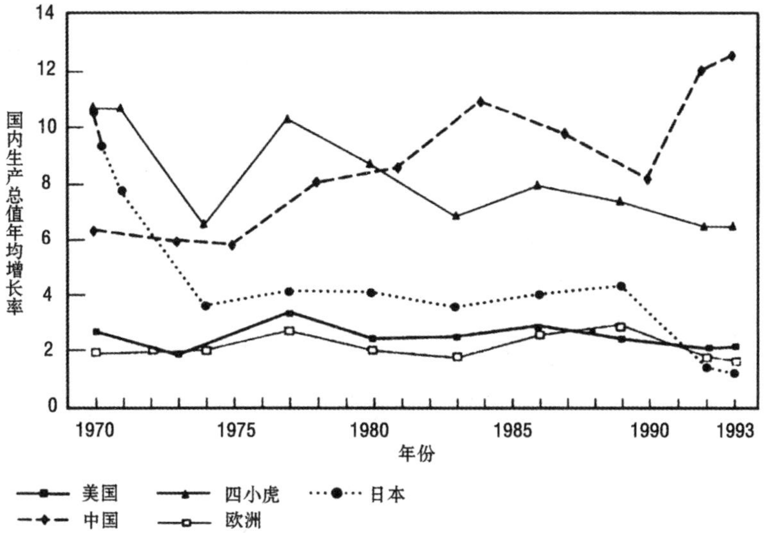

图 5.1　经济挑战：亚洲与西方

资料来源：世界银行《1995，1991 年世界图表》（巴尔的摩：约翰斯・霍普金斯大学出版社，1995 年，1991 年）；“中华民国行政院”主计处《中国台湾地区国民收入统计摘要，1951—1995 年》（1995 年）。注：数字表示每连续三年的平均值。

汤米・高大使 1993 年注意到，“文化复兴正席卷”亚洲。它包括“自信心日益增长”，这意味着亚洲人“不再把西方或美国的一切看作必然是最好的”。(注2) 这一复兴表现在亚洲国家日益强调各国独特的文化认同和使亚洲文化区别于西方文化的共性。这种文化复兴的意义体现在东亚两个主要国家与西方文化相互作用的变化上。

当 19 世纪中叶西方把自己强加于中国和日本时，经过短暂的对基马尔主义的迷恋之后，大多数精英采取了改良主义的战略。随着明治维新，一个有生气的改革家集团在日本掌握了政权，他们学习并借鉴了西方的技术、实践和体制，开始了日本的现代化进程。然而，他们在这样做时采取了保持传统日本文化精髓的方式，它既在许多方面有助于现代化，又使日本有可能于 20 世纪 30—40 年代求助于、重新阐述和依赖于该文化的要素，以此来唤起对其帝国主义行为的支持和辩护。另一方面，在中国，腐朽的清王朝已无法成功地适应来自西方的冲击。中国被日本和欧洲列强所击败、剥夺和羞辱。1911 年清政府垮台，随之而来的是分裂、内战，以及相互竞争的中国知识分子和政治领袖求助于西方各种相互竞争的观点：孙中山的“民族、民权、民生”的三民主义政策、梁启超的自由主义、毛泽东的马克思列宁主义。20世纪40年代末，那些从苏联引进的观点战胜了从西方舶来的观点——民族主义、自由主义、民主制、基督教，中国被确定为社会主义社会。

在日本，第二次世界大战中的彻底失败导致了文化的彻底破坏。一位曾深深涉足于日本事务的西方人于1994年评论说，“现在我们非常难以意识到所有的一切——宗教、文化，这个国家精神生活的所有各个方面曾在多大程度上被用来为战争服务。战败是对制度的彻底打击。在他们的头脑中一切都变得没有价值并被抛弃了。”(注3)在这个国家，所有与西方有关联的东西，尤其是战胜国美国的东西，都开始被看作是好的和理想的。因此，就在中国效仿苏联时，日本试图效仿美国。

20世纪70年代末，共产主义未能推动经济的发展，资本主义在日本的成功和在其他亚洲社会的日益成功，导致新的中国领导人脱离了苏联模式。10年后苏联的瓦解进一步突出了引进苏联模式的失败。中国人由此面临着转向西方还是转向国内的问题。许多知识分子和其他一些人提倡全盘西化，这一趋势在电视系列片《河殇》和竖立在天安门广场的自由女神像上达到了其文化上和流行上的顶峰。然而这种西方取向既没有获得北京几百名决策者的支持，也没有获得生活在农村的8亿农民的支持。全盘西化在20世纪末也如同它在19世纪末一样被认为是不可行的。领导人于是选择了一种新的“中学为体，西学为用”版本：一方面是实行资本主义和融入世界经济，另一方面是实行政治权威主义和重新推崇传统中国文化，把两者结合起来。这个政权用蓬勃发展的经济提供的行为合法性和中国文化独特性提供的民族主义的合法性，来取代马克思列宁主义革命的合法性。一位评论家评述说，“天安门事件后的政权热切地接受把中国的民族主义作为合法性的新源泉”，并有意识地激起反美情绪来为自己的权力和行为辩护。(注4)一种中国的文化民族主义就这样产生了，用一位香港领导人1994年的话说就是：“我们中国人有了前所未有的民族感。我们是中国人并为此感到自豪。”在中国，20世纪90年代初出现了一种“回复到属于真正的中国东西的普遍愿望，这些东西常常是家长式的、排外的和专制的。在这种历史的重现中，民主就像列宁主义一样不被信任，因为它不过是另一个外国人强加的东西”。(注5)

20世纪初的中国知识分子独立地得出了与韦伯类似的结论，把儒教看作是中国落后的根源。20世纪末中国的政治领袖像西方的社会学家一样，赞美儒教是中国进步的根源。20 世纪 80 年代中国政府开始提倡对儒教的宣传，党的领导人宣称它是中国文化的“主流”。(注6) 当然儒教也为李光耀所热衷，他把儒教看作是新加坡成功的原因，并积极地向世界的其他地方宣扬儒教的价值观。20 世纪 90 年代台湾“政府”宣布自己是“儒教思想的继承者”，李登辉将台湾的“民主化”归因于中国的“文化遗产”，它可以追溯到唐尧（公元前 21 世纪）、孔子（公元前 5 世纪）和孟子（公元前 3 世纪）。(注7) 华人领导人无论想要为专制主义还是为民主制辩护，他们都从其共同的中华文化而不是从引进的西方观念中寻求合法性。

与此同时，日本 20 世纪 80 年代成功的经济发展与人们所察觉到的美国经济和社会制度的失败和“衰落”形成了对照，这使日本人日益摆脱对西方模式的幻想，并越来越相信他们成功的根源一定存在于自己的文化之中。导致了 1945 年的军事灾难并因此不得不被摒弃的日本文化，至 1985 年却又产生了经济成就，并因此可以被接受了。日本人对西方社会的日益熟悉使他们“认识到作为西方的一员对其本身来说并非那样理想。他们是从自己的制度中得出这一结论的”。尽管明治维新时的日本人采取了“脱离亚洲加入欧洲”的政策，20 世纪末文化复兴时的日本人却赞成“疏远美国加入亚洲”的政策。(注8) 这一趋势首先包括对日本文化传统的重新认同，以及重新伸张那些传统的价值观；其次，也是存在更大疑问的，是努力使日本“亚洲化”，并认同于一般的亚洲文化，尽管日本有其独特的文明。鉴于第二次世界大战后日本与中国相比更认同于西方，又鉴于无论西方怎样衰落，它也不会像苏联那样完全垮台，日本完全摒弃西方的动力远不及中国脱离苏联和西方模式的动力那么大。另一方面，日本文明的独特性、其他国家对日本帝国主义历史的记忆，以及华人在其他亚洲国家中的经济中心地位，对于日本来说也意味着，疏远西方将比较容易，而与亚洲混合在一起却不会那么容易。(注9) 日本通过重申自己的文化认同，强调了其独特性及与西方文化和其他亚洲文化的差异。

虽然中国和日本在自己的文化中发现了新价值，但它们也共同地更广泛地重申亚洲文化相对于西方而言的一般价值。工业化以及与之伴随着的经济增长导致东亚人 20 世纪 80 和 90 年代清楚地表达了可以被恰当地称作“亚洲的自我肯定”的东西。这个态度总的来说有四个组成部分。

第一，亚洲人相信东亚将保持经济的快速增长，并很快将在经济产值上超过西方，因此与西方相比它在世界事务中将越来越强有力。经济增长在亚洲社会中刺激了一种权力意识以及对自己抵抗西方的能力的肯定。一位日本著名记者于1993年宣称，“美国打喷嚏，亚洲就感冒的日子已经过去了。”一位马来西亚官员补充了这个隐喻：“即使美国发高烧亚洲也不会咳嗽。”另一位亚洲领袖说，亚洲与美国的关系正处于“畏惧时期的结束和反驳时期的开始”。马来西亚副总理断言道：“亚洲的日益繁荣意味着它现在已处于为全球主要的政治、社会和经济安排提供需认真对待的其他选择的地位了。”(注10) 东亚人认为，这还意味着西方正迅速失去使亚洲社会在人权和其他价值观上遵循西方标准的能力。

第二，亚洲人相信这种经济成功在很大程度上是亚洲文化的产物，亚洲文化优越于文化上和社会上颓废的西方文化。在20世纪80年代那些令人兴奋的日子里，当时日本人的经济、出口、贸易盈余和外汇储备都在激增，日本人像先于他们的沙特人一样，吹嘘他们的新经济实力，轻蔑地谈起西方的衰落，并把他们的成功和西方的衰落归因于自己文化的优越和西方文化的颓废。20世纪90年代初，亚洲胜利论在只能称其为“新加坡文化攻势”的表现中再次清楚地表达出来。从李光耀开始，历届新加坡领导人都鼓吹亚洲相对于西方的崛起，他们还将两者进行对比，并把亚洲成功的原因归于从根本上来讲是儒家文化的亚洲文化的优点——秩序、纪律、家庭责任感、勤奋工作、集体主义、节俭等，而把西方衰落的原因归于自我纵容、懒惰、个人主义、犯罪、教育差、不尊重权威，以及“思想僵化”等，他们认为，为了与东方竞争，美国“需要检讨其社会和政治安排的基本设想，并在此过程中从东亚社会中学习一点东西”。(注11)

对东亚人来说，东亚的成功主要是由于东亚文化更强调集体而不是个人。李光耀说：“东亚人（日本人、韩国人、中国人和新加坡人）的带有更强群体意识的价值观和实践，在赶超进程中表明是明显宝贵的东西。东亚文化所持的价值观，如集体利益高于个人利益，支持了团体的努力，而这对于迅速发展是必要的。”马来西亚总理赞同道：“日本人和韩国人的工作伦理，包括守纪律、忠诚和勤勉，成了他们各自国家经济和社会发展的动力。这种工作伦理产生于集体和国家比个人更重要的哲学。”(注12)

第三，尽管东亚人意识到亚洲各社会和文明之间的差异，但他们仍认为存在着重要的共性。中国的一位持不同政见者说，其核心是“儒教的价值体系、历史使它增光，该地区的大多数国家都接受它”，特别是它强调节俭、家庭、工作和纪律。同样重要的是它们都摒弃个人主义，盛行“软”独裁或非常有限的民主形式。亚洲社会在面对西方维护这些独特的价值观、促进它们各自的经济利益中，有着共同的利益。亚洲人认为这需要发展新形式的亚洲内部的合作，如扩大东盟和建立东亚经济会议。虽然东亚社会的直接经济利益是继续进入西方市场，但在更长的时期内经济区域主义可能会流行，因此东亚必须日益加强亚洲内部的贸易和投资。(注13)特别是日本作为亚洲发展的领导，必须放弃其历史上“非亚洲化和亲西方化”的政策，遵循“再亚洲化的道路”，或更广义地说，促进“亚洲的亚洲化”，这是新加坡的官员们所赞同的道路。(注14)

第四，东亚认为，亚洲的发展和亚洲价值观是其他非西方社会在努力赶超西方时应效仿的模式，西方也应采用它以自我更新。东亚人宣称，“盎格鲁－撒克逊发展模式在过去40年里如此受到尊崇，被当作发展中国家经济现代化和建立一种可行的政治体系的最好手段。现在它已不起作用了。”东亚模式正在取而代之，从墨西哥、智利到伊朗、土耳其以及苏联各共和国都在试图学习它的成功经验，正如前几代人试图学习西方的成功经验一样。亚洲必须“把那些具有普遍价值的亚洲价值观传给世界的其他部分……传播这一理想意味着输出亚洲尤其是东亚社会体系”。日本和其他亚洲国家有必要促进“太平洋全球主义”，“使亚洲全球化”，并由此“决定性地塑造新世界秩序”。(注15)

强大的社会是普世的，弱小的社会是狭隘的。东亚日益增长的自信导致了亚洲普世主义的出现，而普世主义一直是西方的特征。马哈蒂尔总理于1996年对欧洲国家的政府首脑宣称“亚洲价值观是普遍的价值观，欧洲价值观是欧洲的价值观”。(注16)与亚洲普世主义伴随而来的是亚洲人的“西方学”，它几乎是用西方的东方学曾用来描绘东方时所持的同样的否定态度来描绘西方的。对于东亚人来说，经济繁荣是其道德优越的证明。如果未来某一天印度取代东亚成为世界经济发展最迅速的地区，那么世界就应当准备对印度文化的优越和种姓制度对经济发展的贡献，以及印度如何通过回归本源和克服英帝国主义留下的失去光泽的西方遗产而最终取得文明中名列前茅的位置，进行广泛的专门的研究。物质的成功带来了对文化的伸张，硬实力衍生出软实力。

伊斯兰教的复兴

当经济发展使亚洲人变得日益自信时，大批穆斯林却同时转向了伊斯兰教，把它作为认同、意义、稳定、合法性、发展、力量和希望的本源，“伊斯兰教是解决方法”的口号是这种希望的集中体现。伊斯兰复兴运动就其广度和深度来说是伊斯兰文明向西方作调整的最新阶段，它是在伊斯兰教而不是西方的意识形态中寻求“解决方法”的努力。它体现了对现代性的接受，对西方文化的摒弃，以及重新把伊斯兰教作为现代世界中生活的指导来信奉。正如沙特的一位高级官员于1994年所解释的，“‘引进外国的东西’是好的，如闪光的或高科技的‘东西’。但从外面引进的不可捉摸的社会和政治体制可能是有害的——伊朗国王就可以证明这一点……伊斯兰教对我们来说不只是一种宗教，而且还是一种生活方式。我们沙特人想要现代化，但不一定要西方化。”(注17)

伊斯兰复兴运动是穆斯林为达到此目标所作的努力。它是遍及伊斯兰世界的广泛的知识、文化、社会和政治运动。伊斯兰教的“原教旨主义”通常被视为政治的伊斯兰教，但它只是范围更加广泛的伊斯兰教观念、实践和辞藻的复兴，以及穆斯林对伊斯兰教再作贡献的一个组成部分。复兴运动是主流而不是极端的，是普遍的而不是孤立的。

复兴运动影响到了所有国家的穆斯林以及大多数穆斯林国家的社会和政治的大多数方面。约翰·艾斯波西多曾写道：

> 伊斯兰教在个人生活中觉醒的标志有许多：对宗教仪式日益浓厚的兴趣（参加清真寺礼拜、祈祷、斋戒），宗教节目和出版物的广泛传播，更加强调伊斯兰教的装束和价值观，苏菲派（神秘主义）的复苏。这种建立在更广泛基础上的复兴也伴随着在公众生活中重新坚持伊斯兰教：伊斯兰教取向的政府、组织、法律、银行、社会福利部门和教育机构日益增多。政府和反对派都转向伊斯兰教来提高自己的权威和赢得公众的支持……大多数统治者和政府，包括较世俗的国家，如土耳其和突尼斯，都开始意识到伊斯兰教的潜在力量，对伊斯兰问题显示出了越来越多的敏感和担忧。

另一位伊斯兰教著名学者阿里·希罗·迪斯苏基也发表了类似的看法。他认为复兴运动包括：重新确立伊斯兰教法以代替西方法律，越来越多地使用宗教语言和标志，扩大伊斯兰教教育（表现在伊斯兰教学校的大量增多和国立学校课程的伊斯兰化），更多的人遵守伊斯兰教关于社会行为的法规（例如，妇女必须蒙面、禁酒），更多地参加宗教仪式，伊斯兰教组织控制了穆斯林社会中反世俗政府的活动，以及广泛地加强伊斯兰教国家和社会的国际团结。[注18]上帝的报复是一种全球现象，但上帝，即安拉，已经在伊斯兰群体中进行了最普遍和最彻底的报复。

就政治表现而言，伊斯兰复兴运动与马克思主义有某种相似之处，它有其经文，是对理想社会的描述，执著于根本的变革，拒绝现行政权和民族国家，以及有从温和的改良主义到暴力革命的不同主张。然而另一个更有用的类比是基督教新教改革。它们都是对现存体制僵化和腐朽的反应；都提倡回复到其更纯正和更苛求的宗教形式；都鼓吹工作、秩序和纪律；都对正在形成的、有生气的中间阶级有吸引力。两者都是复杂的运动，有许多不同的分支，但其中都各有两支是主要的，即路德教和加尔文主义，什叶派和逊尼派原教旨主义，甚至约翰·加尔文和霍梅尼之间以及他们试图强加于其社会的禁欲纪律都相似。基督教改革和伊斯兰复兴运动的核心精神都是根本的改革。一位清教牧师宣称，“改革必须是普遍的……改革所有的地方、所有的人和职业；改革法官、低劣的执法者……改革大学，改革城市，改革国家，改革劣质学校，改革斋日，改革宗教仪式、对上帝的礼拜。”图拉比也作了类似的断言：“这种觉醒是全面的——它不仅是关于个人虔诚；它不仅是知识的和文化的，也不仅是政治的，它是这些的总和，是对社会从上到下的全面重建。”[注19]忽视 20 世纪末伊斯兰教复兴运动对东半球的政治影响，就等于忽视 16 世纪末新教改革对欧洲的政治影响。

伊斯兰教复兴运动在一个关键方面与基督教改革不同。后者的影响在很大程度上局限于北欧；总的来说，它在西班牙、意大利、东欧和哈布斯堡王朝的领土上几乎没有取得进展。相比之下，伊斯兰教复兴运动遍及了几乎所有穆斯林社会，从 20 世纪 70 年代开始，伊斯兰教的标志、信仰、习俗、体制、政策和组织就赢得了从摩洛哥到印度尼西亚，从尼日利亚到哈萨克斯坦的全世界 10 亿穆斯林当中越来越多的信奉和支持。伊斯兰化倾向首先发生在文化领域，然后继续扩展到社会和政治领域。知识分子和政治领袖，无论是否喜欢它，都不能忽视它，或避免以这样或那样的方式适应它。彻底的大一统总是危险的且常常是错误的，然而，有一点似乎被证明是合理的。1995 年，除伊朗外，每个穆斯林人口占优势的国家在文化、社会和政治上都比 15 年前更伊斯兰化和伊斯兰主义化。[注20]

在大多数国家，伊斯兰化的核心要素是伊斯兰社会组织的发展以及伊斯兰教团体对现存组织的控制。伊斯兰主义者特别关注建立伊斯兰教学校和在国立学校中扩大伊斯兰教的影响。实际上伊斯兰教团体造就了伊斯兰的"市民社会"，它在范围和活跃性上相当于、超过、而且常常取代世俗文明社会中常见的脆弱体制。在埃及，20 世纪 90 年代初伊斯兰教组织建立了一个广泛的组织网络，它填补了政府留下的空白，给大量埃及穷苦人提供了卫生、福利、教育和其他服务。1992 年开罗地震后，这些组织"几小时之内就出现在街头，分发食品和毛毯，而政府的救援工作却延迟了"。在约旦，穆斯林兄弟会自觉地遵循发展"伊斯兰共和国的社会和文化基础设施"的政策，至 20 世纪 90 年代初，在这个仅有 400 万人口的小国家，开设了 1 所大医院、20 个诊所、40 所伊斯兰教学校、120 个古兰经学习中心。在相邻的西岸和加沙地带，伊斯兰教组织建立和经管了"学生会、青年组织以及宗教、社会和教育协会"，包括从幼儿园到一所伊斯兰教大学的各类学校，诊所、孤儿院、养老院，以及一个伊斯兰司法和仲裁系统。20 世纪 70 和 80 年代，伊斯兰教组织扩展到整个印度尼西亚。到 20 世纪 80 年代初，最大的一个名叫穆罕默迪亚（Muhhammadijah）的拥有 600 万名成员的组织，组成了一个"世俗国家内部的宗教福利国家"，并通过一个精心建立的包括学校、诊所、医院和大专院校的网络，为全国提供"从摇篮到坟墓"的服务。在这些以及其他穆斯林社会里，伊斯兰主义组织虽然被法令禁止从事政治活动，但却提供着堪与 20 世纪初美国的政治机构相比的社会服务。(注21)

伊斯兰复兴运动在政治上的表现不如其在社会和文化上的表现普遍，但它们仍然是 20 世纪最后 25 年穆斯林社会中唯一最重要的政治事态发展。对伊斯兰教运动的政治支持的程度和构成，因国家而不同。然而存在着某种广泛的趋势。总的说来，这些运动没有得到农村的精英、农民和年长者的大力支持。像其他宗教中的原教旨主义者一样，伊斯兰主义者的绝大多数是现代化进程的参与者和这一进程的产物。他们是流动的、现代取向的较年轻的人口，大部分来自三个群体。

如大多数革命运动一样，伊斯兰主义运动的核心成分是学生和知识分子。在大多数国家，原教旨主义者控制学生会和其他类似组织，是政治伊斯兰化进程的第一阶段。20 世纪 70 年代，在埃及、巴基斯坦和阿富汗，大学里出现了伊斯兰主义的"突破"，然后转到了其他穆斯林国家。伊斯兰主义的吸引力在技术院校、工程人员和科研人员中尤其强大。20 世纪 90 年代在沙特阿拉伯、阿尔及利亚和其他地方，"第二代本土化"表现在使用本国语言受教育的大学生的比例越来越高，他们因此日益受到伊斯兰主义的影响。(注22)伊斯兰主义者对妇女也常常具有很大的吸引力，如在土耳其，老一代的世俗主义妇女和她们伊斯兰教取向的女儿和孙女、外孙女之间就存在着明显的界线。[注23]一项对埃及伊斯兰教团体的好战领导人的研究发现他们有五大特征，这些看起来也是其他国家伊斯兰主义者的典型特征。他们年轻，大多数是二三十岁；80％的人是大学生或研究生；半数以上来自精英院校或来自智力要求最高的技术专业领域，如医学和工程领域；70％以上的人来自下层中间阶级，即“中等而不贫穷的背景”，是他们家庭中第一代受到高等教育的人；他们在小城镇或农村度过童年，但成了大城市的居民。[注24]

学生和知识分子组成了伊斯兰运动中好战的骨干和突击队，城市中间阶级的人构成了大多数活跃分子。在某种程度上这些人来自通常被称作“传统的”中间阶级的群体：商人、经纪人、小业主、小贩。他们在伊朗革命中扮演了关键的角色，并为阿尔及利亚、土耳其和印度尼西亚的原教旨主义运动提供了重大支持。然而原教旨主义者在更大程度上属于中间阶级中较“现代”的部分。伊斯兰主义积极分子“可能包括受过最好教育的、最聪明的各类年轻人中多得不成比例的数量”，包括医生、律师、工程师、科学家、教师和公务员。[注25]

伊斯兰运动拥护者的第三个主要成分是新近移居城市的人。20 世纪 70 至 80 年代整个伊斯兰世界城市人口的比例急剧增长。涌入正在衰败的常常是原来的贫民区的城市移民，需要伊斯兰组织提供的社会服务，并成为其受益者。此外，欧内斯特·格尔纳指出，伊斯兰教为这些“新迁移的民众”提供了“体面的身份”。在伊斯坦布尔和安卡拉、开罗和艾斯尤特，阿尔及尔和非斯，以及在加沙地带，伊斯兰主义党派成功地组织并吸引了“被蹂躏和被剥夺的人们”。奥利弗·罗伊说，“革命的伊斯兰大众”是“现代社会的产物……是新来到城市的几百万农民，他们使穆斯林大都市的人口增加了两倍”。[注26]

至 20 世纪 90 年代中期只有伊朗和苏丹是明确的伊斯兰政府掌权。少数几个穆斯林国家，如土耳其和巴基斯坦，存在着主张某种民主合法性的政权。其他四十来个穆斯林国家的政府绝大多数是非民主的：君主政体、一党制、军事政权、个人独裁或上述这几种情况的综合，通常建立在一个有限的家族、部族或部落的基础之上，在一些情况下严重依赖于外国的支持。摩洛哥和沙特阿拉伯的政权试图援引某种形式的伊斯兰合法性。然而这些政府大多数缺少根据伊斯兰的、民主的或民族主义的价值观来为其统治辩护的任何基础。用克莱门特·亨利·莫尔的话来说，它们是“地堡式的政权”，是压制性的、腐败的、脱离其社会的需要和渴望的政权。这样的政权可能会维持长久，它们不一定会垮台。然而在现代世界，它们改变或垮台的可能性很大。因而20世纪90年代中期的一个中心问题便涉及可能的替代性选择：它们的继任者将是谁或什么？20世纪90年代中期在几乎所有国家，最有可能的继任政权是伊斯兰政权。

20世纪70和80年代，一股民主化浪潮席卷了整个世界，包括几十个国家。这股浪潮对穆斯林社会有所冲击，但是冲击有限。当民主运动获得力量并在南欧、拉丁美洲、东亚外围和中欧取得政权时，伊斯兰运动同时也在穆斯林国家获得了力量。伊斯兰主义在职能上代替了基督教社会中反独裁主义的民主运动，它在很大程度上是由相似的原因所造成的：社会动员，独裁政权失去了行动的合法性，以及国际环境的变化，包括原油价格上涨，它在穆斯林世界鼓励的不是民主潮流而是伊斯兰主义。教士、牧师和一般信徒的宗教团体在基督教社会里的反对独裁政权中起了重要的作用，伊斯兰群体、以清真寺为基础的宗教团体以及伊斯兰主义者在穆斯林社会中也起了类似的反对作用。教皇是结束波兰共产主义政权的主要力量，阿亚图拉则是推翻伊朗国王政权的主要力量。

20世纪80和90年代，伊斯兰主义运动主导并常常垄断穆斯林社会中政府的反对派。它们的力量部分是因反对派缺乏选择余地造成的。左派运动和共产主义运动已经失去了信誉，然后又受到苏联和国际共产主义瓦解的严重削弱。自由、民主的反对集团存在于大多数穆斯林社会，但它们通常仅限于数量有限的知识分子和其他有西方根基或联系的人。除个别例外，自由民主主义者无法在穆斯林社会中取得持久而广泛的支持。甚至伊斯兰自由主义也不能站稳脚跟。福弟·阿加米评论道，“在一个又一个的穆斯林社会里，撰写关于自由主义和民族资产阶级的传统，就是在写承担了成功可能性很小的责任后便失败了的人的讣告。”(注27) 自由民主制在穆斯林社会的普遍失败，是从19世纪末以来持续了整整一个世纪的反复出现的现象。这种失败至少在一定程度上是由于伊斯兰文化和社会对西方自由观念的冷淡态度所致。

伊斯兰运动成功地主导了反对派，并成功地使自己成为现存政权唯一可行的替代物，这种成功也得到那些政权的政策的很大帮助。冷战期间有许多政府，包括阿尔及利亚、土耳其、约旦、埃及和以色列，曾在不同的时期鼓励和支持伊斯兰主义者抵制共产主义或敌对的民族主义运动。至少直到海湾战争之前，沙特阿拉伯和其他海湾国家向各类国家的穆斯林兄弟会和伊斯兰主义集团提供了巨额资助。伊斯兰集团主导反对运动的能力也由于政府对世俗反对运动的镇压而增强了。原教旨主义的力量一般与世俗的民主政党或民族主义政党的力量成反比，而其力量在诸如摩洛哥和土耳其那样的允许某种程度多党竞争的国家比在那些镇压所有反对派的国家要弱。(注28)然而世俗反对派比宗教反对派更容易受到镇压。后者可以在清真寺、福利组织、基金会和其他政府感到不能镇压的穆斯林机构组成的网络内部或背后活动。自由民主主义者没有这样的保护层，因此更容易被政府控制或清除。

为了预先控制伊斯兰主义趋势的增长，一些国家的政府扩大了在国家所控制的学校里的宗教教育，而这种教育常常受到伊斯兰主义教师或观点的支配，政府还扩大了对宗教机构和宗教教育机构的支持。这些行为在某种程度上是政府信奉伊斯兰教的证据，而且政府通过对它们的资助，扩大了对伊斯兰教机构和教育的控制。然而这些也导致了大量学生和人们接受伊斯兰价值观的教育，使他们更容易接受伊斯兰主义的号召和为伊斯兰主义目标而奋斗的好战毕业生的吸引。

复兴运动的力量和伊斯兰主义运动的号召力导致政府提倡伊斯兰制度和习俗，并把伊斯兰的象征和习俗纳入了其政权。在最广泛的层次，这意味着确认或再确认他们国家和社会的伊斯兰特征。20 世纪 70 和 80 年代，政治领袖急于使其政权和自己认同于伊斯兰教。约旦国王侯赛因确信世俗政府在阿拉伯世界几乎没有前途，他谈到建立“伊斯兰民主”和“使伊斯兰教现代化”的必要。摩洛哥国王哈桑强调他是穆罕默德的子孙和他作为“信徒的指挥官”的角色。文莱的苏丹先前并不因推崇伊斯兰习俗而知名，后来却变得“日益虔诚”，并把他的政权确定为“马来人的穆斯林君主政体”。突尼斯的本·阿里开始经常地在演讲中祈求安拉保佑，并“把自己包裹在伊斯兰的长袍下”，以制约伊斯兰教集团日益增长的吸引力。(注29)20 世纪 90 年代初苏哈托明确采取了“更加穆斯林化”的政策。在孟加拉国，“世俗主义”原则于 20 世纪 70 年代中期从宪法中被删除；到 90 年代初，土耳其世俗的、基马尔主义的认同首次面临严重挑战。(注30)为了突出自己对伊斯兰教的信奉，政府领袖如奥扎尔，苏哈托，卡里莫夫，都急于去朝觐。

穆斯林国家的政府也按照伊斯兰化的法律行事。在印度尼西亚，伊斯兰法律概念和习俗被纳入了世俗法律体系。相比之下，马来西亚由于拥有大量非穆斯林人口，因而实行了两套相互独立的法律体系，一套是伊斯兰教的，另一套是世俗的。(注31)在巴基斯坦，齐亚·哈克将军执政期间，政府进行了广泛的努力以使法律和经济伊斯兰化。它引入了伊斯兰教的刑罚制度，建立了伊斯兰教教法法庭体系，伊斯兰教教法被宣布为该国的最高法律。

像其他全球宗教复兴的表现一样，伊斯兰教的复兴既是现代化的产物，也是把握现代化的努力。其潜在原因是那些造成非西方社会的本土化趋势的一般因素：城市化，社会动员，识字率和教育水平的提高，通信和媒体应用的加强，与西方和其他文化的相互作用的扩大。这些发展破坏了传统的乡村和氏族纽带，造成了异化和认同危机。伊斯兰教的象征、信奉和信仰满足了这些心理需要，伊斯兰福利组织满足了穆斯林在现代化进程中的社会、文化和经济需要。穆斯林感到需要回复到伊斯兰教的观点、习俗和体制，为现代化提供指导方向和动力。[注32]

人们认为，伊斯兰教的复兴也是“西方权力和特权衰落的产物……当西方失去了其全盘支配地位后，它的理想和体制也失去了光彩”。更具体地说，这一复兴运动为20世纪70年代的石油繁荣所刺激和推动，它大大地增加了许多穆斯林国家的财富和权力，并改变了它们与西方之间存在的支配和从属关系。正如约翰·凯利当时所评论的，“对沙特人来说，使西方人遭受屈辱的惩罚无疑使其倍感满意；因为这些惩罚不仅是沙特阿拉伯权力和独立的表现，而且也正像他们想要显示的那样，显示了他们对基督教的轻蔑和伊斯兰教的杰出”。石油资源丰富的穆斯林国家的行为“如果放在其历史的、宗教的、种族的和文化的环境里来看，就不过是使基督教的西方屈从于穆斯林的东方的大胆尝试”。[注33]沙特、利比亚和另一些国家的政府用它们的石油财富来刺激和资助穆斯林的复兴，穆斯林的财富导致它们由对西方文化的狂热转向倾心于自己的文化，并愿意在非伊斯兰社会中坚持伊斯兰教的地位和重要性。正如西方的财富以前被看作西方文化优越的证据一样，现在石油财富也被看作是伊斯兰教优越的证据。

石油涨价所提供的动力在20世纪80年代开始消失，但人口增长是一个持续的动力。东亚的崛起被惊人的经济增长率所推动，而伊斯兰教的复兴是被同样惊人的人口增长率所推动。伊斯兰国家人口的膨胀，尤其是在巴尔干、北非、中亚，大大超过了其邻近国家和世界的一般水平。1965至1990年，全球总人口从33亿增加到53亿，年增长率为1.85％。穆斯林社会的增长率几乎总是在2.0％以上，常常超过2.5％，有时达3.0％以上。例如，1965至1990年，马格里布地区人口的年增长率为2.65％，从2980万人增加到5900万人，其中的阿尔及利亚人口以每年3.0％的比率递增。同一时期，埃及人口的增长率为2.3％，由2940

万增加到5240万。在中亚，1970—1993年间，塔吉克斯坦的人口增长率为2.9%，乌兹别克斯坦为2.6%，土库曼斯坦为2.5%，吉尔吉斯斯坦为1.9%，但人口几乎有一半是俄罗斯人的哈萨克斯坦增长率仅为1.1%。巴基斯坦和孟加拉国年人口增长率超过2.5%，而印度尼西亚年增长率是2.0%以上。总之，正如我们所提到的，1980年穆斯林可能构成世界人口的18%，而在2000年可能将超过20%，在2025年达到30%。(注34)

马格里布地区和其他地方的人口增长率已达到顶峰并正开始下降，但人口增长的绝对数仍将很大，在整个21世纪上半叶人们都将感觉到这一增长的影响。未来若干年里，穆斯林人口中年轻人口多得将不成比例，十几岁和二十几岁的人口出现了引人注目的激增（图5.2）。此外，这个年龄组的人将大部分是城市人口，并且至少受过中等教育。人口规模与社会动员的这一结合具有三个重大的政治后果。

首先，青年人是反抗、不稳定、改革和革命的主角。历史上，存在着大批年轻人的时期往往与发生这类运动的时期重合。据说，“基督教新教改革是历史上杰出的青年运动的范例之一。”杰克·戈德斯通曾令人信服地论证说，人口增长是17世纪中叶和18世纪末发生在欧亚大陆的两次革命浪潮中的主要因素。(注35)西方国家青年人口引人注目的扩大与18世纪最后几十年的“民主革命时代”在时间上相吻合。19世纪成功的工业化和向外移民减轻了欧洲社会青年人口对政治的冲击。然而20世纪20年代年轻人的比例再度增长，为法西斯和其他极端主义运动提供了生力军。(注36)40年之后，第二次世界大战后生育高峰期出生的一代人在20世纪60年代的示威和反抗中发挥了政治影响。

伊斯兰青年在伊斯兰教复兴中打上了自己的印记。随着20世纪70年代复兴运动的发端及其在80年代的加强，主要穆斯林国家的青年人比例（即15－24岁的人）大大增长，并开始超过总人口的20%。在许多穆斯林国家，青年人口的激增在20世纪70年代和80年代达到了顶峰；在其他国家将于下世纪初达到顶峰（表5.1）。所有这些国家实际的或预测的高峰，除了沙特阿拉伯一个例外，均在20%以上；预计沙特阿拉伯青年人口的增长在21世纪头10年达到高峰，只是略低于20%。这些青年人为伊斯兰教组织和政治运动提供了生力军。或许并非完全巧合的是伊朗人口中年轻人的比例在20世纪70年代急剧增长，在70年代后半期达到20%，而1979年恰好发生了伊朗革命；90年代初阿尔及利亚的这一数字也达到了这个高度，此时正值伊斯兰主义的伊斯兰拯救阵线赢得公众支持取得了选举的胜利。穆斯林青年人口的膨胀也出现了潜在的重大的地区差异（图5.3）。尽管必须谨慎地对待数据，但预计波斯尼亚和阿尔巴尼亚青年人口的比例在世纪之交将急剧下降。另一方面，青年人口的激增在海湾国家将仍然会很高。1988年沙特阿拉伯王储阿卜杜拉说，对他的国家构成最大威胁的是伊斯兰教原教旨主义在青年人中的兴起。(注37)根据这些预测，这种威胁将持续到21世纪。

表5.1　穆斯林国家青年人口激增

20世纪70年代	80年代	90年代	2000—2009年	2010—2019年
波斯尼亚	叙利亚	阿尔及利亚	塔吉克斯坦	吉尔吉斯斯坦
巴林	阿尔巴尼亚	伊拉克	土库曼斯坦	马来西亚
阿联酋	也门	约旦	埃及	巴基斯坦
伊朗	土耳其	摩洛哥	伊朗	叙利亚
埃及	突尼斯	孟加拉国	沙特阿拉伯	也门
哈萨克斯坦	巴基斯坦	印度尼西亚	科威特	约旦
	马来西亚		苏丹	伊拉克
	吉尔吉斯斯坦			阿曼
	塔吉克斯坦			利比亚
	土库曼斯坦			阿富汗
	阿塞拜疆			

15—24岁的人口在总人口中所占比例达到高峰或预计达到高峰（几乎总是大于20%）的10年。在一些国家这个比例的高峰出现两次。

资料来源：见图5.2。

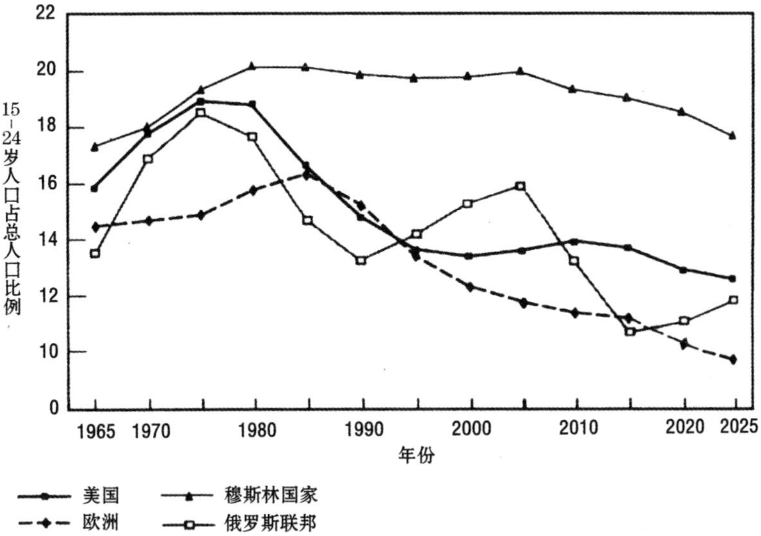

图 5.2　人口挑战：伊斯兰世界、俄罗斯和西方

资料来源：联合国人口署经济和社会信息及政策分析部：《世界人口预测，1994 年修订版》（纽约：联合国，1995 年）；联合国人口署经济和社会信息及政策分析部：《世界人口性别和年龄分布，1994 年修订版》（纽约：联合国，1994 年）。

在一些主要的阿拉伯国家（阿尔及利亚、埃及、摩洛哥、叙利亚、突尼斯）20 岁出头、寻找工作的青年人数量的扩大将持续到 2010 年左右。与 1990 年相比，在突尼斯，进入就业市场的就业者将增加 30%；在阿尔及利亚、埃及和摩洛哥增长约 50%；在叙利亚将超过 100%。阿拉伯社会识字人口的迅速增多造成了有文化的年青一代和很大程度上没文化的老一代之间的鸿沟，因此“知识和力量之间的分离”可能“会使政治系统处于紧张状态”。(注37)

更多的人口需要更多的资源，因此来自人口密集和人口迅猛增长的社会的人们倾向于向外扩张，占领领土，向其他人口变动较小的民族施加压力。伊斯兰人口增长于是成为导致沿伊斯兰世界边境的穆斯林和其他民族之间冲突的主要因素。人口压力与经济停滞交织在一起，促进了穆斯林向西方和其他非穆斯林社会移民，使移民问题成为那些社会的突出问题。一个文化中人口的迅速增长与另一文化中人口的缓慢增长或停滞同时出现，会对双方社会的经济和政治调整产生压力。例如，20 世纪 70 年代，苏联的人口比例发生了急剧的变化，穆斯林人口增长了24%，而俄罗斯人口仅增长了6.5%，这在中亚共产党领导人中引起了极大的关注。(注38)同样，阿尔巴尼亚人的数量迅速增长也难以让塞尔维亚人、希腊人或意大利人放心。以色列人关注巴勒斯坦人的高增长率。西班牙本身的人口年增长率不到0.2%，它感到不安的是，它的马格里布邻国的人口增长速度是西班牙的10倍以上，而人均国民生产总值仅是西班牙的大约十分之一。

挑战的变化

任何社会都不能无限期地维持两位数的经济增长，亚洲经济的繁荣将于21世纪初的某个时间稳定下来。日本经济增长率于20世纪70年代中期大大下降，此后也没有明显地高出美国和欧洲国家。其他出现亚洲“经济奇迹”国家的增长率也会下降，接近于综合经济中保持的“正常水平”。同样，任何宗教复兴或文化运动都不会无限期地持续下去，在某一时刻伊斯兰复兴运动将平息或消失在历史中，如果为其提供人力的人口推动力在21世纪的前20和30年减弱，那它就极有可能发生。到那时，好战者、老战士和移民的队伍将缩小，伊斯兰世界内部的和穆斯林同其他民族（见第十章）之间的大规模冲突可能会减少。伊斯兰世界和西方的关系虽不会变得密切，但冲突会减少，准战争（见第九章）可能会让位于冷战，甚至可能是冷和平。

亚洲的经济发展将留下一份遗产，即更富有、更综合的经济，对国际事务相当多的参与，成功的资产阶级和富裕的中间阶级。这些可能导致更多元化的和可能更民主的政治，然而这种民主政治未必更亲西方。相反，力量的增强将促使亚洲在国际事务中继续维护自己的权力，并努力以与西方不同的方式指导全球趋势，脱离西方的模式和规则而重塑国际体制。伊斯兰教的复兴像包括基督教改革的同类运动一样，也将留下重要的遗产。穆斯林将更深刻地意识到他们所共有的东西和把他们区分于非穆斯林的东西。新一代的领导人不一定是原教旨主义者，但将比他们的前辈更信奉伊斯兰教。本土化将加强。复兴运动将在社会内外留下一个伊斯兰主义的社会、文化、经济和政治组织构成的网络。复兴运动也将表明伊斯兰教是对道德、认同、意义和信仰问题的“解决方法”，但并不是对社会公正、政治压制、经济落后和军事弱小问题的解决方法。这些失败可能会产生对充当政治角色的伊斯兰教的广泛的幻想破灭，产生对其不利的反应并导致寻求对这些问题的替代的“解决方法”。可以想见，甚至可能出现更强烈的反西方的民族主义，为伊斯兰的失败而谴责西方。或者，如果马来西亚和印度尼西亚的经济继续发展，它们可能会在发展方面提供一个“伊斯兰模式”，以此与西方和亚洲的模式相竞争。

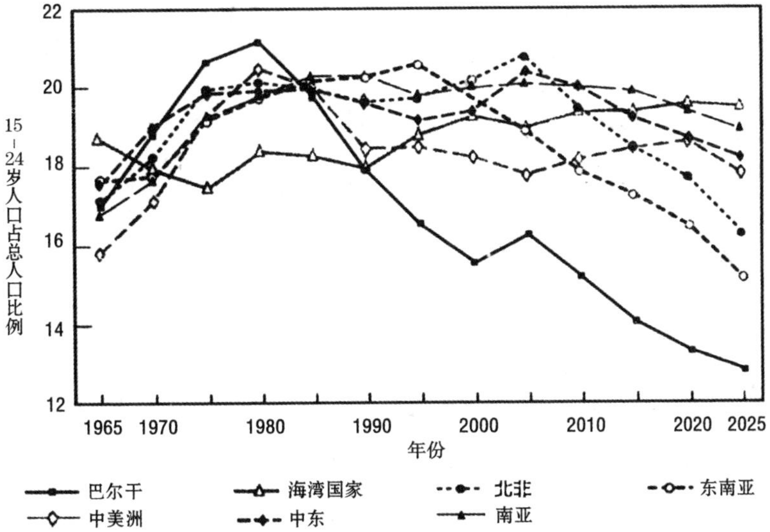

图 5.3 穆斯林青年人口的激增

资料来源：联合国人口署经济和社会信息及政策分析部：《世界人口预测，1994 年修订版》（纽约：联合国，1995 年）；联合国人口署经济和社会信息及政策分析部：《世界人口性别和年龄分布，1994 年修订版》（纽约：联合国，1994 年）。

无论如何，未来几十年亚洲经济的增长将产生使西方所支配的现存国际秩序不稳定的深刻影响，如果中国经济继续发展，还将使各文明的力量对比发生巨大变化。此外，印度可能开始实现经济的迅速发展，并作为影响世界事务的一大竞争者而出现。同时，穆斯林人口的增长将成为使穆斯林社会及其邻国不稳定的因素。大量受过中等教育的青年人将继续为伊斯兰教的复兴提供人力，并助长穆斯林的好战性、军国主义和移民。结果，在 21 世纪初期可能会发生非西方力量和文化的持续复兴，以及非西方文明的各民族与西方之间以及它们相互之间的冲突。

第三部分

正在形成的文明秩序

第六章

全球政治的文化重构

寻求结盟：认同的政治

由于现代化的激励，全球政治正沿着文化的界线重构。文化相似的民族和国家走到一起，文化不同的民族和国家则分道扬镳。以意识形态和超级大国关系确定的结盟让位于以文化和文明确定的结盟，重新划分的政治界线越来越与种族、宗教、文明等文化的界线趋于一致，文化共同体正在取代冷战阵营，文明间的断层线正在成为全球政治冲突的中心界线。

冷战时期，一个国家可以不结盟，许多国家是这样；也可以改变结盟，从一方倒向另一方，有些国家是这样。一个国家的领导人可以根据他们对安全利益的认识、对力量对比的估计及意识形态的优先考虑来作出选择。然而，在新的世界中，文化认同是一个国家结盟或对抗的主要因素。尽管一个国家在冷战中可以避免结盟，但它现在不可能没有认同。“你站在哪一方？”的问题被更基本的“你是谁？”的问题所取代，每个国家都必须作出回答。文化认同的答案确定了该国在世界政治中的位置、它的朋友和它的敌人。

20 世纪 90 年代爆发了全球的认同危机，人们看到，几乎在每一个地方，人们都在问“我们是谁？”“我们属于哪儿？”以及“谁跟我们不是一伙儿？”这些问题不仅对那些努力创建新的民族国家的人民来说是中心问题，例如在南斯拉夫，对更一般的国家来说也是中心问题。20 世纪 90 年代中期，激烈讨论民族认同问题的国家还有：阿尔及利亚、加拿大、中国、德国、英国、印度、伊朗、日本、墨西哥、摩洛哥、俄罗斯、南非、叙利亚、突尼斯、土耳其、乌克兰和美国。当然，认同问题在由大量不同文明背景的人组成的分裂国家中尤其突出。

在处理认同危机时，对人们来说，重要的是血缘、信仰、忠诚和家庭。人们与那些拥有相似的祖先、宗教、语言、价值观、体制的人聚集在一起，而疏远在这些方面的不同者。冷战时期，在欧洲，文化上属于西方一部分的奥地利、芬兰和瑞典曾不得不离开西方，成为中立国家；现在它们则能够加入在文化上有亲缘关系的欧洲联盟。前华沙条约组织的天主教和新教国家波兰、匈牙利、捷克共和国和斯洛伐克将逐渐成为欧洲联盟和北约的成员国，波罗的海各共和国排在它们后面。欧洲大国明确表示，它们不想让作为一个穆斯林国家的土耳其加入欧洲联盟，对欧洲大陆上出现第二个穆斯林国家波斯尼亚也很不高兴。在北方，苏联的完结刺激了波罗的海诸国家间以及波罗的海国家、瑞典和芬兰之间新式的（或旧式的）结盟的出现。瑞典首相直截了当地提醒俄罗斯，波罗的海各共和国是瑞典的“近邻”，如果俄罗斯进攻它们，瑞典不能恪守中立。

在巴尔干地区也出现了类似的结盟。冷战期间，希腊和土耳其是北约成员国，保加利亚和罗马尼亚是华沙条约成员国，而南斯拉夫是不结盟国家，阿尔巴尼亚是时而与中国结盟的孤立国家。现在，冷战中的结盟让位于植根于伊斯兰教和东正教的文化结盟。巴尔干的一些领导人要确立希腊－塞尔维亚－保加利亚的东正教联盟。希腊总理声称，“巴尔干战争使东正教联盟的纽带显现出来……这是一种联结纽带，过去它潜伏着，随着巴尔干事态的发展，它具有了一些实际意义。在一个流动性很大的世界里，人们正在寻求认同和安全。人们在寻找根和联系以防御未知的危险。”这些观点反映在塞尔维亚的主要反对党领导人的言辞中：“东南欧的局势不久将要求形成一个包括塞尔维亚、保加利亚和希腊在内的东正教国家的新的巴尔干联盟，以反抗伊斯兰的侵犯。”环顾北边，东正教的塞尔维亚和罗马尼亚在处理与天主教的匈牙利关系的共同问题上紧密合作。随着苏联威胁的消失，当希腊和土耳其在爱琴海和塞浦路斯、在它们的军事均势、它们在北约和欧洲联盟中的作用以及与美国的关系等问题上的冲突加剧的时候，这两个国家的“不自然”的联盟实质上变得毫无意义了。土耳其重申了它作为巴尔干穆斯林保护人的角色，并对波斯尼亚提供支持。在南斯拉夫，俄罗斯支持东正教的塞尔维亚，德国鼓励天主教的克罗地亚，穆斯林国家联合支持波斯尼亚政府，塞尔维亚人与克罗地亚人、波斯尼亚穆斯林及阿尔巴尼亚穆斯林交战。总的说来，所有的巴尔干人又一次沿着宗教的界线而巴尔干化。正如米沙·格伦尼所说：“正在形成两个轴心，一个穿着东正教的长袍，另一个戴着伊斯兰的面纱”，而且

"在贝尔格莱德—雅典轴心与阿尔巴尼亚—土耳其轴心之间"可能存在着"越来越尖锐的争夺影响力的斗争"。(注1)

与此同时，在苏联境内，东正教的白俄罗斯、摩尔多瓦和乌克兰倾向于俄罗斯，亚美尼亚与阿塞拜疆彼此开战，而它们各自的俄罗斯亲族与土耳其亲族则试图一面支持它们，一面抑制冲突。俄罗斯军队在塔吉克斯坦与穆斯林原教旨主义者开战，在车臣与穆斯林的民族主义者交火。苏联的各穆斯林共和国正竭力发展它们之间的各种形式的经济政治合作，并扩大它们与穆斯林邻国的联系；而土耳其、伊朗和沙特阿拉伯为发展与这些新国家的关系付出了巨大的努力。在南亚次大陆，印度和巴基斯坦在克什米尔问题及它们之间的军事均势问题上仍然是死对头，它们在克什米尔的战斗加剧了，而在印度内部，又出现了穆斯林和印度教原教旨主义者之间的新冲突。

东亚是六种不同文明的人民的家园，在那里出现了扩充军备的势头，区域争端突出起来。三个较小的华人地区和国家——台湾地区、香港地区、新加坡，以及东南亚的海外华人团体越来越倾向于、介入或依赖于中国大陆。朝鲜和韩国虽然犹犹豫豫但还是有意走向统一。在东南亚国家中，以穆斯林为一方，华人和基督徒为另一方的双方的关系越来越紧张，有时甚至发展成暴力冲突。

在拉丁美洲，经济联盟——南方共同市场、安第斯条约集团、三国集团（墨西哥、哥伦比亚、委内瑞拉）、中美洲共同市场——获得了新生，重新证明了欧洲联盟已极其生动地揭示的一点：当经济一体化建立在共同文化基础上时，它就走得更快更远。同时，美国与加拿大力图把墨西哥拉入北美自由贸易协定，这一协定的长期成功很大程度上依赖于墨西哥是否能够在文化上重新确认它属于北美而不是属于拉丁美洲。

随着冷战的结束，世界各国之间开始形成新的并重新恢复了旧的对抗和联盟关系。它们一直在寻求结成集团，并在寻找那些具有相似文化和相同文明的国家集团。政治家呼唤，公众认同那些超越民族国家边界的"大"文化共同体，包括"大塞尔维亚"、"大中华"、"大土耳其"、"大匈牙利"、"大克罗地亚"、"大阿塞拜疆"、"大俄罗斯"、"大阿尔巴尼亚"、"大伊朗"和"大乌兹别克斯坦"。

政治和经济联盟会与文化和文明的联盟永远相一致吗？当然不会。均势的考虑有时会导致跨文明的结盟，例如，当法国国王弗兰西斯一世联合奥斯曼土耳其人对抗哈布斯堡王朝的时候，情况就是这样。此外，在一个时代形成的服务于国家目的的联盟形式会在新时代延续下去。然而，它们可能会变得更虚弱、更没有意义，因而必须调整以适应新时代的需要。毫无疑问，希腊和土耳其仍将是北约成员国，但它们与其他北约国家的关系可能会削弱。美国与日本、韩国的联盟，它与以色列事实上的联盟以及与巴基斯坦的安全关系也是这样。像东盟那样的多文化的国际组织在保持一致性方面，面临着越来越大的困难。像印度和巴基斯坦这样的国家，在冷战时期分别是不同超级大国的伙伴，现在则重新确定它们的利益，寻求反映它们各自文化政治现实的新的联合。曾依赖西方支援以对抗苏联影响的非洲国家，正日益转向南非，寻求它的领导和援助。

为什么文化共性促进人们之间的合作和凝聚力，而文化的差异却加剧分裂和冲突？

首先，每个人都有多种认同，它们可能会互相竞争或彼此强化，如亲缘关系的、职业的、文化的、体制的、地域的、教育的、党派的、意识形态的及其他的认同。一个方面的认同可能与另一个方面的认同发生冲突：一个经典性的例子是，1914 年德国工人不得不在认同国际无产阶级还是认同德意志人和帝国之间作出选择。在当代世界，文化认同与其他方面的认同相比，其重要性显著增强。

单一方面的认同通常在直接的面对面的层面上最有意义。然而，狭隘的认同不一定与广泛的认同发生冲突。一个军官可以从体制上认同他的连队、团、师和军种。同样，一个人可以从文化上认同他或她的部族、种族、民族、宗教和文明。较低层面的文化认同的日益凸显可能会使其在较高层面也更加凸显。正如伯克所说："对整体的爱不会因对一排人次要的偏爱而消失……爱我们在这个社会上所属于的这一小排人，是博爱的第一原则（正如过去一样，它是博爱的幼芽）。"在一个文化有其重要性的世界里，排就是部族群体，团就是民族，兵种就是文明。全世界的人在更大程度上根据文化界线来区分自己，意味着文化集团之间的冲突越来越重要；文明是最广泛的文化实体；因此不同文明集团之间的冲突就成为全球政治的中心。

其次，正如在第三章和第四章中所论证的，文化认同的日益凸显很大程度是个人层面上社会经济现代化的结果，个人层面上的混乱和异化造成了对更有意义的认同的需要；在社会层面上，非西方社会能力和力量的提高刺激了本土认同和文化的复兴。

第三，任何层面上的认同（个人的、部族的、种族的和文明的）只能在与

“其他”——与其他的人、部族、种族或文明——的关系中来界定。历史上，相同文明的国家或其他实体之间的关系有异于不同文明的国家或实体之间的关系。对待“像我们”的人的指导原则与对待不同于我们的“野蛮人”的指导原则是截然不同的。基督教国家彼此打交道的原则不同于它们与土耳其人和其他“异教徒”打交道的原则。穆斯林对待伊斯兰国家的人与对待敌对国家的人的态度也不相同。中国人对待华裔的外国人与对待非华裔的外国人的方式大不一样。人类历史上始终存在着文明的“我们”与文明之外的“他们”。文明之内的行为与文明之外的行为的差别来源于：

1. 对被看作与我们大相径庭的人的优越感（和偶尔的自卑感）；

2. 对这种人的恐惧和不信任；

3. 由于语言和文明行为的不同而产生的与他们交流的困难；

4. 不熟悉其他民族的设想、动机、社会关系和社会行为。

在当今世界，交通和通信的改善导致了不同文明的人民之间更频繁、更强烈、更对称、更全面的相互作用，结果是他们的文明认同越来越显著。法国人、德国人、比利时人和荷兰人越来越把自己看作是欧洲人。中东的穆斯林认同并联合支持波斯尼亚人和车臣人。整个东亚的华人都认为他们的利益与中国大陆的利益一致。俄罗斯人认同并支持塞尔维亚人和其他东正教的民族。这些更广泛的文明认同意味着更深刻地意识到文明之间的差异以及必须保护“我们”区别于“他们”的那些特性。

第四，不同文明国家和集团之间的冲突的根源在很大程度上是那些总是产生集团之间冲突的东西：对人民、领土、财富、资源和相对权力的控制，也就是相对于另一个集团对自己所能做的而言，将自己的价值、文化和体制强加于另一个集团的能力。然而，文化集团之间的冲突也可能涉及文化问题。马列主义和自由民主之间的世俗的意识形态分歧即使不能解决，至少也可以加以讨论。物质利益的分歧可以谈判，并常常可以通过妥协来解决，而这种方式却无法解决文化问题。印度教徒和穆斯林不可能通过双方都各自建一个自己的寺庙和清真寺或都不建，或建一个既是清真寺又是寺庙的调和信仰的建筑，来解决是否应当在阿约提亚建一个清真寺或寺庙的问题。阿尔巴尼亚的穆斯林和东正教塞尔维亚人之间关于科索沃的争端，或以色列人与阿拉伯人之间关于耶路撒冷的争端，可能看来是一个直接的领土问题，但它们也都不可能轻易得到解决，因为对于双方来说，那些地方都有深刻的历史、文化、感情的意义。同样，法国当局或穆斯林学生家长都不可能接受这样的妥协，即：允许穆斯林女生在校期间每隔一天穿戴一次穆斯林服饰。像这类的文化问题答案只有是或不是。

第五点也是最后一点，是冲突的普遍性。憎恨是人之常情。为了确定自我和找到动力，人们需要敌人，包括商业上的竞争者、取得成功的对手、政治上的反对派。对那些与自己不同并有能力伤害自己的人，人们自然地抱有不信任，并把他们视为威胁。一个冲突的解决和一个敌人的消失造成了带来新冲突和新敌人的个人的、社会的及政治的力量。正如阿里·马兹鲁伊所说："在政坛上，'我们'与'他们'相对立的趋势几乎无所不在。"(注2) 在当代世界，"他们"越来越可能是不同文明的人。冷战的结束并未结束冲突，反而产生了基于文化的新认同以及不同文化集团（在最广的层面上是不同的文明）之间冲突的新模式。与此同时，共同的文化也促进了共有那种文化的国家或集团的合作，这可以从正在出现的国家间区域联盟的模式中看出，特别是在经济领域。

文化与经济合作

20 世纪 90 年代初期人们耳闻了许多区域主义或世界政治区域化的高谈阔论，在世界安全日程上区域冲突取代了全球冲突。主要大国如俄罗斯、中国、美国，以及次要大国如瑞典和土耳其，明确从区域的角度重新界定它们的安全利益。区域内部的贸易比区域之间的贸易的增长速度要快，许多人预言，欧洲、北美、东亚可能还有其他区域会出现区域性的经济集团。

然而，用"区域主义"这个词来描绘正在发生的事并不恰当，区域是地理的而不是政治的或文化的实体。像在巴尔干区域或中东区域的情况一样，它们可能被文明内部或文明之间的冲突所割裂。只有在地理与文化一致时，区域才可能作为国家之间合作的基础。离开了文化，地理上的邻近不会产生共同性，而可能出现相反的情况。军事同盟和经济联盟要求成员国之间进行合作，而合作有赖于信任，信任最容易从共同的价值观和文化中产生。结果，尽管时代和目的也起作用，但区域组织的整体效果一般说来与成员国之间文明的多样性成反向变化。一般地说，单一文明组织比多文明组织做的事更多，也更为成功，无论是政治和安全组织还是经济组织莫不是如此。

北约的成功在很大程度上应归功于它是具有共同的价值观和哲学思想的西方国家的主要安全组织。西欧联盟是欧洲共同文化的产物。另一方面，欧洲安全和合作组织包括了至少具有三种相当不同的价值观和利益的国家，这些不同的价值观和利益已成为其实现重要的体制认同及开展广泛的重要活动的主要障碍。由13个讲英语的前英国殖民地组成的单一文明的加勒比共同体，进行了多种多样的合作，特别是在某些小团体之间有更密切的合作。然而，建立更广泛的组织以便在加勒比区域英语－西班牙语的断层线上架设桥梁的努力不断失败。与此类似，成立于1985年的包括7个由印度教徒、穆斯林和佛教徒构成的国家的南亚区域合作联盟几乎完全失效，甚至连会议都无法召开。

在涉及经济一体化时，文化与区域主义的关系更是一目了然。从最低层次到最高层次，公认的国家之间经济联盟的四个层次是：

1. 自由贸易区；
2. 关税同盟；
3. 共同市场；
4. 经济联盟。

拥有共同市场和经济联盟众多因素的欧洲联盟在一体化道路上走得最远。相对同质的南方共同市场和安第斯条约国家1994年已处于建立关税同盟的阶段。在亚洲，多文明的东盟1992年才开始迈出成立自由贸易区的步伐，其他多种文明构成的经济组织甚至更远地落在后面。1995年，除北美自由贸易协定这一组织有点例外外，这样的组织都未建立起自由贸易区，更不用说更广泛形式的经济一体化了。

在西欧和拉丁美洲，文明的共性促进了合作和区域组织的发展。西欧国家和拉丁美洲国家知道它们拥有许多共同点。东亚存在着五种（如把俄罗斯包括进去，就是六种）文明，结果它成为能否在非共同文明基础上建立有意义的组织的试验场。至20世纪90年代初期，东亚没有可与北约相比的安全组织或多边军事联盟。成立于1967年的多文明区域组织东盟，其成员国包括一个中华文明国家、一个佛教国家、一个基督教国家和两个穆斯林国家，所有这些国家都曾面临着共产党的暴动的积极挑战及来自北越和中国的潜在挑战。

东盟常常被援引为有效的多文化组织的例子，然而它也是一个这类组织的局限性的例子。它不是一个军事联盟，尽管成员国之间有时在双边的基础上进行军事合作，但它们也全都在各自扩大军事预算，增强军备，这与西欧和拉丁美洲正在进行的军备削减形成了鲜明的对比。在经济方面，东盟从一开始就计划实行“经济合作而不是一体化”，结果区域主义仅以“缓慢的步伐”发展，甚至自由贸易区也要到21世纪才能被认真考虑。(注4) 1978年，东盟设立了部长级会议，在这一会议上，它的外交部长们可以会见来自美国、日本、加拿大、澳大利亚、新西兰、韩国及欧洲共同体等“对话伙伴”的外交部长们。然而，部长级会议主要是一个双边对话论坛，它不能处理“任何重要的安全问题”。(注5) 1993年，东盟设立了一个更广泛的活动场所，即东盟区域论坛，它包括东盟成员国和对话伙伴，加上俄罗斯、中国、越南、老挝、巴布亚新几内亚。然而，正如它的名称所暗示的那样，这是一个集体讨论而不是集体行动的场所。1994年7月东盟区域论坛第一次开会，“就区域安全展开了讨论”，但回避了有争议的问题，因为，正如一位官员所评论的，如果提出那些有争议的问题，“有关参加者势必开始互相攻击”。(注6) 东盟及附属机构证明了多文明的区域组织固有的局限性。

只有得到足够的东亚文化共性的支持，有意义的东亚区域组织才会出现。东亚社会无疑共同拥有使它们区别于西方的东西，马来西亚总理马哈蒂尔认为，这些共同性提供了合作的基础，并促进了在此基础之上的东亚经济核心论坛的形成。这个核心论坛将包括东盟国家、缅甸、中国台湾、中国香港、韩国，最重要的是中国大陆和日本。马哈蒂尔论证说，东亚经济核心论坛植根于共同的文化，它不应因设在东亚“就被仅仅看作是一个地缘性集团，它也应被看作一个文化集团。尽管东亚人可能是日本人、朝鲜人或印度尼西亚人，但他们在文化上有某种相似性。……欧洲人聚集在一起，美洲人聚集在一起，我们亚洲人也应当聚集在一起”。正如他的一位同事所说，它的目的是增加“亚洲具有共性的国家之间的区域贸易”。(注7)

因此，东亚经济核心论坛的一个潜在前提就是经济跟随着文化。澳大利亚、新西兰和美国被排除在外，因为它们在文化上不属于亚洲。然而，东亚经济核心论坛的成功主要依赖于日本和中国的参与。马哈蒂尔曾呼吁日本参与进来，他对日本听众如是说：“日本是亚洲的，日本是东亚的，你们不能无视地缘文化的事实，你们属于这里。”(注8) 然而日本政府不愿加入东亚经济核心论坛，部分原因是怕得罪美国，部分原因是其国内在是否应认同亚洲这一点上有分歧。如果日本加入东亚经济核心论坛，它就将主导这个论坛，这可能引起中国方面的激烈对抗，同时在成员国中引起恐惧和不安。几年来，盛传日本要建立一个“日元集团”以平衡欧洲联盟和北美自由贸易协定，然而，日本是一个孤独的国家，在文化上与其邻国联系很少，因此到 1995 年，日元集团尚未实现。

尽管东盟进展缓慢，日元集团仍然是一个梦想，日本动摇不定，东亚经济核心论坛原地踏步，但是，东亚的经济相互作用却急剧增强。这一增加是基于东亚华人社会之间的文化联系。这些联系导致了以华人为基础的国际经济的“持续的非正式一体化”，它在许多方面可与汉萨同盟相媲美，“也许还会导致事实上的中华共同市场”。(注9) 在东亚，正如在其他地方一样，文化的共性已成为有意义的经济一体化的前提。

冷战的结束刺激了建立新的和复兴旧的区域性经济组织的努力，这些努力能否成功最主要依赖于有关国家是否具有文化同质性。西蒙·佩雷斯于 1994 年计划建立一个中东共同市场，它可能仍然是一个不会马上到来的“沙漠幻景”。一位阿拉伯官员评论道：“阿拉伯世界不需要一个以色列参加的机构或发展银行。”(注10) 成立于 1994 年的加勒比国家联盟把加勒比共同体与海地及该区域讲西班牙语的国家联系起来，很少有迹象表明它克服了不同成员国在语言和文化上的差异以及前英国殖民地的褊狭和它们强烈的亲美倾向。(注11) 另一方面，建立文化上较同质组织的努力取得了进展。尽管被亚文明的界线分开，巴基斯坦、伊朗和土耳其在 1985 年恢复了成立于 1977 年的濒于死亡的“区域合作发展组织”，更名为“经济合作组织”，接着，在削减关税和采取其他各种措施方面达成协议，1992 年，该组织的成员国扩展到了包括阿富汗及苏联的六个穆斯林共和国。同时，苏联的五个中亚共和国于 1991 年原则上同意建立共同市场，1994 年，其中两个最大的国家乌兹别克斯坦和哈萨克斯坦签订了一个协定，允许“商品、服务及资本的自由流通”，并协调两国的财政、货币及关税政策。1991 年，巴西、阿根廷、乌拉圭和巴拉圭一起加入南方共同市场，目标是越过经济一体化的正常阶段，并在 1995 年前部分实现关税同盟。1990 年，以前停滞不前的中美洲共同市场建立了一个自由贸易区，而以前同样消极被动的安第斯集团 1994 年建立了关税同盟。1992 年，维谢格拉德国家（波兰、匈牙利、捷克共和国和斯洛伐克）一致同意建立一个中欧自由贸易区，并在 1994 年加快了实现的时间表。(注12)

经济一体化的结果是贸易增长，在 20 世纪 80 年代和 90 年代初，区域内部的贸易相对于区域之间的贸易来说越来越重要。1980 年欧洲共同体内部的贸易占共同体贸易总额的 50.6%，而 1989 年增长到 58.9%。北美和东亚的区域贸易也发生了类似的变化。90 年代初，在拉丁美洲，南方共同市场的建立和安第斯条约的复兴促进了拉丁美洲内部贸易的急剧增长，1990 年至 1993 年，巴西与阿根廷之间的贸易增加了两倍，哥伦比亚与委内瑞拉之间的贸易增加了 3 倍。1994 年，巴西取代了美国，成为阿根廷最主要的贸易伙伴。同样，随着北美自由贸易协定的建立，美国与墨西哥之间的贸易有了重要的增长。东亚内部贸易的扩大也远比与外部贸易要迅速，但它的扩大因日本倾向于关闭市场而受到阻碍。另一方面，中华文化圈（东盟、中国台湾、中国香港、韩国和中国大陆）内部的贸易占其贸易总额的比例，从 1970 年的不足 20%增加到 1992 年的将近 30%，而日本占中华文化圈贸易总额的比例从 23%下降到 13%。1992 年，中华文化圈对圈内的出口超过了其对美国的出口，也超过了其对日本和对欧洲共同体出口的总和。(注13)

作为一个独特的社会和文明，日本在发展与东亚国家的经济联系及处理与美国和欧洲的经济摩擦时面临着困难。无论贸易和投资如何牢固地把日本与东亚国家联系在一起，它与这些国家的文化差异，尤其是与中华经济精英的差异，仍然妨碍了它创立一个日本领导的、类似于北美自由贸易协定或欧洲联盟的区域经济集团；同时，日本与西方的文化差异加剧了它与美国和欧洲的经济关系上的误解和对抗。假如经济一体化依赖于文化的共性——情况看来正是如此——那么，作为一个文化上孤独的国家，日本未来在经济上可能也是孤独的。

过去，国家间的贸易样式依国家间的联盟样式而定，并与之相类似。在正在形成的世界中，文化样式将对贸易样式起决定性的影响。(注14)商人与他们了解和信任的人做生意，国家把主权交给由他们所了解、信任的看法相同的国家组成的国际组织。经济合作的根源在于文化的共性。

文明的结构

在冷战时代，各国作为盟国、卫星国、仆从国、中立国或不结盟国家，而与两个超级大国相联系。在冷战后的世界，各国作为成员国、核心国家、孤独国家、分裂国家或无所适从的国家，而与各文明相联系。像部族和民族一样，文明也有政治结构，文明的成员国是一个在文化上完全认同一种文明的国家，例如，埃及认同阿拉伯—伊斯兰文明，意大利认同西欧文明。一种文明也可以包括共有和认同其文化、但生活在由另一种文明的成员所支配的国家中的人。各文明通常有一个或几个地方被其成员视为该文明文化的主要源泉或源泉。它们常常位于文明的一个或一些核心国家中，也就是说，位于该文明最强大的、文化上居中心的一个或一些国家中。

核心国家的数目和作用因文明不同而不同，并随着时间而发生变化。日本文明实际上与单一的日本核心国家相等同。中华文明、东正教文明、印度文明各有一个主导核心国家、若干个成员国及生活在受另一种不同文明支配的国家中的人（海外华人、“近邻”的俄罗斯人、斯里兰卡的泰米尔人）。历史上，西方通常有几个核心国家，现在它有两个核心，即美国和欧洲的法德核心，英国则作为另一个权力中心游离于它们之间。伊斯兰、拉丁美洲和非洲缺乏核心国家，这部分地要归因于西方列强的帝国主义，它们曾瓜分了非洲和中东，在更早的世纪里还不那么明确地瓜分了拉丁美洲。

缺少一个伊斯兰核心国家，给伊斯兰社会和非伊斯兰社会都构成了重大的问题，这在第七章中将要讨论。至于拉丁美洲，西班牙本可以成为一个讲西班牙语的文明或者甚至伊比利亚文明的核心国家，但它的领导人有意识地选择成为欧洲文明的成员国，尽管同时与其前殖民地保持着文化上的联系。巴西就疆域、资源、人口、军事和经济能力来说有资格成为拉丁美洲的领袖，可以设想它能够做到。然而，巴西之于拉丁美洲犹如伊朗之于伊斯兰教。亚文明的差异（与伊朗的宗教差异，与巴西的语言差异）使它们很难担当这个角色。如果没有这些差异，它们完全有资格成为核心国家。因此，拉丁美洲有几个既相互合作又相互竞争领袖地位的国家，它们是巴西、墨西哥、委内瑞拉和阿根廷。鉴于墨西哥试图重新确定自己的认同，从拉丁美洲转向北美，智利和其他国家可能紧随其后，拉丁美洲的情况也因此而复杂化。拉丁美洲文明最终可能融入西方文明并成为分成三支的西方文明的一个亚文明。

任何一个潜在的核心国家承担撒哈拉以南非洲领导的能力，都受到了该地区分为英语国家和法语国家现状的限制。科特迪瓦一度是讲法语的非洲的核心国家，然而，在很大程度上，法语非洲的核心国家是法国，它在非洲国家独立后，与其前殖民地保持着密切的经济、军事、政治的联系。最有资格成为核心国家的两个非洲国家都是讲英语的国家，疆域、资源和地理位置使尼日利亚成为潜在的核心国家，但其文明内部的不团结、严重腐败、政治动荡、压制性政府以及经济问题，极大地限制了它扮演这一角色的能力，尽管它偶尔也能这么做。南非通过协商和平地实现了从种族隔离体制的过渡，其工业能力、与其他非洲国家相比高水平的经济发展，其军事能力、自然资源，以及黑人和白人共同担任政治领导的周密体制，都明显地使南非成为南部非洲的领导，也许还是英语非洲的领导。并有可能成为整个撒哈拉以南非洲的领导。

一个孤独的国家在文化上缺乏与其他社会的共同性。例如，埃塞俄比亚在文化上是孤立的，原因在于它占主导地位的语言阿姆哈拉语、它的占主导地位的宗教科普特（基督一性论）东正教、它的帝国历史，以及它与周围民族（其中大部分是穆斯林）的宗教差别。海地的精英传统上津津乐道于与法国的文化联系，海地的克里奥耳语、伏都教、革命奴隶的出身以及野蛮的历史综合起来，使它成为一个孤独的国家，西德尼·明茨注意到，"每一个国家都有独特的一面，但海地独自归入一类"。结果，在 1994 年海地发生危机时，拉丁美洲的国家不把海地看成是一个拉丁美洲国家，因而不愿意接受海地的难民，尽管它们接受古巴的难民。正如巴拿马的当选总统所说，"在拉丁美洲，海地不被看作是一个拉丁美洲国家，海地人讲一种不同的语言，他们有不同的道德基础和不同的文化。总的说来他们（与拉丁美洲）格格不入"。海地与讲英语的加勒比黑人国家同样存在着隔阂，一位评论者注意到，"格林纳达人或牙买加人对海地人的陌生程度，就像艾奥瓦州的人或蒙大拿州的人对海地人的陌生程度一样"，海地"这个无人要的邻居"真正是一个没有亲族的国家。[注15]

最重要的孤独国家是日本，没有其他国家具有与之相同的独特文化，在其他国家中，日本移民要么在数量上不重要，要么被那些国家的文化所同化（如日裔美国人）。日本文化极其特殊，而且它没有包含一种可以输出到其他社会并因此与其他社会的人民建立文化联系的潜在的普世宗教（基督教或伊斯兰教）或意识形态（自由主义或共产主义），这些都加强了其孤独性。

几乎所有的国家都是异质性的，因为它们包括了两个或更多的民族、种族和宗教集团。许多国家处于分裂状态，在这些国家中，这些集团的差异或冲突在这个国家的政治中起了重要的作用。这种分裂的程度通常随时间而变化。一个国家的深刻分裂可能导致大规模的暴力或者威胁到这个国家的生存，当文化的差异与地理位置的差异重合时，可能就会出现后一种威胁和自治或分离运动。如果文化的差异与地理位置的差异不一致，人们可能会通过种族灭绝或强制移民来使之一致。

属于同一种文明但拥有不同文化集团的国家，可能会因已发生的分离（捷克斯洛伐克）或可能发生的分离（加拿大）而产生深刻的分裂。然而，深刻的分裂更可能在这样一个分裂国家中出现，在其中，大的集团分别属于不同文明。当属于某种文明的一个大集团企图把这个国家作为其政治工具，使它的语言、宗教和象征成为这个国家的语言、宗教和象征时，这种分裂及随之而来的紧张常常会有所发展，如印度的印度教徒、斯里兰卡的僧伽罗人和马来西亚的穆斯林曾试图做的那样。

其领土横跨文明断层线的分裂国家，面临着维护统一的特殊问题。在苏丹，穆斯林的北方和主要是基督教的南方之间打了几十年的内战。同样的文明分裂几十年来一直纠缠着尼日利亚政治，并引发了一场大规模分离战争以及政变、暴乱和其他暴力行为。在坦桑尼亚，信奉基督教泛灵论的大陆和阿拉伯穆斯林的桑给巴尔已经疏远，它们在许多方面，已成为两个相互分离的国家。1992 年，桑给巴尔偷偷地加入了伊斯兰会议组织，然后在坦桑尼亚的劝导下，又于第二年退出了该组织。[注16] 同样，基督教徒和穆斯林的分裂在肯尼亚造成了紧张状态和冲突。在非洲之角，主要是基督教的埃塞俄比亚和穆斯林占多数的厄立特里亚于 1993 年相互分离，然而，埃塞俄比亚的奥罗莫人中间仍留下了大量的穆斯林少数民族。被文明断层线分裂的其他国家还有：印度（穆斯林和印度教徒）、斯里兰卡（僧伽罗佛教徒和泰米尔印度教徒）、马来西亚和新加坡（华人和马来穆斯林）、中国（汉族、藏传佛教徒、突厥穆斯林）、菲律宾（基督教徒和穆斯林）以及印度尼西亚（穆斯林和帝汶岛的基督教徒）。

在冷战时期，那些被马列主义意识形态合法化了的共产党集权政府强行结合在一起的分裂国家中，文明断层线的分裂后果最为明显。随着共产主义的崩溃，文化取代了意识形态，成为吸引和排斥的磁石。南斯拉夫和苏联解体了，并沿着文明的断层线分裂成一些新的实体：在苏联有波罗的海各共和国（新教和天主教）、沿岸各东正教共和国以及各穆斯林共和国；在南斯拉夫，有天主教的斯洛文尼亚和克罗地亚、部分是穆斯林的波斯尼亚—黑塞哥维那，以及东正教的塞尔维亚—黑山和马其顿，而这些承继的实体仍然包括多文明的集团，第二阶段的分裂表明了这一点。波黑被战争分成塞族区、穆斯林区和克族区，而塞族人和克族人在克罗地亚相互开战。在位于斯拉夫东正教的塞尔维亚内的、阿尔巴尼亚族穆斯林居多的科索沃，极难维持持久和平，在马其顿，阿尔巴尼亚族穆斯林少数与斯拉夫东正教多数之间出现了紧张局面。许多苏联共和国也横跨文明断层线，部分是由于苏联政府在划界时故意造成一些分裂的共和国，俄罗斯的克里米亚被并入了乌克兰，亚美尼亚的纳戈尔诺—卡拉巴赫被并入阿塞拜疆。俄罗斯有几个相对较小的穆斯林群体，最明显的是在北高加索地区和伏尔加地区。爱沙尼亚、拉脱维亚和哈萨克斯坦有相当多的俄罗斯少数民族，在很大程度上这也是苏联的政策造成的。乌克兰被分成讲乌克兰语的东仪天主教民族主义的西部和讲俄语的东正教的东部。

在一个分裂的国家中，来自两种或更多文明的主要集团事实上在说，“我们是不同的民族，我们属于不同的地方”，排斥力使它们分开，而别的社会的文明的磁石又将它们吸引。相比之下，一个无所适从的国家则是具有一种将其置于某个单一文明中的占支配地位的文化，而它的领导人却想要将它转到另一个文明。这些领导人实际上在说：“我们是一个民族，并共同属于一个地方，但我们想换个地方。”与分裂国家的人民不同，无所适从的国家的人民在他们是谁这一点上没有分歧，但在哪一个文明是他们的文明的问题上有不同意见。最典型的是，土耳其的一部分重要领导人抱有基马尔主义战略，决定他们的社会应当摒弃非西方的文化和体制，应当加入西方，应当既现代化也西方化。俄罗斯自彼得大帝起就一直是一个无所适从的国家，在它是西方文明的一部分还是独特的欧亚东正教文明核心的问题上发生了分歧。当然，穆斯塔法·基马尔的土耳其是一个典型的无所适从的国家，自 20 世纪 20 年代以来，它一直试图实现现代化和西方化，并成为西方的一部分。墨西哥把自己定位为与美国相对立的拉丁美洲国家差不多有两个世纪之久。20 世纪 80 年代，由于其领导人试图把它重新定位为北美社会的一个成员，这个国家成了一个无所适从的国家。与此形成对照的是，20 世纪 90 年代，澳大利亚的领导人试图使他们的国家脱离西方并使之成为亚洲的一部分，因而从相反的方向造成了一个无所适从的国家。这两个现象证明了无所适从的国家是可以识别的，它们的领导人自称为两种文化之间的“桥梁”，而观察家则把它们说成是“两面人”。“俄罗斯人面向西方——也向东方”，“土耳其：东方，西

方，哪一个最好?”“澳大利亚的民族主义：分裂的忠诚”，这些都是强调无所适从的国家认同问题的最典型的文章标题。(注17)

无所适从的国家：文明转变的失败

无所适从的国家要成功地重新确立文明认同，至少要具备三个前提条件：首先，该国的政界和经济界精英必须普遍支持这一行动，并对此抱有热情。其次，公众必须至少愿意默认这一认同的重新确立。第三，它们所认同的文明中占主导地位的国家，这在大多数情况下是西方，必须愿意接受这种转变。重新确立认同将是一个在政治、社会、体制和文化诸方面长期的、间断的和痛苦的转变过程。迄今还没有获得过成功。

俄罗斯。20 世纪 90 年代以来的几年中，墨西哥是一个无所适从的国家，而土耳其几十年来就是这样一个国家。相比之下，俄罗斯几个世纪以来就是一个无所适从的国家，而且与墨西哥和土耳其共和国不同，它还是一种主要文明的核心国家。如果土耳其或墨西哥成功地把自己重新定位为西方文明的成员，这对于伊斯兰文明或拉美文明的影响可能会很小或者比较有限。而如果俄罗斯成为一个西方国家，东正教文明将不复存在。苏联的崩溃又在俄罗斯人中点燃了关于俄罗斯与西方这一中心问题的争论。

俄罗斯与西方文明关系的演变经历了四个阶段：第一个阶段，一直持续到彼得大帝统治时期（1689—1725 年），当时基辅罗斯公国和莫斯科公国独自存在于西方之外，与西欧社会几乎没有联系。俄罗斯文明作为拜占庭文明的一个后代发展着，然后在两百年里，从 13 世纪中叶到 15 世纪中叶，俄罗斯是处于蒙古的宗主权力之下。俄罗斯没有或很少经历过以下这些界定西方文明的历史现象：罗马天主教、封建主义、文艺复兴、宗教改革、海外扩张和殖民化、启蒙运动以及民族国家的出现。以前被认为是西方文明八个特征之中的七个——宗教、语言、政教分离、法治、社会多元化、代议机构、个人主义——几乎完全与俄罗斯的经历无缘。然而，唯一可能的例外是希腊、罗马古典遗产，它是经过拜占庭传到俄罗斯的，因而与从罗马直接传到西方的有相当大的不同。俄罗斯文明是基辅罗斯和莫斯科的本土根源、拜占庭的强大影响和蒙古长期统治的产物，这些影响造成了一种社会和一种文化，它们与在极为不同的力量影响下发展起来的西欧社会和文化几乎没有相似之处。

17世纪末，彼得大帝在其1697—1698年的欧洲之行中发现，俄罗斯不仅不同于欧洲，而且与欧洲相比也很落后。他决心使他的国家现代化和西方化，为了使他的人民看起来像欧洲人，他回到莫斯科做的第一件事就是剃掉贵族们的胡须，并禁止他们穿长袍、戴尖顶帽。尽管彼得没有废除西里尔字母表，但确实对它进行了改革和简化，并引进了西方的单词和短语，然而，他将俄罗斯军队的发展和现代化置于首位：创建了一支海军，引进了征兵制，建立了国防工业，设立了技术学校，并派人到西方学习，从西方引进了最新的有关武器、轮船、造船、航海、管理体制及其他对于军事效率必不可少的知识。为了进行这些革新，他大力改革和扩大了税收体制，而且在其统治的晚年，改组了政府结构。彼得大帝决心使俄罗斯不仅成为一个欧洲国家，而且成为一个欧洲大国，他放弃了莫斯科，在圣彼得堡建立新的都城，并发动了对瑞典的“北方大战”，目的是使俄罗斯在波罗的海处于执牛耳的地位，确立自己在欧洲的存在。

然而，在使他的国家现代化和西方化的同时，彼得大帝还通过完善专制体制、消除任何一种社会或政治多元化的潜在根源，来强化俄罗斯的亚洲特性。俄罗斯贵族的势力从未强大过，彼得扩大了贵族的服役，建立了一个基于功劳而不是出生或社会地位的等级体制，进一步削弱了他们的地位。贵族像农民一样地服兵役，形成了一种后来激怒屈斯蒂纳侯爵的“卑躬屈膝的贵族制”[注18]。农奴的自主进一步受到限制，因为他们被更紧地束缚于土地和主人。东正教会过去一直处于国家的广泛控制之下，这时则直接由沙皇任命的宗教会议来改组和控制。沙皇还获得了指定其继承人的权力，而不论流行的继承惯例如何。由于这些变革，彼得一方面在俄罗斯开创了现代化与西方化之间的密切联系，另一方面又开创了专制体制，并为两者都树立了典范。列宁、斯大林，在较小的程度上还有叶卡捷琳娜二世和亚历山大二世，都遵循着彼得的模式，尝试用各种不同的方法使俄罗斯西方化和现代化，同时加强独裁权力。至少在20世纪80年代以前，在俄罗斯，主张民主化者通常是主张西方化者，但主张西方化者却不是主张民主化者。俄罗斯的历史教训在于中央集权成为社会和经济改革的前提条件。20世纪80年代末，戈尔巴乔夫的合作者为他们在反对公开性给经济自由化制造的障碍时未能认识到这个事实而感到痛惜。

彼得在使俄罗斯成为欧洲的一部分，而不是使欧洲成为俄罗斯的一部分方面，更为成功。与奥斯曼帝国形成对照的是，俄罗斯帝国逐渐被看作是欧洲国际体系的一个主要的和合法的参与者。在国内，彼得的改革带来了一些变化，但他的社会仍然是混合的，除了一小部分精英外，亚洲和拜占庭的方式、体制和信仰在俄罗斯社会仍居主导地位，对此，欧洲人和俄罗斯人均这样认为。德·迈斯特注意到："抓伤了一个俄罗斯人，就是伤害了一个鞑靼人。"彼得建立了一个无所适从的国家，19 世纪，斯拉夫主义者和主张西方化者都为这个不幸的国家而痛惜，并在究竟是通过彻底欧洲化，还是通过消除欧洲的影响，恢复俄罗斯的精粹来结束这种局面的问题上，发生了激烈的争论。像恰达耶夫这样的主张西方化者争辩道，"太阳是西方的太阳"，俄罗斯人要用它来照明和改变其继承下来的制度；而像丹尼列夫斯基一样的斯拉夫主义者的言论直到 20 世纪 90 年代还能听得到，他谴责欧洲化的努力是"扭曲人们的生活，用陌生的外国形式来取代自己的形式"，"借用外国的体制并将它们移植到俄罗斯的土壤里"，"用一种外来的欧洲观点来看待俄罗斯国内和国外的关系以及俄罗斯生活的问题，像过去一样，用适合于欧洲的折射镜来观察它们"。[注19] 在其后的俄罗斯历史中，彼得成了主张西方化者心目中的英雄和反对者的撒旦，后者的极端代表是 20 世纪 20 年代的欧亚主义者，他们谴责彼得为叛徒，并为布尔什维克放弃西方化、向欧洲挑战以及重新迁都莫斯科而欢呼。

布尔什维克革命开创了俄罗斯与西方关系的第三阶段，它与存在了两个世纪的含糊不清的前一阶段大不相同。它以一种在西方创立的意识形态的名义建立起不能存在于西方的政治经济制度。斯拉夫主义者和西方化论者曾经争论，如果与西方相比俄罗斯不落后，那么俄罗斯是否可能不同于西方；共产党人出色地解决了这一问题：俄罗斯不同于西方而且根本反对西方，因为它比西方更先进，它要在最终将席卷全世界的无产阶级革命中起领导作用，俄罗斯体现的不是落后的亚洲的过去，而是进步的苏维埃的未来。事实上，革命使俄罗斯越过了西方，并使它自己与西方区分开来，正如一位斯拉夫主义者所论证的，不是因为"你们是不同的，所以我们不会变得像你们一样"，而是像共产国际的宣传所言，因为"我们是不相同的，所以你们最终会变得像我们一样"。

然而，共产主义在使苏联领导人把自己与西方区分开来的同时，也使他们与西方建立了强有力的联系。马克思和恩格斯是德国人，19 世纪末和 20 世纪初，他们观点的大多数主要阐释者都是西欧人。到 1910 年，西欧社会的许多工会组织、社会民主党和工党都信奉他们的意识形态，并在西欧政治中变得越来越有影响。布尔什维克革命后，欧洲左翼政党分裂成为共产党和社会党，两者常常都是欧洲社会中的强大力量。在大部分西方国家里，马克思主义的观点很流行，共产主义和社会主义被视为未来的趋势，并以这种或那种方式得到了政治精英和知识精英的广泛拥护。因此，俄罗斯的斯拉夫主义者和主张西方化者之间关于俄罗斯未来的争论，就被欧洲的左翼和右翼关于西方的未来，以及苏联是否集中体现了这种未来的争论所代替。第二次世界大战后，苏联的力量加强了共产主义在西方的吸引力，更重要的是，加强了在那些正在反对西方的非西方文明国家中的吸引力。在西方所支配的非西方社会中，那些想诱惑西方的精英们谈论着自决和民主；而那些想对抗西方的精英们则发动了革命和民族解放运动。

通过采用西方的意识形态和运用它来向西方挑战，俄罗斯人在某种意义上比历史上的任何时期都更加接近西方，并更加密切地与西方缠绕在一起。尽管自由民主的意识形态与共产主义的意识形态差别很大，但在某种意义上，双方讲的是同一种语言。共产主义和苏联的崩溃结束了西方和俄罗斯之间的这种政治—意识形态的相互作用。西方希望并认为，结果将会是自由民主在整个苏联帝国的胜利。然而，那并不是注定的。到 1995 年为止，自由民主在俄罗斯及其他东正教共和国的未来尚不明朗。此外，俄罗斯人不再表现得像马克思主义者，而开始表现得像俄罗斯人，俄罗斯与西方之间的鸿沟扩大了。自由民主与马克思主义列宁主义之间的冲突是意识形态上的冲突，尽管它们之间有重大的差别，但它们都是现代的、世俗的，并公开地赞同最终要实现自由、平等和物质富裕的目标。一个西方的民主主义者可以与一个苏联的马克思主义者进行思想上的争论，但他不可能与一个俄罗斯的东正教民族主义者这么做。

在苏联时代，由于索尔仁尼琴之辈和萨哈罗夫之辈都向共产主义学说提出了挑战，斯拉夫主义者和主张西方化者的斗争戛然而止。随着共产主义学说的崩溃，关于俄罗斯的真正认同的争论又热烈起来。俄罗斯是否应当采用西方的价值观、体制、实践并试图成为西方的一部分？抑或俄罗斯要体现把欧洲和亚洲联系起来的一种独特的东正教和欧亚文明？它由于负有联结欧洲和亚洲的独一无二的使命，而与西方文明迥异。在这些问题上，知识界和政界精英及一般公众之中都产生了严重的分歧。一方是主张西方化者、“世界主义者”或“大西洋主义者”。

另一方是斯拉夫主义者的继承人，对他们人们有各种称呼，如“民族主义者”、“欧亚主义者”或“强大国家的支持者”。[注20]

这些群体之间的基本分歧是在对外政策上，在较小的程度上也有关于经济改革和国家结构的分歧。舆论继续从一个极端延展到另一个极端。争论的一方是那些宣扬戈尔巴乔夫所主张和集中体现在其“共同的欧洲家园”目标中的“新思维”的人，以及叶利钦的许多高级顾问，他们表达了这样的愿望：俄罗斯要变成一个“正常的国家”，并被主要工业化民主国家的七国集团接纳为第八个成员国。像谢尔盖·斯坦凯维奇这样的较温和的民族主义者则认为，俄罗斯应当摒弃“大西洋主义”的道路，应当把保护生活在其他国家的俄罗斯人作为优先考虑，强调它与土耳其人和穆斯林的联系，促进“本着有利于亚洲或东方的原则，适当地重新分配我们的资源、选择、联系和利益”。[注21]具有这种主张的人批评叶利钦使俄罗斯的利益服从于西方的利益，削减俄罗斯的军事力量，未能支持诸如塞尔维亚这样的传统朋友，推行对俄罗斯人有害的经济和政治改革。这种趋势的标志是彼得·萨维茨基的思想的重新流行，他曾于20世纪20年代论证说，俄罗斯是一种独一无二的欧亚文明。

较极端的民族主义者分为俄罗斯民族主义者和帝国主义民族主义者，前者如索尔仁尼琴，他们提倡建立一个俄罗斯：包括所有俄罗斯人，加上紧密相连的斯拉夫东正教白俄罗斯人和乌克兰人，除此以外，别无其他民族；后者如弗拉基米尔·日里诺夫斯基，他们想重建苏联帝国和俄罗斯的军事力量。后一群人有时既反对犹太人，也反对西方，他们想要把俄罗斯的外交政策方向调整到东方和南方，或者控制穆斯林的南方（如日里诺夫斯基所极力主张的），或者与穆斯林国家和中国合作反对西方。民族主义者还赞同更广泛地支持塞尔维亚人对穆斯林的战争。世界主义者与民族主义者的分歧在机构上反映在外交部与军方的观点分歧上，也反映在叶利钦的对外政策和安全政策从一个方向向另一个方向的变化上。

俄罗斯公众也像精英一样产生了分歧。1992年对2069名欧洲俄罗斯人所作的抽样调查发现，40％的被调查者“支持对西方开放”，36％的人“不接受西方”，24％的人“未决定”。在1993年的议会选举中，支持改革的政党赢得了34.2％的选票，反对改革的政党和民族主义政党赢得43.3％的选票，而中间派的政党赢得13.7％的选票。[注22]同样，在1996年6月的总统选举中，俄罗斯公众再一次发生分裂，约有43％的人拥护西方看中的候选人叶利钦和赞同改革的其他候选人，而52%的人投了民族主义者和共产党候选人的票。在俄罗斯的认同这一中心问题上，20世纪90年代的俄罗斯显然仍然是一个无所适从的国家，西方—斯拉夫主义的两重性“是俄罗斯民族特征中一个不可分割的特点”。(注23)

土耳其。在20世纪20年代和30年代经过精心筹划的一系列改革中，穆斯塔法·基马尔（又译凯末尔）·阿塔蒂尔克试图使他的人民摆脱奥斯曼和穆斯林的过去，基马尔主义的基本原则或“六个标志”是：民粹主义、共和主义、民族主义、世俗主义、国家主义和改良主义。基马尔抛弃了多民族帝国的思想，目的是建立一个同质的民族国家，在这一过程中亚美尼亚族和希腊族遭到了驱逐和屠杀。然后，他废黜了苏丹，建立了西方式的政治权威的共和体制。他还废除了哈里发的职位（哈里发是宗教权威的主要来源），撤销了传统的教育部和宗教部，废除了独立的宗教学校及学院，建立了统一的世俗公共教育制度，中止了采用伊斯兰法律的宗教法庭，代之以建立在瑞士民法基础上的新的法律制度。他还用格里高利历法（公历）代替了传统的历法，并正式废止伊斯兰教的国教地位。他仿效彼得大帝禁止人们戴土耳其帽，因为它是宗教的传统象征，并鼓励人们戴有边的帽子（土耳其帽子没有边——译者注）。他还明文规定，土耳其文要用罗马字母而不是阿拉伯字母书写。后一项改革至关重要，“它使在罗马书写方式下受教育的新一代人实际上不可能使用大量的传统文献；它鼓励人们学习欧洲语言；它大大缓解了越来越突出的扫盲问题”。(注24) 20世纪30年代，基马尔在重新确立了土耳其人民的民族的、政治的、宗教的和文化的认同之后，积极促进土耳其的经济发展。西方化与现代化携手并进，并预定将成为实现现代化的工具。

在西方1939—1945年的内战中，土耳其仍然保持中立。然而战后，迅速地认同了西方。为了明确表示追随西方模式，它从一党制转变为具有竞争性的多党制。它通过游说最终于1952年成为北约的成员国，由此进一步证明它是自由世界的一个成员。它接受了西方几十亿美元的经济援助和安全援助，它的军队由西方来训练和装备，并被纳入了北约的指挥系统，它还在本土设有美国的军事基地。土耳其开始被西方看作是遏制、阻止苏联向地中海、中东和波斯湾扩张的东方堡垒。土耳其与西方的这种联系与它对西方的认同，在1955年召开的万隆会议上遭到了非西方国家和不结盟国家的谴责，并被伊斯兰国家攻击为亵渎神明。(注25)

冷战结束后，土耳其的精英仍然大都支持土耳其成为西方和欧洲的一员，对于他们来说，继续保持北约成员国的地位是必不可少的，因为它提供了与西方的一种密切的组织联系，对于平衡希腊的力量也是必要的。然而，土耳其与西方结盟，体现在其北约成员国的地位上，它是冷战的产物。冷战的结束消除了两者结盟的基本理由，并导致这种联系的减弱和被重新界定。对西方来说，土耳其不再是一个阻止北方主要威胁的有用的堡垒，而是一个对付南方次一级威胁的可能的伙伴，就像在海湾战争中一样。在那场战争中，土耳其关闭伊拉克石油到达地中海必经的土耳其境内的输油管，以及允许攻击伊拉克的美国飞机从土耳其的军事基地起飞，从而为反萨达姆·侯赛因的联盟提供了关键的帮助。然而，由奥扎尔总统作出的这些决定在土耳其国内激起了轩然大波，并导致土耳其外交部长、国防部长和总参谋长的辞职，以及抗议奥扎尔与美国的密切合作的大规模示威游行。随后，德米雷尔总统和奇莱尔总理敦促尽快结束联合国对伊拉克的制裁，这种制裁同时给土耳其造成了相当大的经济负担。(注26) 土耳其与西方合作对付来自南方的伊斯兰威胁的意愿，跟它与西方一起抵抗苏联的威胁的意愿相比，不那么肯定。在海湾危机中，土耳其的一个传统盟友德国反对将伊拉克对土耳其的导弹攻击视为对北约的攻击，此事也表明，土耳其在对付来自南方的威胁时不能指望西方的支持。冷战中与苏联对抗没有引起土耳其的文明认同问题，而冷战后与阿拉伯国家的关系却引出了这个问题。

20 世纪 80 年代开始，倾向西方的土耳其精英在外交政策上的一个主要目标，可能也是唯一的主要目标，就是获得欧洲联盟的成员国资格。1987 年 4 月，土耳其正式提出申请，1989 年 12 月土耳其被告知，它的申请在 1993 年以前不会被考虑。1994 年欧洲联盟批准了奥地利、芬兰、瑞典和挪威的申请。人们广泛预测，在未来几年中，欧盟可能会接纳波兰、匈牙利、捷克共和国，然后可能是斯洛文尼亚、斯洛伐克和波罗的海诸共和国。尤其令土耳其人失望的是，欧洲联盟最有影响的成员国德国再一次不积极支持土耳其加入欧洲联盟，反而把促成中欧国家成为欧盟的成员国作为优先考虑。(注27) 在美国的压力下，欧洲联盟确实与土耳其一起协商了建立关税同盟的事宜，然而，完全的成员国资格看来仍遥遥无期，其可能性还值得怀疑。

土耳其为什么被忽略？而且为什么它似乎总是排在最后？在公开场合，欧洲官员提出这是因为土耳其的经济发展的水平低，而且不如斯堪的纳维亚国家尊重人权。私下里，欧洲人和土耳其人都承认，真正的理由是由于希腊人的强烈反对，更重要的是，土耳其是一个穆斯林国家。欧洲国家不想面对自己开放边境后可能从一个拥有6000万穆斯林和大量失业入口的国家涌入移民的景象。尤其重要的是，他们感到在文化上，土耳其不属于欧洲。正如奥扎尔总统在1992年所说的，“土耳其的人权记录是土耳其无法加入欧洲联盟的虚构的理由，真正的理由是，我们是穆斯林，他们是基督徒”，但他补充说，“他们并不这么说”。欧洲官员也赞同欧洲联盟是一个“基督徒的俱乐部”，“土耳其太贫穷，人口太多，太穆斯林化，太强硬，文化上太不相同，一切都太格格不入”。一个观察家评论道，欧洲人的一个“隐秘的梦魇”是对“撒拉逊人（即阿拉伯人）入侵西欧和土耳其人直叩维也纳城门”的历史记忆。反过来，这种态度导致了“土耳其人的一个共识”，即：“西方没有在欧洲为穆斯林的土耳其留下一席之地。”(注28)

在抛弃麦加又被布鲁塞尔抛弃后，土耳其抓住了苏联解体的机会，转向塔什干。奥扎尔总统和其他土耳其领导人提出建立讲突厥语的各民族共同体的设想，并作了极大的努力发展土耳其与从“亚得里亚海到中国边界”的“近邻”的“外部土耳其人”的联系，并特别注意与阿塞拜疆及四个讲突厥语的中亚共和国——乌兹别克斯坦、土库曼斯坦、哈萨克斯坦和吉尔吉斯斯坦的关系。1991年和1992年，土耳其开展了一系列的广泛活动旨在加强它与这些新共和国的关系及维持它在这些国家中的影响，其中包括15亿美元的长期低息贷款、7900万美元的直接紧急援助、卫星电视（以取代俄语频道）、电话通信、航空服务，以及为数千名来土耳其学习的学生提供奖学金，在土耳其为中亚和阿塞拜疆的银行家、商人、外交官及几百名军官提供训练。土耳其的教师被派往那些新共和国教授土耳其语，并开办了大约2000家合资企业。文化的共性促进了这些经济关系。正如一位土耳其商人所评论的：“在阿塞拜疆或土库曼斯坦，成功的关键是找到合适的伙伴，对土耳其人来说这并非难事，我们拥有相同的文化，或多或少相同的语言，饮食习惯也相同。”(注29)

土耳其重新倾向高加索和中亚，不仅是被充当突厥语族各国共同体的领袖的梦想所激发，也是出于抗衡伊朗和沙特阿拉伯在这些区域扩大的影响、防止鼓动伊斯兰原教旨主义的需要。土耳其人认为自己为其他国家提供了一种“土耳其模式”或“土耳其思想”作为另一种选择，即一个世俗的、民主的、市场经济的穆斯林国家。此外，土耳其人希望遏制俄罗斯影响的抬头。土耳其也可能通过提供俄罗斯和伊斯兰之外的另一种选择，从欧洲联盟那里得到对其要求的支持并最终成为欧洲联盟的成员国。

土耳其与突厥语族各共和国的活动的最初浪潮在 1993 年受到了较大的抑制，原因在于土耳其的资源有限，苏莱曼·德米雷尔在奥扎尔去世后继任总统，以及俄罗斯在它认为是其“近邻”的国家重新确立了影响。苏联的突厥语共和国刚刚独立时，它们的领导人曾涌向安卡拉，向土耳其献殷勤。随后，在俄罗斯的软硬兼施下，它们又转变过来，普遍强调需要“平衡”它们与文化亲缘国家和与前帝国主人的关系。然而，土耳其人继续努力用文化亲缘关系来扩大他们之间的经济和政治联系，他们最重要的活动是与有关政府和石油公司达成了协议，修建一条把中亚和阿塞拜疆的石油通过土耳其境内运到地中海的输油管道。[注30]

当土耳其致力于发展其与苏联突厥语共和国的联系时，其世俗的基马尔主义认同在国内受到了挑战。首先，对土耳其来说，正如对许多国家一样，冷战的结束和社会经济发展导致的混乱引发了“民族认同和种族认同”的重大问题，[注31]对此，宗教提供了现成的答案。三分之二个世纪之久的阿塔蒂尔克和土耳其精英的世俗遗产越来越受到猛烈攻击，海外土耳其人的遭遇倾向于刺激国内的伊斯兰情绪。从西德回来的土耳其人“求助于他们所熟悉的东西，来回击西德对土耳其人的敌意，那就是伊斯兰教”。主流舆论和实践越来越伊斯兰化。据报道，1993 年，在土耳其，“留伊斯兰式胡须的男人和戴面纱的妇女激增，清真寺吸引了更多的人，一些书店里充斥着颂扬伊斯兰历史、戒律和生活方式以及吹捧奥斯曼帝国在维护穆罕默德先知的价值观中所起的作用的书刊、磁带、光盘和录像带”。据说，有“290 多家出版社和印刷厂，包括 4 种日报在内的 300 多种出版物，大约 100 个未经注册的广播电台和大约 30 个同样未经注册的电视频道，全都在宣传伊斯兰教思想”。[注32]

面对伊斯兰情绪的增长，土耳其统治者试图采纳原教旨主义的做法并接受原教旨主义者的支持。20 世纪 80 年代和 90 年代，土耳其的号称世俗的政府维持着一个预算大于其他某些部门的宗教事务署，它还资助修建清真寺，要求所有公立学校进行宗教教育，并为伊斯兰学校提供资金。20 世纪 80 年代，伊斯兰教学校的数量增长了 4 倍，注册就读的学生占中学生的 15%，这些学校讲授伊斯兰教教义并且有数千名毕业生，他们中的许多人进入政府部门工作。与法国禁止穆斯林女学生戴面纱一事形成象征性的也是鲜明的对比的是，在阿塔蒂尔克禁止戴土耳其帽 70 年后，土耳其政府实际上允许女生戴传统的伊斯兰头巾。[注33]政府的这些行为在很大程度上是想要在与伊斯兰主义者的斗争中占上风，它证实了20世纪80年代和90年代初伊斯兰主义者掀起的旋风是多么强劲。

其次，伊斯兰教的复兴改变了土耳其政治。政治领导人，最引人注目的是奥扎尔，公开认同穆斯林的象征和政策。在土耳其，如同在其他地方一样，民主加强了本土化和向宗教的回归，“由于急切地想讨好民众并赢得选票，政治家，甚至军人——世俗主义的堡垒和卫士——不得不考虑民众的宗教热望：他们作出的许多让步都带有蛊惑人心的味道。”民众运动具有宗教倾向。尽管精英和官僚集团，特别是军人，倾向于世俗化，伊斯兰情绪也在军队内部表现出来。1987年军事院校的几百名学员因被怀疑有伊斯兰主义情绪而受到清洗。主要政党越来越感到在选举时需要寻求某些复兴的穆斯林团体的支持，这些团体在过去曾被阿塔蒂尔克所禁止。[注34]在1994年3月的地方选举中，在5个主要政党中，只有原教旨主义的繁荣党获得选票的份额有所增加，它获得了大约19%的选票，而相比之下奇莱尔总理的正确道路党只得到了21%的选票，已故的奥扎尔的祖国党得到了20%。繁荣党控制了土耳其的两个主要城市——伊斯坦布尔和安卡拉，并在土耳其南部地区日益壮大。在1995年12月的选举中，繁荣党赢得了超过其他任何一个政党的选票和议席，并在6个月后与一个世俗党联合接管了政府。像在其他国家一样，对原教旨主义者的支持来自年轻人、从国外归来的移民、“被压制和被剥夺者”以及“新的城市移民和大城市中的无套裤人”。[注35]

第三，伊斯兰教的复兴影响了土耳其的外交政策。在奥扎尔的领导下，土耳其在海湾战争中坚定地与西方站在一边，期望这一行动能促进欧洲共同体接纳其为成员国。然而，这一愿望并未实现。而北约在一旦土耳其在战争期间受到伊拉克攻击时北约应作何反应的问题上却犹豫不决，这使得土耳其人无法确信，当他们的国家受到并非来自俄罗斯的威胁时，北约将会作何反应。[注36]土耳其领导人试图扩大土耳其与以色列的军事联系，但遭到本国伊斯兰教徒的激烈批评。更重要的是，20世纪80年代，土耳其扩大了它与阿拉伯国家和其他穆斯林国家的联系，90年代它向阿塞拜疆和波斯尼亚的穆斯林提供重大支持来积极促进伊斯兰的利益。在巴尔干、中亚和中东方面，土耳其的外交政策越来越伊斯兰化。

多年来，土耳其具备了一个无所适从的国家转变文明认同的三个最起码条件中的两个，即土耳其的精英大都支持这一行动，公众也默认了这一行动。然而，西方文明的精英们却不接纳土耳其。当这一问题悬而未决时，土耳其的伊斯兰复兴运动在公众中激起了反西方的情绪，并开始损害土耳其精英的世俗的、亲西方的倾向。土耳其在完全成为欧洲国家的道路上所遇到的障碍，它在苏联突厥语共和国中起支配作用的能力受到的限制，以及侵蚀阿塔蒂尔克遗产的伊斯兰倾向的兴起，所有这些都使人确信土耳其似乎仍将是一个无所适从的国家。

土耳其领导人通常把他们的国家描述为不同文化之间的一座“桥梁”，这反映了这些互相矛盾的拉力。土耳其总理奇莱尔在 1993 年争辩说，土耳其既是“西方民主”国家，又是“中东的一部分”，并“在物质上和思想上成为两种文明的桥梁”。奇莱尔在国内公开场合中常常以一个穆斯林的形象出现，也反映了这种矛盾；然而她在北约讲话时坚持说，“地理和政治的事实是，土耳其是一个欧洲国家。”苏莱曼·德米雷尔总统同样将土耳其称为“一个从西方延伸到东方，即从欧洲延伸到中国的地区中的一座非常重要的桥梁”。[注37]然而，联结两个牢固实体的桥梁只是一种人工的架设，而不是两者中任何一个的一部分。当土耳其的领导人把他们的国家说成是一座桥梁时，亦委婉地证实了它是无所适从的。

墨西哥。土耳其 20 世纪 20 年代就成为一个无所适从的国家，墨西哥则直到 20 世纪 80 年代才成为这样的国家。然而，它们与西方的历史关系有着某种类似之处。与土耳其一样，墨西哥具有一种独特的非西方的文化，正如奥克塔维奥·帕斯所指出的，“墨西哥的核心还是印第安文化，它是非欧洲的。”[注38]像奥斯曼帝国一样，墨西哥在 19 世纪也被西方列强瓜分。也像土耳其一样，墨西哥在 20 世纪二三十年代通过革命建立了民族认同的新基础和新的一党政治制度。然而，在土耳其，革命既包含了抛弃传统的伊斯兰文化和奥斯曼帝国文化，也包含了努力引进西方文化和加入西方；而在墨西哥，像在俄罗斯一样，革命包含了融合和采纳西方文化的一些要素，这造成了一种反对西方资本主义和民主体制的新民族主义。因此，60 年中，土耳其试图把自己确定为欧洲国家，而墨西哥则试图把自己确定为与美国对立的国家。从 20 世纪 30 年代到 80 年代，墨西哥领导人一直执行向美国利益挑战的经济和外交政策。

20 世纪 80 年代，一切都发生了变化。米格尔·德拉马德里总统和他的继任者卡洛斯·萨利纳斯总统对墨西哥的目标、实践和认同重新进行了全面的界定，这是 1910 年革命以来最广泛的变革努力。萨利纳斯事实上成为墨西哥的穆斯塔法·基马尔·阿塔蒂尔克。阿塔蒂尔克促进了世俗主义和民族主义，它们在他那个时代是西方占主导地位的主题；萨利纳斯则促进了经济自由主义，这是他那个时代西方的两个主题之一（另一个是政治民主，他没有接受）。像阿塔蒂尔克所处的状况一样，这些观点为政治和经济精英所赞同，他们中的许多人和萨利纳斯及德拉马德里一样曾在美国接受教育。萨利纳斯大幅度地降低了通货膨胀，使大量公有企业私有化，他促进外国投资，降低关税，削减补贴，调整了外债，向工会势力挑战，提高了生产率，并使墨西哥与美国、加拿大一起缔结了北美自由贸易协定。正如阿塔蒂尔克的改革旨在把土耳其从一个中东的穆斯林国家转变为一个世俗的欧洲国家一样，萨利纳斯的改革旨在将墨西哥从一个拉丁美洲国家变为一个北美国家。

对于墨西哥来说，这并非是不可避免的选择。可以设想，墨西哥的精英们本来可以继续沿着先辈们在 20 世纪大部分时间里所遵循的反美的第三世界民族主义和保护主义的路线前进。另一种选择是，正如某些墨西哥人所极力主张的，墨西哥可以努力与西班牙、葡萄牙及南美洲国家建立一个伊比利亚国家联盟。

墨西哥成为北美国家的追求能否成功？政治、经济、知识界的绝大多数精英都赞成这条道路。同样与土耳其的情况不同的是，北美的政治、经济和知识界的绝大多数人都赞成墨西哥的文化重组。文明之间的关键问题——移民问题，突出了这一差别。对土耳其大规模移民的恐惧使得欧洲精英和公众反对接纳土耳其；对比之下，美国拥有大量合法和非法的墨西哥移民的事实，是萨利纳斯为北美自由贸易协定辩护的一部分：“你们要么接受我们的商品，要么接受我们的人民”。此外，墨西哥与美国之间的文化差距远远小于土耳其与欧洲之间的差距。墨西哥的宗教是天主教，它的语言是西班牙语，它的精英历史上倾向于欧洲（他们把子女送到欧洲上学），最近则倾向美国（现在，他们把子女送到美国受教育）；盎格鲁－美国的北美与西班牙－印第安的墨西哥相互适应，应当比基督教的欧洲与穆斯林的土耳其相互适应容易得多。尽管有这些共同点，在批准北美自由贸易协定后，美国出现了反对更密切地与墨西哥发展关系的呼声，并要求限制移民，抱怨工厂南移，对墨西哥遵守北美自由概念和法治概念的能力也提出了质疑。[注39]

一个无所适从的国家成功地改变其认同的第三个前提条件是公众普遍的默认，尽管不一定要得到普遍的支持。在某种程度上，这一因素的重要性取决于，公众的观点在那个国家的决策过程中有多大的分量。至 1995 年，墨西哥亲西方的立场还没有受到民主化的考验。这年元旦几千名组织良好的、并得到外部支持的游击队在恰帕斯发动了起义，这一行动本身并不表明有很多人反对北美化。然而，它在墨西哥知识分子、记者及其他制造舆论者中引起了同情的反应，这种反应暗示着，一般来说北美化，尤其是北美自由贸易协定，可能遭到墨西哥精英和公众越来越强烈的反对。萨利纳斯总统非常有意识地把经济改革和西方化置于政治改革和民主化之先。然而，经济的发展以及与美国越来越多的联系，将加强要求墨西哥政治真正民主化的力量。墨西哥未来的关键问题是，现代化和民主化将会在多大程度上刺激非西方化，使它退出或急剧地削弱北美自由贸易协定，并使20世纪80年代和90年代倾向西方的精英强加给墨西哥的政策发生相应的变化？墨西哥的北美化是否与其民主化相适应？

澳大利亚。与俄罗斯、土耳其、墨西哥相比，澳大利亚本来就是西方社会。在20世纪中，它先是与英国，而后与美国结成了紧密的联盟。在冷战期间，它不仅是西方的成员，而且也是西方的美国—英国—加拿大—澳大利亚军事和情报核心的成员。然而，20世纪90年代初，澳大利亚的领导人实际上决定，澳大利亚应当脱离西方，把自己重新确定为亚洲社会，并与它的地缘上的邻国建立紧密的联系。保罗·基廷总理宣布，澳大利亚不再是“帝国的一个分部”，它必须成为一个共和国，其目标必须是“融入”亚洲，他认为，为确立作为一个独立国家的认同，这是必要的。“澳大利亚不能既作为一个多文化社会出现在世界上，与亚洲交往，建立与亚洲的联系，使这种联系有说服力，而同时又依然作为一个派生的社会，至少在宪法上如此。”基廷宣称，多年来澳大利亚遭受了“亲英症和麻痹症”的折磨，继续与英国保持联系将“使我们的民族文化、经济前途以及在亚洲和太平洋的命运受到不良影响。”外交部长加雷思·埃文斯也有同感。[注40]

把澳大利亚重新确定为亚洲国家是基于这样一种假设：在塑造民族命运的过程中，经济压倒了文化。其主要的动力是亚洲经济的蓬勃发展，它反过来促进了澳大利亚与亚洲之间贸易的迅速扩大。1971年，澳大利亚对东亚与东南亚的出口占其总出口的39%，从这些地区的进口占其进口的21%；至1994年，澳大利亚对东亚与东南亚的出口占其总出口的62%，从这些地区的进口占其进口的41%。与此形成对照的是，1991年，澳大利亚对欧洲的出口只占11.8%，对美国的出口只占10.1%。与亚洲经济联系的日益加深使澳大利亚人更加坚信，世界正在向形成三大经济集团的方向发展，而澳大利亚的位置是在东亚集团中。

尽管有这些经济联系，澳大利亚的亚洲策略看来不可能满足一个无所适从的国家成功地改变其文明的任何条件。首先，20世纪90年代中期，澳大利亚精英还不是非常热衷于这条道路。在某种程度上它还是一个党派争论的问题，自由党对此态度暧昧或者反对；工党政府也遭到了各类知识分子和记者的大量批评。在选择亚洲的问题上，不存在明显的精英共识。其次，舆论也模棱两可，从 1987 年至 1993 年，支持结束君主制的澳大利亚公众的比率从 21%增至 46%，然而，在达到这一点之后，支持开始动摇和减退，支持把英国国旗图案从澳大利亚国旗上去掉的公众从 1992 年 5 月的 42%下降到 1993 年 8 月的 35%。正如一位澳大利亚官员 1992 年所说，“公众很难接受它。我时常说，澳大利亚应当成为亚洲的一部分，但我无法告诉你，为此我收到了多少表示憎恨的信。”(注41)

第三，也是最重要的，亚洲国家的精英对澳大利亚友好表示的接受程度甚至不及欧洲国家的精英对土耳其的接受程度。他们说得很清楚，如果澳大利亚想成为亚洲的一部分，那它必须真正成为亚洲的，而在他们看来，即便有这种可能，可能性也不大。一位印度尼西亚官员说：“澳大利亚能否成功地与亚洲成为一体，取决于一件事——亚洲国家在多大程度上欢迎澳大利亚的意图，而澳大利亚在亚洲的被接受程度取决于其政府和人民在多大程度上了解亚洲文化和社会。”亚洲人看到了澳大利亚关于亚洲的言论与它相反的西方现实之间的差距，据澳大利亚的一位外交官说，泰国人以一种亚洲人的“茫然的宽容”对待澳大利亚坚持它是亚洲国家的态度。(注42)马来西亚总理马哈蒂尔于 1994 年 10 月宣布：“在文化上澳大利亚仍然是个欧洲国家……我们认为它是欧洲国家，因此，澳大利亚不应当是东亚经济核心论坛的成员。我们亚洲人不惯于直言不讳地批评其他国家或对它们评头论足，而澳大利亚由于文化上属于欧洲，便感到有权告诉别国该做什么或不做什么，什么是对的，什么是错的。这样，它当然与我们这个集团格格不入。这就是我反对（它成为东亚经济核心论坛成员）的理由。这不是由于肤色，而是由于文化。”(注43)简而言之，亚洲人决心以欧洲人把土耳其排除在外的同样理由把澳大利亚排除在他们的俱乐部之外：他们与我们不同。基廷总理喜欢说，他要把澳大利亚从一个亚洲的“古怪的局外人变成古怪的局内人”，然而，这是一种矛盾的说法，因为古怪者不能入内。

恰如马哈蒂尔所说，文化和价值观是澳大利亚加入亚洲的根本障碍，冲突经常发生在下述问题上：澳大利亚信奉民主、人权、新闻自由，并且还抗议实际上它所有的邻国政府对那些权利的侵犯。澳大利亚的一位资深外交官评论道：“澳大利亚在这个地区的真正问题，不是我们的旗帜，而是我们根本的社会价值观。

我怀疑是否能找到一个为了被那个地区接受而放弃这些价值观的澳大利亚人。”[注44] 人们指出的差异还有特性、作风和行为举止。正如马哈蒂尔所暗示的，亚洲人一般是以微妙的、间接的、调解的、迂回曲折的、非评判的、非道德的、非对抗的方式与其他人一起来追求他们的目标。而澳大利亚人是英语世界中最直截了当、开门见山、毫不隐讳的民族，有人可能会说他们是一个不敏感的民族。这种文化冲突在保罗·基廷本人与亚洲人的交往中表露无遗。基廷把澳大利亚人的民族性体现得淋漓尽致，人们把他描绘成一个“本质上具有挑衅和好斗”风格的“强有力政治家”，他毫不犹豫地把政敌谴责为“渣滓袋”、“涂着香水的舞男”、“脑袋坏了的大傻瓜”。[注45] 当论证澳大利亚必须成为亚洲国家时，基廷常常以其惊人的坦率使亚洲领导人愤怒和震惊，并与他们发生对抗。文化的鸿沟是如此之大，它使赞成文化趋同的人一叶障目，以致他自己的行为举止使那些他称之为文化兄弟的人感到反感。

基廷－埃文斯的选择可以看作是过分强调经济因素，忽视而不是更新这个国家文化的短视的结果，亦可视为一种转移对澳大利亚经济问题注意力的政治手段。或许也可以说，这是一种旨在使澳大利亚融入和认同东亚正在崛起的经济、政治，最终是军事力量中心的富有远见的倡议。在这方面，澳大利亚是试图背离西方，追随正在崛起的非西方文明的许多可能的西方国家中的第一个。到22世纪初，当历史学家回首往事时，可能会把基廷－埃文斯的选择看作是西方衰落的一个重要标志。然而，假如实现了这一选择，它将不会消除澳大利亚人的西方遗产，并且这个“幸运的国家”将永远是一个无所适从的国家，既是基廷谴责的“帝国的一个分部”，又是李光耀轻蔑地提到的“亚洲的新的白色垃圾”。[注46]

这过去不是，现在也不是澳大利亚不可避免的命运。澳大利亚领导人在实现脱离英国的愿望的同时，可以把澳大利亚确定为一个太平洋国家，而不是一个亚洲国家，正如基廷的前任罗伯特·霍克总理曾试图做的那样。如果澳大利亚愿脱离英国王冠而成为共和国，它可以与世界上第一个这样做的国家结盟，这个国家像澳大利亚一样，也具有英国的本源，是一个移民国家，并且也拥有大陆规模，也讲英语，曾是三次战争中的盟国，其人口中也是欧洲人占绝大多数，而且像澳大利亚一样，亚洲人越来越多；文化上，在1776年7月4日的《独立宣言》中确立的价值观比任何一个亚洲国家的价值观更符合澳大利亚。经济上，澳大利亚不应竭力挤入一个文化上相异的集团，并因这一差异而遭到后者的排斥，它的领导人可以建议把北美自由贸易协定扩大成北美—南太平洋联盟，包括美国、加拿大、澳大利亚和新西兰。这样一个集团可以协调文化和经济，并为澳大利亚提供一个坚定而持久的认同，这种认同从它旨在融入亚洲的徒劳无功的努力中是得不到的。

西方病毒和文化精神分裂症。当澳大利亚踏上追随亚洲的征途时，其他无所适从的国家——土耳其、墨西哥和俄罗斯——正试图把西方融入它们的社会，并把它们的社会融入西方。然而，它们的经历强烈地昭示了本土文化的力量、复原力和凝聚力，以及它们自我更新和抵制、遏制、适应西方输入的能力。尽管对西方的拒绝主义回应是不可行的，但基马尔主义的回应并不成功。如果非西方社会要想实现现代化，它们必须走自己的道路，而不是西方的道路，并仿效日本，充分利用自己的传统、体制和价值观，在此基础上实现现代化。

政治领导人傲慢地认为，他们可以从根本上重构他们社会的文化，这是注定要失败的。尽管他们能够引入西方文化的要素，他们却不能永远压制或消除本国文化的核心要素。反之，西方的病毒一旦植入另一个社会，便很难根除。病毒会继续存在但并不致命，病人能活下去，但永远不会是个完好的人。政治领导人能够创造历史，但他们不能逃避历史。他们造就了无所适从的国家，但却不能创造出西方社会。他们使国家染上了一种文化精神分裂症，这成为那个国家持久和确定的特征。

第七章

核心国家、同心圆和文明秩序

文明和秩序

在正在形成的全球政治中，主要文明的核心国家正取代冷战期间的两个超级大国，成为吸引和排斥其他国家的几个基本的极。这些变化在西方文明、东正教文明和中华文明方面表现得最为清晰可见。在这些情况下，文明的集团正在形成，它包括核心国家、成员国、毗邻国家中文化上相似的少数民族人口，以及较有争议的核心国因安全考虑而希望控制的邻国中其他文化的民族。这些文明集团中的国家往往围绕着一个核心国家或几个核心国家分散在同心圆中，反映了与那种文明的认同程度以及融入那种文明集团的程度。伊斯兰世界没有一个公认的核心国家，它正在强化共同意识，但迄今为止只形成了一个初级的共同政治结构。

国家都倾向于追随文化相似的国家，抵制与它们没有文化共性的国家。就核心国家而言，尤其是如此。它们的力量吸引了文化上相似的国家，并排斥文化上与它们不同的国家。由于安全的缘故，核心国家可能企图融合或支配其他文明的某些民族（中国对藏族、维吾尔族，俄罗斯对鞑靼族、车臣和中亚穆斯林就是这样）。历史关系及均势的考虑也使一些国家抵制其核心国家的影响，格鲁吉亚和俄罗斯都是东正教国家，但格鲁吉亚历史上反对俄罗斯的控制，却又与俄罗斯有密切联系。越南和中国都是儒教国家，但它们之间历史上也相互为敌。然而，随着时间的推移，文化的共性以及一种更广泛、更强大的文明意识的形成可能把这些国家维系在一起，像西欧国家已经走到一起一样。

在冷战期间，任何秩序都是超级大国支配两大阵营和影响第三世界的产物。在正在形成的世界中，全球性大国已经过时，全球共同体只不过是一个遥远的梦想。没有一个国家，包括美国在内，有重大的全球安全利益。在今天更为复杂和异质的世界中，秩序的组成部分存在于文明内部和文明之间。世界秩序要么将建立在文明的基础上，要么将成为空中楼阁。在这个世界上，文明的核心国家是文明内部秩序的源泉，而核心国家之间的谈判则是文明之间秩序的源泉。

核心国家起领导作用或支配作用的世界是一个势力范围的世界，但它同时也是一个核心国家发挥的影响被与之拥有共同文化的文明成员国减轻或缓和的世界。文化的共性使核心国家对成员国及外部国家和机构的领导和强加秩序的作用合法化。但是，联合国秘书长加利1994年颁布了一条“维持势力范围”的规则，即：占主导地位的区域性大国向联合国提供的维和部队人数应不超过总数的三分之一。这样一项要求无视地缘政治的现实，因为在任何一个存在着占主导地位的大国的地区，只有通过该国的领导才能获得和平与维持和平。联合国不能代替区域性权力；当核心国家在与本文明其他的成员国的关系中行使区域性权力时，这种权力就成为可靠的和合法的了。

核心国家能够行使维持秩序功能，是因为成员国把它看作文化亲族。文明就像是一个扩大了的家庭，而核心国家就像是家庭里一个年长的成员，为其他亲属提供支持和制定纪律。如果没有那种亲缘关系，一个更为强大的国家解决其区域冲突和把秩序强加到该区域的能力就会受到限制。巴基斯坦、孟加拉国甚至斯里兰卡都不接受印度作为南亚秩序的维护者，没有任何一个东亚国家会接受日本发挥那方面的作用。

当文明缺少核心国家时，在文明内部建立秩序或者在文明之间通过谈判建立秩序的问题就变得更加棘手。由于缺乏一个可以合法地、权威地同波斯尼亚发生联系的伊斯兰核心国家，不能像是俄罗斯之于塞尔维亚人、德国之于克罗地亚人一样，美国便迫不得已地尝试充当这一角色。由于美国在那个区域没有战略利益，该区域的国家边界是在南斯拉夫时期划定的，美国又与波斯尼亚没有任何文化联系，而欧洲国家又反对在欧洲建立一个穆斯林国家，因此美国这样做效果不大。非洲和阿拉伯世界没有核心国家，已使正在苏丹进行的解决内战的努力极大地复杂化。另一方面，凡是有核心国家存在的地方，它们就成为在文明基础上建立新的国际秩序的主要因素。

西方边界的形成

在冷战期间，美国是一个巨大的、分散的、多文明国家集团的中心，这些国家有阻止苏联进一步扩张的共同目标。这个集团有多种称呼："自由世界"、"西方"或"盟国"，它包括了许多国家，但并非全是西方社会，如土耳其、希腊、日本、韩国、菲律宾、以色列，以及在更宽泛的意义上，也包括其他国家和区域，如中国台湾、泰国、巴基斯坦。与之相对的是一个异质性略小的国家集团，它包括所有的东正教国家（希腊除外），几个历史上属于西方的国家，越南和古巴，在更小程度上还有印度，有时还有一个或多个非洲国家。随着冷战的结束，这两个多文明的、跨文化的集团四分五裂了。苏联体系的瓦解，特别是华沙条约的解体是急剧的。冷战期间多文明的"自由世界"正在较缓慢地但与此类似地重组为一个新的或多或少与西方文明范围相一致的集团。一个边界形成的过程正在进行之中，它涉及如何定义西方国际组织成员的问题。

欧洲联盟的核心国家法国和德国首先被一个由比利时、荷兰和卢森堡组成的内部集团所环绕。这些国家全都同意取消货物和人员往来的一切障碍；然后是其他成员国，如意大利、西班牙、葡萄牙、丹麦、英国、爱尔兰和希腊；1995 年成为其成员国的奥地利、芬兰和瑞典；以及当时的联系国波兰、匈牙利、捷克共和国、斯洛伐克、保加利亚和罗马尼亚。为反映这一现实，1994 年秋天，德国的执政党和法国的高级官员各自提出了建立一个有区别的联盟的建议。德国的计划是，由最初的成员国减去意大利组成"硬核心"，由"德国和法国组成硬核心之中的核心"。硬核心国家将努力迅速建立一个货币联盟，并使它们的外交政策和防务政策一体化。几乎与此同时，法国总理爱德华·巴拉迪尔提出建立一个三重联盟：五个赞同一体化的国家形成核心，其余的成员国形成第二环，而正在通往成员国路上的新国家构成外环。随后，法国外交部长阿兰·朱佩详细阐述了这个概念，提出"'伙伴'国家的外环由东欧和中欧国家组成；中环由同意接受某些领域的共同规则（单一市场、关税同盟等）的成员国组成；内环由那些愿意并能够在防务、货币一体化、外交政策等方面比其他成员国走得更快的国家结合而成"。[注1]其他政治领导人也提出其他类型的安排，然而，所有这些安排都涉及一个由联系更紧密的国家组成的内部集团，由与核心国家一体化程度较低的国家组成的外部集团，直到达到把成员国与非成员国分离开来的界线。

在欧洲划定那样一条界线是在冷战后的世界里西方面临的主要挑战之一。冷战期间，作为一个整体的欧洲并不存在。然而随着共产主义的崩溃，人们必须面对和需要回答这样的问题：欧洲是什么？欧洲的北部、西部和南部的边界都被大片水域所确定，南部的边界与文化上的明显差异相一致。但是，欧洲东部的边界在哪里呢？谁应当被视为欧洲国家，并因此成为欧洲联盟、北约和类似组织的潜在成员？

几个世纪以来，将西方基督教各民族同穆斯林和东正教各民族分开的这条伟大的历史界线，为这些问题提供了最有说服力的和最有普遍性的回答。这条界线可以追溯到 4 世纪罗马帝国分裂和 10 世纪神圣罗马帝国的建立，至少 500 年来它一直基本上处于它现在的这个位置。它由北开始，沿着现在芬兰与俄罗斯的边界以及波罗的海各国（爱沙尼亚、拉脱维亚、立陶宛）与俄罗斯的边界，穿过西白俄罗斯，再穿过乌克兰，把东仪天主教的西部与东正教的东部分离开来，接着穿过罗马尼亚的特兰西瓦尼亚把它的天主教匈牙利族人同该国的其他部分分离开来，再沿着把斯洛文尼亚和克罗地亚同其他共和国分离开来的边界穿过南斯拉夫。当然，在巴尔干地区，这条界线与奥匈帝国和奥斯曼帝国的历史分界线重合。这是欧洲文化的边界，在冷战后的世界中，它也是欧洲和西方政治经济的边界。

因此文明的范式为西欧国家面临的欧洲的范围在哪里结束的问题提供了一个清晰的、不容置疑的答案：欧洲的范围结束于基督教的范围终止、伊斯兰教和东正教的范围开始的地方。这是西欧人想听到的答案，他们私下里大都支持这个答案，各种知识分子和政治领导人也明确赞同这个答案。正如迈克尔·霍华德指出的，承认中欧与严格意义上的东欧之间的区别是必要的，这一区别在苏联存在的年代曾经变得模糊不清。中欧包括“那些曾经是西方基督教世界一部分的国家；曾属于哈布斯堡帝国的奥地利、匈牙利和捷克斯洛伐克以及波兰和德国的东部边境地区。‘东欧’这个词应当指在东正教庇护下的那些地区：在 19 世纪奥斯曼统治结束时才出现的保加利亚和罗马尼亚的黑海社区，以及苏联的‘欧洲’部分”。他论证说，西欧的首要任务就是，“重新把中欧各国人民吸收到他们本应属于的我们的文化和经济共同体中来，在伦敦、巴黎、罗马、慕尼黑和莱比锡、华沙、布拉格和布达佩斯之间重新编织起纽带”。两年后，皮埃尔·贝阿尔评论道：“一条新的断层线”正在出现，它基本上是一个文化的分界，以西方基督教（罗马天主教或新教）为标志的欧洲为一方，以东方的基督教和伊斯兰传统为标志的欧洲为另一方。类似的，一位重要的芬兰人把在欧洲取代铁幕的关键分界线看作是“东方和西方之间古老的文化分界线”，它位于西方欧洲内的波兰、波罗的海诸国、前奥匈帝国的土地和西欧之外的其他东欧和巴尔干国家之间。一位著名的英国人同意，这是“东方教会与西方教会之间……一个巨大的宗教分界线：广义上说，这是那些从罗马直接接受或通过凯尔特人或日耳曼人的中介接受基督教的民族，与那些东方或东南方的从君士坦丁堡（拜占庭）接受基督教的民族之间的一个巨大的宗教分界线”。[注2]

中欧人也强调这条分界线的意义。这些国家在摆脱共产主义遗产、走向民主政治和市场经济方面取得了重大进步，它们不同于那些没有按照天主教和新教为一方、东正教为另一方的分界线划分开来的国家。立陶宛总统认为，几个世纪前，立陶宛人不得不在“两种文明”之间作出选择，并“选择了拉丁世界，皈依了罗马天主教，选择了建立在法律基础上的国家组织形式”。波兰人用类似的话声称，自从10世纪，他们在拉丁基督教对拜占庭的斗争中选择了前者后，他们就一直是西方的一部分。[注3]相比之下，东欧东正教国家的人民则以矛盾的心情来看待人们现今对这条文化界线的重新强调。保加利亚人和罗马尼亚人看到了作为西方一部分并融入它的体制的巨大的好处，但他们同时也认同于自己的东正教传统，就保加利亚人而言，他们历史上与俄罗斯和拜占庭有着紧密的联系。

欧洲对西方基督教世界的认同，为接纳西欧组织新成员国提供了明确的标准。欧洲联盟是西方在欧洲的基本实体，1994年，随着文化上属于西方的奥地利、芬兰和瑞典的加入，欧洲联盟成员国再次扩大了。1994年春，欧洲联盟明文规定，除波罗的海诸国以外，排除所有苏联共和国加入欧洲联盟的可能性。同时它与四个中欧国家（波兰、匈牙利、捷克共和国和斯洛伐克）、两个东欧国家（罗马尼亚和保加利亚）签署了“联系协定”。然而，这些国家中没有一个有可能在21世纪之前成为欧洲联盟的正式成员国，而中欧国家毫无疑问要比罗马尼亚和保加利亚先获得那种资格，假如后者确实能加入的话。与此同时，波罗的海诸国和斯洛文尼亚最终成为成员国看来大有希望，而穆斯林国家土耳其、小国马耳他以及东正教的塞浦路斯的申请在1995年还悬而未决。在欧洲联盟扩大成员国的过程中，优先考虑的是文化上属于西方的国家和经济上也往往较发达的国家。如果采用这条标准，那么，维谢格拉德国家（波兰、匈牙利、捷克共和国和斯洛伐克）以及波罗的海国家、斯洛文尼亚、克罗地亚和马耳他最终将成为欧洲联盟的成员国，欧盟将与西方文明范围相重合，正如在欧洲历史上曾发生过的那样。

文明的逻辑可以就北约的扩大推出类似的后果。冷战开始于苏联把其政治和军事控制扩大到中欧，美国与西方国家建立了北约以遏制，如果必要的话，击败苏联的进一步侵略。在冷战后的世界中，北约是西方文明的一个安全组织。随着冷战的结束，北约有一个中心的、必须遵循的目标：通过阻止俄罗斯重新把政治和军事统治强加给中欧来确保冷战不再出现。作为西方的安全组织，北约适当地向那些愿意加入北约的、在军事能力、政治民主和由文职人员控制军队等方面符合基本条件的西方国家开放，吸收它们为成员国。

美国冷战后的欧洲安全政策最初体现了一个更普遍化的方针，它体现在“和平伙伴”关系中，它对欧洲国家，实际上对欧亚国家普遍开放。这一方针也强调欧洲安全与合作组织的作用，它反映在克林顿总统 1994 年 1 月访问欧洲的讲话中：“现在自由世界的边界应当根据新的行为而不是根据老皇历来确定。我要对所有想在欧洲划定一条新界线的人说，我们不应当排除欧洲拥有最美好前途的可能性——到处都是民主，到处都是市场经济，到处都是为相互的安全而进行合作的国家。我们必须阻止较差的结果出现。”然而，一年后美国政府开始认识到根据“老皇历”来确定边界的重要性，并开始接受反映文明差别现实的“较差的结果”。该政府积极行动为北约成员的扩大提出标准和日程，首批是波兰、匈牙利、捷克共和国和斯洛伐克，然后是斯洛文尼亚，以后有可能是波罗的海三国。

俄罗斯激烈地反对北约东扩的任何行动，那些被认为是较开明和较倾向西方的俄罗斯人争辩说，东扩将大大加强俄罗斯国内民族主义和反西方的政治力量。然而，北约东扩仅限于历史上是西方基督教世界的一部分的国家，就会向俄罗斯作出保证，它将不包括塞尔维亚、保加利亚、罗马尼亚、摩尔多瓦、白俄罗斯和乌克兰（只要乌克兰继续保持统一）。北约东扩只限于西方国家，也强调了俄罗斯作为一个独立的、东正教文明的核心国家的作用，以及因此它应对东正教边界内和沿边界的秩序负责。

根据文明来区分国家，这一点的有用性在波罗的海诸共和国方面表现得很明显。它们是根据历史、文化、宗教来判断明显属于西方的仅有的三个苏联共和国，它们的命运始终受到西方的重大关注。美国从未正式承认它们与苏联的合并，苏联解体时，美国支持它们的独立，并坚持俄罗斯人应当遵守它所同意从这些共和国撤军的时间表。对俄罗斯人来说，这个信息的含义是，他们必须承认，波罗的海诸国不在他们可能想在其他苏联共和国建立的势力范围之内。正如瑞典首相所说：克林顿政府的这一成就是“对欧洲安全和稳定所作的最重要的贡献之一”，它证实了，由于西方对波罗的海诸国明确负有的责任，俄罗斯极端民族主义者的任何复仇企图都无望实现，以此帮助了俄罗斯的民主人士。[注4]

当人们普遍关注欧洲联盟和北约的扩大时，这两个组织的文化重构亦引起了它们可能引起的缩小问题。一个非西方国家希腊，是这两个组织的成员国；另一个非西方国家土耳其是北约的成员国，它正在申请加入欧洲联盟。这些关系是冷战的产物，它们在冷战后的文明世界里还站得住脚吗？

土耳其很难在欧洲联盟获得正式成员资格，问题很大，并且它在北约的成员资格已受到本国繁荣党的攻击；然而土耳其可能仍留在北约，除非繁荣党在选举中大获全胜，或者土耳其有意识地摒弃阿塔蒂尔克的遗产，重新把自己确定为伊斯兰国家的一个领袖。对于土耳其来说，这是可以设想的，也可能是可取的，但在最近的将来却不大可能实现。无论土耳其在北约中的作用如何，土耳其在关于巴尔干地区、阿拉伯世界和中亚的问题上，将越来越追求自己的独特利益。

希腊不是西方文明的一部分，但它是古典文明的家园，这是西方文明的一个重要源泉。历史上，希腊人在反对土耳其人时，把自己看作基督教的先锋；与塞尔维亚人、罗马尼亚人或保加利亚人不同，希腊的历史与西方的历史紧密交织在一起。然而希腊也是一个异常的国家，是西方组织中的东正教局外者。它从来不是欧洲联盟和北约的一个轻松成员，它在使自己适应这两个组织的原则和道德观念时遇到了很大困难。20 世纪 60 年代中期到 70 年代中期，希腊处于军政府统治之下，直到它转变为民主制以后才得以参加欧洲共同体。它的领导人似乎常常故意背离西方的原则，并与西方政府作对。希腊较之其他共同体和北约的成员国要贫穷，还常常执行一些轻视布鲁塞尔通行标准的经济政策。它 1994 年担任欧洲联盟理事会主席时的行为激怒了其他成员国，西欧官员私下称让它加盟是一个错误。

在冷战后的世界里，希腊的政策越来越背离西方的政策。它对马其顿的封锁遭到西方政府的强烈抨击，结果导致欧洲委员会向欧洲法院寻求反对希腊的禁令。在南斯拉夫的冲突中，希腊采取的政策与西方主要大国不同，它积极支持塞尔维亚人，并公然违反联合国对他们的制裁决议。随着苏联的终结和共产主义威胁的消失，希腊和俄罗斯在反对它们共同的敌人土耳其这一点上有了共同的利益，它允许俄罗斯在希腊族人控制的南塞浦路斯建立重要的军事存在，由于“他们共同信奉东正教”，希腊族人既欢迎俄罗斯人又欢迎塞尔维亚人到他们的岛上来。[注5] 1995 年，俄罗斯人在塞浦路斯大约开设了 2000 家公司；在那里出版俄语和塞尔维亚语—克罗地亚语的报纸；而且塞浦路斯的希腊族政府主要从俄罗斯购买军火物资。希腊也在与俄罗斯探索把高加索和中亚的石油绕开土耳其和其他穆斯林国家，而通过保加利亚—希腊输油管道运到地中海的可能性。希腊的整个外交政策都带有浓厚的东正教倾向。毫无疑问，希腊将仍然是欧洲联盟和北约的一个正式成员。然而，随着文化重构过程的加强，它的这些成员资格无疑将变得更加脆弱，意义更小，给有关方面带来更大的困难。冷战时期苏联的敌对者正在演变成为冷战后俄罗斯的盟国。

俄罗斯及其近邻

沙皇帝国和共产党帝国的继承者是一个文明集团，它在许多方面与欧洲的西方相类似。俄罗斯处于核心地位，相当于西方的法国和德国；它与一个内环密切相连，这个内环包括两个主要是信奉东正教的斯拉夫共和国——白俄罗斯和摩尔多瓦，还包括哈萨克斯坦（其人口中有 40％是俄罗斯人）和亚美尼亚（历史上它是俄罗斯的亲密盟国）。20 世纪 90 年代中期，所有这些国家的政府一般都是通过选举而掌权的亲俄政府。俄罗斯与格鲁吉亚（其绝大多数人口信奉东正教）和乌克兰（其大部分人口信奉东正教）之间存在着密切的但较为脆弱的联系；这两个国家都有强烈的自我民族认同感和以往独立的经历。在东正教的巴尔干地区，俄罗斯与保加利亚、希腊、塞尔维亚和塞浦路斯保持着密切的关系，与罗马尼亚的关系在某种程度上不太密切。苏联的穆斯林共和国在经济和安全领域仍然极大地依赖俄罗斯。相比之下，波罗的海诸共和国对欧洲吸引力的回应实际上已使它们脱离了俄罗斯的势力范围。

总体上，俄罗斯正在建立一个在它领导下的以东正教为核心的集团，以及一个环绕它的相对软弱的由伊斯兰国家组成的缓冲带，它将在不同程度上支配这些国家，并试图把其他国家的影响排除在外。俄罗斯亦希望世界接受和支持这个体系。正如叶利钦在1993年2月所说，外国政府和国际组织有必要“给予俄罗斯在苏联领土上确保和平和稳定的特殊权力”。苏联是一个有全球利益的超级大国，而俄罗斯则是一个有区域利益和文明利益的主要大国。

苏联的东正教国家对于建立一个在欧亚事务和世界事务中具有凝聚力的俄罗斯集团来说至关重要。在苏联解体期间，所有这五个国家最初都向高度民族主义的方向前进，强调它们新的独立并与莫斯科拉开距离。随后，对经济、地缘政治和文化现实的认识使这些国家中的四个国家的选民选出亲俄政府，并支持亲俄政策。这些国家指望从俄罗斯得到支持和保护。在第五个国家——格鲁吉亚，俄罗斯的军事干涉迫使政府的立场发生了类似的转变。

亚美尼亚历史上把它的利益认同于俄罗斯的利益，而俄罗斯也以保护亚美尼亚免受穆斯林邻国的骚扰而感到骄傲。在苏联解体后的时代，这一关系恢复了生机，亚美尼亚人一直依赖俄罗斯的经济和军事支持，并在有关苏联各共和国之间的关系问题上支持俄罗斯。这两个国家具有共同的战略利益。

与亚美尼亚不同，白俄罗斯几乎没有自我民族认同感，它也更依赖于俄罗斯的支持。该国的许多居民对俄罗斯的认同不亚于对自己国家的认同。1994年1月，立法机关用一个保守的亲俄分子取代了掌权的中间派和温和民族主义者。1994年7月，80%的选民选出了一位极亲俄的总统，他是弗拉基米尔·日里诺夫斯基的盟友。白俄罗斯早就加入了独联体，并且与俄罗斯和乌克兰一起是1993年成立的经济联盟的创始成员国，它还同意与俄罗斯建立货币联盟，把它的核武器交给俄罗斯，允许俄罗斯军队在20世纪的剩余时间里驻扎在它的领土上。除国名外，到1995年，白俄罗斯事实上已经成为俄罗斯的一部分。

随着苏联的解体，摩尔多瓦成为一个独立国家，许多人预料它最终将与罗马尼亚融为一体。对发生这一情况的担忧，在俄罗斯化的东部地区激起了分离主义运动。这一运动得到了莫斯科的暗中支持，俄罗斯第十四集团军的支持导致了“德涅斯特河沿岸共和国”的成立。然而，摩尔多瓦要求与罗马尼亚统一的情绪由于两国经济问题和来自俄罗斯的经济压力而减弱。摩尔多瓦加入了独联体，扩大了与俄罗斯的贸易。1994年2月，亲俄的各政党在议会选举中大获全胜。

在这三个国家中，倡议将战略和经济利益结合起来的舆论导致政府赞同与俄罗斯紧密结盟。在乌克兰最终也发生了某种类似的变化。在格鲁吉亚，这一过程要艰难得多。格鲁吉亚在1801年以前曾是一个独立的国家，那年其统治者国王乔治十三请求俄罗斯人保护，以防范土耳其人。1918－1921年在俄国革命的三年里，格鲁吉亚又获得了独立，但布尔什维克强行把它并入了苏联。当苏联完结时，格鲁吉亚再一次宣布独立。一个民族主义的联盟赢得了选举，但它的领导人实施自我毁灭的镇压并被暴力所推翻。曾任苏联外交部长的谢瓦尔德纳泽回来领导这个国家，并在1992年和1995年两次总统选举中巩固了权力。然而他面临着得到俄罗斯大量支持的阿布哈兹的分离主义运动以及被驱逐的加姆萨胡尔季阿领导的起义。他模仿乔治国王得出结论说，“我们没有更大的选择”，然后转向莫斯科寻求帮助。俄罗斯军队进行了干涉来支持他，代价是格鲁吉亚加入独联体。1994年，格鲁吉亚同意无限期保留其领土上的三个俄罗斯军事基地。俄军的干涉首先削弱了格鲁吉亚政府，然后又支持它，从而把一心想独立的格鲁吉亚纳入了俄罗斯阵营。

除了俄罗斯外，人口最多和最重要的苏联共和国是乌克兰。在历史上的不同时期里，乌克兰都曾经独立过，然而在近代大部分时间里，它是莫斯科统治的政治实体的一部分。决定性的事件发生在1654年，当时反抗波兰统治的哥萨克起义领袖博赫丹·赫麦尔尼茨基同意向沙皇效忠以换取俄罗斯帮助哥萨克反对波兰人。从那时到1991年，除1917年至1920年的短暂独立外，乌克兰在政治上一直受莫斯科控制。然而乌克兰是一个具有两种文化的分裂的国家，西方与东正教之间的文明断层线贯穿了它的中心地带，几个世纪以来一直如此。过去，西乌克兰有时是波兰、立陶宛和奥匈帝国的一部分。它的绝大部分人口是东仪教的信徒，他们实行东正教礼拜式，但承认罗马教皇的权威。历史上，西乌克兰人讲乌克兰语，他们的观念中有强烈的民族主义色彩。另一方面，东乌克兰人绝大多数信奉东正教，而且很大一部分人讲俄语。20世纪初，俄罗斯人在乌克兰全部人口中占22％，土生土长的讲俄语的乌克兰人占31％。大部分小学和中学都用俄语授课。[注6]克里米亚人口的绝大多数是俄罗斯人，直到1954年克里米亚一直是俄罗斯联邦的一部分，那一年，赫鲁晓夫把它并入乌克兰，其借口是承认300年前赫麦尔尼茨基的决定。

东乌克兰和西乌克兰的区别明显地反映在这两部分人所持的态度上。例如，1992年底，西乌克兰三分之一的俄罗斯人说，他们深受那些反俄罗斯的人的敌意之苦。[注7]而持这种态度的人在基辅只占10%。东西两部分的分裂在1994年7月的总统选举中非常引人注目，在职总统列昂尼德·克拉夫丘克尽管与俄罗斯领导人有密切的工作关系，但他认为自己是一个民族主义者，他获得了西乌克兰13个省的多数选票，最高的超过90%。他的对手列昂尼德·库奇马在竞选中吸取了用乌克兰语演说的教训，以类似的多数赢得了东部13个省。结果库奇马以52%的选票获胜。事实上，1994年乌克兰公众以微弱多数确认了1654年赫麦尔尼茨基的选择。正如一个美国专家所说，这次选举"反映、甚至集中体现了西乌克兰欧洲化的斯拉夫人与俄罗斯—斯拉夫人之间在乌克兰应当成为什么样的国家这个问题上的分歧。这与其说是种族的分化，不如说是不同文化的分化"。[注8]

由于这一分裂，乌克兰和俄罗斯的关系可能沿着三条道路中的一条发展。20世纪90年代初期，在有关核武器、克里米亚、乌克兰境内的俄罗斯人的权利、黑海舰队和经济关系方面，两国之间存在着重大的争议。许多人认为可能会发生军事冲突，因而一些西方的分析家论证说，西方应当支持乌克兰拥有核武器以威慑俄罗斯的侵略[注9]。然而，如果文明起作用的话，乌克兰和俄罗斯发生冲突的可能就很小。这两个国家都是斯拉夫国家，它们的人民主要信仰东正教，几个世纪以来两国人民之间有亲密的联系，相互通婚非常普遍。尽管存在着极大争议以及双方都受到来自极端民族主义的压力，两国领导人还是作了很大的努力，并在很大程度上缓和了这些争端。1994年中期，乌克兰选出了明显倾向俄罗斯的总统，减少了两国之间爆发严重冲突的可能性。尽管苏联其他地方发生了穆斯林和基督教徒的严重冲突，俄罗斯人和波罗的海诸国人民之间的关系非常紧张并有一些战斗，但是至1995年俄罗斯与乌克兰之间实际上没有发生任何暴力事件。

第二种可能性，在某种程度上也许更为可能的是，乌克兰沿着文明断层线分裂成两个相互独立的实体，其东部可能与俄罗斯融合。分离问题首先始于克里米亚。克里米亚人口中的70%是俄罗斯人，在1991年12月的全民公决中，相当多的克里米亚公众支持乌克兰从苏联独立。1992年5月，克里米亚议会经投票宣布克里米亚从乌克兰独立，但其后又在乌克兰的压力下取消了投票结果。然而俄罗斯议会通过投票取消了1954年把克里米亚割让给乌克兰的决议。1994年1月，克里米亚人选举以"与俄罗斯统一"为竞选纲领的人作为总统，这使得一些人提出疑问："克里米亚是否将是下一个纳戈尔诺—卡拉巴赫或阿布哈兹？"[注10]当克里米亚新任总统从就独立问题举行全民公决的承诺后退，代之以与基辅政府谈判时，上述问题的答案是响亮的“不”。1994 年 5 月，当克里米亚议会投票恢复1992 年宪法（该宪法实际上使它独立于乌克兰）时，局势又一次白热化。然而俄罗斯和乌克兰的领导人又一次采取了克制态度，从而避免了这场争论引发暴力，两个月后，亲俄罗斯的库奇马当选为乌克兰总统，减弱了克里米亚向分离方向的推进。

然而，那次大选展示了乌克兰的西部与越来越向俄罗斯靠拢的乌克兰部分分离的可能性。一些俄罗斯人可能会对此表示欢迎，正如一位俄罗斯将军指出的，“乌克兰或东乌克兰在未来 5 年、10 年或 15 年将会回归，让西乌克兰见鬼去吧！”[注11]然而，这样一个残余的信仰东仪教和倾向西方的乌克兰只有得到西方强大和有效的支持才能生存，而这种支持只有在西方与俄罗斯的关系严重恶化，变成像冷战时的那种关系时，才有可能出现。

第三种、也更有可能出现的局面是，乌克兰仍将是一个统一的、充满裂痕的、独立的国家，并且总体上与俄罗斯密切合作。一旦有关核武器和军事力量的过渡问题得到解决，最严重的较长期的问题将是经济问题，这个问题部分地要靠共同的文化和密切的私人关系来解决。约翰·莫里森指出，俄罗斯与乌克兰的关系之于东欧，犹如法德关系之于西欧。[注12]正如后者构成了欧洲联盟的核心一样，前者对东正教世界的统一来说也是必不可少的核心。

大中华及其共荣圈

历史上，中国自认为是兼容并蓄的：一个“中华圈”包括朝鲜、越南、琉球群岛，有时还包括日本；一个非汉人的“亚洲内陆地带”包括满族、蒙古族、维吾尔族、突厥人和藏族，出于安全的原因，他们必须受到控制；此外还有一个蛮夷的“外层地带”，“他们只需要朝贡，并承认中国的优越地位”。[注13]当代的中华文明正以类似的方式来建构：以汉族中国为核心，包括中国所属的但享有相当自治权的边远省份；法律上属于中国但很大一部分人口是由其他文明的非汉族人所构成的省份（西藏、新疆）；在一定条件下将要成为或者可能成为以北京为中心的中国之一部分的华人社会（香港、台湾）；一个由华人占人口多数、越来越倾向于北京的国家（新加坡）；在泰国、越南、马来西亚、印度尼西亚和菲律宾有重大影响的华人居民；以及受中国儒教文化颇大影响的非华人社会（韩国、越南）。

20世纪50年代，中国将自己确定为苏联的一个盟友。然后，在中苏分裂后，它把自己看作反对两个超级大国的第三世界的领袖，这使它付出了高昂代价，而获利却甚少。在尼克松政府作出政策调整后，中国开始寻求在两个超级大国的均势游戏中充当第三方，70年代当美国似乎虚弱之时，它与美国结成了联盟，然后在80年代当美国军事力量增强，而苏联经济上衰弱并陷入阿富汗战争时，它转向与美苏保持等距离。然而，随着超级大国竞争的结束，“中国牌”变得毫无价值，中国又一次被迫重新确定自己在世界事务中的作用。它确立了两个目标：成为中华文化的倡导者，即吸引其他所有华人社会的文明的核心国家；以及恢复它在19世纪丧失的作为东亚霸权国家的历史地位。

中国正在发挥的作用可以从以下方面看出：首先，中国描述它在世界事务中的立场的方式；其次，海外华人在经济上介入中国的程度；第三，其他三个主要的华人实体中国香港、中国台湾、新加坡与中国大陆的经济、政治、外交联系的不断发展，以及华人有着重要政治影响的东南亚国家更加倾向于中国。

中国政府把中国大陆看作是中华文明的核心国家，所有其他华人社会都应倾向于它。自从放弃通过国外的共产党来促进它的海外利益后很长时间以来，中国政府一直寻求“自己定位为世界华人的代表”。[注14]对中国政府来说，所有的炎黄子孙，即便是另一个国家的公民，都是中华共同体的成员，因此在某种程度上应服从中国政府的权威。中国人的认同开始根据种族来确定，正如中华人民共和国的一位学者所提出的，中国人是具有同样“种族、血液和文化”的人。20世纪90年代中期，这一论调在官方和民间越来越流行。对于中国人和那些生活在非中国社会的华裔来说，“镜子检验”就成了对他们是谁的检验，“去照照镜子”是倾向于北京的中国人对那些试图与外国社会同化的华裔的告诫。散居在各地的华人，即具有中国血统的人（以此区别于“中国人”即生活在中国的人），越来越明确地使用“文化中国”这一概念来表明他们的共识。20世纪曾是西方众矢之的的中国认同，现在正根据中国文化这一持续要素来被重新阐述。[注15]

历史上，这种认同与华人国家同中国国家的中央权威的关系之变化是一致的，这种文化认同感既有助于几个华人国家之间的经济关系的扩展，又为这种关系的扩展所加强；这些华人国家反过来又成为促进中国大陆和其他地方的经济迅速增长的一个主要因素；其结果又为中国文化认同的增强提供了物质和心理上的动力。

因此，“大中华”不仅仅是一个抽象的概念。它是一个迅速发展的文化和经济的现实，并开始变为一个政治的现实。对20世纪80年代和90年代的大陆、“小老虎”（4只小老虎中有3只是华人社会）和经济上为华人控制的东南亚引人注目的经济增长，华人功不可没。东亚的经济越来越以中国为中心，以华人为主导。90年代，中国香港、中国台湾和新加坡的华人为中国大陆的经济增长提供了大量资金。东南亚其他地方的海外华人主导了所在国的经济。90年代初，占菲律宾人口1%的华人却占了国内公司销售总额的35%。80年代中期，华人占印度尼西亚总人口的2%—3%，但大约拥有国内私人资本的70%。在印度尼西亚最大的25家企业中华人控制了17家，据报道，一家华人联合大企业的产值占印度尼西亚国民生产总值的5%。90年代初，华人占泰国总人口的10%，但拥有10家最大商业集团中的9家，并且创造了该国国民生产总值的一半。华人大约占马来西亚人口的三分之一，但几乎完全主宰了该国的经济。[注16]除了日本和韩国外，东亚经济基本上是华人经济。

家庭和个人关系所形成的“竹网”（即关系网）和共同的文化，大大有助于大中华共荣圈的形成。海外华人在中国做生意比西方人和日本人都能干。在中国，信任和承诺取决于私交，而不是契约或法律和其他法律文件。西方商人发现在印度做生意比在中国做生意要容易，因为在中国协议的可靠性依赖双方的私人关系。一位著名的日本人在1993年妒忌地说，中国得益于“香港地区、台湾地区和东南亚没有边界的华人商人网”。[注17]一位美国商人同意这种说法：海外华人“有商业技巧，懂语言，他们把来源于家庭关系的关系网带到了契约中，相对于那些必须向阿克伦或费城的董事会请示的人，这就是一个巨大优势”。李光耀也精辟地指出了非大陆华人在与大陆打交道时的优势：“我们都是华人，我们共有某些由共同的祖先和文化而产生的特性……人们自然地移情于那些与自己有共同生理特征的人。当人们又拥有相同的文化和语言基础时，这种亲密感得到了加强。这使得他们很容易建立起亲密的关系和信任，而这是一切商业关系的基础。”[注18]20世纪80年代末和90年代，海外华人能够“向持怀疑态度的世界显示，由同一种语言和文化产生的关系可以弥补法治的缺乏以及规则和法规缺少透明度”。经济发展所依赖的共同文化根基突出地显示在1993年11月于香港举行的“第二届世界华人企业家大会”上，这次大会被描述为“来自世界各地的华商为华人必胜信念举行的一次庆典”。[注19]像在其他地方一样，华人世界的文化共性促进了经济参与。

中国经济迅速增长10年后，西方对中国的经济参与曾由于天安门事件而减少，这为海外华人创造了一个利用共同文化和私人交往在中国大量投资的机会和动力，结果是各华人群体之间的整个经济联系明显扩大。1992年，在中国的外商直接投资（113亿美元）中有80％来自海外华人，主要是来自香港地区（占68.3％），还有台湾地区（占9.3％）、新加坡、澳门地区及其他地方。相比之下，日本提供的资本只占总额的6.6％，美国占4.6％。在累计为500亿美元的外资总额中，67％的资本来源于华人。贸易的增长同样引人注目。台湾地区对中国大陆的出口从1986年的几近于零提高到1992年占台湾地区出口总额的8％，仅1992年就比上一年增长了35％。1992年新加坡对中国的出口增长了22％，与其全部出口的增长还不到2％形成了鲜明对比。正如默里·魏登鲍姆1993年所评论的，“尽管当前日本主导了这一地区，但以华人为基础的亚洲经济正迅速成为一个新的工业、商业和金融中心，这个战略地区包括相当大的技术和制造能力（台湾地区）；杰出的企业、营销和服务人才（香港地区）；一个优良的通讯网络（新加坡）；大量金融资本的聚集地（以上三个地区）；大量的土地、资源和劳力供应地（中国大陆）”。[注20]当然，此外，中国大陆还是所有正在扩大的市场中最大的潜在市场，截至20世纪90年代中期，在中国的投资越来越以在当地市场销售和出口为导向。

东南亚国家的华人已在不同程度上与当地人同化，而后者常常持有反华情绪，这种情况有时还会酿成暴力事件，如1994年4月在印度尼西亚的棉兰发生的暴乱。一些马来西亚人和印度尼西亚人将华人资本流向大陆批评为“资本外逃”，为此以苏哈托总统为首的政治领导人不得不向他们的公众再三保证，这不会损害他们的经济。东南亚的华人则坚持认为，他们始终不渝地忠于他们的出生国而不是祖先的国家。20世纪90年代初，东南亚的华人资本向大陆的外流被台湾地区向菲律宾、马来西亚和越南的大量投资所抵消。

经济力量的增长和共同的中国文化的结合导致了中国香港、中国台湾和新加坡与华人的“祖国”中国关系越来越密切。为使他们适应即将到来的权力转移，香港的华人开始适应北京的统治而不是伦敦的统治，商人和其他领袖不愿意批评中国政府或做可能会触怒中国的事。当他们确实触怒了中国时，中国政府便毫不犹豫地立即进行报复。到 1994 年，几百个商人已与北京合作，成为“港事顾问”，实际上组成了影子政府。20 世纪 90 年代初，内地在香港地区的经济影响也急剧扩大，据报道，至 1993 年，内地对香港的投资超过了日本和美国在香港投资的总和。[注21] 至 90 年代中期，由于香港与内地的政治一体化将于 1997 年完成，香港与内地的经济一体化实际上已经完成。

台湾地区与大陆联系的扩大落后于香港地区。然而，20 世纪 80 年代开始发生了重要变化。在 1949 年后的 30 年里，双方曾拒绝承认彼此的存在和合法性，彼此之间没有任何往来，而且处于实际的战争状态，这表现在它们不时向沿海岛屿开炮。然而，在邓小平稳固了权力并开始经济改革进程以后，大陆政府采取了一系列和解行动，1981 年，台湾“政府”作出了回应，并开始调整以前与大陆的“三不政策”（不接触、不谈判、不妥协）。1986 年 5 月，双方代表第一次接触，就归还台湾地区的一架被劫持到大陆的飞机进行了谈判，翌年，台湾地区撤销了到大陆旅游的禁令。[注22]

“同是中国人”以及由此产生的相互信赖极大地促进了随后台湾地区与大陆的经济关系的迅速扩大。正如台湾的一位谈判代表所说，台湾人和大陆人有“血浓于水的亲情”，并为彼此的成就而感到自豪。到 1993 年底，台湾地区赴大陆旅游者超过 420 万人次，大陆赴台访问者为 4 万人次；双方每天的往来信函有 4 万件，电话有 13000 次。据报道，1993 年，大陆与台湾之间的贸易额达到了 144 亿美元，2 万家台湾企业在大陆的投资约在 150 亿—300 亿美元之间。台湾越来越把注意力集中于大陆，其成功也日益依赖于大陆。一位当地官员于 1993 年说：“1980 年以前，台湾最重要的市场是美国，但到 90 年代，我们认识到，台湾经济成功的最关键因素是大陆。”大陆的廉价劳动力对面临着岛内劳动力短缺的台湾投资者来说是一个主要的吸引力。1994 年，旨在调整大陆和台湾之间资本和劳动力不平衡的一个反向过程开始出现，台湾的一些渔业公司雇用了 1 万名大陆人。[注23]

经济关系的发展导致了两个“政府”之间的谈判。1991 年，台湾成立了“海峡交流基金会”，大陆成立了“台湾海峡两岸关系协会”，以便相互进行交流。1993 年 4 月，双方的第一次会谈在新加坡举行，随后在大陆和台湾又进行了一些会谈。1994 年 8 月，双方在许多关键问题上达成了“突破”性协议，人们开始推测双方政府高层领导人之间举行会谈的可能性。

20世纪90年代中期，在北京和台北之间仍存在一些重大问题，包括主权问题、台湾参加国际组织以及台湾把自己确定为一个独立国家的可能性问题。后者发生的可能性越来越小，因为倡导独立的主要政党民进党发现，台湾选民并不想破坏与大陆的现存关系，在这个问题上过分努力会损害它的选举前景。民进党领导人因此强调，如果他们赢得了权力，独立将不被列入他们的近期日程。双方政府在坚持中国对南中国海的南沙群岛和其他岛屿的主权，以及确保美国给予中国最惠国待遇方面，有着共同利益。90年代初，北京和台北在缓慢地、可察觉地并且不可避免地互相靠拢，并在扩大经济关系和共同的文化认同中发展着共同利益。

双方走向和解的行动在1995年戛然而止，因为台湾“政府”积极谋求外交承认及获得国际组织的准入券。李登辉“总统”对美国进行了“私人”访问，台湾于1995年12月进行了“立法”机构选举，随后于1996年3月举行了总统选举。中国政府作出的反应是，在台湾主要港口附近的水域进行导弹试验，并在台湾控制的滨海岛屿附近进行军事演习。这些事态的发展引出了两个关键问题：目前台湾在不正式独立的情况下，能否保持民主？未来台湾如果不保持事实上的独立，能否保持民主？

事实上，台湾与大陆的关系已经经历了两个阶段，并可能进入第三个阶段。几十年来，国民党政府宣称自己是整个中国的政府；这个说法显然意味着与事实上除台湾外的整个中国的政府相冲突。20世纪80年代，台湾“政府”放弃了这一主张，并把自己确定为台湾的政府，这就提供了与大陆“一国两制”概念相适应的基础。然而，台湾形形色色的人和集团越来越强调台湾独立的文化认同，强调它处于中国人统治下的时间相对短暂，它的方言不被讲普通话的人所理解。事实上，他们正试图把台湾界定为一个非中国的社会，从而合法地独立于中国。此外，当台湾“政府”在国际上越来越积极地活动时，它似乎也是在暗示它是一个独立的国家而不是中国的一部分。简而言之，台湾“政府”的自我界定看来经历了一个演变：从整个中国的政府到中国的一部分的政府，再到不是中国的政府。这后一个使其事实上的独立正式化的立场是北京政府完全不能接受的，北京政府反复强调它不惜使用武力来阻止台湾独立。中国政府领导人还声明，在1997年收回香港和1999年收回澳门后，他们将着手进行大陆与台湾的重新统一工作。

此事将如何进行大概取决于以下几个因素：台湾支持正式独立的力量的增长程度；北京的继承斗争能否有结果，会不会促使政治和军事领导人变成强烈的民族主义者；使封锁台湾和入侵台湾成为可能的大陆军事能力的发展如何。21世纪初，通过强迫和调解或双管齐下，台湾似乎将会与大陆更紧密地结合在一起。

直至20世纪70年代末，顽固反共的新加坡与中华人民共和国之间的关系还是冷淡的，李光耀和其他新加坡领导人对中国的落后满怀蔑视。然而当中国经济在80年代开始起飞时，新加坡依照传统的搭车模式开始倾向于大陆。至1992年，新加坡在中国的投资为19亿美元，次年它宣布要在上海附近建立一个“新加坡第二”的工业园区的计划，这将涉及几十亿美元的投资。李光耀成为一位看好中国经济前景的热情支持者及其力量的钦佩者。他于1993年说，“中国就是行动的地方”。[注24]1993年新加坡政府的海外援助项目有一半是放在中国的。以前新加坡的对外投资大量集中于马来西亚和印度尼西亚，现在已开始转向中国。据说，70年代当李光耀第一次访问北京时，他坚持与中国领导人谈话时讲英语而不是汉语。20年后，他不可能再那样做了。

伊斯兰：没有凝聚力的意识

在阿拉伯人和穆斯林中，政治忠诚的结构一般与现代西方正好相反。对于后者来说，民族国家是政治忠诚的顶点，较狭义的忠诚从属于它并被归于对民族国家的忠诚。超越了民族国家的群体——语言或宗教社会群体，或者文明，对忠诚和义务的要求则不那么强烈。沿着从范围较窄到范围较大的实体的连续曲线，西方忠诚往往是在中间达到最高点，忠诚强度的曲线在某种程度上呈倒U字形。在伊斯兰世界中，忠诚的结构差不多恰恰相反，在伊斯兰的忠诚曲线中，中段是个空缺。恰如艾拉·拉皮德斯所说，有“两种基本的、原始的、持久的忠诚结构”，一方面是对家庭、部族和部落的忠诚，另一方面是对“在更大规模上的文化、宗教和帝国的统一体”的忠诚。[注25]一位利比亚的学者亦持类似观点：“在阿拉伯社会和政治体制的社会、经济、文化、政治的发展中，部落主义和宗教（伊斯兰教）曾起过并仍然起着重要的和决定性的作用。确实。它们如此交织在一起，以致它们被看作是形成和决定阿拉伯政治文化和阿拉伯政治思想的最重要的因素。”部落一直是阿拉伯国家的政治中心，正如塔赫辛·贝希尔所指出的，许多国家不过是“有旗帜的部落”。沙特阿拉伯的奠基者的成功主要是由于他巧妙地通过联姻和其他手段建立了一个部落联盟，沙特的政治在很大程度上仍然是部落政治，它使苏德里斯反对沙马斯和其他部落。在利比亚的发展中，至少有18个部落起着重要的作用，据说在苏丹生活着大约500个部落，最大的部落占全国人口的12%。(注26)

在中亚，历史上国家认同并不存在。“忠诚是对部落、部族和扩大的家庭而言，而不是对国家”。在另一个极端，人们确实有共同的“语言、宗教、文化和生活方式”，“伊斯兰教是人们中间最强大的统一力量，比埃米尔（酋长）的权力还要大”。在车臣人和相关的北高加索人中间，存在着100个“山区”部族和70个“平原”部族，它们如此紧密地控制着政治和经济，以至于与苏联的计划经济形成对照的是，据说车臣有“部族”经济。(注27)

在整个伊斯兰世界，小集团和大信仰，即部落和伊斯兰信仰，一直是忠诚和义务的中心，而民族国家则一直不太重要。在阿拉伯世界中，现存国家的合法性颇成问题，因为它们大多数是欧洲帝国主义任意（即便不是反复无常地）制成的，它们的边界甚至常常与种族集团的界线不一致，如柏柏尔人和库尔德人就被分隔在不同的国境内。这些国家把阿拉伯民族分隔开来；而另一方面，一个泛阿拉伯国家从未实现过。此外，民族国家的主权思想与安拉具有最高权力和伊斯兰信仰至上的思想不相容。作为一种革命运动，伊斯兰原教旨主义摒弃了民族国家，而赞成伊斯兰的团结，正像马克思主义摒弃了民族国家，而赞成国际无产者的团结一样。伊斯兰民族国家的虚弱也反映在这样一个事实中，在第二次世界大战后的岁月中，尽管穆斯林集团之间发生了无数的冲突，但穆斯林国家之间的重大战争却很罕见，其中两场重要的战争就是伊拉克对邻国的侵略了。

20世纪70年代和80年代，在各国造成伊斯兰复兴的同样因素也加强了对伊斯兰信仰或整个伊斯兰文明的认同。一位学者在80年代中期评论道：

> 非殖民化、人口增长、工业化、城市化，以及与穆斯林国家地下的石油财富和其他因素相关联的正在变化的国际经济秩序，进一步刺激了对穆斯林认同和团结的严重关注……现代通信加强并发展了穆斯林各族人民之间的关系。到麦加朝圣的人数急剧增长，在远至中国、塞内加尔、也门和孟加拉国的穆斯林中产生了更强烈的共同认同感。在中东的

> 大学读书的来自印度尼西亚、马来西亚、菲律宾南部的和非洲的学生逐渐增多，他们传播思想，建立跨国界的个人关系。在诸如德黑兰、麦加和吉隆坡这样的中心，穆斯林知识分子和乌理玛经常性地越来越频繁地举行会议和磋商……磁带（录音带和现在的录像带）把清真寺的阿訇布道跨国界传播开来。因此，有影响的布道者现在的听众远远超越自己的本地社区。(注28)

穆斯林的团结意识也反映在国家和国际组织的行动中，并受到这些行动的鼓励。1969 年，沙特阿拉伯领导人和巴基斯坦、摩洛哥、伊朗、突尼斯、土耳其领导人一起，在（摩洛哥的）拉巴特举行了第一次伊斯兰首脑会议，这次会议的成果是产生了“伊斯兰会议组织”，它于 1972 年正式成立，总部设在吉达。实际上，所有拥有大量穆斯林人口的国家现在都属于该组织，它是唯一的这类国家间组织。基督教、东正教、佛教和印度教的各国政府都没有基于宗教的国家间组织，而穆斯林各国政府却有。此外，沙特阿拉伯、巴基斯坦、伊朗和利比亚政府发起并支持了一些非政府组织，如世界穆斯林大会（巴基斯坦成立的）和世界穆斯林联盟（沙特成立的），以及“被认为具有同它们相同的意识形态取向的、大量的常常是相距很远的政权、政党、运动和事业”，这些组织又“增进了信息和资源在穆斯林之间的流动”。(注29)

然而，伊斯兰意识能否发展为伊斯兰凝聚力涉及两个矛盾。首先，伊斯兰世界因几个权力中心的相互竞争而发生了分裂，它们之中的每一个都试图利用对穆斯林伊斯兰信仰的认同来促进其领导下的伊斯兰世界的凝聚力。这种竞争在现政权及其组织与伊斯兰主义政权及其组织两者之间展开。沙特阿拉伯领头创建了伊斯兰会议组织，部分是为了与阿拉伯联盟相抗衡，后者当时受（埃及的）纳赛尔的控制。1991 年，在海湾战争后，苏丹领导人哈桑·图拉比成立了“阿拉伯和伊斯兰人民会议”，以便与沙特阿拉伯控制的伊斯兰会议组织相抗衡。“阿拉伯和伊斯兰人民会议”第三次会议于 1995 年初在喀土穆召开，来自 80 个国家的伊斯兰组织和伊斯兰运动的几百名代表出席了会议。(注30)除了这些正式组织以外，阿富汗战争还产生了一个老战士的非正式的、地下集团的广泛网络，这些老战士为穆斯林或伊斯兰主义事业，曾经在阿尔及利亚、车臣、埃及、突尼斯、波斯尼亚、巴勒斯坦、菲律宾和其他地方久经沙场。战争后，由于又有一些战士在白沙瓦外的达瓦圣战大学，以及阿富汗各种派别和外国支持者主办的军营里受到训练，他们的队伍得到了更新。激进派政权和运动的共同利益偶尔也会克服较传统的对抗，在伊朗的支持下，逊尼派和什叶派的原教旨主义组织之间建立了联系。苏丹和伊朗之间存在着密切的军事合作，伊朗的空军和海军使用苏丹的设施，而且两国政府联合支持阿尔及利亚和其他地方的原教旨主义组织。据说，哈桑·图拉比与萨达姆·侯赛因于1994年建立了亲密的关系，伊朗和伊拉克也走向和解。[注31]

其次，伊斯兰世界这个概念预先假定了民族国家的非法性，然而伊斯兰世界只能通过一个或几个强大的核心国家来统一，而当前正缺少这样的国家。作为一个统一的政治—宗教共同体，伊斯兰这个概念一直意味着，过去，核心国家通常只有当宗教和政治领导人——哈里发和苏丹——在一个单一的统治机构中合二为一时才能形成。7世纪阿拉伯人对北非和中东的迅速征服，在倭马亚王朝的哈里发定都大马士革时达到了顶峰。随后是8世纪以巴格达为基础的、受波斯人影响的阿拔斯王朝的哈里发。10世纪在开罗和科尔多瓦还出现了次一级的哈里发。400年后，奥斯曼土耳其人横扫中东，于1453年侵占了君士坦丁堡，并于1517年确立了新的哈里发。大约与此同时，另一些突厥人侵入印度，并建立了莫卧儿帝国。奥斯曼帝国的灭亡使伊斯兰世界失去了核心国家。它的领土在相当大的程度上被西方列强瓜分，列强撤退时，在这些领土上留下了一些脆弱的国家，它们建立在不同于伊斯兰传统的西方模式之上。因此，在20世纪的大部分时间里，没有一个穆斯林国家有足够的力量和足够的宗教、文化的合法性来担当这个角色，并被其他伊斯兰国家和非伊斯兰国家接受为伊斯兰世界的领导。

缺少核心国家是伊斯兰内部和外部普遍发生冲突的一个主要原因，也是它的一个特征。没有凝聚力的意识是伊斯兰虚弱的一个根源，也是它对其他文明构成威胁的根源。这种状况可能持续下去吗？

一个伊斯兰核心国家必须拥有经济资源、军事实力、组织能力和伊斯兰认同，还必须承担充当伊斯兰世界政治领导和宗教领导的伊斯兰义务。人们时而提到的可能成为伊斯兰领导的国家有六个，然而，目前它们当中没有一个具备成为有效的核心国家的全部条件。印度尼西亚是最大的穆斯林国家，经济发展迅速，然而它处于伊斯兰世界的外围，远离阿拉伯中心；它的伊斯兰教具有宽松的东南亚的特点，是伊斯兰教的东南亚变种；它的人民和文化是本土的、穆斯林的、印度教的、中国的和基督教的影响的混合体。埃及是一个阿拉伯国家，人口众多，地理上处于中东中心的战略位置，拥有讲授伊斯兰学问的最高学府——爱资哈尔大学。然而它又是一个穷国，经济上依赖于美国、由西方控制的国际组织和石油丰富的阿拉伯国家。

伊朗、巴基斯坦和沙特阿拉伯全都明确地把自己确定为穆斯林国家，并且一直积极努力在伊斯兰世界中发挥影响并充当其领导。为此，它们在创立组织、资助伊斯兰团体、向阿富汗战争提供支持、向中亚穆斯林献殷勤等方面，相互竞争。伊朗的面积、中心位置、人口、历史传统、石油资源和中等的经济发展水平，使得它有资格成为核心国家。然而穆斯林中90%是逊尼派，而伊朗是什叶派；作为伊斯兰的语言，波斯语的地位远逊于阿拉伯语；况且，波斯人和阿拉伯人历史上一直势不两立。

巴基斯坦具有面积、人口和军事技术的条件，它的领导人不断试图扮演伊斯兰国家合作促进者的角色，并充当伊斯兰世界对世界其他国家的发言人。然而，巴基斯坦相对贫穷，深受内部严重的种族和宗教分裂的困扰，有政治不稳定的记录，关注与印度的安全问题。这最后一点在很大程度上说明，巴基斯坦为什么要发展与其他伊斯兰国家和非穆斯林国家，如中国和美国的关系。

沙特阿拉伯是伊斯兰教最初的家园，伊斯兰教最神圣的圣地都在那儿，它的语言是伊斯兰的语言；它有世界上最大的石油储量和随之而来的金融影响；它的政府严格按伊斯兰原则塑造了沙特社会。20世纪70和80年代期间，沙特阿拉伯是伊斯兰世界最有影响的国家，它花费了数十亿美元来支持全世界的穆斯林事业，从清真寺、教科书到政党、伊斯兰组织和恐怖主义运动，它这样做时相对来说是一视同仁的。但另一方面，由于它的人口相对较少，地理位置易受攻击，因而在安全上依赖于西方。

最后，土耳其拥有成为核心国家的历史、人口、中等水平的经济发展、民族凝聚力、军事传统和军事技术等条件。然而，它明确地把自己界定为一个世俗社会。阿塔蒂尔克阻止土耳其共和国继承奥斯曼帝国所扮演的那种角色。土耳其甚至不能成为伊斯兰会议组织的创始成员国，因为它在宪法中规定信奉世俗主义。只要土耳其继续把自己界定为世俗社会，伊斯兰世界的领导地位就与它无缘。

那么，假如土耳其重新给自己定位呢？在未来的某一时刻，土耳其可能乐于放弃它像乞丐一样恳求加入西方的令人沮丧和羞辱的角色，恢复它作为伊斯兰世界与西方主要对话者和对抗者的令人印象深刻的、更高雅的历史角色。原教旨主义已在土耳其兴起；在奥扎尔的领导下，土耳其作了广泛的努力来认同阿拉伯世界；它利用种族和语言的联系在中亚扮演了温和的角色；它对波斯尼亚的穆斯林给予了鼓励和支持。在穆斯林国家中，土耳其与巴尔干、中东、北非和中亚的广泛历史联系是独一无二的。可以设想，土耳其实际上可以“充当（伊斯兰世界的）南非”：放弃与其现状相悖的世俗主义，就像南非放弃种族隔离制度一样，从而把自己从一个伊斯兰文明的贱民变为该文明的首要国家。南非在体验了西方基督教和种族隔离制度中好的和坏的东西之后，特别有资格领导非洲；在体验了西方的世俗主义和民主制中好的和坏的东西之后，土耳其可能同样有资格领导伊斯兰。但是，要这样做，它就必须摒弃阿塔蒂尔克的传统，甚至要比俄罗斯摒弃列宁的传统还要彻底。它还需要一位具有阿塔蒂尔克的能力的领导人，以及这样一位领导人：他将把宗教的和政治的合法性结合起来，把土耳其从一个无所适从的国家重新塑造为一个核心国家。

第四部分

文明的冲突

第八章

西方和非西方：文明间的问题

西方的普世主义

在正在显现的世界中，属于不同文明的国家和集团之间的关系不仅不会是紧密的，反而常常会是对抗性的。但是，某些文明之间的关系比其他文明更具有产生冲突的倾向。在微观层面上，最强烈的断层线是在伊斯兰国家与东正教、印度、非洲和西方基督教邻国之间。在宏观层面上，最主要的分裂是在西方和非西方之间；在以穆斯林和亚洲社会为一方，以西方为另一方之间，存在着最为严重的冲突。未来的危险冲突可能会在西方的傲慢、伊斯兰国家的不宽容和中国的武断的相互作用下发生。

在所有的文明之中，唯独西方文明对其他文明产生过重大的、有时是压倒一切的影响。因此，西方的力量和文化与所有其他文明的力量和文化之间的关系就成为文明世界最为普遍的特征。当其他文明的力量相对增强、西方文化的感召力消退之时，非西方国家的人民对其本土文化的自信心和责任感也随之增强。因此，西方与非西方关系的中心问题是：西方，特别是美国，在全球范围内推广西方文化的努力与其推广能力的下降这两者之间的不协调。

共产主义的崩溃使西方人更加相信其民主自由主义思想取得了全球性胜利，因而它是普遍适用的，并因此加剧了这种不协调。西方，特别是一贯富有使命感的美国，认为非西方国家的人民应当认同西方的民主、自由市场、权力有限的政府、人权、个人主义和法治的价值观念，并将这些价值观念纳入他们的体制。然而，在其他文明中，赞同和提倡这些价值观的人只是少数，大部分非西方国家的人民对于它们的占主导地位的态度或是普遍怀疑，或是强烈反对。西方人眼中的普世主义，对非西方来说就是帝国主义。

西方正在、并将继续试图通过将自己的利益确定为“世界共同体”的利益来保持其主导地位和维护自己的利益。这个词已成为一个委婉的集合名词（代替了“自由世界”），它赋予美国和其他西方国家为维护其利益而采取的行动以全球合法性。例如，西方正试图把非西方国家的经济纳入一个由自己主导的全球经济体系。西方通过国际货币基金组织和其他国际经济机构来扩大自己的经济利益，并且将自认为恰当的经济政策强加给其他国家。然而，任何非西方国家的民意测验都显示出，尽管国际货币基金组织无疑会得到财政部长们和少数其他人的支持，但除此之外几乎所有人对它的评价都是不利的。他们会赞同谢尔盖·阿尔巴托夫对国际货币基金组织官员的描述：“一群热衷于夺取他人钱财、将不民主和相异的经济政治行动规则强加于人、压制经济自由的新型布尔什维克。”(注1)

非西方人还会毫不犹豫地指出西方的原则及其行为之间的差距。坚持普世主义的代价，就是被指责为伪善、实行双重标准和“例外”原则。民主要提倡，但如果这将使伊斯兰原教旨主义者上台执政，就该另当别论；防止核扩散的说教是针对伊朗和伊拉克的，而不是针对以色列的；自由贸易是促进经济增长的灵丹妙药，但不适用于农业；人权对中国是个问题，对沙特阿拉伯则不然；对石油拥有国科威特的入侵被大规模地粉碎，但对没有石油的波斯尼亚的入侵则不予理睬。实践中的双重标准是推行原则的普遍标准所无法避免的代价。

取得政治独立之后，非西方国家便希望摆脱西方对其经济、军事和文化的控制。东亚社会在争取与西方经济平等的道路上进展顺利，亚洲和伊斯兰国家正在寻求与西方取得军事平衡的捷径。西方文明在全球的传播、西方实力的相对削弱和其他文明对自身文化的日益伸张这几个因素一道，决定了西方与非西方之间的关系总体说来是一种困难的关系。然而，这些关系的性质及其对抗的程度却有着相当大的差别，它们可以归为三类。西方与属于挑战者文明的伊斯兰国家和中国的关系可能会持续紧张，并经常出现严重的对抗；与属于较弱文明（部分地依赖于西方）的拉丁美洲和非洲国家的冲突程度则要轻得多，特别是与拉丁美洲国家的关系。俄罗斯、日本和印度与西方的关系可能介乎于上述两类之间，同时具有合作和冲突的因素，因为这三个核心国家时而与挑战者文明站在一起，时而又与西方站在一边，“摇摆”于以西方为一方、以伊斯兰和中华文明为另一方的两者之间。

伊斯兰国家和中国拥有与西方极为不同的伟大的文化传统，并自认其传统远较西方的优越。在与西方的关系中，随着其实力和自我伸张性的增强，它们与西方在价值观念和利益方面的冲突日益增多和加剧。由于伊斯兰世界缺少一个核心国家，因而其各个国家与西方的关系有着极大的差异。然而自 20 世纪 70 年代以来出现了一个持续的反西方浪潮，其标志就是原教旨主义的兴起，穆斯林国家的政权从亲西方向反西方的人手中的转移，一些伊斯兰集团和西方之间的准战争，以及冷战期间一些穆斯林国家与美国之间存在过的安全纽带的削弱。造成一些特定问题上差异的，是这样一个根本的问题，即：在塑造世界的未来之时，相对于西方而言，这些文明将起什么样的作用？21 世纪的全球体制、权力分配以及各国的政治和经济，将主要反映西方的价值观和利益，还是这一切将主要由伊斯兰国家和中国的价值观和利益来决定？

国际关系的现实主义理论预测，非西方文明的核心国家将携起手来抵制西方的支配权。在一些地区，这一现象确已发生。然而在最近的将来，反西方的全面联盟似乎还不会形成。伊斯兰文明和中华文明在宗教、文化、社会结构、传统、政治和植根于其生活方式的基本观念上，存在着根本的不同。从根本上来说，这两者之间具有的共性可能还不及它们各自与西方文明之间的共性。但是在政治上，共同的敌人将产生共同的利益。伊斯兰社会和华人社会都视西方为对手，因此它们有理由彼此合作来反对西方，甚至会像同盟国和斯大林联手对付希特勒一般行事。它们可能在一些不同的问题上进行合作，包括人权和经济问题，但最值得注意的还是从属于这两个文明的国家携手发展其军事能力，特别是大规模杀伤性武器及其运载火箭，以此来抗衡西方在常规武器方面的优势。到 20 世纪 90 年代初，出现了以中国和朝鲜为一方，在不同程度上以巴基斯坦、伊朗、伊拉克、叙利亚、利比亚和阿尔及利亚为另一方的“儒教－伊斯兰教联系”，它们在上述问题上联合起来对抗西方。

这些使西方和上述其他社会产生分歧的问题在国际日程上变得日益重要，其中有三个问题关系到西方的努力：1. 通过不扩散和反对核武器、生物武器、化学武器及其运载手段扩散的政策保持其军事优势；2. 施加压力要其他社会像西方一样尊重人权并实行民主制度，以此来推广西方的政治价值观和体制；3. 限制非西方国家移民或难民的入境人数，以保护西方社会的文化、社会和种族的完整。在所有这三个领域里，西方在反对非西方社会以保护自身利益时已经并很可能继续遇到困难。

武器扩散

军事能力的扩散是全球经济和社会发展的结果。当日本、中国和其他亚洲国家的经济更为富裕之时，其军事实力也变得更加强大，伊斯兰国家最终也将出现这种情况。如果俄罗斯经济改革获得成功，它也会是如此。在20世纪的最后几十年中，许多非西方国家从西方各国、俄罗斯、以色列和中国得到了先进的武器，并建立了自己的精密武器生产设施。21世纪初期，这些进程还将继续下去并可能加速。然而，在进入21世纪后相当一段时期之内，将唯有西方——主要是指得到英国和法国帮助的美国——具备在世界几乎所有地区进行军事干预的能力，也只有美国具备有效地轰炸世界任何地区的空中力量。这些是决定作为世界强国的美国的军事地位的主要因素，也是决定西方作为世界主导文明的主要因素。在近期内，西方与非西方常规军事力量的对比将是西方占压倒优势。

发展一流的常规军事能力需要时间、努力和资金，这就强有力地促使非西方国家寻求以其他方式来对抗西方的常规军事力量。它们认为捷径就是获得大规模杀伤性武器及其运载工具。各文明的核心国家，以及已经成为或渴望成为在区域中起支配作用的国家，特别强烈地希望得到这些武器。这些武器首先可以使它们在本文明内和地区内控制其他国家，其次可以使它们具有威慑美国或其他外部国家对本文明或区域干涉的手段。如果萨达姆·侯赛因对科威特的入侵推迟两三年，直至伊拉克拥有了核武器，那么他就很可能占有了科威特，并极有可能占领沙特的油田。非西方国家从海湾战争中汲取了明显的教训。对朝鲜的军人来说，这教训即是："不要让美国人集结他们的军队，不要让他们动用空军，不要让他们获得主动权，不要让他们打一场伤亡极小的战争。"对一位印度高级将领来说，这个教训甚至更为明确："不要和美国人打仗，除非你拥有核武器。"(注2) 整个非西方世界的政治领袖和军事将领们都牢牢地记住了这一教训，因为他们有一个似乎合理的推论："如果你拥有核武器，美国就不会对你开战。"

劳伦斯·弗里德曼指出："与通常的强权政治不同，核武器事实上加强了国际体系四分五裂的趋势。在这个体系中，以往的大国所起的作用正在减弱。"因此，对于西方来说，核武器在冷战后的世界所起的作用与冷战期间的作用正相反。正如美国国防部长莱斯·阿斯平所指出的，核武器在当年弥补了西方与苏联相比在常规武器方面所处的劣势。它们是“平衡器”。然而，在冷战后的世界，美国拥有“无与匹敌的常规军事力量，我们的潜在对手则可能拥有核武器。结果被平衡的是我们自己”。[注3]

因此，俄罗斯在其防务计划中强调核武器的作用，并于1995年计划从乌克兰购买洲际导弹和轰炸机，便不值得大惊小怪了。美国的一位武器专家评论道：“现在我们听到的正是自己在20世纪50年代指责俄罗斯人的那些话。现在是俄罗斯人在说‘我们需要核武器来弥补我们在常规武器方面的劣势’。”另一个反过来的相关事例是，冷战期间美国出于威慑目的而拒绝宣布放弃首先使用核武器。为了使核武器在冷战后的世界具有新的威慑作用，1993年俄罗斯宣布放弃苏联不首先使用核武器的承诺。与此同时，冷战后的中国在发展其有限核威慑战略时，对它于1964年宣布的不首先使用核武器的承诺提出了疑问，并开始降调。[注4]当其他核心国家和地区强国获得核武器和其他大规模杀伤性武器时，也可能效仿它们的举动，尽量扩大其武器对西方常规军事行动的威慑效果。

核武器还可能更直接地威胁西方。中国和俄罗斯都拥有可达到欧洲和北美的装有核弹头的弹道导弹。朝鲜、巴基斯坦和印度也在扩大其导弹的射程，在将来的某一时刻，也可能拥有直接打击西方的能力。此外，核武器还可以用其他方式运载。军事分析家对诸如恐怖主义、零星游击战这类强度很低的战争，到有限战争、动用大规模常规武器的更大的战争，直至核战争的暴力范围作了界定。历史上，恐怖主义是弱者的武器，即那些不拥有常规军事力量者的武器。第二次世界大战以来，核武器也成了弱者弥补常规力量劣势的手段。过去，恐怖主义者所能进行的只是有限的暴力活动，在这里杀几个人，在那里摧毁一个设施。进行大规模的暴力活动需具备大规模的军事力量。然而，在未来的某一时刻，少数恐怖主义者将可能进行大规模的暴力活动并造成大规模的破坏。恐怖主义和核武器分别是非西方的弱国手中的武器。一旦这两者结合在一起，非西方的弱国就会变得强大起来。

在冷战后的世界，发展大规模杀伤性武器及其运载工具的努力主要集中在伊斯兰教和儒教国家。巴基斯坦，也许还有朝鲜，拥有少量的核武器，或者至少是快速装配核武器的能力，它们还在研制或购置能够运载核武器的射程更远的导弹。伊拉克曾具有不可忽视的进行化学战的能力，并为获得生物武器和核武器作过巨大的努力。伊朗制订了一个研制核武器的庞大计划，并一直在扩大其运载核武器的能力。1988 年，伊朗总统拉夫桑贾尼宣称：伊朗“必须用进攻性和防御性的化学武器、细菌武器和放射性武器全面武装自己”。三年后，伊朗副总统在一次伊斯兰会议上说：“既然以色列继续拥有核武器，我们穆斯林就必须合作生产原子弹，而不顾联合国防止核扩散的努力。”1992 年和 1993 年，美国高级情报官员说，伊朗正在寻求获得核武器；1995 年美国国务卿沃伦·克里斯托弗明确地指出：“今天伊朗正在不顾一切地研制核武器。”其他穆斯林国家据说对研制核武器也有兴趣，其中包括利比亚、阿尔及利亚和沙特阿拉伯。依照阿里·马兹瑞伊富有诗意的说法，“新月悬挂在蘑菇云之上”，除西方之外它还会威胁到其他国家。伊斯兰最终会“与其他两个文明——南亚的印度教文明和中东的犹太复国主义及政治化了的犹太教文明——一起玩核轮盘赌”。(注5)

武器扩散一直是儒教－伊斯兰教联系的最为密切和具体之处。中国在向伊斯兰国家转让常规武器和非常规武器方面起了主要作用，这些转让包括：在阿尔及利亚沙漠中建造一座防备严密的秘密核反应堆，表面上它是用于研究的，但西方专家们普遍认为它具备生产钚的能力；向利比亚出售化学武器原料；向沙特阿拉伯提供 CSS－2 中程导弹；向伊拉克、利比亚、叙利亚和朝鲜提供核技术或原料；向伊拉克提供大量的常规武器。除此之外，朝鲜在 20 世纪 90 年代初经由伊朗向叙利亚提供了“飞毛腿 C 导弹”，此后又提供了这些导弹的机动发射器。(注6)

儒教－伊斯兰教军事联系的中心环节是以中国和在较小程度上还有朝鲜为一方，以巴基斯坦和伊朗为另一方之间的关系。1980—1991 年，中国武器的两个主要接受国是伊朗和巴基斯坦，其次是伊拉克。自 20 世纪 70 年代起，中国和巴基斯坦之间发展了异常密切的军事关系。1989 年，两国签署了在“购买、联合研制和开发、共同生产、技术转让以及通过双边协议向第三国出口方面进行合作”的 10 年谅解备忘录。1993 年又签署了一个由中国为巴基斯坦购买武器提供信贷的补充协议。结果中国成为“巴基斯坦最可靠的和最大的武器供应者，为巴基斯坦提供了几乎所有种类和用于各军种的武器”。中国还帮助巴基斯坦建造了生产喷气式飞机、坦克、火炮和导弹的设施。更为重要的是，中国为巴基斯坦研制自己的核武器提供了必不可少的帮助：据说向巴基斯坦提供了供浓缩用的铀，为设计导弹提供咨询，还可能允许巴基斯坦在中国的试验场上爆炸核装置。中国此后又向巴基斯坦提供了能够运载核武器的射程为300公里的M—11弹道导弹，从而违背了对美国作出的承诺。作为回报，中国从巴基斯坦得到了空中加油技术和毒刺式导弹。(注7)

到20世纪90年代，中国和伊朗之间的武器联系也变得紧密起来。在80年代的两伊战争中，中国向伊朗提供了其武器的22%，并在1989年成为伊朗最大的武器供应者。中国还对伊朗公开声明的获取核武器的努力给予了积极的合作。“中国－伊朗合作协议草案”签署之后，两国于1990年1月达成了一个关于科学合作和军事技术转让的10年谅解协议。1992年9月，拉夫桑贾尼总统在伊朗核专家的陪同下访问了巴基斯坦，然后去中国签署了另一个核合作协议。1993年2月，中国同意在伊朗建设两座300兆瓦的核反应堆。在执行这些协议时，中国向伊朗提供了核技术和核情报，帮助伊朗培训科学家和工程师，并向伊朗提供卡留管（ca－lutron）浓缩装置。1995年，在美国的持续压力下，中国同意“终止”（根据美国的说法），或“中止”（根据中国的说法）出售这两座300兆瓦反应堆。中国还是伊朗导弹和导弹技术的主要供应国，包括80年代后期通过朝鲜提供的蚕式导弹，1994－1995年提供的“几十或者几百个导弹制导系统和电脑化机械装置”。中国还许可伊朗生产中国式的地对地导弹。朝鲜也协助援助，向伊朗运送了飞毛腿导弹，帮助伊朗发展自己的生产设施，1993年又同意向伊朗提供射程为600英里的劳动I型导弹。作为这个三角关系的第三个边，伊朗和巴基斯坦在核领域中也进行了广泛的合作。巴基斯坦为伊朗培训科学家，巴基斯坦、伊朗和中国于1992年11月达成了联合进行核项目的协议。(注8)中国为巴基斯坦和伊朗发展大规模杀伤性武器提供了广泛援助，这证明这些国家相互承担的义务和合作达到了异乎寻常的水平。

表 8.1 中国在 1980-1991 年间的部分武器转让

	伊朗	巴基斯坦	伊拉克
主战坦克	540	1100	1300
装甲运兵车	300	—	650
反坦克导弹	7500	100	—
火炮/火箭发射器	1200*	50	720
战斗机	140	212	—
反舰导弹	332	32	—
地对空导弹	788*	222*	—

＊数字未全部核实。

资料来源：卡尔·艾肯伯里：《解释与影响中国的武器转让》（华盛顿：国防大学国家战略研究所，麦克尼尔文件第 36 期，1995 年 2 月），第 12 页。

这些事态发展和它们对西方利益构成的潜在威胁，使得大规模杀伤性武器的扩散问题成为西方安全议程的首要问题。例如，1990 年，59％的美国公众认为防止核武器扩散是外交政策的一个重要目标。1994 年，82％的公众和 90％的对外政策制定者持上述看法。1993 年 9 月，克林顿总统强调了核不扩散的首要性；1994 年秋天又宣布了“全国紧急动员”，来对付“核武器、生物武器和化学武器及其运载手段扩散”对“美国国家安全、对外政策和经济造成的异常巨大的威胁”。1991 年，美国中央情报局成立了拥有 100 名工作人员的核不扩散中心；1993 年 12 月，美国国防部长阿斯平宣布了一个新的国防部反扩散动议，并新设了一个负责核安全和核不扩散事务的助理部长职位。(注9)

冷战期间，美国和苏联进行了一场古典式的军备竞赛，研制了技术上越来越先进的核武器及其运载工具，这是以增强军事能力对抗增强军事能力。在冷战后的世界，主要的军备竞赛却是另一种类型。西方的对手试图获得大规模杀伤性武器，西方则试图阻止它们。这不是增强军事能力对抗增强军事能力，而是增强军事能力对抗抑制增强军事能力。除了口头上的争辩以外，西方核武库的规模和能力并非是竞争的一部分。增强军事能力对抗增强军事能力的武器竞赛的结果取决于双方在资源、义务和技术上的竞争，它不是预先注定的。但增强军事能力对抗抑制增强军事能力的竞赛结果却较容易预测。西方的抑制努力可以减缓其他社会增强军事能力，却不能阻止它们。非西方社会的经济和社会发展，所有西方社会和非西方社会通过出售武器、技术和专业知识获取利润的商业刺激，以及核心国家和区域强国保护其地区霸权的政治企图，都削弱了美国为抑制所作的努力。

西方提倡核不扩散符合世界所有国家维护国际秩序和国际稳定的利益。然而，其他国家却认为，核不扩散是为了维护西方的霸权利益。这一情况反映了西方，特别是美国，与安全利益可能受到核扩散影响的地区强国之间在核扩散问题上的分歧。朝鲜的情况明显是如此。1993 年和 1994 年，美国在朝鲜核武器发展问题上使自己陷入了一场心理危机。1993 年 11 月，克林顿总统明确声明："不能允许朝鲜发展核弹，在这个问题上我们的态度必须非常坚决。"参议员、众议员和前布什政府的官员们讨论了对朝鲜核设施发动先发制人袭击的可能必要性。美国对朝鲜核计划的关注，在相当大的程度上是出于它对全球核扩散的考虑。朝鲜的核力量不仅会使美国在东亚可能采取的行动受到遏制和复杂化，而且，如果朝鲜出售核技术和武器，还会影响美国在南亚和中东的行动。

另一方面，韩国却将核弹与其地区利益联系在一起。许多韩国人将朝鲜的核弹视为"朝鲜的"核弹，也就是说它永远不会被用来攻击其他的朝鲜人，而可能用来保卫朝鲜的独立和利益以对抗日本和其他的潜在威胁。韩国的文武官员们明确地希望组成一个具备核能力的统一的朝鲜。这样，韩国的利益将万无一失，因为朝鲜花费了资金并为发展核弹而遭到国际谴责，而韩国最终会继承它；朝鲜的核武器和韩国的工业力量结合在一起，可以使一个统一的朝鲜在东亚舞台上作为一个重要角色而发挥与其身份相称的作用。结果，美国和韩国之间的明显重大分歧达到了这一程度：1994 年，华盛顿认为朝鲜半岛出现了严重危机。但汉城却没有任何严重危机感，这造成了两个首都之间的"惊人差异"。一位记者在 1994 年 6 月"危机"达到高潮时评论说："始于几年前的朝鲜核武器怪现象之一，是危机感加剧了来自朝鲜的更大的危机"。美国的安全利益和南亚国家的利益之间也存在着同样的差距，美国对那里核武器扩散的关切更甚于该地区的居民。印度和巴基斯坦更容易接受彼此的核威胁，而难以接受美国遏制、减轻或消除来自这两个国家核威胁的建议。(注10)

美国和其他西方国家防止大规模杀伤性武器这一"平衡器"扩散的努力成效甚微，并且可能继续是如此。就在美国总统克林顿宣布不能允许朝鲜拥有核武器一个月之后，美国的情报机构向他报告说，朝鲜可能已拥有了一、两件核武器。[注11]美国随之转而对朝鲜采取胡萝卜政策，引诱它不要扩大核武库。同样，美国无法扭转或阻止印度和巴基斯坦发展核武器，亦无法使伊朗停止发展。

1995年4月召开的关于核不扩散条约会议的中心议题，就是该条约的期限是否应续定为无限期或者定为25年。以美国为首的一些国家赞成无限期地延长，但其他许多国家反对作这样的延长，除非五个公认的核大国更大幅度地削减核武器。此外，埃及反对延长，除非以色列签署该条约并接受安全核查。最后，美国非常成功地通过要手腕、贿赂和威胁并用，在无限期延长的问题上赢得了压倒多数国家的同意。例如，埃及和墨西哥都曾反对无限期地延长该条约，但由于它们在经济上依赖美国，因而无法坚持自己的立场。尽管该条约的延长得到了一致的赞同，但七个穆斯林国家（叙利亚、约旦、伊朗、伊拉克、利比亚、埃及、马来西亚）和一个非洲国家（尼日利亚）在最后辩论时仍提出了反对意见。[注12]

1993年，西方的主要目标正如美国的政策所表现出的那样，从核不扩散转向了反核扩散。这种转变是对现实的承认，即某些核扩散已无法避免。在适当的时候，美国的政策将会从反对扩散转向接受扩散，如果美国政府能够跳出冷战思维定式，转而去促进扩散、使其服务于美国和西方利益的话。然而，美国和西方至1995年止仍然坚持奉行抑制政策，而这一政策最终注定要失败。在一个多文明的世界中，核武器和其他大规模杀伤性武器的扩散，是实力缓慢地但不可避免地分散的一个主要表现。

人权和民主

在20世纪70和80年代，有三十多个国家和地区的政治制度从独裁转向了民主。一些原因造成了这种转变浪潮，经济发展无疑是促成这些政治变化的主要根本因素。此外，美国、西欧主要国家和国际机构的政策和行动，也对西班牙、葡萄牙、许多拉丁美洲国家、菲律宾、韩国和东欧民主制度的建立起了帮助作用。民主化在基督教和西方影响强大的国家最为成功。新的民主政权在主要信奉天主教和新教的南欧和中欧最可能保持稳定，在拉丁美洲稳定性较差。在东亚，信奉天主教和受到美国极大影响的菲律宾于80年代回到了民主国家的行列。同时，韩国和中国台湾的基督教领袖们也在推动民主化运动的发展。正如前面已经指出的，稳定的民主制度在苏联、波罗的海诸共和国取得了成功；在东正教诸共和国中，民主制度的稳定程度彼此有相当大的差别，并且难以预测；穆斯林国家的民主前景则很暗淡。至 20 世纪 90 年代，除了古巴，其他大多数信奉西方基督教和基督教影响强大的国家都开始了向民主制的转变，但非洲是例外。

这些转变和苏联的崩溃使西方人，特别是美国人，相信全世界正在进行着一场民主革命，用不了多长时间，西方的人权观念和政治民主形式将在全球盛行，因此，促进民主的传播便成为西方人首要的目标。布什政府也赞同这一看法。1990 年 4 月，国务卿詹姆斯·贝克说："在遏制之后等待着的是民主制。"谈到冷战后的世界，他说："布什总统指出，我们的新任务是促进和巩固民主制度。"在 1992 年大选中，比尔·克林顿反复强调推进民主是该政府的首要考虑，在一次重要的竞选演说中谈到对外政策时，他用整个篇幅谈论民主化问题。克林顿上台之后，他建议将拨给全国民主基金会的资金增加三分之二；他的国家安全助理将克林顿对外政策的主题表述为"扩大民主"；他的国防部长确认促进民主是该部的四个主要目标之一，并试图在国防部设立一个高级职位来促进这一目标的实现。促进人权和民主在较小的程度上、以较不明显的方式，也在欧洲国家的对外政策中占据了突出的地位，由西方控制的国际经济机构也将此作为给予发展中国家贷款和援助的标准。

到 1995 年，欧洲和美国为达到上述目标所作的努力只取得有限的成就。几乎所有的非西方文明都对来自西方的压力采取了抵制态度，包括印度教、东正教和非洲国家，在某种程度上甚至还包括拉丁美洲国家。但是对西方民主化努力抵制得最强烈的还是伊斯兰和亚洲。这种抵制植根于伸张自身文化的更广泛的运动之中，具体表现为伊斯兰复兴运动和亚洲的自我肯定。

美国在亚洲的失败，主要源于亚洲经济财富日增和亚洲国家政府自信心的增长。亚洲的国际法专家反复地提醒西方，亚洲依赖和从属于西方的旧时代已经过去，20 世纪 40 年代西方占世界经济总量的一半、控制联合国、起草世界人权宣言的局面已经成为历史。一位新加坡官员说："在亚洲促进人权的努力，必须考虑到冷战后世界实力分配的变化……西方对东亚和东南亚的影响已经极大地减弱。"(注13)

他言之有理。美国和朝鲜就核问题达成的协议可被恰当地称为"有条件的投降"，而美国在人权问题上向中国和其他亚洲国家屈服，则是无条件的投降。美国曾威胁说，如果中国不在人权问题上采取更积极的态度，便不给予它最惠国待遇，但结果是克林顿政府的国务卿在北京受到了甚至不给面子的冷遇。美国对此事作出的反应是放弃原先的政策，将最惠国待遇和人权问题脱钩。中国对美国软弱表现的回应是继续并强化克林顿政府所反对的做法。美国政府在与新加坡就一位美国公民遭鞭笞、与印度尼西亚就其在东帝汶施行暴力镇压的问题打交道时，也采取了退缩的态度。

亚洲国家政权抵抗西方在人权问题上施压的能力，还由于其他一些因素而增强。美国和欧洲国家的企业急切地想要与亚洲国家发展贸易、到经济迅速增长的国家投资，因而对政府施加了极大的压力，要求政府不干扰它们与这些国家的经济关系。此外，亚洲国家将西方的压力视为对其主权的侵犯，当出现这些问题时便会团结在一起相互支持。中国是否获得美国的最惠国待遇，关系到在中国大陆投资的台湾、日本和香港商人的重大利益。日本政府通常与美国的人权政策保持距离。在天安门事件发生后不久，日本首相宫泽喜一说：我们不会让“抽象的人权观念”影响日本与中国的关系。东盟国家不愿意对缅甸施加压力，而且于1994年欢迎它的军人政府参加会议；而欧洲联盟，正如其发言人所说的，不得不承认它的政策“一直不很成功”，因为它不得不与东盟对缅甸的态度保持一致。此外，经济实力的增强使得诸如马来西亚和印度尼西亚这样的国家，能够对批评它们或者参与它们认为令人不愉快行动的国家和公司实行“反条件限制”。(注14)

亚洲国家总体经济实力的增强，使得它们对西方在人权和民主问题上施加的压力越来越可以采取置之不理的态度。理查德·尼克松于1994年说：“今天，中国的经济实力使美国关于人权的说教显得轻率；10年之内，会显得不着边际；20年之内，会显得可笑。”(注15)然而，到那时中国的经济发展将使西方没有必要再作任何说教。经济增长会加强亚洲国家政府相对于西方国家政府的权力；从长远看，它又会加强亚洲社会相对于亚洲国家政府的权力。民主制会由于日益强大的资产阶级和中产阶级希望它到来而在更多的亚洲国家实现。

与无限期延长核不扩散条约相比较，西方在联合国机构中促进人权和民主的努力总的说来是一无所获。除个别例外，比如除了对伊拉克的谴责以外，有关人权的决议在联合国的投票中总是被否决。除了一些拉丁美洲国家，其他国家政府总是不情愿支持被许多人视为“人权帝国主义”的努力。比如，1990年瑞典代表20个西方国家提出谴责缅甸军人政府的提案，但由于亚洲和其他国家的反对而被否决。谴责伊朗践踏人权的决议亦被否决，而且20世纪90年代在连续5年的时间里，中国都能够动员亚洲国家的支持，否决由西方发起的对其侵犯人权表示关注的提案。1994年，巴基斯坦在联合国人权委员会提出议案，谴责印度在克什米尔侵犯人权的行为，但遭到与印度友好的国家的联合反对，而巴基斯坦的两个最亲密的朋友，同样曾是攻击目标的中国和伊朗也表示反对，并且劝巴基斯坦撤销提案。《经济学家》杂志评论道：由于联合国人权委员会未能对印度在克什米尔的残暴行为进行谴责，它便"因失职而认可了印度的行为。其他国家也正在逍遥法外：土耳其、印度尼西亚、哥伦比亚和阿尔及利亚都逃脱了谴责。人权委员会就是这样支持了施行屠杀和酷刑的政府，这与它的创建者的初衷完全相反"。[注16]

西方和其他文明在人权观念上的差异，以及西方实现其目标的有限能力，在1993年6月的维也纳联合国世界人权大会上被明确地揭示出来。欧洲和北美国家形成一方，由大约50个非西方国家组成的集团形成另一方，后者中最活跃的15个成员国包括1个拉丁美洲国家（古巴），1个佛教国家（缅甸），4个政治意识形态、经济制度和发展水平差异极大的儒教国家（新加坡、越南、朝鲜和中国），9个穆斯林国家（马来西亚、印度尼西亚、巴基斯坦、伊朗、伊拉克、叙利亚、也门、苏丹和利比亚）的政府。这个亚洲—伊斯兰集团的领袖是中国、叙利亚和伊朗。处于这两个集团之间的是除古巴以外的拉丁美洲国家，它们经常支持西方；还有非洲和东正教国家，它们有时支持西方，但更经常的是持反对西方的立场。

使各国沿着文明线划分开来的问题包括：关于人权的普遍性与文化相对主义；是经济和社会权利，包括发展权利优先，还是政治权利和公民权利相对优先的争执；是否应对经济援助提出政治限制条件；是否应设立联合国人权专员；应在何等程度上允许同时在维也纳集会的非政府人权组织参加政府会议；应当得到大会认可的特殊权利；以及一些更为具体的问题，例如，是否允许达赖喇嘛在会上发言，是否明确谴责波斯尼亚践踏人权的行为。

西方国家和亚洲—伊斯兰集团在这些问题上存在着重大分歧。维也纳会议召开之前两个月，亚洲国家在曼谷聚会并通过了一份宣言。宣言强调：人权必须"置于国家和地区特性，以及各种历史上形成的宗教和文化背景下"来考虑；人权状况监督侵犯了国家主权；将人权状况作为经济援助的条件有悖于发展权。在上述和其他问题上的分歧如此之大，以致维也纳大会最后预备会议（5 月初于日内瓦召开）产生的几乎全部文件都不得不加上括号，以标明一个或更多国家不同意。

西方国家没有为维也纳会议的召开作好准备，它们在数量上处于劣势，而且在会议中比其对手作出了更大的让步。结果，除了对维护妇女权利表示强烈支持外，大会通过的宣言只是个最低限度文件。一位人权支持者评论道：这是一份充满“分歧和矛盾”的文件，代表了亚洲－伊斯兰联盟的胜利和西方的失败。(注17) 维也纳宣言没有明确地表示对言论、新闻、集会和宗教自由的赞同。因而，它在许多方面的立场比 1948 年通过的联合国世界人权宣言软弱。这一变化反映了西方权力的衰落。一位美国人权支持者指出：“1945 年的国际人权制度已不复存在。美国的霸权已经衰落。即使有 1992 年发生的一些事件，欧洲也不过是个半岛。现在的世界是阿拉伯人、亚洲人和非洲人的世界，正像它是西方人的世界一样。如今，世界人权宣言和国际人权公约对于世界已不像第二次世界大战刚刚结束时那样重要。”一位对西方持批判态度的亚洲评论家表达了类似的观点：“自 1948 年世界人权宣言通过以来，没有完全进入犹太－基督教和自然法传统的国家现在第一次跨入了一流国家的行列。这一前所未有的形势将决定新的国际人权政治，并将带来更多的冲突机会。”(注18)

另一位观察家评论道：维也纳会议的“大赢家显然是中国，至少如果以告诉他人不要管闲事为成功标准的话，就是如此。在整个会议期间，中国不断取得胜利，其方法就是到处显示它的重量”。(注19) 然而，在维也纳会议上票数处于劣势和失去调动权的西方，却在几个月之后获得了反对中国的一个不小的胜利。争取在北京举办 2000 年夏季奥林匹克运动会是中国政府的一个重要目标，它为得到举办权投入了巨大的资金。在中国，要求举办奥运会的呼声很高，公众的期望也很高；中国政府还游说其他国家政府对本国的奥林匹克委员会施加压力；台湾地区和香港地区也来助威。另一方面，美国国会、欧洲议会和人权组织都强烈地反对选择北京。尽管国际奥林匹克委员会的投票是秘密进行的，但各国的态度很明显是以文明划分的。在第一轮投票中，北京据说赢得了非洲国家的广泛支持，所得票数居首位，悉尼次之。在随后几轮的投票中，当伊斯坦布尔被排除之后，绝大多数儒教－伊斯兰教国家将其选票投给了北京；在柏林和曼彻斯特退出之后，这两个城市原先得到的绝大部分选票又转给了悉尼，使它在第四轮中获得了胜利，使中国遭到惨败。中国则把这笔账都记在了美国身上*。李光耀说："美国和英国成功地降低了中国的威望……它们反对中国的表面原因是'人权'，真正的原因却是政治，为的是显示西方的政治影响。"(注20)毫无疑问，世界上更多的人关心的是体育而不是人权。但是，鉴于西方在维也纳和其他地方在人权问题上遭到的失败，这一显示西方"影响"的孤立事件仍会令人想到西方的虚弱。

不仅西方的影响削弱了，而且西方在民主问题上的自相矛盾还减弱了它在冷战后的世界促进民主的愿望。冷战时期，西方，特别是美国面临着"友好的暴君"的问题：在那一时期，反共的军人政府和独裁者是冷战中的有用伙伴，与它们合作，成为难题。当这些政权粗暴地践踏人权时，这种合作会令人不安，有时会令人尴尬。然而，西方辩解说，这种合作是较少有害的，因为这些政府通常不像共产主义政权那样完全是压制性的，而且它们维持的时间可能不会长久，也较容易接受美国和其他的外部影响。为什么不接受一个较为不野蛮的友好的暴君，如果另一个选择是更野蛮的不友好的暴君？在冷战后的世界，在一个友好的暴君和一个不友好的民主制之间作选择可能更为困难。西方自然而然的假设是，民主选举的政府是可以合作的，但非西方社会的政府不一定亲西方，因为在那里，竞选可能导致反西方的民族主义者和原教旨主义者上台执政。1992年，阿尔及利亚军人干涉并取消了明显地将导致原教旨主义政党伊斯兰拯救阵线获胜的选举，令西方人如释重负。1995年和1996年，土耳其的原教旨主义政党繁荣党、印度的民族主义政党印度人民党在选举失败后被赶下了台，亦令西方各国政府放下心来。另一方面，伊朗政府在其革命进程中，就某些方面而言是伊斯兰世界中较民

* 四轮的投票情况如下：

	第一轮	第二轮	第三轮	第四轮
北　京	32	37	40	43
悉　尼	30	30	37	45
曼彻斯特	11	13	11	
柏　林	9	9		
伊斯坦布尔	7			
弃　权			1	1
总　数	89	89	89	89

主的政权之一；而在包括沙特阿拉伯和埃及在内的许多阿拉伯国家中，竞争几乎肯定会导致远不及其不民主的前任同情西方利益的政府上台。在中国，通过公民选举上台的政府，很可能会是一个高度民族主义的政府。西方国家的领导人认识到，非西方社会的民主化进程常常产生对西方不友好的政府，因此它们在试图影响这些选举的同时，丧失了在这些社会中促进民主的热情。

移民

如果人口分布是天定的，那么人口流动便是历史的发动机。在过去的那些世纪里，不同的增长率、经济状况和政府政策导致了希腊人、犹太人、日耳曼部落、斯堪的纳维亚人、土耳其人、俄罗斯人、华人等的大量外移。在一些情况下，这些迁移是相对平和的，在另一些情况下却充满了暴力。然而在 19 世纪，欧洲人是人口向外扩张的主要种族。1821 至 1924 年间，大约有 5500 万欧洲人移居海外，其中 3400 万到了美国。西方人征服、有时甚至消灭了其他民族，开发了人口密度较低的土地并定居下来。人口输出可能是 16—20 世纪西方崛起的最重要的衡量标准。

20 世纪末出现了一个不同以往但规模更大的移民浪潮。1990 年，合法的国际移民有将近 1 亿人，难民约 1900 万，而非法移民至少达到了 1000 多万。这个新移民浪潮部分是非殖民化、新国家的建立，以及鼓励或强迫人民迁移的国家政策的产物，但同时它也是现代化和技术发展的结果。运输工具的改进使迁移更简便、省时和省钱；通信的改善则增强了寻求经济机会的刺激，并密切了移民与其留在祖国的家庭之间的联系。此外，正如西方的经济增长刺激了 19 世纪的向外移民一样，非西方社会的经济发展同样刺激了 20 世纪的向外移民。移民成了一个自我强化的进程。迈伦·韦纳认为：“如果存在一个统一的移民‘法则’的话，那便是移民潮一旦开始，它便会自我促进。移民们会为家乡的亲戚朋友提供信息和经费使他们能够移民，并帮助他们寻找工作和住房。”其结果，按照他的话说，就是一个“全球移民危机”。(注21)

西方人一贯和强烈地反对核扩散，支持民主和人权。与此相反。他们对移民问题的看法却是矛盾的，并随着 20 世纪最后 20 年均势的重大变化而改变。直至

20 世纪 70 年代，欧洲国家普遍赞同移民，有些国家，特别是德国和瑞士，还鼓励移民的流入以弥补劳动力的短缺。1965 年，美国取消了 20 年代制定的偏向于欧洲的移民限额，并彻底修改了法律，使得 70 和 80 年代移民流入的大量增加成为可能，并造成了新的移民来源。然而在 80 年代末，高失业率、移民人数的增长和移民占压倒优势的“非西方”特性，使得欧洲人的态度和政策发生了急剧的变化。几年之后，出于同样的考虑，美国人的态度也出现了类似的变化。

20 世纪末，大多数移民和难民是从一个非西方国家迁往另一个非西方国家，但是进入西方国家的移民人数已接近了 19 世纪西方外移人口的绝对数字。1990 年，估计有 2000 万第一代移民生活在美国，1550 万人生活在欧洲，800 万人生活在澳大利亚和加拿大。在欧洲主要国家中，移民人数占总人口的比例达到了 7％—8％。1994 年，进入美国的移民人数占其全部人口的 8.7％，为 1970 年的两倍；占加利福尼亚州人口的 25％，纽约州人口的 16％。80 年代，大约有 830 万人进入了美国，在 90 年代的前 4 年这一数字大约是 450 万。

新移民绝大部分来自非西方国家。在德国，1990 年有土耳其移民 167.5 万人，其次最大的移民群来自南斯拉夫、意大利和希腊。在意大利，主要的移民来自摩洛哥、美国（据信大量的意大利裔美国人返回了家园）、突尼斯和菲律宾。90 年代中期，大约有 400 万穆斯林居住在法国，在整个西欧，穆斯林人口达到了 1300 万。50 年代，进入美国的移民有三分之二来自欧洲和加拿大；80 年代，移民人数大量增加，其中大约 35％来自亚洲、45％来自拉丁美洲，来自欧洲和加拿大的移民则不足 15％。美国人口的自然增长率很低，欧洲的自然人口增长率实际上为零。由于移民的生殖率高，因而他们将占西方国家未来增长人口的大部分。结果是，西方人日益担心，“他们现在不是在遭到军队和坦克的入侵，而是遭到了讲着其他语言、信奉其他神和属于其他文化的移民的入侵。他们还担心，移民会抢走他们的工作，占据他们的土地，享受他们的福利制度，并且威胁他们的生活方式。”[注22]斯坦利·霍夫曼认为，这些因西方国家人口相对减少而造成的恐惧，“是基于真正的文化冲突和对丧失民族特性的担忧”。[注23]

20 世纪 90 年代初，在欧洲的移民中有三分之二是穆斯林。在移民问题中，欧洲人最为关切的是穆斯林移民。挑战来自人口——移民占西欧出生人口的 10％，阿拉伯人占布鲁塞尔出生人口的 50％——和文化。穆斯林社群，不论是德国的土耳其人还是法国的阿尔及利亚人，都没有融入所在国的文化，而且几乎没有迹象表明将来会如此。让—玛丽·多姆纳克 1991 年说："在整个欧洲，人们越来越担忧横跨欧洲文化线的穆斯林会形成欧洲共同体的第十三个国家。"一位美国记者这样评论移民问题：

> 奇怪的是，欧洲人的敌意是有选择的。在法国，很少有人担心来自东方的入侵——波兰人毕竟是欧洲人和天主教徒。绝大部分人既不惧怕也不轻视非阿拉伯的非洲移民，敌意大部分是针对穆斯林的。"移民"事实上是伊斯兰的同义词，而伊斯兰教目前是法国的第二大宗教。这一现象反映了深深植根于法国历史的文化歧视和种族歧视。[注24]

然而，从任何严格意义上说，法国人更是文化主义者，而不是种族主义者。他们的立法接受了可以讲完美法语的黑非洲人，但是他们不能接受在校园里蒙着头盖的穆斯林姑娘。1990 年，76％的法国公众认为在法国有太多的阿拉伯人，46％认为黑人太多，40％认为亚洲人太多，24％认为犹太人太多。1994 年，47％的德国人不愿意有阿拉伯人生活在他们的街区，39％不愿意有波兰人，36％不愿意有土耳其人，20％不愿意有犹太人作他们的邻居。[注25]在西欧，指向阿拉伯人的排外主义，已在很大程度上取代了指向犹太人的反犹太主义。

公众反对移民和对移民的敌意表现在针对移民社区和个人的极端暴力行动上，20 世纪 90 年代初它已成为德国的一个问题。更为重要的是，右翼、民族主义者和反移民政党的选票在增加，尽管为数不多。德国共和党在 1989 年的欧洲议会选举中获得了超过 7％的选票，但在 1990 年的全国大选中却只得到 2.1％。在法国，国民阵线在 1981 年时仅获得微不足道的选票，而 1988 年选票升至 9.6％，此后在地区和议会选举中的得票率稳定在 12％和 15％。1995 年，两个民族主义的总统候选人获得了 19.9％的选票，国民阵线赢得了几个城市的市长职位，包括土伦和尼斯。在意大利，社会运动—国民联盟的得票率同样从 80 年代的约 5％升至 90 年代初的 10％－15％。在比利时，佛兰芒集团国民阵线的选票在 1994 年的地方选举中增加到 9％，该集团在安特卫普得到 28％的选票。在奥地利的大选中，自由党的得票率从 1986 年的不足 10％上升到 1990 年的 15％以上，在 1994 年达到将近 23％。[注26]

在很大程度上，欧洲反对穆斯林移民的政党正是穆斯林国家中伊斯兰政党的影像。它们都是在野党，都谴责权力机构和政党的腐败，都利用经济困境，特别是失业问题，向种族集团和宗教集团发出呼吁，都攻击外国人在其社会中的影响，而且两者的极端主义分子都参与了恐怖主义和暴力活动。在大多数情况下，伊斯兰政党和欧洲民族主义政党在地方选举中往往都取得比全国大选更好的结果。穆斯林国家和欧洲国家的权势集团对这些事态发展作出了类似的反应。在穆斯林国家，正如我们已经看到的，政府的取向、象征、政策和实践普遍变得更伊斯兰化。欧洲的主流政党则采用了右翼的、反移民政党的辞藻，并推行它们的措施。在民主政治有效发挥作用，而且存在着另外两个或两个以上的可供选择的政党的地方，伊斯兰主义政党或民族主义政党的选票可望达到大约20%。只有当不存在可能代替执政党或执政联盟的政党时，反对党才能打破这个比率，正如阿尔及利亚、奥地利，以及在相当程度上意大利的情况那样。

20世纪90年代初，欧洲的政治领袖竞相对反移民情绪作出反应。在法国，希拉克于1990年宣布"必须完全停止移民"；内政部长帕斯卡于1993年提出"零移民"；密特朗、克拉松和德斯坦，以及其他主流政治家也都采取了反对移民的立场。移民是1993年议会选举中的一个主要问题，并明显地有助于保守政党的胜利。90年代初，法国政府改变了政策，使外国人子女入法国国籍、外国人家属移民、申请避难，以及阿尔及利亚人获得法国签证变得更为困难。非法移民被驱除出境，警察和其他负责移民问题的政府当局的权力得到了加强。

在德国，科尔和其他政治领导人也对移民问题表示了关切，政府最重要的举动是修订了德国宪法第16条（该条规定"为受到政治迫害的人"提供避难），并削减了寻求避难者的福利。1992年到德国避难的人数达43.8万人，而1994年只有12.7万人。1980年，英国大幅度地削减了允许移民入境的人数，每年控制在5万人左右，因而移民问题没有像在欧洲大陆那样引起严重的紧张情绪和反对。然而，1992—1994年，英国再次将批准避难人数从2万多人减至1万人以下。由于欧盟国家实现了边境开放，英国最为担心的就是非欧洲移民从大陆进入英国。在整个90年代中期，所有欧洲国家都愈益坚决地将移民人数减少到最低限度，如果不是完全禁止非欧洲移民的话。

在美国，移民问题成为一个紧要的问题稍晚于欧洲，且未引起那样紧张的情绪。美国从来就是一个移民的国家，并自认为如此，它在历史上曾发展了同化新移民的非常成功的手段。此外，在20世纪80和90年代，美国的失业问题远不及欧洲国家严重，害怕失业不是形成对待移民态度的一个决定因素。美国的移民来源也比欧洲更为多样化，所以担心被一个单一的外国群体所湮没的恐惧亦没有那样遍及全国，尽管在一些特定地区也存在着类似的情况。两个最大的移民群体与美国的文化差距也不似欧洲的那样大：墨西哥人信奉天主教，讲西班牙语；而菲律宾人信奉天主教，讲英语。

尽管存在着上述因素，在 1965 年允许大量增加亚洲和拉丁美洲移民的法案通过后的四分之一世纪里，美国的公众舆论发生了决定性的变化。1965 年，希望减少移民的人只占美国人口的 33%；1977 年占 42%；1986 年占 49%；在 1990 年和 1993 年占 61%。90 年代的民意测验持续表明 60%或以上的美国公众赞同减少移民人数。[注27]尽管对经济的关切和经济状况影响了公众对移民的态度，但不论经济状况好坏，反对移民的人数都在持续增长，这说明了文化、犯罪和生活方式是使公众改变观点的更为重要的原因。一位评论家在 1994 年说道："很多美国人，也许是大多数美国人，仍然将他们的国家视为欧洲人定居的国家，因为他们继承了英国的法律，语言是（并将继续是）英语，他们的体制和公共建筑从西方的古典形式中获得了启发，他们的宗教具有犹太教—基督教本源，他们的伟大源于新教的伦理原则。"在被抽样调查的人中，有 55%的人认为移民是对美国文化的威胁，便反映了这些担忧。欧洲人认为移民威胁来自穆斯林或阿拉伯国家，美国人则认为他们的威胁来自拉丁美洲和亚洲，但主要还是来自墨西哥。在 1990 年的抽样调查中，当被问及美国来自哪个国家的移民太多时，认为是墨西哥的人常常是其他人的两倍，其次是古巴、东方（没有特指）、南美洲和拉丁美洲（没有特指）、日本、越南、中国和韩国。[注28]

20 世纪 90 年代初，美国公众反对移民情绪的日益高涨引起了类似在欧洲发生的政治反应。鉴于美国政治制度的性质，右翼政党和反移民的政党虽未赢得选票，但反对移民的国际法专家和利益集团却越来越多，越来越活跃而且畅言无忌。人们的不满主要集中在 350 万—400 万非法移民上，对此政治家们作出了反应。如同在欧洲一样，反应最强烈的是承担移民大部分费用的州和地方政府一级。结果，佛罗里达州 1994 年向联邦政府提出每年 8.84 亿美元的拨款要求，以支付由非法移民引起的教育、福利、执法以及其他开支，此后又有 6 个州提出同样的要求。加利福尼亚州的移民无论在绝对人数还是比例上都居首位。该州州长彼得·威尔逊极力主张不允许非法移民子女享受公共教育，拒绝给予非法移民在美国出生的子女公民权，停止由州为非法移民支付紧急医疗费用，从而赢得了广泛的支持。1994 年 10 月，加利福尼亚州以压倒多数通过了 187 号公民提案，拒绝给予非法移民及其子女医疗、教育和福利待遇。

同样是在1994年，克林顿政府改变了其早期的立场，开始对移民实行严格控制：严格了政治避难管理制度，扩大了移民局，加强了边境巡逻，并沿墨西哥边界修筑了障碍物。1990年由国会授权的移民改革委员会于1995年建议将每年的合法移民人数从80万减至55万，给予现有公民和居民的幼年子女、配偶而不是其他亲属以优先权，这一规定“激怒了亚裔和拉美裔美国家庭”。[注29] 1995年至1996年，包括许多委员会的建议和其他严格限制移民措施的立法进入了国会立法程序。至90年代中期，移民已成为美国的一个重大政治问题。1996年，帕特里克·布坎南在总统竞选中将反对移民作为其主要政纲。美国紧随欧洲之后大幅度地削减了非西方人的入境数量。

欧洲或美国能够制止移民潮吗？法国曾陷入人口悲观论的严重困境，从20世纪70年代让·拉斯帕伊枯燥的小说，90年代让·克洛德·谢耐所作的学术分析，至皮埃尔·勒鲁什在其评论中所作的总结：“历史、亲缘关系和贫困使法国和欧洲注定要挤满来自南方不成功国家的人民。欧洲过去是白人的和犹太教—基督教的欧洲，将来却不是。”*[注30]但是未来并非不可改变，任何事物都不是永久的。问题并不在于欧洲是否伊斯兰化，或者美国是否拉美化，而在于欧洲和美国是否会成为分裂的社会，拥有来自两种不同文明的两个截然不同的、在很大程度上相互分离的社会。这将取决于移民的数量和他们融入在欧洲和美国占优势的现有西方文化的程度。

总的说来，欧洲社会并不愿同化移民，这样做亦存在极大的困难，而且穆斯林移民和他们的子女愿意被同化的程度也不得而知。因此，持续的大量移民很可能使国家分裂成基督教和穆斯林两个群体。这个结果是可以避免的，只要欧洲国家的政府和人民愿意承受限制移民的代价，包括反移民措施的直接财政支出、使现存移民社区进一步疏远的社会代价，以及由于劳动力短缺和低出生率造成的潜

---

* 拉斯帕伊所著《圣贤营》一书1973年首次出版（巴黎：罗伯特·拉夫兰特版）。在法国对移民问题的关切日增之际，又于1985年发行了新版本。1994年，当马修·康奈利和保罗·肯尼迪在《大西洋月刊》第274期（1994年12月）上发表的题为《一定是非西方反对西方吗?》的文章加强了美国人对移民问题的关注时，这部小说也极大地吸引了美国人的注意力。拉斯帕伊为1985年法文版所写的序言后又在《社会交往》第4期（1993－1994年冬季号，第115—117页）上用英文发表。——原书脚注

在的长期经济代价。

然而，穆斯林人口入侵的问题可能会减轻，因为北非和中东社会的人口增长率会达到顶峰并开始下降，正像在一些国家已经出现的那样。[注31]就刺激移民的人口压力而言，至2025年，穆斯林移民可能会大大减少。不过撒哈拉以南非洲的情况并非如此，如果其经济得到发展并促进了西非和中非的社会流动，那么对移民的刺激和进行移民的能力也将增强，于是欧洲“伊斯兰化”威胁就将为“非洲化”威胁所取代。这种威胁会在何等程度上实现，也将极大地取决于非洲人口因艾滋病和其他疾病而减少的程度，以及南非从非洲其他国家吸引移民的能力。

穆斯林给欧洲造成了直接的问题，墨西哥人则给美国造成了问题。假设当前的趋势和政策继续下去，美国的人口构成将如表8.2所显示的那样发生巨大的变化，在21世纪上半叶将拥有大约50％的白人和25％的拉美裔人。如同在欧洲一样，美国移民政策的变化和反移民措施的有效实施可能改变这些预测，但即便如此，中心问题将仍然是拉美裔人在多大程度上能像以前的移民群体一样被美国社会所同化。第二和第三代拉美裔移民面临着被同化的广泛刺激和压力。另一方面，墨西哥与其他移民有着潜在的重要不同。首先，来自欧洲或者亚洲的移民需要漂洋过海，墨西哥人却只需步行穿过边界或者渡过一条河。交通和通信的日益便利更使得他们能够与家乡保持紧密的联系并仍然认同于家乡的社会群体。第二，墨西哥移民集中在美国的西南部，构成了自尤卡坦至科罗拉多连成一片的墨西哥社会。第三，有证据显示，墨西哥移民对同化的抵制要比其他移民群体更为强烈，他们倾向于保持自己的墨西哥认同，正如1994年加利福尼亚州围绕着187号公民提案的斗争所明确显示的那样。第四，墨西哥移民定居的地区是19世纪中叶在美国打败墨西哥后为美国所吞并的。墨西哥的经济发展几乎必然地会激起墨西哥人的复仇主义情绪。到一定时候，美国19世纪军事扩张的结果可能会受到21世纪墨西哥人口扩张的威胁，并为它所改变。

文明之间均势的变化使得西方在武器扩散、人权、移民和其他问题上实现其目标变得越来越困难。在这一形势下，西方若想尽量减少损失，就必须在与其他社会打交道时巧妙地将其经济资源作为胡萝卜和大棒来应用，同时促进西方联盟，协调其政策，以便使其他社会挑动一个西方国家反对另一个西方国家的手段难以实现，并促进和利用非西方国家之间的差别。西方推行这些战略的能力，一方面取决于它与挑战者文明之间冲突的性质和强度；另一方面，取决于它们认同于摇摆文明的程度和与之发展共同利益的程度。

表 8.2 按种族和民族计算的美国人口（%）

	1995	2020（预测）	2050（预测）
非拉丁美洲白人	74	64	53
拉丁美洲裔人	10	16	25
黑人	12	13	14
亚洲人和太平洋岛屿人	3	6	8
美国印第安人和阿拉斯加土著人	＜1	＜1	1
总数（万）	26300	32300	39400

资料来源：美国人口调查局：《美国人口按年龄、性别、种族及拉丁美洲裔区分的预测：1995—2050年》（华盛顿：美国政府出版署，1996 年），第 12—13 页。

第九章

多文明的全球政治

核心国家与断层线冲突

文明是终极的人类部落，文明的冲突则是世界范围内的部落冲突。在正在显现的世界中，属于两个不同文明的国家和集团为了对抗来自第三个文明的实体或者为了其他的共同目标，可能形成有限的、临时的、策略上的联系和联盟，以推进它们的利益。然而，不同文明集团之间的关系几乎从来就不是紧密的，它们通常是冷淡的并且常常是充满敌意的。不同文明国家之间从历史上继承的联系，例如冷战时期的军事联盟，可能减弱或消失。建立紧密的文明间“伙伴关系”的愿望，如俄罗斯和美国领导人曾经明确表达的那种愿望，是不会实现的。正在形成的文明间的关系通常有从淡漠疏远到暴力对抗之不同，大多数则可能是处于两者之间。在很多情况下。它们可能接近鲍里斯·叶利钦所警告的：俄罗斯和西方未来的关系可能出现“冷和平”。其他文明间的关系可能接近一种“冷战”状态。13 世纪的西班牙人在形容他们与地中海区域穆斯林的“不安宁共处”状态时，创造出 la guerra fria（即“冷战”）一词。20 世纪 90 年代，许多人看到，在伊斯兰和西方之间又在形成一种“文明冷战”。(注1) 在各种文明组成的世界里，这种关系并不是唯一的关系。冷和平、冷战、贸易战、准战争、不稳定的和平、困难的关系、紧张的，对抗、竞争共存、军备竞赛，所有这些说法，或许最恰当地描述了不同文明实体之间的关系。信任和友谊将是罕见的。

文明间的冲突有两种形式。在地区或微观层面上，断层线冲突发生在属于不同文明的邻近国家之间、一个国家中属于不同文明的集团之间，或者想在残骸之上建立起新国家的集团之间，如在苏联和南斯拉夫那样。断层线冲突在穆斯林和非穆斯林国家或集团之间特别普遍，本书第十章和第十一章中将探讨这些冲突的原因、性质和动力。在全球或宏观层面上，核心国家的冲突发生在不同文明的主要国家之间。这些冲突中的问题是国际政治的典型问题，包括：

1. 对全球发展的相对影响力，以及对诸如联合国、国际货币基金组织和世界银行等全球性国际组织行动的影响力；

2. 相对军事实力，体现在核不扩散、军备控制和军备竞赛中；

3. 经济实力和福利，体现在贸易、投资和其他争端中；

4. 人民，包括一个文明的国家为保护其生活在另一文明中的亲族所作的努力，歧视另一文明的人民，或者将属于另一文明的人民赶出自己的领土；

5. 价值观念和文化冲突，当一个国家试图推行自己的价值观或将其强加给另一文明的国家时展开的冲突；

6. 偶然还有领土问题，在断层线冲突中，核心国家成为第一层次的参与者。

当然，上述问题在整个历史中都是人类之间冲突的根源。在其中，当属于不同文明的国家卷入冲突时，文化差异就会加剧冲突。在相互竞争中，各核心国家会团结本文明的同伴，争取属于第三种文明的国家的支持，促进对立文明的国家的分裂和背叛，恰当地综合利用外交、政治、经济手段，以及秘密行动、宣传诱导和强制，来达到自己的目的。然而，核心国家不大可能相互直接使用武力，除非在诸如中东和南亚次大陆的情况下，各核心国家在文明断层线上相互毗邻。否则，核心国家之间的战争只可能在这两种情况下发生：第一，地区集团间的断层线冲突不断升级，包括核心国家在内的亲缘集团集结起来支持参战者。然而，这一可能性会强有力地促使对立文明的核心国家设法遏制和解决断层线冲突。

第二，文明间全球均势的变化可能导致核心国家的战争。正如修昔底德所指出的，在希腊文明中，雅典力量的增强导致了伯罗奔尼撒战争。同样，西方的文明史是一部兴起和衰落的国家之间的“霸权战争”史。相同因素助长不同文明中正在兴起和衰落的核心国家间冲突的程度，部分地取决于属于该文明的国家是以均势还是以搭车的办法来适应一个新的力量的兴起。搭车可能更是亚洲文明的特点，但中国的崛起可能引起其他文明的国家，诸如美国、印度和俄罗斯，采取均势行动。在西方历史中，英国和美国之间没有发生过霸权战争，从英国强权下的世界和平到美国强权下的世界和平的和平转移大概归功于两个社会紧密的文化亲缘关系。在西方和中国之间缺少这种亲缘关系的权力转移中，武装冲突并非一定会发生，但可能性会较大。伊斯兰的推动力，是造成许多相对较小的断层线战争的原因；中国的崛起则是核心国家大规模文明间战争的潜在根源。

伊斯兰与西方

一些西方人，包括比尔·克林顿总统在内，认为西方只是与伊斯兰极端主义暴力分子之间存在问题，而不是与伊斯兰世界之间存在问题。但是1400年的历史却提出了相反的证明。伊斯兰教和基督教（不论是东正教，还是天主教和新教）的关系经常充满风暴，彼此将对方视为外人。自由民主主义和马克思列宁主义在20世纪的冲突，与伊斯兰教和基督教之间持续的、深刻的冲突关系相比较，不过是一种短暂和表面的历史现象。有时，和平共处占上风；但在更多情况下，它们的关系是一种激烈竞争的、发生不同程度热战的关系。约翰·埃斯波西托评论道："历史的变化常常使这两个群体处于竞争之中，有时陷于争夺权力、土地和灵魂的殊死搏斗之中。"[注2]多少世纪来，两个宗教的命运在一波接一波时而停息、时而高涨、时而反冲过来的浪潮中沉浮。

从7世纪初到8世纪中叶，阿拉伯—伊斯兰教通过最初的向外扩张，在北非、伊比利亚半岛、中东、波斯和北印度建立了穆斯林的统治。伊斯兰教和基督教的分界线稳定了两个世纪左右。至11世纪末，基督教恢复了对地中海西部地区的控制，征服了西西里，占领了托莱多。1095年，基督教世界发起了十字军东征。在此后的一个半世纪里，基督教徒试图在圣地和近东的毗邻地区建立起基督教的统治，但后来却节节败退，并于1291年失去了他们在那里的最后落脚点阿卡城*。与此同时，奥斯曼土耳其人出现在历史舞台上。他们首先削弱了拜占庭，然后征服了巴尔干和北非的大部分地区，并于1453年占领了君士坦丁堡，1529年包围了维也纳。伯纳德·刘易斯说道："在将近一千年的时间里，从摩尔人首次在西班牙登陆到土耳其人第二次围攻维也纳，欧洲不断处于伊斯兰威胁之中。"[注3]伊斯兰文明是唯一使西方的存在受到过威胁的文明，而且这种情况至少发生过两次。

---

* 阿卡城（Acre）是地中海西岸的一个港市。在现今以色列西北部。——编者注

然而到15世纪，潮流开始转向。基督教徒逐步地收复了伊比利亚，于1492年在格拉纳达最后完成了这项使命。与此同时，欧洲航海技术的革新使得葡萄牙人和其他人先后绕过了穆斯林的中心地带，深入到印度洋和以远地区。也正是在这个时候，俄罗斯人结束了鞑靼人持续了两个世纪的统治。接着，奥斯曼人作出了最后的努力，于1683年再次包围了维也纳。他们在那里的失败标志着一个长时间退却的开端，包括巴尔干东正教徒摆脱奥斯曼统治的斗争、哈布斯堡帝国的扩张，以及俄罗斯人向黑海和高加索的急剧推进。在一个世纪左右的时间里，“带来灾难的基督教徒”变成了“欧洲病夫”。[注4] 第一次世界大战结束之时，英国、法国和意大利发动了致命的攻击，在奥斯曼帝国残存的土地上建立起了直接和间接的统治，只有土耳其共和国除外。至1920年，只有四个穆斯林国家——土耳其、沙特阿拉伯、伊朗和阿富汗——保持了独立而未受到非穆斯林统治。

西方殖民主义的退却缓慢地始于20世纪20年代和30年代，在第二次世界大战之后急剧加速。苏联的瓦解使更多的穆斯林社会获得了独立。根据一项统计，在1757－1919年间，大约有92个穆斯林地区由非穆斯林政府统治；到1995年，在这些地区中有69个恢复了穆斯林的统治，穆斯林人口在其中45个独立国家中占绝对多数。1820－1929年间，50％涉及不同宗教的国家间战争是在穆斯林和基督教徒之间进行的，这一事实说明了这些变化中的关系的冲突性质。[注5]

造成这一发展中的冲突模式的原因，不在于诸如12世纪的基督教狂热和20世纪的穆斯林原教旨主义这些暂时的现象，而在于这两种宗教的本性和基于其上的文明。一方面，冲突是差异的产物，特别是穆斯林的伊斯兰教观念作为一种生活方式超越并结合了宗教和政治，而西方基督教则持有政教分离的观念。然而，冲突也产生于它们的相似性。这两种宗教都是一神教，与多神教不同，它们不容易接受其他的神；它们都用二元的、非我即彼的眼光看待世界；它们又都是普世主义的，声称自己是全人类都应追随的唯一真正信仰；它们都是负有使命感的宗教，认为其教徒有义务说服非教徒皈依这唯一的真正信仰。自创始起，伊斯兰教就依靠征服进行扩张，只要有机会，基督教也是如此行事。“圣战”和“十字军东征”这两个类似的概念不仅令它们彼此相像，而且将这两种信仰与世界其他主要宗教区别开来。伊斯兰教、基督教和犹太教还持有一种目的论的历史观，与其他文明普遍持有的轮转或静态观完全不同。

伊斯兰教和基督教之间暴力冲突的程度在历史上受到了人口增减、经济发展、技术变化和宗教义务强度的影响。伴随着7世纪伊斯兰教的传播，阿拉伯人向拜占庭和萨桑帝国大规模迁移，其规模和速度是前所未有的。几个世纪后的十字军东征在很大程度上是11世纪欧洲经济增长、人口扩张和“克吕尼复兴”*的结果，这一切使得动员大批骑士和农民向圣地进军成为可能。当第一次东征的十字军到达君士坦丁堡时，一位拜占庭人写道：就好像“整个西方，包括生活在亚得里亚海以远直至海格力斯灯塔的所有野蛮人部落都开始了大规模迁移，他们踏上远征之路，带着所有的一切挺进到了亚洲”。[注6] 19世纪的人口剧增再次使欧洲出现了人口爆炸，导致了历史上最大规模的人口迁移，移民涌入了穆斯林地区和世界其他地区。

一些类似的因素结合在一起加剧了20世纪末伊斯兰教和西方之间的冲突。首先，穆斯林人口的增长造成了大量的失业，使得新近投身伊斯兰事业的年轻人大为不满，给邻近的社会造成了压力，并导致了向西方的移民。其次，当伊斯兰复兴运动使穆斯林将其文明和价值观与西方相比较之时，对它们的独特性与重要性重新建立了信心。第三，西方同时向全世界推广其价值观和体制、维持军事和经济优势的努力，以及对穆斯林世界内部冲突进行的干预，引起了穆斯林强烈的不满。第四，共产主义的崩溃消除了西方人和穆斯林的共同敌人，使它们彼此将对方视为主要威胁。第五，穆斯林与西方人之间的接触和混居日益扩大，激发了他们各自的新的认同感，并认识到他们的认同有何不同，对各自的民族特性以及不同于他人之处有了新的认识。两者的相互作用和混居还加剧了在这一问题上的分歧，即：一个文明的成员在由另一个文明成员所控制的国家中的权利问题。20世纪80年代和90年代，穆斯林和基督教社会的相互容忍程度都急剧下降。

伊斯兰和西方之间冲突再起的原因，在于权力和文化的根本的问题。谁统治谁？谁是统治者？谁被统治？列宁所界定的这一政治中心问题，是造成伊斯兰和西方较量的根源。然而，还存在着列宁或许会认为毫无意义的另一种冲突，即：由是与非的分歧而导致的孰是孰非的冲突。只要伊斯兰仍是伊斯兰（它肯定是），西方仍是西方（这一点存在较多的疑问），这两个伟大文明和生活方式之间的根本冲突在未来将继续决定它们之间的关系，甚至像在过去的1400年中一直决定着那样。

---

* 10至11世纪天主教会内部的一次僧侣运动，主张教皇有权废黜君主。——编者注

两者在大量实质性问题上的立场分歧或冲突，进一步激化了它们的关系。历史上的一个重大问题是对领土的控制，但是这个问题现在已相对不重要了。20世纪90年代中期，在穆斯林和非穆斯林之间发生的28次断层线冲突中，有19次发生在穆斯林与基督教徒之间；其中与东正教徒的冲突为11次，与非洲及东南亚国家的西方基督教信徒之间的冲突为7次。在这些暴力或者潜在的暴力冲突之中，只有一次是直接沿着西方和伊斯兰之间的断层线发生的，即克罗地亚和波斯尼亚之间的冲突。西方领土帝国主义的实际终结和穆斯林的领土扩张迄今为止尚未重新开始，这造成了一个地理上的隔离带，使西方和穆斯林群体仅在巴尔干的少数地区直接接壤。因此，西方和穆斯林之间的冲突将更多地集中于广泛的文明间问题，诸如武器扩散、人权和民主、石油控制、移民、伊斯兰恐怖主义和西方干涉等，而不是领土问题。

冷战之后，这两个群体的成员都广泛地认识到这一历史性对抗正在日益加剧。例如，1991年巴里·布赞看到了社会冷战正在“西方和伊斯兰之间”形成的众多原因，并指出，“在其中，欧洲可能处于前线”。

> 这一事态发展部分是由于延续了几个世纪的世俗价值观与宗教价值观的对抗，部分是由于基督教和伊斯兰教在历史上的敌对；部分是由于对西方力量的嫉妒；部分是由于对西方主导后殖民主义时代中东政治建构的仇恨；还部分地由于，在把伊斯兰文明和西方文明过去二百年间取得的成就作令人反感的比较时，所感到的痛苦和屈辱。

此外，他还指出：“在欧洲联合进程的关键时刻，与伊斯兰的社会冷战，有助于加强欧洲的全面认同。”因此，“西方应当拥有一个坚实的共同体，它不仅能够支持与伊斯兰的社会冷战，而且还能够对其采取鼓励政策。”1990年，西方有重要影响的伊斯兰学者伯纳德·刘易斯分析了“穆斯林愤怒的根源”，并作出了这样的结论：

> 现在应当清楚的是，我们正面临着一种情绪和一个运动，它们远远超出了问题和政策，以及推行它们的政府的层面。除了文明的冲突，它不会是别的——它或许是不理智的，然而却肯定是一个古老对手对我们的犹太教—基督教传统、我们世俗的现在，以及这两者在世界范围的扩张所作出的具有历史意义的反应。[注7]

在伊斯兰社会群体中也产生了类似的看法。一位很有影响的埃及记者穆罕默德·锡德—艾哈迈德 1994 年说道："明确无误的迹象表明，犹太教—基督教的西方伦理和伊斯兰复兴运动之间的冲突正在加剧，它正从西方的大西洋伸展到东方的中国。"一位杰出的印度穆斯林在 1992 年预言：西方"下一步面临的无疑是来自穆斯林世界的对抗。从马格里布到巴基斯坦，一场席卷伊斯兰国家的建立世界新秩序的斗争即将开始"。一位突尼斯著名律师则认为，这场斗争已经开始："殖民主义试图破坏伊斯兰的所有文化传统。我不是一个伊斯兰主义者。我认为不是在宗教之间，而是在文明之间存在着冲突。"(注8)

20 世纪 80 年代和 90 年代，伊斯兰国家的总的趋势是反西方的。这部分地是伊斯兰复兴运动，以及对所谓的"gharbzadegi"即西方毒化穆斯林社会作出反应的自然结果。"无论其具体的宗派形式是什么，再次确认伊斯兰教意味着摈弃欧洲和美国对当地社会、政治和道德的影响。"(注9)穆斯林领袖们过去的确告诉过他们的人民："我们必须西方化。"然而，如果他们是在 20 世纪最后四分之一的时间内讲这番话，一定会受到孤立。确实，我们难以找到任何一个赞扬西方价值观和体制的穆斯林，不论是政治家、官员、学者、商人还是记者。相反，他们会强调其文明与西方文明之间的差异，其文化优越性，抵制西方的猛烈进攻以保持其文化完整的必要性。穆斯林害怕和憎恨西方的力量及其对他们的社会和信仰构成的威胁。他们认为西方文化是物质主义的、腐败的、颓废的和不道德的。他们也认为西方文化具有诱惑力，因而强调抵制西方文化对其生活方式的影响。穆斯林攻击西方的，不再是信仰有缺陷的、错误的宗教——至少还算是"书本上的宗教"，而是越来越激烈地攻击西方根本不信仰任何宗教。在穆斯林眼中，西方是世俗主义的和无宗教信仰的，因而也是不道德的，与产生这些现象的西方基督教相比这些是更大的罪恶。冷战期间，西方将其对手视为"不信神的共产主义"；在冷战后的文明冲突中，穆斯林则将对手视为"不信神的西方"。

认为西方骄傲自大、物质主义、压制他人、残忍、颓废的，不仅有原教旨主义的伊玛目们，还有被西方很多人视为天然盟友和支持者的人。穆斯林作者在 20 世纪 90 年代出版的著作中，没有哪部像法蒂玛·默尼斯所著的《伊斯兰教与民主》那样在西方受到过如此的赞扬。西方人普遍称赞该书是一个现代自由穆斯林女性的勇敢言论。(注10)然而，在这部书中，西方的形象并未得到恭维，她指出：西方是"军国主义的"和"帝国主义的"，而且通过"殖民恐怖"伤害了其他国家（第 3、9 页）。作为西方文化标志的个人主义是"万恶之源"（第 8 页）。西方的力量是可怕的。只有“西方才能够决定卫星是用来教育阿拉伯人，还是用来向他们投放炸弹……西方摧残我们的潜力，用它的产品和充斥所有频道的电视剧和电影干扰我们的生活……（它）是摧残我们，抢占我们的市场，控制我们的宝贵资源、首创性和潜力的力量。这是我们对形势的看法，海湾战争则证实了我们的感觉”（第146、147页）。西方“通过军事科研构建自己的力量，然后把研究成果卖给不发达国家”，这些国家是“被动的消费者”。为了使自己摆脱这种依附地位，伊斯兰必须培养自己的工程和科技人员，生产自己的武器（她没有指明是核武器还是常规武器），“摆脱对西方的军事依赖”（第43、44页）。再重复一遍，这些并不是一个留着长胡子、穿着长袍的阿亚图拉的看法。

不论政治或宗教观点如何，穆斯林一致认为在他们的文化和西方文化之间存在着根本的差异。正如赛伊克·盖努希所说的：“根本问题在于我们的社会是建立在与西方不同的价值观念之上的。”一位埃及政府官员说：美国人“来到这里，希望我们变得与他们一样。他们对我们的价值观念和文化一无所知”。一个埃及记者也持这样的看法：“（我们）是不同的，我们有不同的背景、不同的历史。因此，我们有权利有不同的未来。”不论是流行刊物，还是严肃的穆斯林学术出版物都反复描述所谓的西方阴谋，以及西方支配、羞辱和颠覆伊斯兰体制和文化的企图。(注11)

反对西方的反应，不仅可从伊斯兰复兴运动智囊人物的攻击中，而且可从穆斯林国家政府对西方态度的变化中看出。后殖民时期初始，穆斯林国家政府的政治、经济思想体系和政策一般是西方式的，其对外政策是亲西方的，只有阿尔及利亚和印度尼西亚几个例外，因为它们的独立是民族主义革命的结果。然而，伊拉克、利比亚、也门、叙利亚、伊朗、苏丹、黎巴嫩和阿富汗的亲西方政府，一个接一个地被较少认同西方或者明确反对西方的政府所取代。其他国家的取向和结盟关系也在朝这一方向发展，但变化没有如此剧烈，这些国家包括突尼斯、印度尼西亚和马来西亚。美国在冷战中的两个最坚定的军事盟友——土耳其和巴基斯坦，在国内受到了来自伊斯兰主义的政治压力，它们与西方的关系经受着日益增大的压力。

在穆斯林国家中，1995年时比10年前明显地更亲西方的国家唯有科威特。西方在穆斯林世界的亲密朋友，不是像科威特、沙特阿拉伯以及海湾酋长国那样在军事上依赖西方，便是像埃及和阿尔及利亚那样在经济上依赖西方。20世纪

80年代末，当苏联很明显已不再可能或者不愿意向东欧提供经济和军事支持时，东欧的共产党政权纷纷垮台。如果西方明显地不再可能维持其穆斯林卫星国政权，那么它们很可能遭到同样的命运。

在穆斯林反西方情绪增长的同时，西方对“伊斯兰威胁”的关切也在增强，特别是担心穆斯林极端主义造成的威胁。伊斯兰被视为核扩散和恐怖主义的一个根源，而且在欧洲被视为不受欢迎的移民的来源。这些是公众和领导人共同的关切。例如，在1994年11月的一次抽样调查中，当被问到“伊斯兰复兴”是否对美国在中东的利益构成了威胁之时，在35000个对外交政策感兴趣的美国公众中，有60%的人回答“是”，只有28%的人回答“不是”。在一年以前的随意抽样调查中，当被问及哪个国家对美国来说最危险时，在答案中名列前三位的是伊朗、中国和伊拉克。同样，在1994年所作的一项调查中，当要求确认什么是对美国的“重大威胁”时，72%的公众和61%的对外政策领导人认为是核扩散，69%的公众和33%的领导人认为是国际恐怖主义——这两个问题与伊斯兰都有着广泛的联系。此外，33%的公众和39%的领导人认为是有可能扩张的伊斯兰原教旨主义。欧洲人的态度也大体如此。例如，在1991年春，51%的法国公众认为对法国的主要威胁来自南方，只有8%的公众认为来自东方。法国公众最担心的4个国家都是穆斯林国家：伊拉克52%；伊朗35%；利比亚26%；阿尔及利亚22%。(注12)西方的政治领袖，包括德国总理和法国总理也表示了同样的关切。北约秘书长于1995年宣称，伊斯兰原教旨主义对西方来说“至少像以前的共产主义一样危险”，克林顿政府的一位“资深官员”则指出，伊斯兰是西方在全球的对手。(注13)

在来自东方的军事威胁实际上消失之后，北约的计划便日益针对来自南方的潜在威胁。一位美国军事分析家1992年说：“南方的防线”正在取代中央防线，“而且很快会成为北约的新前线”。为了对付来自南方的威胁，北约的南方成员国——意大利、法国、西班牙和葡萄牙——开始了联合军事计划和军事演习，同时向马格里布各国政府请教对付伊斯兰极端分子的办法。这些假想的威胁也为大量美军在欧洲的继续存在提供了理由。美国的一位前高级官员说：“尽管美国在欧洲的部队不是解决原教旨主义的伊斯兰所造成问题的灵丹妙药，但是这些部队确实对这一整个地区的军事计划产生了巨大的影响。还记得1990年至1991年美国和来自欧洲的法、英部队在海湾战争中的成功部署吗？海湾地区的人都记得。”[注14]他或许还应加上一句，他们带着恐惧、愤怒和仇恨记得这一切。

鉴于穆斯林和西方相互的普遍看法，以及伊斯兰极端主义的兴起，伊斯兰和西方在1979年伊朗革命之后展开文明间的准战争便不足为怪了。称其为准战争有三个原因。首先，它不是整个伊斯兰与整个西方争斗，而是两个原教旨主义国家（伊朗、苏丹），三个非原教旨主义国家（伊拉克、利比亚、叙利亚）和各类伊斯兰主义组织，在沙特阿拉伯等其他穆斯林国家的财政支持下，与美国，有时还与英国、法国、其他西方国家和集团，以及与以色列和一般犹太人之间的争斗。第二，称其为准战争，是因为除1990－1991年的海湾战争外，它们之间的争斗是靠有限的手段进行的：一方采取恐怖主义，另一方采取空中打击、秘密行动和经济制裁。第三，暴力冲突虽在继续，但并非是连续不断的，它包括一方引起另一方反应的断断续续的行动。然而，准战争仍然是战争。即使不将1991年1－2月在西方轰炸中丧生的成千上万的士兵和平民计算在内，伤亡人数也达到了数千人，而且在1979年之后实际上每年都有伤亡。在准战争中死亡的西方人比在海湾的“真正”的战争中死亡的人数还要多。

此外，双方实际上都将这种冲突视为战争。霍梅尼早先曾非常准确地说过：“伊朗实际上是在与美国打仗。”[注15]卡扎菲则定期宣布对西方进行圣战。其他极端主义组织和国家的穆斯林领袖也持同一腔调。在西方阵营，美国将7个国家列为“恐怖主义国家”，其中有5个是穆斯林国家（伊朗、伊拉克、叙利亚、利比亚、苏丹），另外2个是古巴和朝鲜。这等于将它们视为敌人，因为这些国家正在用它们所能支配的最有效的武器攻击美国及其盟国，因而这也就是承认与这些国家处于战争状态。美国官员反复指责这些国家“违法”“反动”“无赖”——从而将其置于文明的国际秩序之外，使其成为多边或双边对抗措施的合法目标。美国政府指责世界贸易中心爆炸案的制造者企图“对美国发动一场城市恐怖主义战争”，指责计划在曼哈顿进一步制造爆炸案的密谋者是“卷入一场反对美国的战争”的“战士”。如果穆斯林宣称西方对伊斯兰开战，如果西方人宣称伊斯兰集团对西方开战，那么就似乎有理由认为某种非常类似于战争的活动正在进行。

在这场准战争中，双方都在利用自己的实力和对方的弱点。从军事角度看，它在很大程度上是一场恐怖主义对空军的战争。奋勇的伊斯兰斗士利用西方的开放社会，向所选择的目标放置汽车炸弹；西方的职业军人则利用伊斯兰国家的开放天空，向所选择的目标投放高精确度的炸弹。伊斯兰参战者阴谋暗杀杰出的西方领导人；美国则谋划推翻极端主义的伊斯兰政权。在1980－1995年的15年中，根据美国国防部的说法，美国在中东参与了17次军事行动，其目标全部是穆斯林。美国没有对任何属于其他文明的人采取过类似形式的军事行动。

除海湾战争外，双方迄今都将暴力程度控制在适当的低水平，以避免其暴力行动引起全面的战争。《经济学家》杂志评论说："如果利比亚命令它的一艘潜艇炸沉美国的客船，美国将视其为政府的战争行动，而不会要求引渡潜艇指挥员。原则上说，利比亚特工人员爆炸客机的行动也是如此。"(注16) 然而，这场战争的参与者相互使用的暴力手段，均超过了美国和苏联在冷战中相互直接使用的手段。除个别例外，冷战期间两个超级大国都不曾有目的地杀害对方的平民，甚至军事人员，但这种情况在准战争中屡屡发生。

美国领导人声称，卷入准战争的只是少数穆斯林，而且他们的暴力行动遭到了大多数持温和态度的穆斯林的反对。这可能是真实的，但是缺乏证据。在穆斯林国家从未发生过对反西方暴力行动的抗议。穆斯林国家的政府，甚至与西方友好、依赖西方并陷入了困境的政府，在谴责反西方的恐怖行动时也作了令人惊讶的保留。另一方面，欧洲国家政府和公众大多支持而极少批评美国对其穆斯林对手采取的行动，这与冷战时期他们时常竭力反对美国针对苏联和共产主义采取的行动形成了鲜明的对照。在文明冲突中，与意识形态的冲突不同，亲缘关系决定立场。

西方面临的根本问题不是伊斯兰原教旨主义，而是一个不同的文明——伊斯兰，它的人民坚信自身文化的优越性，并担心自己的力量处于劣势。伊斯兰面临的问题不是美国中央情报局和国防部，而是一个不同的文明——西方，它的人民确信自身文化的普遍性，而且确信，尽管他们的优势正在下降，但这一优势仍然使他们有义务把他们的文化扩展到全世界。这些是造成伊斯兰和西方冲突的根本因素。

亚洲：中国和美国

多文明的大杂烩。亚洲，特别是东亚的经济变化是20世纪后半叶世界上最重要的事态发展之一。至20世纪90年代，东亚经济的发展令很多人感到欣喜，他们认为东亚和整个环太平洋地区在持续扩大的商业网络中已经联系在一起，它将确保国家间的和平与协调。这种乐观态度是基于一种非常可疑的假设，即：商业来往从来都是维持和平的力量。但情况并非如此。经济增长改变了国家和地区间的均势，造成了国家内部和国家间的政治不稳定。经济交往可以使人们相互接触，但不能使他们达成协议。在历史上，它往往使各国人民更深地认识到他们之间的不同，令他们彼此害怕。国家之间的贸易不仅带来了好处，而且也造成了冲突。如果过去的经验靠得住，那么亚洲的经济成就将为其带来政治阴影，即不稳定和冲突。

亚洲的经济发展和亚洲社会日益增长的自信，至少从三个方面扰乱了国际政治。首先，经济发展使得亚洲国家能够增强其军事能力，给这些国家未来的关系带来不稳定性，使冷战中被抑制的问题和矛盾显现出来，从而增加在这一地区出现冲突和不稳定局面的可能性。第二，经济发展加深了亚洲社会和西方之间，主要是与美国之间的冲突的强度，并增强了亚洲社会在斗争中取胜的能力。第三，中国这个亚洲最大国家的经济增长会扩大其在该地区的影响，以及恢复其在东亚传统霸权的可能性，迫使其他国家要么“搭车”和适应这一发展，要么“用均势来平衡”和试图遏制中国的影响。

在过去西方占支配地位的几个世纪中，能够称为国际关系的不过是在西方主要国家间进行的西方游戏，在某种程度上另一些国家也加入其中，首先是俄罗斯于 18 世纪加入进来，后来是日本于 20 世纪加入进来。欧洲是大国冲突和合作的主要场所，即使在冷战期间，超级大国对抗的主要战线也是在欧洲的中心地带。冷战后的所谓国际关系也会有一个主要区域，那便是亚洲，尤其是东亚。亚洲是多种文明的大杂烩。仅东亚就包含属于六种文明的不同社会——日本文明、中华文明、东正教文明、佛教文明、穆斯林文明和西方文明——南亚还增加了印度教文明。四种文明的核心国家——日本、中国、俄罗斯和美国——是东亚舞台上的主角；南亚还要加上印度；印度尼西亚是一个正在兴起的穆斯林国家。此外，东亚还包括几个经济影响日益增强的中等国家和地区，如韩国、中国台湾、马来西亚和有巨大潜力的越南。上述因素造成了国际关系模式的高度复杂化，它在很多方面可与 18—19 世纪欧洲国家之间的关系相比，充满了标志着多极化形势的流动性和不确定性。

东亚多种力量、多种文明并存的特点使其不同于西欧，经济和政治差异又扩大了它们之间的差别。西欧所有的国家都有稳定的民主制，它们实行市场经济，经济发展处于高水平。20世纪90年代中期，东亚包含一个稳定的民主国家，几个新的不稳定的民主国家，以及世界上尚存的五个共产党国家中的四个，此外还有军人政府、个人专制和一党独裁制。东亚国家的经济发展水平，从日本和新加坡到越南和朝鲜各不相同。尽管东亚总的发展趋势是市场化和经济开放，但仍存在着各种各样的经济制度，既有朝鲜的指令性经济，有国家控制和私有企业并存的混合经济，也有香港地区的自由放任经济。

除了中国的霸权在历史上有时曾给该地区带来暂时的秩序外，在东亚从未存在过西欧有过的国际社会（按照英国人的概念）。[注17] 20世纪末，欧洲被高度密集的国际机构复合体联系在了一起，这些机构有：欧洲联盟、北约、西欧联盟、欧洲理事会、欧洲安全与合作组织等等。除了东南亚国家联盟外，东亚并没有类似的组织，而该联盟不包括任何主要国家，它一般避免涉及安全问题，而且刚刚开始向经济一体化的初始形式发展。20世纪90年代，出现了将大多数环太平洋国家纳入其中的、更为广泛的组织——亚洲太平洋经济合作组织，但它是一个比东盟更松散的论坛。此外便没有把亚洲主要国家联系在一起的其他重要多边机构了。

同样与西欧形成对照的是，在东亚国家中存在着许多孕育着冲突的种子。两个被广泛确认的危险点包括两个朝鲜和“两个中国”，它们均是冷战的遗产。然而，意识形态分歧的重要性正在下降，至1995年，“两个中国”之间的关系有了重大进展，两个朝鲜之间的关系也开始发展。朝鲜人打朝鲜人的可能性尽管存在，但是不大；中国人打中国人的可能性稍大，但也有限，除非台湾人放弃自己的中国身份，正式成立独立的“台湾共和国”。正如一份中国军方文件赞同地引用的一句俗语所说：“自家人不打自家人。”[注18]虽然在两个朝鲜或者“两个中国”之间发生暴力冲突仍然是可能的，但是它们之间的文化共性最终大概会消除这种可能性。

在东亚，反映了往日敌对关系和新经济关系的其他可能的冲突，补充和取代了冷战时期遗留下来的冲突。20世纪90年代初对东亚安全关系所作的分析，通常把东亚说成“危险的邻居”、“准备就绪的对手”、一个“进行着几场冷战”的地区，正“倒退着”走向充满战争和动荡的“未来”。[注19]与西欧不同，20世纪90年代的东亚有着未解决的领土争端，其中最重要的有俄罗斯和日本的北方岛屿争端；中国、越南和菲律宾，潜在的还有东南亚的其他国家，在南中国海问题上的争端。以中国为一方，以俄罗斯和印度为另一方的边境分歧在20世纪90年代中期有所缓解，但如果中国对蒙古提出主权要求，争端会再次出现。暴动和脱离主义运动在棉兰老岛、东帝汶、西藏、南泰国和缅甸都存在着，并且大多得到了外国的支持。此外，尽管20世纪90年代中期在东亚存在着国家间的和平，但是在此之前的50年间在朝鲜和越南发生了重大战争，而且亚洲的主要大国中国，曾经同美国人和它几乎所有的邻居，包括韩国人、越南人、国民党中国人和俄罗斯人打过仗。1993年，中国军方在一份分析报告中确认了八个威胁到中国军事安全的地区热点，中共中央军事委员会将东亚安全的形势总结为“非常严峻”。在经历了几个世纪的冲突之后，西欧获得了和平，战争已变得不可设想。但东亚的情况却不是如此，正如艾伦·弗里德伯格所指出的，欧洲的过去可能就是亚洲的未来。(注20)

经济的推动、领土争端、复活了的对抗以及政治动荡，促使东亚的军费预算和军事能力在20世纪80年代和90年代大幅度上升。利用新近获得的财富，以及在多数情况下受过良好教育的人口，东亚国家得以用规模较小但更专业化、技术更先进的军队取代了人数众多、装备落后的“农民”军队。由于对美国在东亚承担义务的范围日益担忧，各国的目标是在军事上依靠自己的力量。尽管东亚国家继续从欧洲、美国和苏联进口大量武器，但它们更倾向于进口技术以便使自己能够在国内生产先进飞机、导弹和电子设备。日本和中华文明范围内的一些国家及地区——中国大陆、中国台湾、新加坡和韩国——拥有日益先进的军事工业。鉴于东亚沿海的地理状况，它们将重点放在发展远距离投放兵力的能力和空军、海军能力上。结果是，以前不具备相互作战军事能力的国家，越来越能够这样做了。这些国家的军事建设透明度极低，因而造成了更多的猜疑和不确定性。(注21)在权力关系不断变化的形势下，各国政府都有必要并且有理由自问：“十年之后谁将是我的敌人，谁（如果有的话）将是我的朋友?”

亚洲－美国冷战。20世纪80年代末和90年代初，除越南外，美国和亚洲国家的关系越来越变为对抗性的，美国在这些争执中取胜的能力日益下降。这一倾向在东亚主要国家中体现得尤为明显，美国与中国、日本的关系都朝着这一方向发展。美国人为一方，中国人和日本人为另一方；都声称在他们之间进行着冷战。(注22)这些同时发展的趋势始于布什执政时期，在克林顿任内速度加快。至20

世纪90年代中期，美国与亚洲两个主要国家的关系，在最好的情况下也只能表述为“紧张”，而且似乎看不到变得更好的前景*。

20世纪90年代初，日美关系由于在许多问题上的争议而变得日益紧张，这些问题包括：日本在海湾战争中的作用、美国在日本的驻军、日本对美国针对中国和其他国家的人权政策的态度、日本参与维和行动，以及最重要的经济关系，特别是贸易问题。贸易战已成为平常的话题。(注23)美国官员，特别是克林顿政府的官员，要求日本作出越来越多的让步；日本官员则日益强硬地抵制这些要求。与以往的争端相比较，当前的每一个贸易争端都更尖锐，也更难以解决。如1994年3月，克林顿总统签署了一项使自己有权对日本实行更严厉的贸易制裁的命令，这一举动不仅遭到了日本的抗议，而且遭到了世界主要贸易组织关税及贸易总协定的负责人的反对。不久，日本作出了反应，对美国的政策进行了“恶毒的”攻击。此后，美国很快“正式谴责日本”在提供政府合同时歧视美国公司。1995年春，克林顿政府威胁要对日本的豪华轿车征收100%的关税，其后仅仅在制裁即将生效之前才达成了扭转这一局面的协议。在美日两国之间，显然发生了非常类似贸易战的行动。至90年代中期，相互的恶言恶语达到了顶点，致使日本政界要人开始对美国在日本的驻军提出质疑。

在这些年中，两国公众彼此都变得越来越不满。1985年，87%的美国公众表示他们对日本的态度总体上是友好的。1990年，这一数字下降到67%；至1993年，只有50%的美国人表示喜欢日本，几乎三分之二的人说他们尽可能少买日本产品。1985年，73%的日本人认为日美关系是友好的；1993年，64%的人认为日美关系是不友好的。1991年是公众舆论跳出冷战模式而变化的关键转

---

* 应当指出，关于国家间关系的表述，至少在美国存在着用词上的混乱。人们以为，关系“好”是指关系友好、合作，关系“坏”是指关系敌对、对抗。这种表述混淆了两个很不相同的方面：友好还是敌对；可取还是不可取。它反映出美国人特有的想法：在国际关系中，和谐总是好的，冲突总是坏的。然而，把关系好等同于关系友好，只有在冲突永远不可取时，才站得住。当布什政府为了科威特而向伊拉克开战，使关系变“坏”时，大多数美国人却认为这是“好”。为了避免“好”究竟是指可取还是指和谐，“坏”究竟是指不可取还是指敌对这一点上的混乱，我在本书中说“好”和“坏”，只是指可取和不可取而言。有趣而又令人不解的是，既然美国人赞成美国社会中不同意见、集团、党派、政府部门和企业之间的竞争，那么为什么美国人会认为自己社会中的冲突是好事，而不同社会之间的冲突却是坏事呢？这是一个很有趣的问题，就我所知，尚无人认真研究过。——原书脚注

折点。该年，两国在看待对方时都排除了苏联的因素。美国人第一次将日本排在苏联之前作为对美国安全构成威胁的国家，日本人也第一次将美国排在苏联之前作为对日本安全构成威胁的国家。(注24)

公众态度的变化与精英观念的变化是一致的。在美国，出现了一个由学术界、知识分子和政治修正主义者组成的重要集团，他们强调美日两国在文化和结构上存在着差异，美国在处理与日本的经济问题时需要采取更强硬的态度。日本在美国传播媒介、非小说文学出版物和流行小说中的形象变得越来越坏。在日本，情况也是如此。日本的新一代政治领导人，没有体验过美国在第二次世界大战中的力量和它在战后的善行，他们为日本的经济成就感到骄傲，非常愿意以前辈未曾使用过的方式来抵制美国的要求。日本的“抵制派”与美国的“修正派”是对等的，两个国家的候选人都发现，在影响日美关系的问题上提倡强硬路线能够得到选民的支持。

20 世纪 80 年代末和 90 年代初，美国与中国的关系变得越来越具对抗性。邓小平于 1991 年 9 月说，两个国家的冲突构成了“一场新的冷战”，这句话曾被中国新闻界反复引用。1995 年 8 月，政府新闻机构宣称：中美关系处于 1979 年两国建交以来的最低点。中国官员经常谴责所谓的美国对中国事物的干涉。1992 年，中国政府的一份内部文件说：“我们必须指出，美国自成为唯一的超级大国以来，为了建立新的霸权和强权政治，一直在到处插手，但是它的力量在相对削弱，因而力不从心。”江泽民主席于 1995 年 8 月说：“西方的敌对势力，一刻也没有放弃西化和‘分裂’我们国家的阴谋企图。”* 至 1995 年，据说在中国领导人和学者之间存在着一种广泛的看法：美国正企图“在领土上分裂中国，在政治上颠覆中国，在战略上遏制中国，在经济上挫败中国”。(注25)

所有这些指控都是有证据的。美国允许台湾的李登辉“总统”访问美国，向台湾出售了 150 架 F—16 战斗机，称西藏为“被占领的主权领土”，谴责中国侵犯人权，否决北京举办 2000 年奥运会，与越南关系正常化，指责中国向伊朗出售化学武器部件，因中国向巴基斯坦出售导弹装置而对中国进行贸易制裁，威胁在经济问题上对中国实行进一步制裁，同时阻止中国加入世界贸易组织。双方都

* 本书作者在此处及下文中所述中国领导人或中国文件的言论，绝大部分是摘自美国和港台报刊，我们的译文则是按此书原文转译，希读者明鉴。——编者注

指责对方不守信用：在美国人看来，中国违反了就导弹出口、知识产权和使用劳改犯达成的协议；在中国看来，美国允许李登辉“总统”访问美国，向台湾出售先进战斗机，是违反了中美协议。

在中国，对美国持对抗观点的最重要的集团是军人。很明显，他们经常向政府施加压力，要求政府对美国采取强硬立场。1993 年 6 月，据说有 100 位中国将军联名给邓小平写信，抱怨政府对美国采取“被动”的政策，未能抵制美国“讹诈”中国的行为。同年秋天，一份中国政府的绝密文件概括了军方对抗美国的理由：“由于存在中国和美国长期以来因意识形态、社会制度和对外政策的不同而导致的冲突，根本改善中美关系是不可能的。”既然美国人认为，东亚将成为“世界经济的中心……美国就不可能容忍在东亚存在一个强有力的对手。”(注26) 至 90 年代中期，中国的官员和各机构都照例把美国描述为敌对势力。

中美的日益对抗，部分是受两国国内政治的驱使。如同与日本的关系一样，美国国内的观点是有分歧的。很多重要人物认为，应当与中国发展建设性的接触，扩大经济往来，将中国纳入所谓的国际社会；另外一些人则强调中国对美国利益的潜在威胁，认为同中国的和解举动产生了负面后果，主张采取强硬的遏制政策。1993 年，美国公众将中国列为仅次于伊朗的对美国构成最大威胁的国家。美国政界经常作出象征性的姿态，诸如允许李登辉访问康奈尔大学、克林顿会见达赖喇嘛。这些举动激怒了中国，并致使美国政府为了经济利益而牺牲对人权问题的考虑，比如在延长中国最惠国待遇问题上的做法。在中国方面，政府需要树立一个新的敌人，以提高它对国内民族主义的吸引力和使其政权合法化。

在 10 年里，美国与日本和中国的关系就这样“恶化”了。亚洲和美国关系的这一变化是如此广泛，包含了如此众多不同的问题领域，似乎不可能把其原因仅仅归结于个别的利益冲突。例如一方面的汽车零件、照相机销售或者军事基地问题，另一方面的关押持不同政见者、武器销售、知识产权问题。此外，美国如果任其与亚洲两个主要国家的关系同时变得更紧张，显然于其国家利益不利。按照外交和强权政治的基本原则，美国应当利用两者中的一方去反对另一方，或者至少在与一方的冲突加剧之时，设法改善与另一方的关系。但是美国并没有这样做。还有更多的因素在起作用，它们加剧了亚洲和美国之间的冲突，使得解决这些关系中的单个问题变得更为困难。造成这一普遍现象的是一些普遍的原因。

首先，亚洲社会和美国的相互作用在加强，其形式是扩大交流、贸易、投资和相互了解，这增加了它们之间可能和已经发生的利益冲突的问题和项目。相互作用的增强使双方社会都感到对方的行为和信仰对自己构成了威胁，而以前由于距离遥远似乎是无害的。其次，20 世纪 50 年代，为了应付来自苏联的威胁，美日签订了共同安全条约。70 年代，苏联力量的增长导致美国和中国于 1979 年建立了外交关系，并为促进其共同利益建立了特殊的合作关系，以抵消来自苏联的威胁。冷战的结束消除了美国和亚洲国家之间压倒一切的共同利益，结果使得存在重大利益冲突的其他问题凸显出来。第三，东亚国家的经济发展全面改变了它们和美国之间的均势。正如我们所看到的，亚洲国家越来越坚信其价值观和体制的效力，并自认其文化比西方的文化优越。另一方面，美国人倾向于认为，特别是在他们取得冷战的胜利后认为，他们的价值观和体制是普遍适用的，他们仍有力量左右亚洲社会的内外政策。

国际环境的变化使亚洲文明和美国文明之间根本的文化差异显现出来。在最广泛的层面上，盛行于众多亚洲社会的儒家精神强调这样一些价值观：权威，等级制度，个人权利和利益居次要地位，一致的重要性，避免正面冲突，“保全面子”，以及总的说来，国家高于社会，社会高于个人。此外，亚洲人倾向于以百年和千年为单位来计算其社会的演进，把扩大长远利益放在首位。这些态度与美国人信念的首要内容形成了对照，即自由、平等、民主和个人主义，以及美国人倾向于不信任政府，反对权威，赞成制衡，鼓励竞争，崇尚人权，倾向于忘记过去，忽视未来，集中精力尽可能扩大眼前的利益。冲突的根源是社会和文化方面的根本差异。

这些差异给美国与亚洲主要国家的关系带来了特殊的后果。外交家们竭力解决美国和日本在经济问题上的冲突，尤其是日本的贸易顺差以及对美国产品和投资的抵制问题。美日贸易谈判具有冷战时期美苏武器控制谈判的许多特点。至 1995 年止，美日贸易谈判取得的结果比后者还要少，原因在于这些冲突是源于两国的根本差异，特别是日本经济在主要工业化国家中的独特性。日本的制成品进口只占其国民生产总值的 3.1%，而在其他主要工业化国家中平均占 7.4%。外国直接投资占日本国内生产总值的不足 0.7%，相比之下却占美国的 28.6%，欧洲的 38.5%。20 世纪 90 年代初，在工业化大国中只有日本的预算出现盈余。(注27)

总体说来，日本经济并未按照西方经济学指示的普遍规律发展。20 世纪 80

年代，西方经济学家简单地认为美元贬值能减少日本的贸易顺差，但此法并不灵验。1985年的广场饭店协议调整了美国对欧洲的贸易逆差，然而在解决对日本贸易逆差问题上却收效甚微。当日元增值到与美元的比率低于100∶1时，日本贸易仍保持着高顺差，甚至还有所增长。因此，日本同时保持了货币坚挺和贸易顺差。西方经济思想假定在失业和通货膨胀之间存在着替代关系，当失业率大大低于5%时，就会导致通货膨胀的压力。然而，日本多年来的平均失业率不足3%，其平均通货膨胀率仅为1.5%。至90年代，美国和日本的经济学家都开始认识到两国经济制度的基本差异，并使之理论化。一份谨慎的研究报告总结道：日本制成品进口水平低的特有现象，“不能用标准的经济因素来解释”。另一位分析家说：“不论西方人作何预测，日本的经济发展没有遵循西方的逻辑，原因很简单，因为它不是西方自由市场经济。日本人……创造了一种经济类型，它的运行方式超出了西方观察家的预测能力。”(注28)

那么，怎样解释日本经济的独特性呢？在主要工业化国家中，日本经济是独一无二的，因为日本社会是独一无二的非西方社会。日本的社会和文化与西方的，特别是美国的社会和文化不同。这些差异在所有严肃的日美比较分析中都被突出出来。(注29)日美经济问题的解决，取决于一方或双方经济性质的根本变化，而这一变化又取决于一国或两国社会和文化的根本变化。这样的变化不是不可能的。社会和文化是会发生变化的。它可能是重大破坏性事件的结果：德国和日本在第二次世界大战中的彻底失败，使得世界上两个军国主义最严重的国家变成了两个最提倡和平主义的国家。但是，不论美国还是日本似乎都不可能在经济上彻底打垮对方。经济发展也能深刻地改变一个国家的社会结构和文化，如同20世纪50年代初至70年代末在西班牙所发生的那样。经济上的富裕或许能够使日本变成一个更像美国的消费取向的社会。20世纪80年代末，日本和美国的人民都认为自己的国家应当更像对方。美日“结构性障碍协议”的签订就是为了以有限的方式促进这种趋同。这一尝试和类似的努力都失败了，这就证明经济上的差异是深深植根于两个社会的文化之中的。

美国和亚洲的冲突源于文化差异，冲突的结果则反映了美国和亚洲实力关系的变化。美国在这些争执中取得了一些胜利，但发展趋势是于亚洲有利的，同时力量的变化又进一步加剧了冲突。美国希望亚洲国家政府承认它是“国际社会”的领袖，并默许在其社会中采取西方的原则和价值观。而另一方面，正如美国助理国务卿温斯顿·洛德所言："亚洲国家日益认识到其取得的成就并为之骄傲"，它们希望被平等对待，倾向于把美国看作"一个国际保姆，如果还算不上恶霸的话"。然而，美国文化的内在律令迫使它在国际事务中至少扮演一个保姆的角色，如果不是一个恶霸的话。结果是美国与亚洲的期望变得越来越不一致。在广泛的问题上。日本和其他亚洲领袖学会了对其美国对手说"不"，有时还会用彬彬有礼的亚洲方式说"走开"。亚美关系象征性的转折点，可能是一位日本高级官员所说的美日关系的"第一次大撞车"，即 1994 年 2 月，日本首相细川护熙坚决地拒绝了克林顿总统提出的规定日本进口美国制成品指标的要求。另一位日本官员评论说："即使是在一年前，我们都不可能想象会发生这种事情。"一年之后，日本外相强调了这一变化，指出在国家和地区展开经济竞争的时代，日本的国家利益远比作为西方成员的"身份"重要。(注30)

美国 20 世纪 90 年代的亚洲政策，反映了美国对均势变化的逐渐适应。

首先，美国在事实上承认它缺乏对亚洲国家施加压力的意志或者能力的情况下，将遇到冲突的问题领域和它可能具有影响力的其他领域分离开来。尽管克林顿曾宣称人权是美国对华外交政策中优先考虑的问题，但是 1994 年他在美国商界、台湾和来自其他方面的压力下，使人权问题和经济问题脱钩，放弃了把延长最惠国待遇作为手段来影响中国对持不同政见者做法的努力。同样，美国政府把它可能施加影响的对日安全政策，明确地同它与日本冲突最激烈的贸易和其他经济问题分离开来。就这样，美国放弃了它能够用来促进中国人权和促使日本作出贸易让步的武器。

第二，美国一贯追求与亚洲国家实行预期互惠的方针，它在作出让步时，期望这些让步能够导致亚洲国家作出类似让步，并经常以有必要同亚洲国家保持"建设性接触"或"对话"为由为此方针辩护。但是，亚洲国家往往将这种让步视为美国软弱的迹象，因此可能进一步拒绝美国的要求。这一模式在与中国的交往中尤为明显。由于美国人喜欢将"友好"关系等同于"好"关系，因而在与亚洲社会的竞争中处于相当的劣势，因为后者把"好"关系等同于能为它们带来胜利的关系。对于亚洲人来说，美国的让步不应给予回报，而应当加以利用。

第三，在反复出现的美日贸易冲突中形成了一种模式：美国在贸易问题上对日本提出要求，并威胁说，如果要求得不到满足就实行制裁。接着就是无休止的谈判，然后双方在制裁生效之前的最后一刻宣布达成协议。协议的措辞通常是模棱两可的，因而美国可以宣布在原则上取得了胜利，日本则可根据自己的意愿执行或者不执行协议。于是一切照旧进行。与中国的冲突也大体如此。中国勉强地同意了在人权、知识产权和核扩散问题上的广泛的原则声明，但是对声明的解释却与美国极为不同，并且继续执行它以往的政策。

这些文化上的差异，以及亚洲和美国之间力量对比的变化，促使各亚洲社会在与美国发生冲突时互相支持。例如，在 1994 年，“从澳大利亚、马来西亚到韩国”，实际上所有的亚洲国家都站在日本一边，抵制美国规定日本进口数额指标的要求。与此同时，在中国的最惠国待遇问题上，也出现了亚洲国家团结起来支持中国的情况。日本首相细川护熙带头争辩说，西方的人权观念不能“盲目地”照搬到亚洲；新加坡的李光耀则警告道：如果美国对中国施加压力，“美国将发现自己在太平洋地区受到孤立”。[注31]团结的另一个表现是：亚洲、非洲和其他国家不顾西方的反对而站在日本一边，支持日本在任的世界卫生组织的领导人当选连任，而日本又反对美国提出的候选人——墨西哥前总统卡洛斯·萨利纳斯，而推举一位韩国人做世界贸易组织的领导。记录无可争议地表明，到 20 世纪 90 年代，在泛太平洋的问题上，所有东亚国家都认为，它们与其他东亚国家要比与美国有更多的共同点。

冷战的结束、亚洲和美国之间日益扩大的相互作用，以及美国实力的相对下降，使美国和日本及其他亚洲社会之间的文化冲突凸显出来，并使后者有能力抵制美国的压力。中国的崛起对美国形成了更根本的挑战。美国和中国之间的冲突较之美日冲突范围更广泛，包括经济、人权、西藏、台湾、南中国海和武器扩散问题。美国和中国几乎在所有重大政策问题上都没有共同的目标，两国的分歧是全面的。同美日冲突一样，美中冲突在很大程度上是基于两个社会的文化差异，但也涉及权力的根本问题。中国不愿接受美国在世界上的领导地位或霸权；美国也不愿接受中国在亚洲的领导地位或霸权。二百多年来，美国一直试图阻止在欧洲出现一个占绝对主导地位的大国。从美国对中国实行“门户开放”政策以来的将近一百年的时间里*，美国在东亚也试图这样做。为了达到以上目的，美国同德意志帝国、纳粹德国、日本帝国、苏联和共产党中国打了两次世界大战和一场

---

* 指美国 1899 年和 1900 年两度照会英、德、法、意、日、俄六国，要求对中国实行“门户开放”政策，以求“机会均等”。——编者注

冷战。美国的这一利益仍然存在，并得到里根和布什总统的重申。中国作为东亚占主导地位的地区大国的状况如果继续下去，将对美国的核心利益构成威胁。美国与中国冲突的潜在原因，是两国在东亚未来均势问题上的根本分歧。

中国霸权：均势还是搭车。由于东亚拥有 6 种文明，18 个国家，经济快速增长，各国在政治、经济和社会领域里存在着重大的差异，它可能在 21 世纪初出现几种类型的国际关系中的任何一种。可以设想，在该地区大多数主要和中等水平的国家中，可能出现一组非常复杂的合作和冲突关系；或者在中国、日本、美国和俄罗斯，可能还有印度之间形成相互平衡和竞争的一强多极的国际体系。另一种可能性是，东亚政治为中国和日本或中国和美国两极之间持久的对抗所主宰，其他国家或者与一方结盟，或者采取不结盟政策。还可以设想，东亚政治可能回到传统的单极模式，以中国为中心形成权力等级。如果中国在 21 世纪能保持高速的经济增长，在邓小平以后的时代保持统一，不因争夺继承权的斗争而瘫痪，那么它可能争取实现这最后一种可能。中国是否能够成功，将取决于其他国家在东亚权力政治斗争中的反应。

中国的历史、文化、传统、规模、经济活力和自我形象，都驱使它在东亚寻求一种霸权地位。这个目标是中国经济迅速发展的自然结果。所有其他大国英国、法国、德国、日本、美国和苏联，在经历高速工业化和经济增长的同时或在紧随其后的年代里，都进行了对外扩张、自我伸张和实行帝国主义。没有理由认为，中国在经济和军事实力增强后不会采取同样的做法。两千年来，中国曾一直是东亚的杰出大国。现在，中国人越来越明确地表示他们想恢复这个历史地位，结束屈辱与屈从于西方和日本的漫长世纪，这个世纪是以 1842 年英国强加给中国的南京条约为开端的。

20 世纪 80 年代末，中国开始将其不断增长的经济资源转化为军事力量和政治影响。如果它的经济发展持续下去，这种转化将会具有很大的规模。根据官方数字，中国的军事开支在 80 年代的大部分时期都在下降。然而，在 1988 至 1993 年间，中国的军事开支按当前价格计算翻了一番，按不变价格计算实际增加了 50%，并计划于 1995 年再增长 21%。按官方汇率估算，中国 1993 年的军费开支约为 220 亿美元－370 亿美元，按购买力平价计算则达到了 900 亿美元。80 年代末，中国重新设计了它的军事战略，从打防御苏联入侵的大仗转变为以远距离投放兵力为重点的区域性战略。与这种转变相适应，中国开始发展海军力量，购置现代化的远程作战飞机，发展空中加油能力，并决定购买一艘航空母舰。中国还与俄罗斯建立了互惠的武器购买关系。

中国正在成为东亚的支配国家。东亚的经济发展变得越来越面向中国，得到了大陆和其他三个华语国家和地区经济高速发展的支持，以及海外华人在泰国、马来西亚、印度尼西亚和菲律宾经济发展中所起的中心作用的支持。中国对南中国海提出越来越强烈的主权要求：在帕拉塞尔群岛（西沙群岛）建设军事基地，1988 年与越南为争夺几个岛屿的归属权而开战，在菲律宾近旁的米斯奇夫礁（美济礁）驻军，对毗连印度尼西亚纳图纳岛的天然气田提出主权要求。中国还结束了对美国在东亚驻军的低调支持，开始积极地加以反对。同样，虽然冷战期间中国曾暗地里主张日本加强军事力量，但冷战后却对日本的军事建设表示了日益严重的关切。在按照传统的区域霸权方式行事时，中国在尽量减少其获得地区军事优势的障碍。

除个别例外（如在南中国海），中国在东亚的霸权不大可能以直接付诸武力的方式扩大其对领土的控制。然而这可能意味着，中国希望其他东亚国家在不同程度上做以下某些或者全部事情：

- 支持中国的领土完整和中国对西藏和新疆的控制，以及香港地区和台湾地区回归大陆；
- 默认中国对南中国海，或许还有对蒙古的领土主权；
- 当中国与西方在经济、人权、武器扩散和其他问题上发生冲突时普遍支持中国；
- 接受中国在该地区的军事优势地位，不发展可能对这种优势地位构成威胁的核武器或常规力量；
- 采取与中国利益一致的和有益于中国经济发展的贸易和投资政策；
- 在处理地区问题时听从中国的领导；
- 对来自中国的移民普遍开放；
- 制止或镇压其国内反对中国和反对华人的运动；
- 尊重华人在其社会中的权利，包括保持与其亲属和中国故乡紧密联系的权利；
- 不与其他大国建立军事联盟或进行反对中国的合作；
- 提倡使用汉语普通话，将其作为在东亚进行广泛交流的语言工具，补充并最终取代英语的作用。

分析家们将中国的崛起和威廉一世的德国作为支配国家在19世纪末欧洲的崛起作了比较。新的大国的崛起通常会造成极度的不稳定，如果出现这种情况，中国作为一个重要大国的崛起，在第二个千年的后半期将会令任何一个可比的现象相形见绌。李光耀于1994年说："中国参与世界地位重组的规模，使得世界必须在30或40年的时间内找到一种新的平衡。假装中国不过是另一个大的参与者是不可能的，它是人类历史上最大的参与者。"[注32]如果中国的经济发展再持续10年（似乎是可能的），如果中国在权力交接期能够保持统一（似乎是可能的），那么东亚国家和整个世界就必须对人类历史上这个最大参与者越来越强的自我伸张作出反应。

广义地讲，对于新的大国的崛起，各国可作出一种方法或者两种方法相结合的反应。它们可以独自或与其他国家结成联盟，通过用均势来平衡和遏制中国，以及在必要的情况下通过战争打败它，来保证自身的安全。另一种反应是，各国可以尝试搭乘这个新崛起的大国的车，适应它，在与它的关系中处于次要的或从属的地位，以期它们的核心利益得到保护。或者，各国可以尝试某种均势和搭车相结合的方法，但是，这将导致它与新兴大国对抗和无以自保的双重危险。根据西方国际关系理论，用均势来平衡通常是更理想的选择，而且事实上也比搭车被更频繁地采用。正如斯蒂芬·沃尔特所言：

> 一般说来，各国在对自己的目的深思熟虑之后都倾向于采取均势策略。搭车之所以危险，是因为它需要信任：一国支持一个占主导地位的大国，往往寄希望于它能保持善意。如果主导大国是一个侵略性国家，用均势来平衡比较保险。此外，与较弱的一方结盟，能够增进一个国家在合作中的影响，因为较弱的一方更需要支持。[注33]

沃尔特对西南亚联盟形成的分析表明，各国几乎总是采取均势策略来反对外来威胁。人们也普遍假定，在欧洲现代历史的大部分时期，均势是一种标准的行为方式。一些国家重组联盟以用均势来平衡和遏制它们所看到的（西班牙国王）腓力二世、（法国国王）路易十四、（普鲁士）腓特烈大帝、拿破仑、德意志皇帝和希特勒构成的威胁。然而沃尔特又承认，在"某些情况下"，各国可能选择搭车，而且正如兰德尔·施韦勒所指出的，持修正态度的国家可能采取搭车的策略对待兴起中的国家，因为它们不满现状，希望从现状改变中得到好处。[注34]此外，正如沃尔特所言，搭车确实需要在一定程度上相信这个力量更强大的国家不怀恶意。

在用均势来平衡一个国家的力量时，各国可以扮演主要的角色。也可扮演次要的角色。首先，国家 A 可以与国家 C 和国家 D 结成联盟，用均势来平衡它确认的潜在对手国家 B 的力量，或者发展自己的军事力量和其他力量（这有可能导致军备竞赛），或者结合使用这些手段。在此情况下，国家 A 和国家 B 互为主要平衡力量。其次，国家 A 并未将任何国家视为直接的对手，但是它可能从促进国家 B 和国家 C 的均势中得到好处，因为，如果这两者中的任何一个变得过于强大都会对国家 A 构成威胁。在此情况下，国家 A 对国家 B 和国家 C 都是次要的平衡力量，而后两者可能互为主要的平衡力量。

如果中国作为一个霸权国家开始在东亚出现，各国会作何反应？毫无疑问，反应将会是极不相同的。既然中国已将美国确定为主要敌人，美国的主要倾向将是作为一个主要平衡者来防止中国的霸权。扮演这样的角色可能与美国防止任何一个国家在欧洲或亚洲占主导地位的传统关切是一致的。这个目标在欧洲已不再适用，但是它可能仍适用于亚洲。一个在文化、政治和经济上与美国紧密联系在一起的松散的西欧联盟，不会对美国的安全构成威胁，但是一个统一的、强大的和自我伸张的中国可能构成这种威胁。在必要时进行战争以阻止中国在东亚的霸权，是否符合美国的利益？如果中国的经济继续发展，这可能是 21 世纪初美国政策制定者面临的唯一最严峻的安全问题。如果美国确实想阻止中国在亚洲占主导地位，它就需要根据这一目标改变与日本的结盟方向，与其他亚洲国家发展紧密的军事联系，加强在亚洲的驻军及能够用于亚洲的军事力量。如果美国不想与中国的霸权抗衡，它就需要放弃自己的普世主义，学会与中国的霸权相处，心甘情愿地眼见自己决定太平洋遥远的另一端的事务的能力显著下降。但这两种做法都会有巨大的代价和危险。然而，最大的危险乃是美国将不作明确的选择，在未经认真考虑它的做法是否符合自己的国家利益，并在没有作好有效进行战争准备的情况下，便卷入一场与中国的战争。

从理论上讲，美国可以采取扮演次要平衡角色的办法来遏制中国，如果其他大国能够起用均势来平衡中国的主要作用。可以想象的唯一可能就是日本，而且需要日本的政策发生重大的变化：加紧重新武装，获得核武器，在争取亚洲其他国家的支持方面与中国展开积极的竞争。日本可能愿意参加美国领导下的反华联盟，尽管连这一点也不能肯定，但它不大可能成为中国的主要平衡者。此外，美国并未表现出扮演次要平衡角色的兴趣和能力。在拿破仑时代，作为一个新的小国家，美国曾试图扮演这样的角色，结果是与英国和法国都打了仗。在20世纪上半叶，美国只作了微不足道的努力来促进欧洲和亚洲各国之间的均势，结果参与了为恢复被打破的均势而进行的世界大战。冷战期间，美国别无选择地成为苏联的主要平衡者。作为一个大国，美国从此再也没有成为一个次要的平衡者。充当一个次要的平衡者意味着扮演一个微妙的、灵活的、模棱两可的甚至是不真诚的角色。它可能意味着从支持一方变为支持另一方，拒绝支持或反对根据美国的价值观念在道义上是正确的国家，或者支持一个在道义上是错误的国家。即使日本确实成为中国在亚洲的主要平衡者，美国是否有能力支持这种平衡仍然是个问题。美国更有能力动员起来直接对付一个现存的威胁，而不是去用均势来平衡两个潜在的威胁。最后，亚洲国家中存在的搭车倾向可能阻碍美国作为次要平衡力量所作的一切努力。

搭车取决于信任的程度，这要看以下的三个方面。第一，搭车更有可能发生在属于同一文明或者拥有文化共性的国家之间，而不是在缺乏任何文化共性的国家之间。第二，信任的程度可能根据背景而不同。当与其他男孩子对抗时，一个小男孩往往服从哥哥的旨意；但是当他们兄弟俩在家时，他就不那么信任他的哥哥。因此，不同文明的国家之间更为频繁的相互作用，会进一步促进同一文明内部的搭车现象。第三，搭车和制衡倾向会由于文明的不同而各异，因为其成员之间的信任程度有所不同。例如，在中东普遍采用均势方法，可能反映了阿拉伯文化和其他中东文化中众所周知的低信任度。

除了这些影响外，对于权力分配的期望和偏好也会影响搭车或均势倾向。欧洲各社会经历了一个绝对君主制的阶段，但避免了亚洲国家历史上特有的持续的官僚帝国或“东方专制国家”的出现。封建主义为多元论以及某种权力分散是自然的和令人向往的假设提供了基础。于是，在国际层次上，均势也被认为是自然的和令人向往的，政治家的责任就是维护和保持它。因此，当均衡受到威胁之时，就需要用平衡行动去恢复它。简而言之，国际社会的欧洲模式反映了欧洲国家内部的社会模式。

与此相反，亚洲的官僚帝国没有给社会或政治多元化和分权留有余地。与欧洲的情况相比，在中国，搭车似乎远比均势重要。卢西恩·佩伊注意到，20世纪 20 年代，“军阀们首先想要了解与强者站在一起能够得到什么，只有这时他们才可能探讨与弱者结盟可能得到的回报……对于中国的军阀来说，自治并不像传统的欧洲均势理论所认为的那样是终极价值，确切地说，他们的决定是基于与实力相联系的考虑。”艾弗里·戈尔茨坦指出：1949—1966 年，当权威结构相对明确之时，搭车便成为共产党中国的政治特点。然而，当文化大革命造成近乎无政府状态和权威变化无常并威胁到政治家的生存时，均势行为便开始占上风。(注35) 1978 年以后较明确的权威结构的恢复，大概又使搭车成为占上风的政治行为模式。

历史上，中国人并未明确地区分国内和国外事务。他们“头脑中的世界秩序不过是中国国内秩序的必然结果，因此是中国文明认同的一种延伸”，他们假定这种认同“能够在正常的宇宙秩序这个更大的可扩展的同心圆中再现自身”。或者，像罗德里克·麦克法夸尔所表述的：“中国传统的世界观是儒家严谨而清晰地表达的等级社会观的反映。外国的君主和番邦应当向中央帝国朝贡：‘天无二日，国无二主’。”因此，中国人从来没有“多极，甚至也没有多边的安全观念”。在国家关系中，亚洲人一般“接受等级制”，在东亚历史上没有发生过欧洲类型的霸权战争。欧洲历史上典型的有效均势体系对于亚洲来说是陌生的。在 19 世纪中叶西方国家到来之前，东亚的国际关系是以中国为中心的，其他国家要么从属于北京，要么与之合作，或者不受北京控制而自治。(注36) 当然，儒家的世界秩序理想从来没有完全实现过。然而，亚洲的国际政治等级制模式与欧洲的均势模式形成了强烈的反差。

由于对世界秩序持此看法，中国人在国际关系中也存在着其国内政治中的搭车倾向。这种倾向影响各国对外政策的程度，依它们的儒教文化和在历史上与中国关系的深浅而不同。朝鲜与中国在文化上有很多共同之处，而且历史上一直倾向于中国。冷战期间新加坡视共产党中国为敌人，但是在 80 年代，新加坡开始改变立场，其领导人积极主张美国和其他国家承认中国权力的现实。马来西亚有大量华人，其领导人又有反西方的习性，也强烈地倾向于中国。19 和 20 世纪，泰国通过适应欧洲和日本帝国主义保持了自己的独立，现在它对中国也表现出同样的态度，这种倾向由于它看到它的安全受到越南的潜在威胁而得到了加强。

印度尼西亚和越南是东南亚两个最倾向于用均势来平衡和遏制中国的国家。印度尼西亚是一个远离中国的穆斯林大国，但是若没有其他国家的帮助，它不可能阻止中国控制南中国海的权利要求。1995年秋，印度尼西亚和澳大利亚签署了一项安全协议，双方决定在安全遇到“敌对挑战”时相互磋商。尽管双方都否认这是一个针对中国的安排，但是它们都将中国视为敌对挑战最可能的来源。(注37)越南大体上是一个儒教文化的国家，但历史上它与中国的关系极为敌对，并于1979年与中国进行了一场短暂的战争。越南和中国都宣称对全部斯普拉特利群岛（南沙群岛）拥有主权，20世纪70年代和80年代，双方的海军时有交火。90年代初，越南的军事力量相对于中国有所下降。越南比其他任何一个东亚国家都更经常地有寻求伙伴以平衡中国的动机，加入东南亚国家联盟、1995年与美国关系正常化，便是朝这个方向迈出的两步。然而，东盟内部的分歧和该组织不情愿向中国挑战的态度，使东盟极不可能成为一个反对中国的联盟，或者为越南对抗中国提供重大支持。美国可能更愿意遏制中国，但是在90年代中期，它在反对中国控制南中国海的权利要求上能走多远尚不明朗。因此，对于越南来说，“害处最小的选择”可能是顺应中国并接受“芬兰化”，那将“伤害越南的自尊心……但是能保证生存”。(注38)

在20世纪90年代，除中国和朝鲜外，实际上所有的东亚国家都对美国继续在该地区驻军表示了支持。然而在实践中，除越南外，这些国家都倾向于顺应中国。菲律宾关闭了美国在那里的主要的空军和海军基地，冲绳岛反对美国大量驻军的斗争也日趋激烈。1994年，泰国、马来西亚和印度尼西亚拒绝了美国在其水域停泊6艘供给舰的要求（在美国对东南亚或者西南亚进行军事干预时，这些舰只将作为提供给养的浮动基地）。顺应态度的另一个表现是，在东盟地区论坛的首次会议上，中国不把南沙群岛问题列入议事日程的要求得到了默认，中国1995年占领菲律宾附近米斯奇夫礁（美济礁）的举动并没有引起其他东盟国家的抗议。1995—1996年，亚洲国家政府对中国大陆口头上和军事上对台湾地区的威胁再次保持绝对的沉默。迈克尔·奥克森伯格对这些国家的搭车倾向作了简要的概括：“在预测未来之时，亚洲国家的领导人确实对均势可能发生于中国有利的变化感到担忧，但他们现在不想与北京对抗。”而且，“他们不会参加美国讨伐中国的行动”。(注39)

中国的崛起将对日本构成重大的挑战，日本人在应当采取什么样的应付战略上将产生严重分歧。它是否应顺应中国，以承认中国的政治—军事支配地位来换取中国对日本在经济事务方面首要地位的承认？或应当赋予美日联盟新的意义和活力，把它作为用均势来平衡和遏制中国的合作核心？还是应当发展自己的军事力量，以保护自己的利益不受中国的侵犯？日本或许会尽可能长时间地避免明确地回答这些问题。

用均势来平衡和遏制中国的任何有意义的努力，其核心必定是美日军事联盟。可以设想，日本可能会缓慢地默认该联盟根据这一目的所作的调整。这样做取决于日本对以下几方面的信心：1. 美国保持作为世界唯一超级大国和在世界事务中维持其积极领导作用的全面能力；2. 美国承担维持在亚洲驻军和积极阻止中国扩大影响的义务；3. 美国和日本能在不付出很高的资源代价、不冒很大的战争风险的前提下遏制中国。

如果美国不承担主要义务或未表现出重大决心，日本很可能会顺应中国。历史上，日本往往与有关的支配力量结盟以寻求自身的安全，仅有 20 世纪 30 年代和 40 年代是例外，当时它在东亚推行单边的征服政策，结果遭到惨败。即使是在 30 年代参加轴心国之时，日本也是与当时在世界政治中显得最具活力的军事—意识形态力量结盟。20 世纪更早些时候，日本相当有意识地加入了英日联盟，因为当时英国是世界事务中的领导力量。50 年代，日本同样与世界上最强大并能够确保日本安全的美国结成了联盟。像中国一样，日本把国际政治看作是等级制的，因为其国内政治是如此。正如一位著名日本学者所指出的：

> 日本人思考本国在国际社会中的地位时，往往根据其国内模式来类推。他们倾向于把国际秩序看作日本社会内部的文化模式的外部表现，而这种模式是以垂直组织结构的相关性为特征的。日本对国际秩序的这种看法，受到了它在现代以前与中国关系（进贡制度）的长期经验的影响。

因此，日本的结盟行为“基本上是搭车而不是均势”，并且总是“与支配力量结盟”。[注40]一位在日本居住多年的西方学者说：日本人“比大多数人都会更快地向不可抗拒的力量卑躬屈膝，并与被认为在道德上占有优势者合作……也会最快地怨恨道德上软弱和正在退却的霸主滥用权力”。随着美国在亚洲作用的下降，中国成为最强大者，日本的政策也会作出相应的调整。事实上它已经开始这样做了。基肖尔·马赫布巴尼指出，中日关系中的关键问题在于“谁是老大?”答案正在变得明朗。“尽管不会有明确的声明或协议，但日本天皇选择了在 1992 年访问中国，当时北京在国际上仍受到相对的孤立，这是意味深长的。”[注41]

毫无疑问，日本领导人和人民心目中最理想的仍是过去几十年的模式，即处于占优势的美国的庇护之下。但是，随着美国对亚洲事务参与的减少，日本国内敦促日本“重新亚洲化”的势力将得到加强，日本将承认中国在东亚舞台上重新占据优势是不可避免的。例如，在1994年，当被问及哪个国家是21世纪亚洲影响最大的国家时，44％的日本公众认为是中国；30％认为是美国；认为是日本的仅有16％。[注42]正如1995年日本的一位高级官员所预测的，日本将有一套顺应中国崛起的“做法”，接着他又提出了美国是否会这样做的问题。他的前一个看法似乎有理，但他对后一个问题的回答却是不明确的。

中国的霸权将减少东亚的不稳定性和冲突。它也会削弱美国和西方在那里的影响，迫使美国接受它在历史上曾经试图防止的事情：世界上的一个关键地区由另一个大国所主宰。然而，是谁，又在何种程度上对亚洲其他国家或美国的利益构成威胁，部分地取决于中国将发生的事情。经济增长会扩大军事实力和政治影响，但也会促进政治的发展和走向更开放的、多元的、可能是民主的政治形式。可以说经济增长在韩国和中国台湾起到了这个作用，然而，在那里最积极地推动民主的政治领袖都是基督教徒。

强调权威、秩序、等级制和集体高于个人的中国儒教传统，对民主化形成了障碍。但是，中国南方的经济增长，正产生出日益增大的财富、具有活力的资产阶级、政府控制之外的经济力量的积累以及迅速扩大的中产阶级。此外，中国人在贸易、投资和教育方面已深深地融入外部世界。所有这一切正在为中国走向政治多元化提供社会基础。

政治开放的先决条件通常是独裁制度中的改革分子上台执政。中国会发生这种情况吗？在新的世纪里，人们将会看到中国南方出现一些拥有政治计划的集团，如果不是在名义上，那么它们在事实上也将是政党的胚胎，而且可能会与中国台湾、中国香港和新加坡的华人建立密切的联系并得到他们的支持。如果中国南方出现了这种运动，如果改革派在北京获得了权力，那么就可能出现某种形式的政治转变。民主化可能促使政治家发出民族主义的呼吁并扩大战争的可能性，但从长远看，在中国建立一个稳定的多元制度会缓解它与其他国家的关系。

或许正像弗里德伯格所说的那样，欧洲的过去就是亚洲的未来。但更为可能的是，亚洲的过去将是亚洲的未来。亚洲要在以冲突为代价的均势或以霸权为代价的和平之间作出选择。西方社会可能会选择冲突和均势。历史、文化和力量的现实却强烈地显示，亚洲会选择和平和霸权。以19世纪40—50年代西方入侵为开端的时代正在结束，中国正在恢复其地区霸主的地位，东方正在进入自己的时代。

文明与核心国家：正在形成的联盟

在冷战后多极、多文明的世界里，缺少一个在冷战期间曾占主导地位的分界线。然而，只要穆斯林人口增长和亚洲经济增长的浪潮持续下去，西方与挑战者文明之间的冲突就将超过其他任何分界线而成为全球政治的中心。穆斯林国家的政府可能对西方变得更为不友好，在穆斯林集团和西方社会之间将出现间歇性的低强度、有时可能是高强度的暴力冲突。以美国为一方和以中国、日本及亚洲其他国家为另一方之间的关系将具有极大的冲突性；如果美国对中国作为亚洲霸权力量的崛起进行挑战，就可能发生一场大战。

在这样的形势下，儒教－伊斯兰教国家之间的联系将会继续，或许还会扩大和加深。这一联系的中心是穆斯林和华人社会在武器扩散、人权和其他问题上反对西方的合作。巴基斯坦、伊朗和中国的密切关系是合作的核心，20世纪90年代初杨尚昆主席对伊朗和巴基斯坦的访问、拉夫桑贾尼总统对巴基斯坦和中国的访问使这一点明朗化了。这些举动“表明了巴基斯坦、伊朗和中国之间联盟胚胎的形成”。在去中国的路上，拉夫桑贾尼在伊斯兰堡宣称，在伊朗和巴基斯坦之间存在“一个战略联盟”，对巴基斯坦的攻击将被视为对伊朗的攻击。为了加强这一模式，贝娜齐尔·布托在1993年10月就任总理后立即访问了伊朗和中国。这三个国家之间的合作包括政治、军事、政府官员定期互访，以及在各种民用和军事领域的合作，包括军工生产合作，加上中国向另两个国家出售武器。这种关系的发展得到了巴基斯坦对外政策思想中的“独立”派和“穆斯林”派的强有力支持，这些人希望建立一个“德黑兰－伊斯兰堡－北京轴心”。在德黑兰，人们认为，“当代世界的独特性”要求伊朗、中国、巴基斯坦和哈萨克斯坦进行“紧密和持续的合作”。至20世纪90年代中期，一个近乎于事实上的联盟已经在这三个国家中间存在，该联盟的基础是反对西方、在安全问题上对印度的关注以及抗衡土耳其和俄罗斯在中亚的影响。(注43)

这三个国家能成为涉及其他穆斯林和亚洲国家的更为广泛的集团的核心吗？格雷厄姆·富勒认为：一个非正式的“儒—伊联盟得以实现，并非因为穆罕默德和孔夫子是反西方的，而是因为这些文化提供了一个能够表达部分是由西方——一个在政治、军事、经济和文化上占统治地位，并越来越为世界人民所痛恨的西方——造成的痛苦的载体，一些国家感到‘它们没有必要再忍受’”。最强烈地呼吁这种合作的是卡扎菲，他在 1994 年 3 月宣布：

> 新的世界秩序意味着犹太人和基督教徒控制穆斯林，如果他们能够，随后他们还将控制印度、中国和日本的儒教和其他宗教。
>
> 基督教徒和犹太教徒在说：我们原先是决心摧毁共产主义，而西方现在必须摧毁伊斯兰教和儒教。
>
> 现在我们希望看到，以中国为首的儒教阵营和以美国为首的基督教十字军阵营之间发生对抗。我们没有理由不对十字军的参加者持有偏见。我们和儒教站在一起，与它结盟，和它在一条国际战线上并肩作战，我们将一同消灭我们共同的敌人。
>
> 因此，作为穆斯林，我们将支持中国反对我们共同敌人的斗争……
>
> 我们希望中国取得胜利……(注44)

然而，中国方面对反西方的儒教和伊斯兰教国家联盟的热情一直相当低落。江泽民主席 1995 年宣称，中国不会与任何国家结盟。这个立场或许反映了传统的中国观念，作为一个中央帝国，即中心国家，中国不需要正式盟友，而其他国家会发现与中国结盟符合它们的利益。另一方面，中国与西方的冲突意味着它将重视与其他反西方国家的伙伴关系，其中伊斯兰国家占最大部分，而且是最有影响的成员。此外，中国石油需求的日益增长可能会驱使它加强与伊朗、伊拉克、沙特阿拉伯以及哈萨克斯坦和阿塞拜疆的关系。一位能源专家 1994 年评论道：这样一个以武器换取石油的轴心，“再也不需要听从伦敦、巴黎或华盛顿的旨意了”。(注45)

其他文明及其核心国家与西方及其挑战者之间的关系将会有极大的不同。缺少核心国家的南方文明，即拉丁美洲文明和非洲文明，一直依赖于西方，而且军事和经济力量相对软弱（尽管拉丁美洲在迅速改变这一状况）。它们与西方的关系或许会向相反的方向发展。拉丁美洲与西方有着紧密的文化联系。20 世纪 80 年代和 90 年代，它的政治和经济制度越来越接近于西方。两个曾经试图获得核武器的拉丁美洲国家放弃了这一打算。整体军事力量在所有文明中处于最低水平的拉丁美洲国家，可能会不满于美国的军事优势，但却无意对它进行挑战。在不少拉丁美洲社会中，新教的迅速兴起不但使它们更像西方天主教—新教混合的国家，而且正在扩大拉丁美洲与西方之间的宗教联系，使之超出原先仅通过罗马教廷保持的联系。反过来，涌入美国的墨西哥人、中美洲人和加勒比人，以及由此带来的拉丁美洲对美国社会的影响，也促进了文化的趋同。在拉丁美洲与西方之间，实际上就是与美国之间，主要的冲突问题是移民、毒品以及与毒品有关的恐怖主义，以及经济一体化（例如，把拉丁美洲国家纳入北美自由贸易区，以对抗诸如南方共同市场和安第斯条约这样的拉丁美洲集团的扩张）。像墨西哥加入北美自由贸易区引发的问题所表明的那样，拉丁美洲和西方文明的结合并非易事，它或许会在21世纪的大部分时间里缓慢地形成，但也可能永远不会形成。尽管如此，西方和拉丁美洲之间的差异仍小于西方与其他文明之间的差异。

西方与非洲国家的关系仅会引起略微严重一些的冲突（主要原因是非洲的软弱），但也存在一些重要的问题。南非没有像巴西和阿根廷那样放弃发展核武器的计划，尽管它销毁了已拥有的核武器。这些核武器是白人政府制造的，旨在威慑外国对其种族隔离政策的攻击，该政府交让政权时不愿意把它们馈赠给黑人政府用于其他目的。但是，制造核武器的能力是不能销毁的。后种族隔离时代的南非政府可能会建造新的核武库以确保其非洲核心国家的地位，并遏制西方对非洲的干涉。人权、移民、经济问题和恐怖主义也被提上了非洲和西方的议事日程。尽管法国政府努力维持与其前殖民地国家的紧密联系，但非洲国家似乎正在经历一个非西方化的长期过程，西方国家的利益和影响正在缩小，本土文化正在被重新倡导，南非最终会将其文化中的南非白人—英国人因素置于非洲因素之下。在拉丁美洲变得更西方化的同时，非洲却变得更非西方化。然而。二者都在以不同的方式继续依赖西方，除了在联合国的投票外，都无法对西方和其挑战者之间的均势产生决定性影响。

很明显，三个“摇摆”文明的情况并非如此，其核心国家是世界舞台上的三个重要角色，它们与西方及其挑战者的关系可能是混合的、矛盾的和变幻不定的。它们彼此的关系也会极为不同。正如以上提到过的，日本经过一段时间极大的痛苦和自我反省可能疏远美国向中国靠拢。与冷战期间跨文明的其他盟友一样，日本与美国的安全纽带将削弱，尽管可能永远不会正式挑明这一点。日本与俄罗斯的关系仍然会是困难的，只要俄罗斯在它1945年占领的千岛群岛的问题上拒绝妥协。冷战结束时出现过可能解决这一问题的时机，但由于俄罗斯民族主义的兴起而稍纵即逝。在未来，美国没有理由像它过去所做的那样支持日本的领土要求。

在冷战的最后二三十年里，中国成功地对苏联和美国打“中国牌”。在冷战后的世界里，俄罗斯也可以打“俄罗斯牌”。俄罗斯和中国的联合将使欧亚与西方之间的均势决定性地向前者倾斜，引起人们像对20世纪50年代的中苏关系那样的关切。与西方紧密配合的俄罗斯则会为抗衡在全球问题上的儒—伊联盟增添力量，并重新引起冷战时期中国对来自北方的侵略的恐惧。然而，俄罗斯与这两个邻近文明之间也存在着问题。在与西方的关系中，俄罗斯更倾向于短期行为，这是冷战结束的后果，是出于重新确立俄罗斯与西方的均势的需要，以及双方就基本的平等和各自的势力范围达成协议的需要。在实际中这意味着：

1. 俄罗斯同意欧洲联盟和北约扩大到把中欧和东欧的西方基督教国家包括进去，西方则承诺北约组织不继续扩张，除非乌克兰分裂成两个国家；

2. 俄罗斯和北约组织签订伙伴关系条约，保证互不侵犯，定期磋商安全问题，共同努力避免军备竞赛，为达成符合双方冷战后安全需要的武器控制协议进行谈判；

3. 西方承认俄罗斯对维护东正教国家及东正教人口占多数地区的安全负有主要责任；

4. 西方承认俄罗斯在与南面穆斯林民族关系中面临的实际的和潜在的安全问题，西方愿意修改欧洲常规力量条约，并支持俄罗斯为应付这些威胁采取的必要措施；

5. 俄罗斯和西方同意在处理一些同时涉及西方和东正教利益的问题，如波斯尼亚问题时，进行平等的合作。

如果按照上述或类似路线进行安排，俄罗斯和西方便不大可能对对方的安全构成长期的挑战。欧洲和俄罗斯是人口出生率低、人口老化的成熟社会，这样的社会不具有可能成为扩张和进攻取向的年轻力量。

冷战刚刚结束时，俄罗斯和中国的关系变得较具有合作性：解决了边界争端，双方都削减了边境驻军；扩大了贸易；双方都停止将对方作为核导弹的攻击目标；两国外长探讨了对付原教旨主义的伊斯兰势力的共同利益。更为重要的是，俄罗斯发现中国是渴望得到坦克、战斗机、远程轰炸机和地对空导弹等军事装备和技术的大客户。(注46)从俄罗斯的观点来看，俄中关系的升温表明，在俄日关系持续冷淡的情况下，它有意识地决定将中国作为其亚洲的合作“伙伴”，同时这也是针对它在北约东扩、经济改革、军备控制、经济援助，以及加入西方国际机构等问题上同西方之间的冲突作出的反应。就中国而言，中国得以向西方证明，它在世界上不是孤立的，而且它可以得到必要的军事能力来执行远距离投放兵力的地区性战略。对两国来说，俄中联系如同儒—伊联系一样，是抗衡西方力量和普世主义的一种手段。

这种联系能否延续下去，在很大程度上取决于，第一，俄罗斯与西方的关系在双方满意的基础上保持稳定的程度；第二，中国作为东亚霸主的崛起从经济、人口和军事上威胁俄罗斯利益的程度。中国的经济推动力已经扩展到西伯利亚，中国和韩国、日本的商人一道正在开发和利用那里的机会。西伯利亚的俄罗斯人日益认识到，未来他们的经济更多的是与东亚而不是与俄罗斯的欧洲部分联系在一起。对俄罗斯来说更大的威胁是进入西伯利亚的中国移民。据报道，中国在那里的非法移民人数1995年达到300万－500万，而东西伯利亚的俄罗斯人口大约是700万。俄罗斯国防部长格拉乔夫警告说：“中国人正在和平地征服俄罗斯远东地区。”俄罗斯高级移民官员也赞同地说：“我们必须反对中国的扩张主义。”(注47)此外，中国与苏联各中亚共和国发展经济关系的举动，可能激化它与俄罗斯的关系。中国的扩张也可能变成军事扩张，如果它决定重新提出对蒙古的主权要求。蒙古是第一次世界大战后被俄罗斯人从中国分离出去的，几十年中它曾一直是苏联的卫星国。自蒙古人入侵以来一直萦绕在俄罗斯人脑海中的“黄祸”，有一天可能会再次成为现实。

俄罗斯与伊斯兰的关系，是几个世纪以来它通过对土耳其人、北高加索人和中亚部落民族进行扩张战争的历史产物。当前，俄罗斯正与它的东正教盟友塞尔维亚和希腊联合起来以均势平衡土耳其在巴尔干的影响，并与它的东正教盟友亚美尼亚起来以均势来平衡土耳其在外高加索的影响。俄罗斯一直积极地维护其在中亚各共和国的政治、经济和军事影响，将它们纳入了独联体，并在所有这些国家部署了军队。俄罗斯关心的中心问题是里海的石油和天然气储藏，以及将这些资源运往西方和东亚的通道。俄罗斯还一直在北高加索进行着一场反对车臣穆斯林的战争，并在塔吉克斯坦进行着另一场战争，支持塔吉克斯坦政府镇压包括伊斯兰原教旨主义分子在内的暴乱。这些安全考虑进一步刺激了俄罗斯同中国在遏制中亚的“伊斯兰威胁”上的合作，也是俄罗斯同伊朗恢复友好关系的一个重要动机。俄罗斯向伊朗出售潜艇、新式战斗机、战斗轰炸机和地对空导弹，以及侦察和电子战军事装备。此外，俄罗斯已同意在伊朗建造轻水核反应堆，并向伊朗提供铀浓缩设备。作为回报，俄罗斯非常明确地希望伊朗遏制原教旨主义在中亚的扩散，并暗示希望它与俄罗斯合作共同来以均势平衡土耳其在中亚和高加索的影响。在未来的几十年中，俄罗斯与伊斯兰的关系，将决定性地取决于它对沿其南方边界上的穆斯林人口爆炸所构成的威胁的看法。

第三个“摇摆”的核心国家是印度，冷战期间它是苏联的盟国，与中国进行过一场战争，与巴基斯坦进行过几场战争。它与西方，特别是与美国的关系，即使不是龃龉相加，也是保持着一定距离。冷战结束后，印度与巴基斯坦在克什米尔、核武器、南亚次大陆全面军事平衡问题上都可能继续存在严重冲突。如果巴基斯坦能够赢得其他穆斯林国家的支持，印度与穆斯林的关系总的来说将会很困难。为了应付这一局面，印度可能会进行特别的努力，像以往那样逐个劝说穆斯林国家疏远巴基斯坦。随着冷战的结束，中国与邻国建立友好关系的努力扩大到了印度，两国之间的紧张状态因而得到了缓解。但是，这一趋势不可能长期维持，因为中国积极地卷入了南亚政治，而且可能会继续这样做：同巴基斯坦保持紧密的关系，加强巴基斯坦的核武器和常规军事能力，以经济援助、投资和军事援助讨好缅甸，还可能在那里发展海军设施。目前中国的力量正在扩张，在21世纪初，印度的力量也会得到很大的发展。两者之间发生冲突是极为可能的。一位分析家指出：“两个亚洲巨人之间潜在的力量竞争，以及自认为是当然的大国、文明和文化的中心，会继续促使它们支持不同的国家和事业。印度将努力崛起，不仅是作为多极世界中的一个独立的权力中心，而且是作为中国权力和影响的抗衡国家。”(注48)

至少为了对抗中－巴联盟，即使不是为了对抗更广泛的儒－伊联系，印度与俄罗斯保持密切的联系、继续大量购买俄罗斯的军事装备，也明显地符合印度的利益。20世纪90年代中期，印度从俄罗斯得到了几乎所有主要类型的武器，包括一艘航空母舰和低温火箭技术，由此导致了美国的制裁。除了武器扩散外，印度和美国之间还存在其他问题，包括人权问题、克什米尔问题和经济自由化问题。然而，美国－巴基斯坦关系的降温和在遏制中国上的共同利益，最终可能使印度和美国建立起更密切的关系。印度在南亚的力量扩张不会伤害美国的利益，反而于其有利。

文明之间及其核心国家之间的关系是复杂的，常常是自相矛盾的，而且会发生变化。任何一个文明的大多数国家在形成与另一个文明中的国家的关系时，通常追随核心国家的领导。但是情况将不会总是如此。很明显，一个文明中的所有国家不会与第二个文明中的所有国家都拥有相同的关系。共同的利益，通常是来自第三个文明的共同的敌人，导致了不同文明国家间的合作。显然，文明内部也会出现冲突，特别是在伊斯兰文明内部。此外，沿断层线边缘的集团间的关系，可能与它们各自文明中的核心国家之间的关系有极大的差别。然而，总的趋势是明显的，可以就文明间和核心国家间似乎正呈现出的结盟和对抗作一些合理的归纳。图 9.1 对此作了概括。冷战期间相对简单的两极关系已为多极、多文明世界的远为复杂的关系所取代。

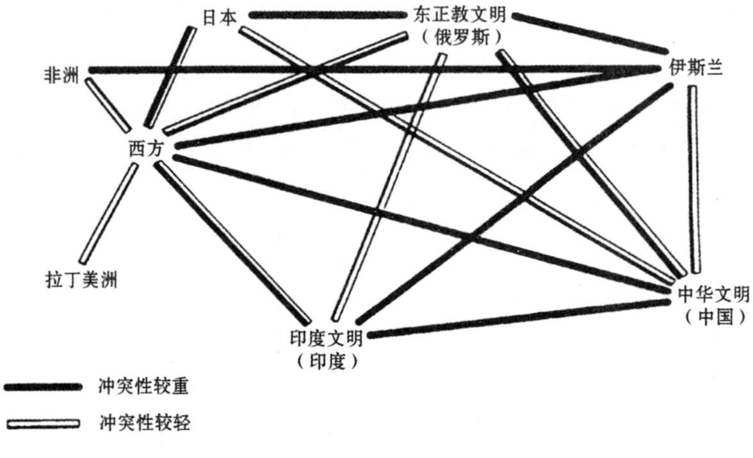

图 9.1 各文明组成的世界政治：正在出现的组合

第十章

从过渡战争到断层线战争

过渡战争：阿富汗战争和海湾战争

“第一场文明之间的战争”，摩洛哥著名学者马哈迪·埃尔曼扎拉在海湾战争正在进行时这样称呼它。(注1)事实上，这是第二场文明之间的战争，第一场是1979—1989年的苏联—阿富汗战争。这两场战争都是以一个国家直接入侵另一个国家为开端，然后转变为和在很大程度上可以重新定义为文明之间的战争。事实上，它们是走向以不同文明集团间的民族冲突和断层线战争为主的时代的过渡战争。

阿富汗战争是因苏联想维持一个卫星国的政权而发动的。由于美国作出了积极的反应，组织、资助和装备了阿富汗抵抗苏联军队的起义者，而变成了一场冷战式战争。对于美国人来说，苏联的失败证明了里根主义推动对共产主义政权武装抵抗的正确，并使他们为苏联遭到可与美国在越南的遭遇相比的屈辱而感到安慰。这场战争的失败对整个苏联社会及其政治制度都产生了影响，并极大地促进了苏联帝国的瓦解。美国人和西方人普遍认为，阿富汗战争是冷战最后的、决定性的胜利，是滑铁卢之役。

然而，对那些与苏联作战的人来说，阿富汗战争却是另外一回事。一位西方学者评论道：(注2)它是“第一场不以民族主义或者社会主义原则为基础的胜利”，而是以伊斯兰原则为基础的抵抗外来侵略的胜利。这场战争是作为圣战而发动的，它极大地增强了伊斯兰的自信心和权力。事实上，它对于伊斯兰世界的影响，可以与1905年日本在东方世界击败俄罗斯人的胜利相比。这场被西方人视为自由世界的胜利的战争，却被穆斯林视为伊斯兰的胜利。

美元和导弹是为击败苏联所不可或缺的，然而伊斯兰的集体努力同样不可缺少。伊斯兰各国政府和各种集团，竞相努力击败苏联以取得对自己有利的胜利。穆斯林获得的战时财政援助主要来自沙特阿拉伯。1984—1986 年，沙特阿拉伯为抵抗力量提供了 5.25 亿美元；1989 年，它同意提供总数为 7.15 亿美元援助中的 61%，即 4.36 亿美元，其他部分则来自美国。1993 年，它向阿富汗政府提供了 1.93 亿美元。在整个战争期间，沙特阿拉伯提供援助的总数至少与美国提供的 30 亿至 33 亿美元相等，甚至可能超过了它。战争期间，大约有来自其他伊斯兰国家的 25000 名志愿兵参战，其中主要是阿拉伯人。招募主要是在约旦进行的，这些志愿兵受到了巴基斯坦军种间情报局的训练。巴基斯坦为抵抗运动提供了必不可少的外部基地，以及后勤和其他支援。此外，巴基斯坦还是美国财政援助的代理人和输送渠道，它有目的地将援助资金的 75%给予了较强烈的原教旨主义的伊斯兰集团，其中有 50%交到了以希克马蒂亚尔为首的最极端的逊尼派原教旨主义者手中。尽管在对苏作战，但是大部分阿拉伯参战者是强烈反对西方的，它们谴责西方人道主义援助机构不道德和企图颠覆伊斯兰。苏联人最后被其不能有效地相比和抵消的三个因素所击败：美国的技术，沙特阿拉伯的金钱，以及穆斯林的人口和狂热。[注3]

这场战争遗留下了一个不稳定的伊斯兰组织的联盟，其目的在于促进伊斯兰反对一切非伊斯兰力量。战争的遗产还包括：训练有素和有经验的战士，军营、训练场地和后勤设施，一个复杂的个人和组织之间的泛伊斯兰关系网，以及包括 300－500 枚未付账的毒刺式导弹在内的大量军事装备。最为重要的是，伊斯兰从胜利中获得了实在的力量感和自信，以及进一步取得其他胜利的愿望。一位美国官员 1994 年说：阿富汗志愿兵的“圣战者资格从宗教和政治上看是无懈可击的。他们击败了世界上两个超级大国中的一个，现在正在对付第二个”。[注4]

阿富汗战争成为一场文明间的战争，是因为世界各地的穆斯林都如此认为，并为了反对苏联而团结起来。而海湾战争成为一场文明间的战争，则是因为西方在军事上干预了穆斯林的冲突，而绝大多数西方人又支持这种干预。这是世界各地的穆斯林将这种干预视为对他们发动的战争，因而联合起来反对他们所认为的西方帝国主义的又一例证。

阿拉伯和穆斯林国家政府自战争伊始就产生了分歧。由于萨达姆·侯赛因越过了神圣的边界，1990 年 8 月，阿拉伯联盟以绝对多数（14 票赞成，2 票反对，

5票弃权）通过了谴责其行径的决议。埃及和叙利亚向美国组织的反伊拉克联合部队提供了大批人员，巴基斯坦、摩洛哥和孟加拉国提供的略少。土耳其关闭了穿过其境内的从伊拉克通向地中海的输油管道，并允许盟国使用它的空军基地。作为对这些行动的回应，土耳其更强烈地要求加入欧洲；巴基斯坦和摩洛哥重申了它们与沙特阿拉伯的紧密关系；埃及的债务被取消；叙利亚得到了黎巴嫩。与此形成对照的是，伊朗、约旦、利比亚、毛里塔尼亚、也门、苏丹和突尼斯，以及诸如巴勒斯坦解放组织、哈马斯运动和伊斯兰拯救阵线等组织，尽管其中的不少国家和组织都从沙特阿拉伯得到过财政援助，但它们仍然支持伊拉克而谴责西方的干涉。其他穆斯林国家政府，如印度尼西亚政府，则采取了妥协立场或者试图避免采取任何立场。

虽然穆斯林国家政府之间最初就存在分歧，但绝大多数阿拉伯人和穆斯林的观点从一开始就是反西方的。一位在科威特被入侵三周后访问了也门、叙利亚、埃及、约旦和沙特阿拉伯的美国观察家报告说："阿拉伯世界由于对美国的愤怒而热血沸腾，看到一个勇敢的阿拉伯领袖公然反抗世界上最强大的国家，简直按捺不住心中的喜悦。"(注5) 从摩洛哥到中国，成千上万的穆斯林站在萨达姆·侯赛因一边，"欢呼他是穆斯林的英雄。"(注6) "这场冲突的一大悖论"就是民主的悖论：在那些政治较开放、言论较自由的阿拉伯国家里，对萨达姆·侯赛因的支持却"最强烈和最广泛"。(注7) 在摩洛哥、巴基斯坦、约旦、印度尼西亚等国家，一些大规模示威游行谴责西方以及诸如哈桑国王、贝娜齐尔·布托、苏哈托这样的政治领袖。将他们称为西方的走狗。甚至在叙利亚也出现了反对盟国的行动——"在那里广大市民反对外国军队进驻海湾"。印度的一亿穆斯林中有75％谴责美国发动战争，印度尼西亚的1.71亿穆斯林"几乎普遍地"反对美国在海湾的军事行动。阿拉伯国家的知识分子以类似的方式集合到同一个营垒之中，并为无视萨达姆的野蛮行径和谴责西方干涉提供了复杂的理论基础。(注8)

阿拉伯人和其他穆斯林普遍承认萨达姆·侯赛因可能是一个残忍的暴君，但是与当年罗斯福总统的看法相似，认为"他是我们的残忍暴君"。在他们看来，这次入侵是家庭事务，应当在家庭内部解决，而那些以夸夸其谈的世界正义的名义进行干涉的国家，不过是为了保护自己的私利，使阿拉伯国家继续从属于西方。据一份报告说："阿拉伯国家的知识分子鄙视伊拉克政权，不满于它的残暴和独裁，但认为它是阿拉伯世界抵抗大敌西方的一个中心。"他们"将阿拉伯世界与西方对立起来”。一位巴勒斯坦教授说：“萨达姆的所作所为是错误的，但是我们不能因伊拉克挺身而出反对西方的军事干涉而谴责他。”西方和其他地方的穆斯林则谴责非穆斯林部队进驻沙特阿拉伯“亵渎”了穆斯林圣地。[注9]简言之，普遍的观点认为：萨达姆侵略是错误的，西方干涉更是错误的，因此萨达姆与西方作战是正确的，我们支持他也是正确的。

萨达姆·侯赛因像其他断层线战争的主要参与者一样，将以前的世俗政权与可能具有最广泛号召力的事业联系在一起，那就是：伊斯兰。鉴于穆斯林世界认同的U形分布，萨达姆并无其他的真正选择。一位埃及评论家指出，选择伊斯兰，使之居于阿拉伯民族主义和不明确的第三世界反西方主义之上，“证实了伊斯兰作为动员支持力量的政治意识形态的价值”。[注10]尽管沙特阿拉伯在实践和制度方面比除伊朗和苏丹之外的其他所有穆斯林国家都更为穆斯林化，尽管它为全世界的穆斯林集团提供了财政援助，但是任何一个国家的伊斯兰运动都不支持它与西方联盟反对伊拉克，而且它们本质上都是反对西方干涉的。

对于穆斯林来说，这场战争很快就成为一场文明之间的战争，因为伊斯兰的神圣不可侵犯性受到了威胁。埃及、叙利亚、约旦、巴基斯坦、马来西亚、阿富汗、苏丹等地方的伊斯兰原教旨主义集团，都谴责这场战争是“十字军战士和犹太人”联合反对“伊斯兰及其文明”的战争，声称它们是在面临“对伊拉克人民的军事和经济侵略”的情况下支持伊拉克的。1990年秋，坐落在麦加的伊斯兰大学校长萨法·哈瓦利在一盒于沙特阿拉伯广泛流传的录音带中说：这场战争“不是世界对伊拉克，而是西方对伊斯兰”的战争。约旦国王侯赛因也用同样的腔调说：这是“一场不仅针对伊拉克，而且针对所有阿拉伯人和穆斯林的战争”。此外，正如法蒂马·莫尼斯所指出的，布什总统经常以美国的名义祈祷上帝，更加强了阿拉伯人的这是“一场宗教战争”的看法，因为布什的话散发着“7世纪伊斯兰教创教前游牧部落唯利是图的雇佣兵和后来的基督教十字军战士的臭味”。他们争辩说，这场战争是西方和犹太人阴谋策划的十字军东征，因此，不仅发动圣战作为回报是正当的，而且必须这样做。[注11]

穆斯林将这场战争视为西方对伊斯兰的战争，因而减弱或缓解了穆斯林世界内部的矛盾。与伊斯兰和西方之间压倒一切的差异相比，穆斯林之间原有差异的重要性减弱了。战争期间，穆斯林各国政府和团体不断地使自己疏远西方。像以前的阿富汗战争一样，海湾战争使过去常常想将对方置于死地的穆斯林们走到了一起，其中包括：阿拉伯世俗主义者，民族主义者和原教旨主义者；约旦政府和巴勒斯坦人；巴勒斯坦解放组织和哈马斯运动；伊朗和伊拉克；总体说来，还有反对党和政府。正如萨法·哈瓦利所说："那些伊拉克复兴党徒只是我们几个小时的敌人，而罗马直至世界末日一直是我们的敌人。"(注12)战争还使伊拉克和伊朗开始相互妥协。伊朗什叶派宗教领袖谴责西方的干涉，号召对西方发动圣战。伊朗政府减少了针对伊拉克这个前敌人采取的措施，随着战争的结束，两个政权间的关系逐步改善了。

外部敌人同样也减弱了国家内部的冲突。例如在 1991 年，有报告说，巴基斯坦"沉浸在反对西方的言论之中"，至少是暂时地团结在了一起。"巴基斯坦从来没有如此团结过。在南方省份信德，当地人和印度移民在过去的 5 年里一直互相残杀，可是现在却肩并肩地示威游行反对美国。在西北边境极端保守的部落地区，在除了周五祈祷日人们从不聚会的地方，甚至连妇女都走上街头示威。"(注13)

随着公众的反战态度日益坚定，原来与盟国有联系的政府退缩了、分裂了，或者竭力证明自己行为的合理性。像哈菲兹·阿萨德这样的曾经为盟国提供过部队的领导人，现在却争辩说之所以有必要派出这些部队，是为了抵制并最终取代西方派驻在沙特阿拉伯的军队，而这些部队在任何情况下都只应用于防御目的和保护圣地。在土耳其和巴基斯坦，高级军事领导人公开谴责其政府与盟国结盟。为盟军提供兵力最多的埃及和叙利亚政府，有效地控制了它们的社会，因而能够压制或无视反西方的压力。稍微开放一些的穆斯林国家的政府则受劝导疏远西方，并采取了越来越反西方的立场。在马格里布"爆发的对伊拉克的支持"是"这场战争最出乎意料的结果之一"。突尼斯公众舆论强烈地反对西方，总统本·阿里迅速地谴责了西方的干涉。摩洛哥政府起初向盟军提供了 1500 人的部队，但是在反西方集团动员起来后也站在伊拉克的立场上攻击西方。在阿尔及利亚，40 万人举行示威支持伊拉克，促使本来倾向于西方的总统转而谴责西方，宣称"阿尔及利亚将站在伊拉克兄弟一边"。(注14) 1990 年 8 月，三个马格里布国家政府在阿拉伯联盟中投票谴责伊拉克，但是到当年秋天，为了迎合人民强烈的情绪，又投票赞成谴责美国干涉的动议。

西方的军事努力也未得到非西方、非穆斯林文明的人民的支持。在 1991 年 1 月的民意测验中，53%的日本人反对这场战争，25%表示支持。在印度，谴责萨达姆·侯赛因和谴责乔治·布什发动战争的人各占一半。《印度时报》为此警告说，这场战争可能导致“强大、自傲的犹太教—基督教世界和弱小的伊斯兰世界之间由宗教狂热燃起的更为广泛的对抗”。于是，一场以伊拉克和科威特之间的战争为开端的海湾战争，变成了伊拉克和西方之间，然后是伊斯兰和西方之间的战争，并最终被许多非西方人视为东方与西方之间的战争，“一场白人的战争，旧式帝国主义的新发作”。(注15)

除科威特人以外，其他穆斯林对这场战争并无热情，而且几乎是清一色地反对西方的干涉。战争结束时，伦敦和纽约举行了胜利庆祝会，但在其他地方却无此种情景。苏海尔·哈什米指出：“对阿拉伯人来说，战争的结局并不值得欢庆。”相反，他们充满了强烈的失望、沮丧、屈辱和愤恨。西方再次获胜了。曾激起阿拉伯人希望的最后一位萨拉丁式的英雄，在武装进犯伊斯兰社会的强大的西方力量面前不堪一击。法蒂玛·莫尼斯问道：“对阿拉伯人来说，还有什么比这场战争的结局更坏的吗？用全部技术武装起来的整个西方向我们扔炸弹。这是极端的恐怖。”(注16)

战争之后，除科威特外，阿拉伯国家的舆论越来越不满于美国在海湾的军事存在。科威特的解放消除了任何反对萨达姆·侯赛因的理由，也使得美军在海湾的继续存在失去了理由。因此，甚至在像埃及这样的国家里，舆论也变得越来越同情伊拉克。参加了联盟的阿拉伯国家政府也改变了立场。(注17) 1992 年 8 月，埃及和叙利亚也同其他国家一样反对在伊拉克南部建立禁飞区。1993 年 1 月，阿拉伯国家政府加上土耳其反对空袭伊拉克。如果西方的空军力量可以用来反击逊尼派穆斯林对什叶派穆斯林和库尔德人的进攻，为什么它不能用来反击东正教塞尔维亚人对波斯尼亚穆斯林的进攻呢？1993 年 6 月，当克林顿总统为了报复伊拉克人企图暗杀前总统布什的行动，命令轰炸巴格达时，国际上的反应是严格按照文明线来划分的。以色列和西欧国家政府强烈支持轰炸；俄罗斯将其视为“正当的”自我防卫；中国表示“严重关切”；沙特阿拉伯和海湾酋长国保持沉默；其他穆斯林国家政府，包括埃及政府，谴责它是西方双重标准的又一例证，用伊朗的话说，是美国在“新扩张主义和利己主义”驱动下的“公然侵略”。(注18) 下述问题被反复提出：为什么美国和国际社会（即西方）不对以色列的暴行及其违反联合国决议的行动作出同样的反应？

海湾战争是冷战后文明间发生的第一场资源战争。最关键的问题是：世界上最大的石油储备，将由依靠西方军事力量保护其安全的沙特政府和酋长国政府控制，还是由有能力并有可能利用石油武器反对西方的独立的反西方政权所控制？西方未能推翻萨达姆·侯赛因，却获得了某种使海湾国家在安全上依赖西方的胜利，并扩大了和平时期在海湾的军事存在。战争之前，伊朗、伊拉克、海湾合作委员会和美国曾为获取对海湾地区的影响展开了竞争。战争之后，波斯湾变成了美国的内湖。

断层线战争的特性

部族、部落、种族集团、宗教群体和国家彼此之间的战争之所以盛行于各时代和各文明内部，是因为它们植根于人民的认同。这些冲突具有特殊的性质，它们并不涉及那些与未参战者直接利益有关的更广泛的意识形态和政治问题，尽管它们可能引起外部集团的人道主义关切。当认同的根本问题受到威胁时，这些冲突往往变成激烈而血腥的冲突。此外，这些冲突往往是长期的，尽管会被停战协议或协定暂时中断，但冲突往往会因违反协议而再起。另一方面，在为维护认同而爆发的内战中，如果一方取得了决定性的军事胜利，种族灭绝的可能性就会增加。[注19]

断层线冲突是属于不同文明的国家或集团彼此之间的社会群体冲突。断层线战争是发展成暴力的冲突。这样的战争可能发生于国家间，非政府集团间，以及国家和非政府集团之间。国家内部的断层线冲突可能涉及在独特地理区域内占优势地位的集团，在这种情况下，那些没有控制政府的集团往往为独立而战，它们可能愿意也可能不愿意接受低于独立的条件。国家内部的断层线冲突也可能涉及混居地区的集团，在这种情况下，持续紧张的关系会不时引发冲突，正如印度的印度教徒和穆斯林之间、马来西亚的穆斯林和华人之间的情况那样；也可能发展成为全面的战斗，特别是在确立新的国家及其疆界时；这样的战斗可能导致使用武力残忍地将各族人民分离开来。

断层线冲突有时是为控制人民而进行的斗争，在更多的情况下，是为了控制领土。至少有一个参与者的目的是要征服领土，通过驱逐或屠杀其他民族或二者兼用，即“种族清洗”，来从这片土地上清除其他民族。这种冲突可能充满了暴力和邪恶，双方都参与屠杀、恐怖主义、奸淫和酷刑。争夺的关键地区往往是强烈地象征着一方或双方历史和民族认同的地区，是他们拥有不容侵犯的权利的圣地，如西岸、克什米尔、纳戈尔诺—卡拉巴赫、德里纳河谷和科索沃。

一般说来，断层线战争具有一般社会群体战争的某些但不是全部的特性。它们是持久的冲突。当它们发生在国家内部时，平均时间可能会比国家间的战争长6倍。由于涉及集团认同和权力的根本问题，它们难以通过谈判和妥协来解决。所达成的协议常常不能为各方所有的派别认可，而且通常不能长久。断层线战争是一种时起时伏的战争，它们可能演变成大规模的暴力冲突，然后又减弱为低强度的战争，或者转化成压抑着的敌意，然后再度爆发。对立的群体认同和仇恨之火很少能够完全熄灭，除非通过种族灭绝。由于具有持久性，断层线战争像其他社会群体的战争一样，往往造成大量死伤和难民。这两个数字必须谨慎对待，人们普遍接受的20世纪90年代初仍在进行之中的各地断层线战争中的死亡人数为：菲律宾5万，斯里兰卡5万—10万，克什米尔2万，苏丹50万—150万，塔吉克斯坦10万，克罗地亚5万，波斯尼亚5万—20万，车臣3万—5万，西藏10万*，东帝汶20万。[注20]所有这些冲突实际上还造成了为数更多的难民。

在这些当代战争中，有许多不过是历史上持久的血腥冲突的最新一轮。20世纪末的暴力冲突不可能一劳永逸地解决。例如。1956年在苏丹爆发的战斗一直持续到1972年，虽于当年达成了给予苏丹南部某些自治权的协议，但是1983年又战火重燃。斯里兰卡的泰米尔叛乱始于1983年，为结束叛乱而举行的和平谈判于1991年中断，1994年又重开谈判，至1995年1月达成了停火协议。然而，4个月之后，暴动的猛虎组织违反了停火协议并撤出了和谈，随后又开始了更为激烈的战争。菲律宾的摩洛人起义始于20世纪70年代初，在1976年达成允许棉兰老岛某些区域自治的协议后开始减弱。但是到了1993年，由于持不同政见的反叛集团抵制争取和平的努力，又连续不断地发生了暴力冲突，其规模也日益扩大。俄罗斯和车臣领导人于1995年7月达成了非军事化协议，旨在结束于1994年12月爆发的暴力冲突。这场战争一度沉寂下来，但不久又重新爆发。车臣人袭击了俄罗斯人或亲俄罗斯的领导人，俄罗斯对此进行了报复，车臣人于1996年1月入侵达吉斯坦，1996年初俄罗斯开始大举进攻。

虽然断层线战争与其他社会群体战争同样具有旷日持久、暴力程度高和意识

* 原文如此。——编者注

形态含混不清的特性，但二者在以下两方面有所不同。首先，社会群体的战争可能在民族、宗教、种族或语言群体之间发生。然而，由于宗教信仰是区分文明的主要特征，因此断层线战争几乎总是在具有不同宗教信仰的民族之间展开。一些分析家有意贬低这种因素的重要性。例如，他们指出，波斯尼亚的塞族人和穆斯林拥有共同的种族特性和语言，在历史上曾和平相处并广泛通婚，而对宗教因素却用弗洛伊德的“小差异自恋情结”加以解释。[注21]这是一个基于世俗之见的判断。人类几千年的历史证明，宗教不是一个“小差异”，而可能是人与人之间存在的最根本的差异。断层线战争的频率、强度和暴力程度皆因信仰不同的神而极大地增强。

第二，其他社会群体战争往往具有特定性，因此，相对地说，不会扩散或卷进更多的参与者。相比之下，断层线战争根据定义，是在作为更大的文化实体的一部分的集团之间进行的战争。在一般的社会群体冲突中，A 集团与 B 集团作战，C、D 和 E 集团没有理由卷入其中，除非 A 集团或 B 集团直接威胁到他们的利益。但在断层线战争中，A_1 集团与 B_1 集团作战，他们双方都试图扩大战争，并动员本文明的亲缘集团 A_2、A_3、A_4 和 B_2、B_3、B_4 给予支持，而那些集团将认同于他们正在作战的亲缘集团。现代世界交通运输和通信技术的发展为这种联系的建立提供了方便，因此，断层线冲突便“国际化了”。移民在第三个文明的地区内建起了聚居区。通信技术使得对抗的各方更容易寻求帮助，也使其亲缘集团更容易迅速了解他们的状况。世界总体上的缩小使得各方的亲缘集团能够为冲突各方提供道义、外交、财政和物质支持，并且更难以不这样做。格林韦所说的“亲缘国综合征”，是 20 世纪末断层线战争最重要的特征。[注22]更为普遍的是，不同文明人民之间即使是小规模的冲突，也可能造成文明内部冲突所不具有的严重后果。1995 年 2 月，在卡拉奇一座清真寺中做礼拜的 18 名什叶派教徒被逊尼派枪手杀害，该事件进一步破坏了这座城市的和平，给巴基斯坦造成了问题。恰好一年以前，一名犹太定居者杀害了在希伯伦清真寺做祈祷的 29 名穆斯林，结果破坏了中东和平的进程，给世界造成了问题。

发生频率：血腥的伊斯兰边界

社会群体的冲突和断层线战争是历史的内容。根据一项统计，冷战期间共发生了约32次种族冲突，包括阿拉伯和以色列、印度和巴基斯坦、苏丹的穆斯林和基督教徒、斯里兰卡的佛教徒和泰米尔人、黎巴嫩什叶派和马龙派之间的断层线战争。在20世纪40年代和50年代，约有一半的内战是认同战争，但是在其后的三十来年中有将近四分之三的内战属于认同战争，在50年代初至80年代末期间涉及种族集团的对抗增加了3倍。然而，由于超级大国的对抗无所不至，除了个别明显的例外，这些冲突只引起了相对来说极小的注意，而且人们常常从冷战的角度来看待它们。随着冷战的结束，社会群体的冲突变得更为突出，可以说，也比以往更为普遍。种族冲突事实上出现了某种“高潮”。(注23)

这些种族冲突和断层线战争并不是均匀地分布在世界各文明中间。重大的断层线战争发生在南斯拉夫的塞尔维亚人和克罗地亚人、斯里兰卡的佛教徒和印度教徒之间，而在少数其他地方，非穆斯林集团之间只发生了暴力程度较低的冲突。然而，绝大多数的断层线冲突是沿着将穆斯林和非穆斯林区分开的环绕着欧亚和非洲的边界发生的。尽管在世界政治的宏观层面或全球层面上，文明的主要冲突是在西方和非西方之间展开的，但在微观层面和地区层面上，它却是在伊斯兰和非伊斯兰之间展开的。

激烈的对抗和暴力冲突在同一地区的穆斯林和非穆斯林之间极为普遍。在波斯尼亚，穆斯林和信奉东正教的塞族人进行了一场流血的、破坏性极大的战争，还与信奉天主教的克族人发生了冲突。在科索沃，阿尔巴尼亚族穆斯林不满于塞尔维亚人的统治，保持着自己的地下政府，在这两个集团之间也极有可能发生激烈的冲突。阿尔巴尼亚政府和希腊政府为坚持本民族在对方国家居住者的权利而争吵不休。土耳其人和希腊人在历史上就互不相容。在塞浦路斯，相邻的穆斯林土耳其族人和信奉东正教的希腊族人一直关系敌对，各自为政。在高加索，土耳其人和亚美尼亚人是夙敌，阿塞拜疆人和亚美尼亚人为控制纳戈尔诺—卡拉巴赫而战。在北高加索，200年来车臣人、印古什人和其他穆斯林为了摆脱俄罗斯的统治进行了断断续续的战争。残酷的战争于1994年在俄罗斯人和车臣人之间再次展开，在印古什人和信奉东正教的奥塞梯人之间也发生了战争。在伏尔加盆地，穆斯林鞑靼人在过去以及在90年代初与俄罗斯人展开了斗争，最后就有限的主权达成了不稳定的妥协。

在整个19世纪，俄罗斯人使用武力逐渐控制了中亚的穆斯林各民族。20世纪80年代期间，阿富汗人和俄罗斯人之间打了一场大战，俄罗斯撤退后，战争余波仍在塔吉克斯坦蔓延，一方是俄罗斯军队支持的现政府，另一方在很大程度上是伊斯兰主义反叛分子。在新疆，维吾尔族和其他穆斯林集团反对汉化，并且正在发展与苏联各共和国内的同族人和共同宗教信仰者的关系。在南亚次大陆，巴基斯坦和印度之间曾发生过三次战争，此外还有克什米尔穆斯林反抗印度统治的起义，阿萨姆穆斯林移民与部落民族之间的战争，以及遍及全印度的穆斯林和印度教徒间的骚乱和暴力冲突，这些都是由两个宗教社会群体中原教旨主义运动的兴起所引发的。在孟加拉，佛教徒抗议占人口多数的穆斯林对他们的歧视；在缅甸，则是穆斯林抗议占多数的佛教徒对他们的歧视。在马来西亚和印度尼西亚，穆斯林不时地发起反对华人的骚乱，抗议他们对经济的控制。在泰国南部，穆斯林集团断断续续地参与了反抗佛教政府的起义。在菲律宾南部，曾发生过一次穆斯林摆脱天主教国家和政府的统治、争取独立的起义。另一方面，在印度尼西亚，信奉天主教的东帝汶人则为反抗穆斯林政府的镇压而斗争。

在中东，巴勒斯坦的阿拉伯人和犹太人之间的冲突可以追溯到犹太人建立家园。在以色列和阿拉伯国家之间发生了四次战争，巴勒斯坦人为反抗以色列人的统治发动了起义。在黎巴嫩，马龙派基督教徒与什叶派伊斯兰教徒进行了一场战斗，结果以失败告终。在埃塞俄比亚，信奉东正教的阿姆哈拉人在历史上一直压制穆斯林种族集团，并遭遇过穆斯林奥罗莫人的暴动。在非洲之角，北部的阿拉伯人和穆斯林与南部的唯灵论基督教黑人发生着各种类型的冲突。在苏丹，发生了穆斯林与基督教徒之间最血腥的战争，战争持续了几十年，造成了成千上万的伤亡。尼日利亚的政治一直为北部的穆斯林富拉尼人—豪萨人和南部的基督教部落之间的冲突所主导，暴动和军事政变频繁不断，还发生了一场大战。在乍得、肯尼亚和坦桑尼亚，穆斯林和基督教集团之间也发生了类似的斗争。

在所有这些地区，穆斯林和属于其他文明的人——天主教徒、新教徒、东正教徒、印度教徒、华人、佛教徒和犹太人——之间的关系总体上是对抗性的，他们之间大部分在历史上的某一时刻曾发生暴力冲突，很多在 20 世纪 90 年代仍处于暴力冲突中。沿着伊斯兰周边看去，穆斯林总是难以与其邻居和平相处。于是人们自然会问，20 世纪末穆斯林和非穆斯林集团之间的这种冲突模式，是否也存在于其他文明的集团之间。事实并非如此。穆斯林占世界人口的五分之一，但是在 20 世纪 90 年代，他们比其他任何文明的人都更多地卷入了集团间的暴力冲突。这方面的例子不胜枚举。

1. 1993—1994年，穆斯林参与了泰德·罗伯特·格尔进行深入分析的50次种族—政治冲突中的26次（表10.1）。这些冲突中有20次是不同文明集团间的冲突，其中15次是穆斯林和非穆斯林之间的冲突。简而言之，涉及穆斯林的文明间冲突是所有非穆斯林文明冲突的三倍。伊斯兰内部的冲突也远远超过其他任何一种文明中的冲突，包括非洲的部落冲突。与伊斯兰形成鲜明对照的是，西方只卷入了两次文明内部的冲突和两次文明之间的冲突。涉及穆斯林的冲突往往死伤惨重。在格尔分析的6次战争中，估计有20万或者更多的人被杀害，其中3次战争（苏丹、波斯尼亚、东帝汶）发生在穆斯林和非穆斯林之间，2次（索马里、伊拉克—库尔德）是在穆斯林之间，仅有1次（安哥拉）涉及非穆斯林。

表 10.1 **种族政治冲突**：1993—1994 **年**

	文明内部冲突	文明间冲突	总数
伊斯兰	11	15	26
其他	19*	5	24
总数	30	20	50

*其中10次是非洲的部落冲突。

资料来源：泰德·罗伯特·格尔：《人民对国家：种族政治冲突及变化中的世界体系》，载于《国际研究季刊》第38期（1994年9月），第347—378页。我应用了格尔的冲突分类法，只是将中国—西藏冲突作了改动；他将这个冲突作为非文明间冲突而纳入了文明内部的冲突，但它显然是儒教的汉人和喇嘛教的藏族佛教徒之间的冲突。

2.《纽约时报》确认，1993年在48个地方发生了约59次种族冲突，其中一半地方发生的是穆斯林之间或者穆斯林与非穆斯林的冲突。59次冲突中有31次是不同文明集团间的冲突；与格尔的数据类似的是，在这些文明间的冲突中，有三分之二（21次）是穆斯林和其他文明间的冲突（表10.2）。

3. 在另一项分析中，鲁思·莱格·西瓦德确认1992年发生了29次战争（1年间死亡人数达到1000人或以上的冲突定为战争）。在12次文明间的冲突中，有9次是穆斯林和非穆斯林之间的冲突，同样，穆斯林比属于任何其他文明的人都进行了更多的战争。(注24)

表 10.2 种族冲突：1993 年

	文明内部冲突	文明间冲突	总数
伊斯兰	7	21	28
其他	21*	10	31
总数	28	31	59

* 其中 10 次是非洲的部落冲突。

资料来源：1993 年 2 月 7 日，《纽约时报》第 1 版和第 14 版。

这样三个不同的数据得出了同样的结论：20 世纪 90 年代初期，穆斯林较之非穆斯林参与了更多的集团间暴力冲突，文明间战争有三分之二到四分之三是穆斯林和非穆斯林之间的战争。穆斯林的边界是血腥的，其内部也是如此*。

穆斯林偏好暴力冲突的倾向亦通过穆斯林社会的军事化程度表现出来。20 世纪 80 年代，穆斯林国家拥有军队的比率（即在每 1000 人口中军人所占的比率）和军费投入比率（军费按一国财富计算的比率）大大高于其他国家的同类比率。相比之下，基督教国家军队的比率和军事投入指数大大低于其他国家同类比率。穆斯林国家的这两项平均比率大约相当于基督教国家的两倍（表 10.3）。詹姆斯·佩恩得出结论说："很明显，在穆斯林与军国主义之间存在着联系。"(注25)

穆斯林国家在国际危机中还具有强烈的诉诸暴力的倾向。在 1928 年至 1979 年期间穆斯林介入的总计为 142 起的危机中，利用暴力来解决的占 76 起。在 25 起危机中，暴力是对付危机的基本手段；在 51 起危机中，穆斯林国家在使用其他手段的同时还使用了暴力。穆斯林国家使用暴力，不用则已，一用便是高强度的暴力，在使用暴力的情况下，有 41％诉诸了全面战争，38％为重大冲突。穆斯林国家在其 53.5％的危机中诉诸了暴力；而在其他国家介入的危机中，英国动用暴力的比率仅为 11.5％，美国为 17.9％，苏联为 28.5％。在诸大国中，只有中国的暴力倾向超过了穆斯林国家：它在其 76.9％的危机中使用了暴力。(注26) 穆斯林的好战性和暴力倾向是 20 世纪末的事实，无论穆斯林或非穆斯林都不能否认。

* 在我于《外交》季刊上发表的文章中，没有一句话比"血腥的伊斯兰边界"招致更多的批评了。我的判断是基于一份有关文明间冲突原因的调查报告，大量不带偏见的资料完全证明了它的正确。——原书脚注

表 10.3　穆斯林国家与基督教国家军事化比较

	平均军队比率	平均军费投入比率
穆斯林国家（n=25）	11.8	17.7
其他国家（n=112）	7.1	12.3
基督教国家（n=57）	5.8	8.2
其他国家（n=80）	9.5	16.9

资料来源：詹姆斯·佩恩：《国家为何武装》（牛津：贝西尔·布莱克威尔出版公司，1990 年版）穆斯林和基督教国家是指那些其 80%以上的人口信奉该宗教的国家。

原因：历史、人口和政治

促成 20 世纪末断层线战争高潮以及穆斯林在这些冲突中起主要作用的原因是什么？首先，这些战争有其历史根源。不同文明集团间过去发生的断断续续的断层线暴力冲突，仍然存在于人们的记忆之中，这些记忆反过来又引起了双方的恐惧和不安全感。南亚次大陆的穆斯林和印度教徒，北高加索的俄罗斯人和高加索人，外高加索的亚美尼亚人和土耳其人，巴勒斯坦的阿拉伯人和犹太人，巴尔干的天主教徒、穆斯林和东正教徒，从巴尔干到中亚的俄罗斯人和土耳其人，斯里兰卡的僧伽罗人和泰米尔人，遍布非洲大陆的阿拉伯人和黑人，几个世纪以来，他们之间的全部关系要么是不信任地共处，要么是发生激烈的暴力冲突。历史遗留的冲突会被那些认为有理由这样做的人利用和使用。在这些关系中，历史是活生生的，完整的，并且是可怕的。

然而，历史上断断续续发生的屠杀，这一点本身并无法解释，为什么 20 世纪末暴力冲突又再次上升。正如很多人所指出的，南斯拉夫的塞尔维亚人、克罗地亚人和穆斯林毕竟非常和平地共同生活了几十年。印度的穆斯林和印度教徒也是如此。除由政府造成的少数明显例外，苏联的许多民族和宗教集团都曾和平共处。泰米尔人和僧伽罗人在一个常常被称为热带乐园的岛屿上也曾平静地共同生活着。历史并未阻止这种相对和平的关系在相当长的时期内占优势，因此，它本身并不能解释和平被打破的原因。在 20 世纪的最后几十年中，一定是出现了其他一些因素。

人口对比的变化就是这样的因素之一。一个集团人口的扩张给其他集团造成了政治、经济和社会压力，并引起了抵制。更为重要的是，它给人口增长较少的集团造成了军事压力。20 世纪 70 年代初，黎巴嫩历时 30 年的法律秩序的崩溃，在很大程度上是什叶派人口相对于马龙派基督教人口急剧增长所致。加里·富勒指出，在斯里兰卡，1970 年僧伽罗民族主义分子暴动的高峰和 80 年代末泰米尔人暴动的高峰，与这两个集团中 15—24 岁的"青年人口膨胀"超过斯里兰卡全部人口 20%的年份完全吻合（见图 10.1）。[注27]一位美国驻斯里兰卡外交官注意到，僧伽罗暴动分子事实上都是 24 岁以下的年轻人。据报道，泰米尔猛虎组织"在依靠娃娃兵方面是独一无二的"，它招募"甚至才 11 岁的男孩和女孩"，在战斗中被杀害者"有的死时尚不足 10 岁，仅有少数人超过 18 岁"。《经济学家》杂志评论道：猛虎组织正在发动一场"未成年人的战争"。[注28]同样，俄罗斯人与其南面的穆斯林之间的断层线战争，也是由于人口增长的重大差异造成的。20 世纪 90 年代初，俄罗斯联邦的人口出生率是 1.5%，而苏联加盟共和国主要为穆斯林的中亚地区的人口出生率为 4.4%，80 年代末后者的人口净增长率（出生率减死亡率）是俄罗斯的 5—6 倍。80 年代，车臣的人口增长了 26%，车臣地区是俄罗斯境内人口最密集的地区之一，它的高出生率导致了向外移民，并为战争提供了兵源。[注29]穆斯林的高出生率，以及从巴基斯坦向克什米尔的移民，再次刺激了对印度统治的抵抗。

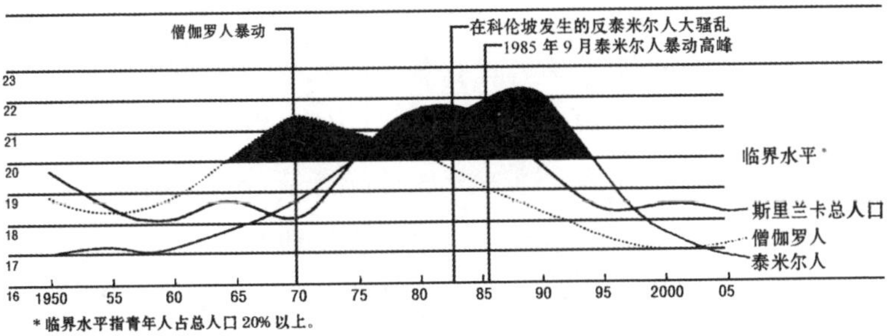

图 10.1 斯里兰卡：僧伽罗人和泰米尔人青年人口膨胀

（15—24 岁人口在总人口中所占的百分比）

南斯拉夫境内文明间战争的复杂过程有许多原因和爆发点。然而，导致这些冲突的最为重要的因素，可能是在科索沃发生的人口变化。科索沃是塞尔维亚共和国的一个自治省，除了脱离权外，它拥有6个南斯拉夫共和国事实上拥有的各项权利。1961年，科索沃人口中的67%为阿尔巴尼亚族穆斯林，24%为东正教塞尔维亚人。然而，阿尔巴尼亚族的出生率是欧洲国家中最高的，因此，科索沃便成为南斯拉夫人口最为密集的地区。至80年代，将近50%的阿尔巴尼亚族人的年龄在20岁以下。在人口问题的压力下，塞尔维亚人从科索沃流向贝尔格莱德和其他地方以寻求经济机会。结果，至1991年，在科索沃的人口中90%为穆斯林，10%为塞尔维亚人。(注30)尽管如此，塞尔维亚人仍将科索沃视为他们的“圣地”或“耶路撒冷”，它是一些历史事件的遗址，其中包括于1389年6月28日发生的一场大战。在那场战争中，塞尔维亚人被奥斯曼土耳其人击败，并在其后将近500年的时间里处于奥斯曼帝国的统治之下。

20世纪80年代末，人口对比的变化导致了阿尔巴尼亚族提出科索沃享有南斯拉夫共和国地位的要求。塞尔维亚人和南斯拉夫政府抵制了这一要求，担心科索沃一旦拥有脱离权便会如此实行，或者与阿尔巴尼亚合并。1981年3月，阿尔巴尼亚族人中爆发了抗议和骚乱以支持获得共和国地位的要求。按照塞尔维亚人的说法，阿尔巴尼亚族针对塞尔维亚人的歧视、迫害和暴力的活动不断增加。一位克罗地亚新教徒说：“20世纪70年代末以来发生了无数起暴力事件，包括毁坏财产、使人丧失工作、骚扰、奸淫、打斗和屠杀。”这一事态的后果是，“塞尔维亚人宣称他们面临的威胁具有种族灭绝的性质，这是他们再也无法忍受的。”科索沃塞尔维亚人的誓言得到了塞尔维亚境内其他地方的响应，其结果是1986年发表了由200人签名的声明，签名者有著名的塞尔维亚知识分子、政治家、宗教领袖、军官，还包括自由反对派杂志《实践》的编辑。声明要求政府采取强有力措施制止在科索沃发生的对塞尔维亚人的种族灭绝行为。根据对种族灭绝所作的任何合理定义，塞尔维亚人的指控应当说是极度地夸大其词，然而一位同情阿尔巴尼亚族的外国观察家说：“在20世纪80年代，阿尔巴尼亚民族主义分子应当对大量针对塞尔维亚人的暴力攻击，以及对一些塞尔维亚人的财产破坏负责。”(注31)

所有这一切激起了塞尔维亚人的民族主义情绪，而米洛舍维奇则看到了他的机会。1987年，他在科索沃发表了一个重要讲话，呼吁塞尔维亚人对自己的土地和历史提出权利要求。“紧接着，大批的塞尔维亚人——共产主义者，非共产主义者，甚至反共产主义者——开始聚集在他的周围，决心不仅保护科索沃的塞尔维亚少数民族，而且要镇压那里的阿尔巴尼亚族，将他们变为二等公民。米洛舍维奇很快地被公认为民族领袖。”[注32] 两年之后，于 1989 年 6 月 28 日，米洛舍维奇带领着 100 万—200 万塞尔维亚人回到科索沃，参加历史上那场标志着他们与穆斯林之间要不断进行战争的伟大战役 600 周年纪念活动。

阿尔巴尼亚族人口和力量的增长在塞尔维亚人中引起的恐慌和民族主义情绪，由于波斯尼亚的人口变化而进一步加剧了。1961 年，在波斯尼亚—黑塞哥维纳的人口中，43%为塞尔维亚族，26%为穆斯林；至 1991 年，那里的人口比率几乎完全相反：塞尔维亚族人口所占比率降至 31%，而穆斯林人口升至 44%。在这 30 年中，克罗地亚族人口所占比率从 22%降至 17%。一个种族集团人口的扩张导致了另一个集团的种族清洗。“我们为什么要杀害儿童?”一个塞尔维亚族战士在 1992 年自问自答道：“因为总有一天他们会长大，到那时我们还得去杀他们。”不那么残忍的波斯尼亚克罗地亚族当局，则采取了行动阻止它们的地域被穆斯林“人口占领”。[注33]

人口对比的变化和青年人以 20%或更高比率的增长，是导致 20 世纪末许多文明间冲突的原因。然而，它并不能解释所有的冲突。例如，塞尔维亚人和克罗地亚人之间的战斗就不能归结为人口。这个问题只有一部分可以归因于历史，因为直至第二次世界大战克罗地亚乌斯塔希分子屠杀塞尔维亚人之前，两个民族一直相对和平地生活在一起。在这里以及在其他地方，政治也是造成冲突的一个原因。第一次世界大战结束时，奥匈帝国、奥斯曼帝国和俄罗斯帝国的崩溃，导致各后继民族和国家之间的种族和文明冲突。第二次世界大战后，英国、法国和荷兰帝国的崩溃也造成了同样的后果。冷战结束时，共产主义政权在苏联和南斯拉夫的垮台所造成的后果亦不例外。当人们已不再可能自认为是共产主义者、苏联公民或者南斯拉夫人之时，便迫切地需要寻求一种新的认同。他们在旧有的族性和宗教中找到了这种认同。压制的然而是和平的国家秩序在这样的前提下才能实现：信奉不同上帝的民族不以暴力取代他人的上帝。

正在形成的政治实体推行民主的需要加速了这一进程。当苏联和南斯拉夫已开始分裂时，权力精英们便不再组织全国大选。如果他们这样做了，政治领袖们就会为夺取中央权力而展开竞争，向选民呼吁建立多民族和多文明的政权，并在议会中建立类似的多数联盟。但是，苏联和南斯拉夫的选举首先是以共和国为基础的，这就不可抗拒地刺激了政治领袖们去进行反对中央的运动，调动本族的民族主义情绪，并促进自身所在的共和国的独立。甚至在波斯尼亚 1990 年的大选中，民众的选票也是严格地按照种族来划分的。多民族的改革党和前共产党各自所得的选票都不足 10%。穆斯林民主行动党的得票率为 34%，塞尔维亚民主党为 30%，克罗地亚民主联盟为 18%。这个比例大致接近于穆斯林、塞族和克族在人口中所占的比例。在苏联和南斯拉夫所有共和国进行的第一次公平竞争的选举中，得胜者几乎都是能够调动起民族情绪，并许诺采取强有力的行动反对其他种族集团、捍卫本民族特性的政治领袖们。竞选提高了民族主义的号召力，并促使断层线冲突激化为断层线战争。用博格丹·戴尼奇的话来说，当“种族成为民众的构成成分时”(注34)，其最初的结果就是论战或战争。

现在的问题仍然是，为什么在 20 世纪结束时，穆斯林远比其他文明的人卷入了更多的集团间暴力冲突？情况是否总是如此？过去，基督教徒曾杀害其基督教兄弟和大量其他人民。评价整个历史中各文明的暴力倾向需要广泛的研究，而在这里是做不到的。这里所能做的，就是确认造成当前穆斯林集团暴力活动的可能原因，包括伊斯兰内部和外部的暴力活动，并将在整个历史中造成集团冲突更大倾向的那些原因，如果这种倾向存在的话，与仅仅造成 20 世纪末暴力倾向的原因区分开来。可能的原因共有六个，其中三个仅能解释穆斯林和非穆斯林之间的暴力冲突，另外三种则既能解释前者又能解释伊斯兰教内部的暴力冲突。同样，其中三个仅解释了当代穆斯林的暴力倾向，另外三个则既能解释当代又能解释历史上穆斯林的暴力倾向，如果它存在的话。然而，如果这种倾向在历史上并不存在，那么，其假定原因就不能解释不存在的历史倾向，因而大概也不能解释已被证明的当代穆斯林集团的暴力倾向。那么，后一种倾向，只能用在过去几百年里不曾存在的 20 世纪的原因来加以解释。(表 10.4)

表 10.4　穆斯林冲突倾向的可能原因

	穆斯林的外部冲突	内部和外部冲突
历史和当代冲突	地理邻近 互不相容	好战
当代冲突	受害者地位	人口膨胀 缺少核心国家

首先，有人论证说，伊斯兰教从创始起就是一个尚武的宗教。伊斯兰教起源于“好战的贝都因游牧部落”，伊斯兰教的基础深深地打上了“这种暴力起源的烙印。穆罕默德本人就是作为一位坚强的战士和高超的军事指挥家留在人们记忆之中的”[注35]（没有人会这样形容基督或者释迦牟尼）。据说，伊斯兰教的教义指示教徒向非教徒发动战争。然而，当伊斯兰教最初的扩张逐渐停止之后，穆斯林集团违背了教义，在自己人中间展开了战争。内部冲突相对于圣战的比率急剧上升。《古兰经》和其他有关穆斯林信仰的陈述几乎都不禁止使用暴力，在穆斯林的教义和实践中没有非暴力的概念。

第二，伊斯兰教从其发源地阿拉伯半岛传播到北非和中东的大部分地区，以后又传播到中亚、南亚次大陆和巴尔干，这使得穆斯林直接接触了许多不同的民族，他们被征服并皈依了伊斯兰教。这一进程的遗产现在仍然存在。随着奥斯曼帝国对巴尔干的征服，城市里的南斯拉夫人往往皈依了伊斯兰教，而居住在乡村的农民却没有，因此产生了穆斯林波斯尼亚人和东正教塞尔维亚人之间的差异。与此相反，俄罗斯帝国向黑海、高加索和中亚的扩张，使得它与各穆斯林民族发生了几百年间持续不断的冲突。西方在其权力压倒穆斯林而达到顶点之时提出让犹太人在中东建立家园，则奠定了阿拉伯—以色列持续对抗的基础。穆斯林和非穆斯林在陆地上的扩张，导致两者在整个欧亚大陆紧密相邻地生活在一起。相反，西方在海上的扩张通常没有导致西方人与非西方民族毗邻而居，因为除了在南非，这些非西方民族要么已臣服于欧洲的统治，要么已事实上被西方殖民者大批杀害了。

造成穆斯林—非穆斯林冲突的第三个可能原因，是一位政治家在谈论自己的国家时所说的：穆斯林的“不相容”。但是，这种不相容是两方面的，穆斯林国家和非穆斯林少数民族之间存在的问题，与非穆斯林国家和穆斯林少数民族之间存在的问题类似。伊斯兰教是一个绝对的信仰，而且在这一点上更甚于基督教。它把宗教和政治结合在一起，将信仰伊斯兰教者和非信仰者明确地区分开来。其结果是，儒教徒、佛教徒、印度教徒、西方基督教徒和东正教徒彼此相互适应和生活在一起，较之他们中的任何一个与穆斯林相互适应和生活在一起，要更为容易。例如，华人在大多数东南亚国家都是在经济上处于优势地位的少数民族，他们已成功地融入了信仰佛教的泰国社会和信仰基督教的菲律宾社会。事实上，在这两个国家里并没有出现多数民族集团反对华人的暴力活动的重要例证。与此相反，在穆斯林的印度尼西亚和穆斯林的马来西亚，发生了反对华人的暴乱和（或者）暴力活动，华人在那些社会里的作用仍然是非常敏感的、可能爆发的潜在问题，而在泰国和菲律宾的情况就并非如此。

好战，不相容，以及与非穆斯林群体相邻，仍然是穆斯林持续存在的特点，而且是造成整个历史过程中穆斯林具有冲突倾向的原因，如果这种倾向存在的话。另外三个暂时而有限的因素，则造成了 20 世纪末穆斯林的冲突倾向。穆斯林的解释是，西方推行帝国主义和穆斯林社会在 19 世纪、20 世纪的屈从地位，使人们产生了穆斯林在军事和经济上软弱无能的印象，因而促使非穆斯林集团将穆斯林视为进攻目标。根据这个观点，穆斯林是广泛传播的歧视穆斯林思想的受害者，正如历史上曾在西方出现的歧视犹太人的现象一样。阿克巴·艾哈迈德断言：诸如巴勒斯坦人、波斯尼亚人、克什米尔人和车臣人这样的穆斯林群体，像"印第安红种人一样，是受压迫的群体，他们被剥夺尊严，被困在用祖先遗留下的土地改建成的居住区内"。[注36]但是，穆斯林是受害者的观点无法解释在诸如苏丹、埃及、伊朗和印度尼西亚穆斯林多数民族和非穆斯林少数民族之间发生的冲突。

一个更具说服力的因素或许能够解释伊斯兰内部和外部冲突的原因，那就是在伊斯兰社会中缺少一个或一个以上的核心国家。为伊斯兰辩护的人常常宣称，西方批评伊斯兰的人相信在伊斯兰集团中存在一个中心的、搞阴谋的指导力量，它动员和协调伊斯兰反对西方和其他民族的行动。如果批评家们相信这一点，那他们就错了。伊斯兰之所以成为世界上一个不稳定的根源，就在于它缺少一个起主导作用的中心。那些渴望成为伊斯兰世界领袖的国家，如沙特阿拉伯、伊朗、巴基斯坦、土耳其，潜在的还有印度尼西亚，都竞相在穆斯林世界发挥影响。但是它们中的任何一个都未处于能够调解伊斯兰内部冲突的强有力地位；也没有一个能够在穆斯林和非穆斯林集团发生冲突时，作为代表伊斯兰的权威出面讲话。

最后，也是最为重要的一点，就是伊斯兰社会的人口爆炸，此外，15—30岁年龄段中常常存在的大量男性失业者，也是造成不稳定以及伊斯兰内部和反对非穆斯林暴力活动的自然原因。不论还有其他什么原因在起作用，单是这一因素就足以解释20世纪80和90年代穆斯林暴力行动的原因。到21世纪30年代，随着“生育高峰期”的一代人步入老年和穆斯林社会经济的发展，如果出现这种情况的话，穆斯林的暴力倾向可能会随之减弱，断层线战争的频率和强度也会普遍下降。

第十一章

断层线战争的动力

认同：文明意识的增强

断层线战争都经历加剧、扩大、遏制和中断的过程，然而却极少得到解决。这些过程通常是相继发生的，但也常常是重合的，并可能重复出现。断层线战争一旦发生，就像其他社会群体的冲突一样，趋于呈现出自己的生命力，并按照行动—反应模式发展。以往曾经是多重的、随意的认同，现在变得集中和强化了。社会群体的冲突被恰当地称为“认同战争”。(注1)随着暴力冲突的扩大，最初的关键问题往往被笼统地重新定义为“我们”对抗“他们”，集团的内聚力和责任感也得到了增强。政治领袖扩大和深化了他们对种族和宗教忠诚的号召力。相对于其他认同，文明的认同增强了。一种类似于国际关系中“安全困境”的“仇恨动力”出现了，在其中，双方的恐惧、不信任和仇恨彼此助长。(注2)双方都把善与恶之间的差别戏剧化和夸大了，并最终试图将这种差别转化为生者与死者的根本差别。

随着革命的演进，温和派、吉伦特派和孟什维克败在了激进派、雅各宾党人和布尔什维克手下。在断层线战争中往往出现类似的过程。温和派抱着如自治而不是独立这样的较有限的目标，不可能通过几乎总是从一开始就失败的谈判来达到这些目标，就被想通过暴力达到更极端目标的激进派所补充或者取代。在摩洛人与菲律宾人的冲突中，最主要的暴动组织——摩洛民族解放阵线，首先得到了立场更极端的摩洛伊斯兰解放阵线的补充，然后又得到了立场甚至更为极端、反对其他组织与菲律宾政府达成停火协议的阿布·赛义夫组织的补充。苏丹政府在20世纪80年代采取了日益极端的伊斯兰主义立场。90年代初，暴动的基督教组织分裂了，产生了一个新的组织——南苏丹独立运动，它提倡的是独立而不仅仅是自治。在以色列人同阿拉伯人之间正在进行的冲突中，当主流派的巴勒斯坦解放组织开始与以色列政府谈判之时，穆斯林兄弟会的哈马斯组织便对巴勒斯坦解放组织发动了挑战，谴责它背叛了巴勒斯坦人。与此同时，以色列政府参加谈判招致了以色列极端主义宗教组织的抗议甚至暴力反对。1992－1993年，随着车臣与俄罗斯冲突的加剧，杜达耶夫政府开始为"车臣民族主义分子中最激进的派别"所支配，"该派反对任何迁就莫斯科的行为，于是较为温和的力量被推到在野派的地位"。在塔吉克斯坦也发生了类似的变化。"随着1992年冲突的升级，塔吉克民族主义—民主集团的影响逐渐为伊斯兰主义集团所取代，后者在动员贫苦农民和城市不满青年方面更为成功。随着较为年轻的领导人开始向传统的、较实用的宗教上层提出挑战，伊斯兰教徒的言论也变得日益激进。"一位塔吉克领袖说："我不再使用外交辞令，而是开始使用战斗的语言，面对俄罗斯人在我家乡造成的形势，它是唯一适用的语言。"(注3)在波斯尼亚穆斯林民主行动党内，以阿利亚·伊泽特贝戈维奇为首的更极端的民族主义派别，变得比哈里斯·西拉季奇领导的较宽容的、具有多元文化倾向的派别更有影响。(注4)

极端主义者的胜利并不一定是持久的。他们的暴力行动并不比温和的妥协更有可能结束断层线战争。当死亡和破坏造成的代价日益增长而令人们看不到前景时，双方内部的温和派就可能站出来，再次指出所有暴力行动是"无意义"的，并敦促人们再次尝试通过谈判来解决问题。

在战争过程中，多样的认同隐退了，与冲突相关的认同开始占上风。这种认同几乎总是以宗教来定义的。在心理上，宗教为反对"不信仰上帝"的力量的斗争提供了最令人放心的和最坚实的理由，而那种力量往往被视为一种威胁。在现实中，宗教的或文明的群体，是卷入冲突的地方集团能够寻求支持的最为广泛的群体。如果两个非洲部落之间发生了地区战争，一个部落可以将自己定义为穆斯林，另一个部落则可自称为基督教徒；于是前者可望获得沙特的金钱、阿富汗圣战者组织的支持以及伊朗的武器和军事顾问；后者则有可能寻求西方的经济和人道主义援助，以及西方各国政府的政治和外交支持。除非一个集团能够像波斯尼亚穆斯林那样，让人相信自己是种族灭绝行为的受害者，从而唤起西方的同情，否则它只能指望从本文明亲族中得到重要的支持。除了波斯尼亚穆斯林外，情况通常是如此。断层线战争就其定义而言，是具有广泛联系的地区集团间的区域战争，因此这种战争促进了参与者的文明认同。

尽管在其他文明的断层线战争参与者中，文明的认同也得到了加强，但在穆斯林之中尤为普遍。断层线战争可能会源于家族、部族或部落冲突，但由于穆斯林世界认同的U型分布，随着斗争的发展，穆斯林参与者很快就会寻求扩大他们的认同，并向整个伊斯兰世界发出呼吁，甚至反原教旨主义的世俗主义者萨达姆·侯赛因也是如此行事。一位西方人指出，阿塞拜疆政府也照样在打“伊斯兰牌”。在塔吉克斯坦，在一场由塔吉克斯坦内部的地区冲突演化而成的战争中，反叛者逐步地将其事业定义为穆斯林的事业。在19世纪北高加索人和俄罗斯人的战争中，穆斯林领袖沙米尔自称为伊斯兰主义者，并“在伊斯兰教和抵抗俄罗斯征服的基础上”团结了十几个民族集团和语言集团。20世纪90年代，杜达耶夫利用80年代在高加索发生的伊斯兰复兴运动推行同样的战略。他得到了穆斯林教士和伊斯兰政党的支持，并手持古兰经宣誓就职（甚至就是在叶利钦得到了东正教牧首的祝福之时）。1994年，杜达耶夫建议车臣成为按照伊斯兰教教法管理的伊斯兰国家。车臣军人佩带着饰有“车臣圣战”的绿色围巾，在进入战斗时高呼着“真主保佑”。[注5]同样，克什米尔穆斯林的自我认同，从包括穆斯林、印度教徒、佛教徒在内的区域认同，或印度世俗主义者的认同，而转到第三种认同，反映为“穆斯林民族主义在克什米尔的兴起和伊斯兰原教旨主义价值的跨国传播”，它“使得克什米尔穆斯林感到自己既是伊斯兰巴基斯坦的一部分，又是穆斯林世界的一部分”。1989年反对印度的暴动，最初是由一个“相对世俗”并得到巴基斯坦政府支持的组织领导的。后来巴基斯坦的支持转向了伊斯兰原教旨主义集团，于是这些集团便成了主角。这些集团包括“铁杆暴动者”，这些人似乎“要为圣战而继续进行圣战，不论希望和结果是什么”。另一位观察家报告说：“民族主义情感由于宗教的差异而高涨，伊斯兰战斗精神在全球的崛起鼓舞了克什米尔暴动者，破坏了克什米尔印度教徒和穆斯林相互容忍的传统。”[注6]

对文明的认同在波斯尼亚急剧加强，特别是在穆斯林社群中。历史上，社群认同在波斯尼亚并不强烈，塞尔维亚族、克罗地亚族和穆斯林作为邻居和平地生活在一起，相互通婚很普遍，宗教认同也很弱。穆斯林被称为不去清真寺的波斯尼亚人，克罗地亚族是不去天主教堂的波斯尼亚人，而塞尔维亚族则是不去东正教堂的波斯尼亚人。然而，一旦广泛的南斯拉夫认同被破坏，这些随意的宗教认同便具有了新的意义，在斗争开始后又得到了加强。多元社会群体主义消失之后，各集团便越来越认同于各自的更广泛的文化共同体，并根据宗教来自我界定。波斯尼亚塞族变成了极端的塞尔维亚民族主义者，认同于“大塞尔维亚”、“塞尔维亚东正教会”和更为广泛的东正教共同体。波斯尼亚克族是强烈的克罗地亚民族主义者，自视为克罗地亚公民，强调天主教信仰，并和克罗地亚的克族一道强调他们认同于基督教的西方。

穆斯林向伊斯兰文明意识的转变甚至更为明显。直至战争开始前，波斯尼亚穆斯林的世界观是非常世俗的，他们将自己视为欧洲人，是多元文化的波斯尼亚社会和国家最强有力的支持者。然而，在南斯拉夫分裂之后，这一点便开始发生变化。像克族和塞族一样，在 1990 年的选举中，穆斯林反对赞同多元社群的政党，绝对拥护由伊泽特贝戈维奇领导的穆斯林民主行动党。伊泽特贝戈维奇是一个虔诚的穆斯林，曾由于积极倡导伊斯兰教而被共产党政府监禁。在 1970 年出版的《伊斯兰宣言》一书中，他论证了“伊斯兰教与各非伊斯兰教制度的不相容性。在伊斯兰宗教与非伊斯兰社会和政治制度之间，既不会有和平，也不会有共存”，当伊斯兰运动足够强大之时，它必须夺取政权并创建一个伊斯兰共和国。在这个新的国家里，特别重要的是教育和新闻媒介“应当掌握在具有无可争议的伊斯兰道德权威和知识权威的人手中”。(注7)

波斯尼亚独立之后，伊泽特贝戈维奇曾倡导建立一个多种族的国家，在其中穆斯林将成为起主导作用的集团，尽管它不是多数。然而，他并不反对自己在战争中建立的国家伊斯兰化。他不愿公开明确摒弃“伊斯兰宣言”的态度，在非穆斯林中引起了恐慌。随着战争的继续，一些塞族人和克族人迁出了波斯尼亚政府的控制区域，而留下的塞族和克族人发现自己逐渐被排除在理想工作和社会机构之外。“伊斯兰教在穆斯林民族社群中变得更为重要，而且……强烈的穆斯林民族认同成为政治和宗教的一部分。”与波斯尼亚的多元文化民族主义相对立的穆斯林民族主义，在传媒中越来越多地得到表达。学校里增加了宗教课程，新的教科书强调奥斯曼帝国统治的好处。波斯尼亚语被作为与塞尔维亚—克罗地亚语截然不同的语言来推广，而且收入了越来越多的土耳其语和阿拉伯语词汇。政府官员攻击异族通婚，反对广播“侵略者”的节目或塞尔维亚音乐。政府鼓励信仰伊斯兰教，在雇用和提升时优先考虑穆斯林。最为重要的是波斯尼亚军队的伊斯兰化。至 1995 年，穆斯林在波斯尼亚军队中所占的比率超过了 90%。越来越多的军人认同于伊斯兰教，参加伊斯兰教的活动并佩带穆斯林标志，其中精锐部队是伊斯兰教化最彻底的，且人数日益增加。这一趋势导致了波斯尼亚政府主席团中的五名成员（包括两个克族人和两个塞族人）向伊泽特贝戈维奇提出抗议，但遭到了他的否决，还导致了具有多元文化倾向的总理西拉季奇于 1995 年辞职。[注8]

在政治上，伊泽特贝戈维奇的穆斯林民主行动党扩大了对波斯尼亚国家和社会的控制。至 1995 年，它已主宰了“军队、民政机构和公共企业”。据报道：“不属于这个党的穆斯林，更不用说非穆斯林，发现他们已难以找到像样的工作。”对它持批评态度的人谴责道：这个党“已成为以共产党政府习性为标志的伊斯兰独裁主义的工具”。[注9]另一位观察家报道说：

> 穆斯林的民族主义变得更加极端。它现在毫不顾及其他民族的情绪，它是新近占据优势地位的穆斯林的财产、特权和政治工具……
>
> 新穆斯林民族主义的主要结果就是趋向民族同质化。
>
> 伊斯兰原教旨主义在决定穆斯林的国家利益时也日益获得了主导权。[注10]

由战争和种族清洗造成的宗教认同的强化，其领导人的偏好，以及来自其他穆斯林国家的支持和压力，缓慢但明显地将波斯尼亚从巴尔干的瑞士变为巴尔干的伊朗。

在断层线战争中，受到刺激的各方不仅强调本文明的认同，而且强调对方的文明认同。在区域战争中，各方都认为自己不仅是在与另一个区域的种族集团作战，而且是在与另一个文明作战。这个威胁由于一个主要文明的各种资源扩大和增强了，于是失败就不仅是它本身的失败，而且是它所属文明的失败。因此它所属的文明最迫切的需要就是在冲突中团结起来支持它。区域战争被界定为宗教战争、文明的冲突，将对人类相当大的部分产生影响。20 世纪 90 年代初，东正教和东正教会“排挤了俄罗斯的其他教派，其中最主要的是伊斯兰教”，再次成为俄罗斯民族认同的核心因素。[注11]俄罗斯人发现，把在塔吉克斯坦发生的部族和宗教间的战争、俄罗斯与车臣之间的战争定义为可以上溯到几个世纪前东正教与伊斯兰教之间更广泛冲突的一部分，是符合自己利益的，而它的区域对手们是信奉伊斯兰原教旨主义，承担圣战义务，并且正在成为伊斯兰堡、德黑兰、利雅德和安卡拉的代理人。

在南斯拉夫，克罗地亚人把自己视为保卫西方、抵御东正教和伊斯兰教进攻的勇敢的前卫。塞尔维亚人不仅把波斯尼亚克族和穆斯林视为敌人，而且把“梵蒂冈”、“伊斯兰原教旨主义分子”和几百年来一直对基督教构成威胁的“声名狼藉的土耳其人”视为敌人。“卡拉季奇”，一位西方外交官在谈论这位波斯尼亚塞族领导人时说，“将此视为欧洲的反对帝国主义的战争。他宣称有义务根除奥斯曼土耳其帝国在欧洲的最后遗迹。”(注12) 反过来，波斯尼亚穆斯林把自己看作是种族灭绝行为的受害者，由于西方人的宗教信仰而受到他们的忽视，因此应当得到穆斯林世界的支持。这样，南斯拉夫战争的所有参战方和大部分旁观者，都将这场战争视为宗教的或者种族宗教的战争。米沙·格伦尼指出，这场冲突“日益具有宗教斗争的特点，这些宗教是欧洲的三大信仰——罗马天主教、东正教和伊斯兰教，它们是一些边界在波斯尼亚相交的帝国的信仰遗产”。(注13)

视断层线战争为文明的冲突的看法，也为冷战时期的多米诺骨牌理论注入了新的生命。然而，如今各文明的主要国家都认为有必要防止自己在区域冲突中被击败，因为这一失败可能引发一系列逐步升级的失败并最终导致灾难。印度政府对克什米尔问题采取的强硬立场，在很大程度上是由于担心它的失败会刺激其他少数种族和宗教少数派提出独立的要求，因而导致印度的分裂。俄罗斯外交部长科济列夫警告说，如果俄罗斯不制止塔吉克斯坦的政治暴力行动，它可能会蔓延到吉尔吉斯斯坦和乌兹别克斯坦，因而推动俄联邦内的穆斯林共和国的脱离主义运动，有人甚至指出，其最终结果可能是伊斯兰原教旨主义者出现在红场上。因此，叶利钦说：阿富汗—塔吉克边界“事实上是俄罗斯的边界”。欧洲人则对在南斯拉夫建立穆斯林国家表示了关切，担心它成为穆斯林移民和伊斯兰原教旨主义扩散的基地，加强雅克·希拉克提到的欧洲的“伊斯兰化”。(注14) 克罗地亚的边界，事实上是欧洲的边界。

随着断层线战争的加剧，双方都尽量诋毁对方，常常把对方形容成非人的恶魔，以证明杀害他们是合法的。叶利钦在谈到车臣游击队时说：“疯狗必须处死”。印度尼西亚将军苏特里斯诺提到 1991 年在东帝汶发生的大屠杀时说：“这些劣种人必须处决……我们将处决他们。”现在历史上的恶魔又复活了：克族人变成了“乌斯塔希分子”；穆斯林成了“土耳其人”；塞族人则成了“切特尼克分子”。相互的仇恨由于复仇的行动而加强，屠杀、折磨、奸淫和残忍地驱逐居民都被视为理所应当的行为。对立文化的中心象征和产品都成了攻击目标。塞族人有计划地摧毁了清真寺和方济各会的修道院，克族人则炸毁了东正教的修道院。作为文化保护场所的博物馆和图书馆也未幸免于难，僧伽罗警卫部队烧毁了贾夫纳公共图书馆，销毁了与泰米尔文化有关的“无法复得的文献和历史文件”。塞族士兵则炮轰和毁坏了萨拉热窝的国家图书馆。塞族人还清洗了波斯尼亚城镇兹沃尔尼克的4万名穆斯林，并在刚刚被他们炸毁的奥斯曼塔遗址上竖起了一座十字架，这座塔是土耳其人在1463年铲平东正教堂后修建的。[注15]在文化间的战争中，受到损失的是文化。

文明的集结：亲缘国家和在外散居者

在冷战的40年中，超级大国试图聚集盟友和伙伴，并颠覆、改变另一个超级大国的盟友和伙伴或使其中立化，从而深化了冲突。当然，这种竞争在第三世界中最为激烈，新建立的、弱小的国家在超级大国的压力下被迫加入了大规模的全球竞争。在冷战后的世界里，多极的相互冲突取代了单一的超级大国冲突。当这些相互冲突涉及不同文明的集团时，往往会扩大和升级。随着冲突的日益加剧，各方都试图获得属于本文明的国家和集团的支持。不论何种形式的支持，官方的或非官方的，公开的或隐蔽的，物质的、人员的、外交的、财政的、象征性的或者军事的支持，总是来自一个或多个亲缘国家或集团。断层线冲突持续的时间越长，参与支持、强制和调解角色的亲缘国家就越多。作为这种“亲缘国综合征”的一个后果，断层线冲突比文明内部冲突具有更大的升级潜力，通常需要文明间的合作才能得到遏制和结束。与冷战不同，这种冲突不是自上而下，而是自下而上爆发的。

国家和集团介入断层线战争的程度有所不同。在第一层次上的是那些实际上彼此战斗和残杀的各方，它们可能是国家，像印度和巴基斯坦之间、以色列和其邻国之间的战争；但它们也可能是地方集团而不是国家，或者至多是雏形国家，像波斯尼亚人之间和纳戈尔诺—卡拉巴赫的阿塞拜疆人和亚美尼亚人之间的情况那样。这些冲突也可能包含第二层次的参与者，它们通常是与主要参战方直接相关的国家，诸如南斯拉夫的塞尔维亚政府和克罗地亚政府，高加索的亚美尼亚政府和阿塞拜疆政府。与冲突关系更远一些的是第三层次的国家，它们更远离实际战斗，但是与参与者有着文明上的联系，诸如与南斯拉夫有联系的德国、俄罗斯和伊斯兰国家，以及在亚美尼亚—阿塞拜疆争端中的俄罗斯、土耳其和伊朗。这些第三层次的参与者往往是该文明的核心国家。如果第一层次参与者有在外散居的人，他们也会在断层线战争中发挥作用。鉴于在第一层次上通常只有少量的人员和武器介入战争，而且只有相对较少的外援，无论是以财政、武器还是以志愿者形式提供的，它常常可能对战争的结果产生重要的影响。

冲突的其他参与方的利害关系并不等同于第一层次参与者的利害关系。对第一层次参与者给予最忠诚和最全心全意支持的，通常是在外散居者。他们强烈地认同于自己亲族的事业，变得“比教皇还要笃信天主教”。第二层次和第三层次国家的政府利益却要复杂得多。它们通常也为第一层次参与者提供支持，即使它们不那样做，对立集团也会怀疑它们提供了援助，因而使对立集团支持自己的亲族变得合情合理。然而，遏制战斗和避免直接卷入，对第二和第三层次的参与者是有利的。因此在支持的同时，它们也试图限制第一层次的参与者，并诱导他们降低自己的目标。第二、第三层次的参与者还常常试图与断层线另一方处于同样层次的参与者进行谈判，以便阻止区域战争升级为卷入了核心国家的更广泛的战争。图 11.1 概括了断层线战争潜在参与者之间的关系。并非任何断层线战争都具有所有这些特性，但其中有一些是如此，包括在南斯拉夫和高加索的战争。此外，几乎所有断层线战争都具有将各层次参与者全部卷入其中的潜力。

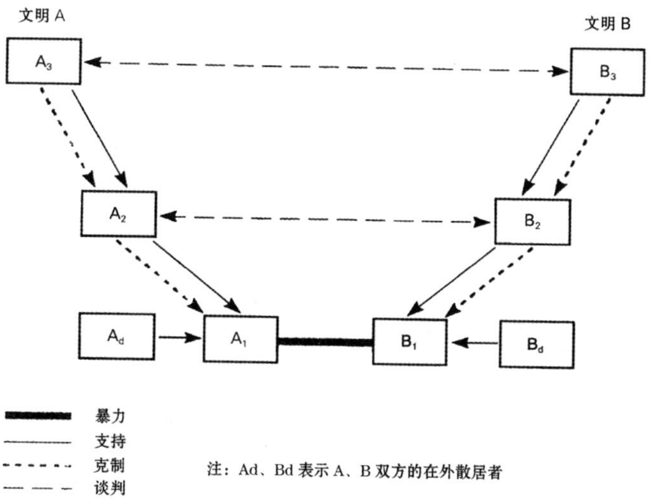

图 11.1　复杂断层线战争的结构

在外散居者和亲缘国家以这样或那样的方式卷入了20世纪90年代的每一场断层线战争。鉴于穆斯林集团在这类战争中所起的广泛作用，穆斯林国家的政府和组织最频繁地成为第二和第三层次的参与者，其中最为活跃的是沙特阿拉伯、巴基斯坦、伊朗、土耳其和利比亚政府。它们有时还与其他穆斯林国家一起，为在巴勒斯坦、黎巴嫩、波斯尼亚、车臣、外高加索、塔吉克斯坦、克什米尔、苏丹和菲律宾与非穆斯林作战的穆斯林提供了不同程度的支持。除政府支持外，很多第一层次参与者中的穆斯林集团，还得到了从阿富汗战争退下来的伊斯兰主义国际流动战士的支持，这些人参与了从阿尔及利亚、车臣到菲律宾内战的各种冲突。一位分析家注意到，这些伊斯兰国际纵队参加了“派遣志愿军支持在阿富汗、克什米尔和波斯尼亚建立伊斯兰政权，开展针对反伊斯兰国家政府的宣传战，以及在在外散居者中建立伊斯兰中心的活动。这些中心成了各参战方面的政治总部”。(注16)阿拉伯联盟和伊斯兰会议组织也为其成员国提供了支持，并试图协调成员国在跨文明冲突中支援穆斯林集团的努力。

苏联曾是阿富汗战争的第一层次参与者。冷战后，俄罗斯一直是车臣战争的第一层次参与者，塔吉克斯坦冲突的第二层次参与者，南斯拉夫战争的第三层次参与者。印度是克什米尔战争的第一层次参与者，并且是斯里兰卡冲突的第二层次参与者。西方主要国家是南斯拉夫冲突的第三层次参与者。在以色列和巴勒斯坦之间旷日持久的斗争中，在亚美尼亚、克罗地亚和车臣的冲突中，双方的在外散居者都起了重要作用。由于通过电视、电传和电子函件“与其前祖国保持着不断的联系，在外散居者更有力地承担起了义务，有时还发生了两极分化。‘前祖国’的含义已不同于以往”。(注17)

在克什米尔战争中，巴基斯坦为暴动者提供了明确的外交和政治支持。据巴基斯坦军方消息，它还提供了大量的资金、武器，以及培训、后勤支援和一个避难所，而且还替暴动者游说其他穆斯林国家政府。至1995年，据说暴动分子至少补充了1200名来自阿富汗、塔吉克斯坦和苏丹的圣战者组织士兵，他们配备着在进行反对苏联的战争时由美国提供的毒刺式导弹和其他武器。(注18)菲律宾的摩洛暴动分子曾经得到了马来西亚提供的资金和装备，阿拉伯国家政府还为其提供了额外的资金；几千名暴动分子在利比亚接受了训练；极端的反叛集团阿布·赛义夫组织则是由巴基斯坦和阿富汗原教旨主义者组织的。(注19)在非洲，苏丹曾定期地援助与埃塞俄比亚作战的厄立特里亚穆斯林反叛者，为了进行报复，埃塞俄比亚则为与苏丹作战的“基督教反叛者”提供了“后勤和避难援助”。后者还得到了来自乌干达的类似援助，这部分地反映了乌干达与苏丹反叛者在“宗教、种族和民族上的紧密联系”。另一方面，苏丹政府从伊朗得到了价值 3 亿美元的中国造武器，伊朗的军事顾问还为其训练部队，这一切使得它能够于 1992 年向反叛者发动一场大规模的进攻。据苏丹政府说，西方的各种基督教组织为基督教反叛者提供了食品、医药、补给和武器。(注20)

在斯里兰卡的印度教泰米尔暴动分子和佛教僧伽罗政府之间的战争中，印度政府最初为暴动分子提供了巨大的支持，在南印度训练暴动分子并为其提供武器和资金。1987 年，在斯里兰卡政府军几乎消灭泰米尔猛虎组织之际，印度的公众舆论齐声谴责这一“种族灭绝行动”，于是印度政府向泰米尔人空投了食品；“实际上是向斯里兰卡总理贾亚瓦德纳表示，印度打算阻止他用武力消灭泰米尔猛虎组织”。(注21)此后，印度和斯里兰卡政府达成了一项协议：斯里兰卡给予泰米尔地区相当程度的自治权，暴动者则向印度军队上缴武器。印度出动了 5 万名士兵到该岛去确保协议的执行，但是猛虎组织拒绝上缴武器，结果印度军队很快发现自己卷入了一场与游击队的战争，而这些游击队正是它先前所支持的。1988 年，印度军队开始撤离。1991 年，印度总理拉吉夫·甘地被暗杀，印度人相信这是一名泰米尔暴动支持者所为，此后印度政府对这次暴动的态度越来越充满敌意。然而，印度政府不可能在南印度 5 千万泰米尔人中制止对斯里兰卡暴动分子的同情和支持。下述情况反映了这一点：泰米尔纳德邦政府官员违反新德里的旨意，允许泰米尔猛虎组织在其境内活动，“实际上自由地利用”其 500 英里的海岸，并穿越狭长的保克海峡为斯里兰卡暴动分子运送给养和武器。(注22)

自 1979 年起，苏联和后来的俄罗斯与南面的穆斯林邻居进行了三场重要的断层线战争：1979—1989 年的阿富汗战争，继之而来的始于 1992 年的塔吉克斯坦战争，以及始于 1994 年的车臣战争。苏联解体后，其继承者共产党政府开始在塔吉克斯坦执政。1992 年春，这个政府遇到了包括世俗主义者和伊斯兰主义者在内的敌对地区集团和少数民族集团的挑战。从阿富汗得到武器支持的反对派于 1992 年 9 月将亲俄罗斯的政府赶出了首都杜尚别。俄罗斯和乌兹别克斯坦政府对此作出了强烈反应，发出了警惕伊斯兰原教旨主义蔓延的警告。留在塔吉克斯坦境内的俄罗斯第 201 机动化步兵师为亲政府力量提供了武器，俄罗斯还加派部队驻守塔吉克斯坦与阿富汗之间的边界。1992 年 11 月，俄罗斯、乌兹别克斯坦、哈萨克斯坦和吉尔吉斯斯坦达成了协议，由俄罗斯和乌兹别克斯坦共同出兵干预，这一行动表面上是为了维护和平，实际上是参战。在军事干预和俄罗斯的武器及财政援助下，前政府的军队收复了杜尚别，并控制了该国的大部分地区。随之而来的是一场种族清洗，反对派的难民和部队撤退到了阿富汗。

中东穆斯林国家政府强烈抗议俄罗斯的军事干预，伊朗、巴基斯坦和阿富汗为日益伊斯兰化的反对派提供了财政、武器和培训援助。据报道，1993 年有成千上万名士兵接受了阿富汗圣战者组织的训练，1993 年春夏两季，塔吉克反叛者从阿富汗越过边界发动了几次进攻，杀死了不少俄罗斯边防卫兵。俄罗斯的反应是向塔吉克斯坦增派部队，用“重炮和迫击炮”密集攻击阿富汗境内目标，还对这些目标进行了空袭。阿拉伯国家政府则为反叛者提供了购买毒刺式导弹的资金以对付空中袭击。至 1995 年，俄罗斯向塔吉克斯坦派驻了将近 2.5 万名士兵，并提供了支持该国政府所需的一半以上的资金，反叛者一方则得到了阿富汗政府和其他穆斯林国家的积极支持。正如巴尼特·鲁宾所指出的，国际机构或西方未能给予塔吉克斯坦和阿富汗重要的帮助，因而使得前者完全依赖于俄罗斯，后者则完全依赖于其穆斯林文明的亲族。“每一个希望得到外国援助的阿富汗指挥官，今天都不得不迎合希望在中亚推动‘圣战’的阿拉伯国家和巴基斯坦的经费提供者，或者去参加毒品交易”[注23]

俄罗斯在北高加索与车臣人进行的战争是它的第三场反穆斯林的战争，是以 1992—1993 年相邻的东正教奥塞梯人和穆斯林印古什人之间的战斗拉开序幕的。印古什人和车臣人及其他穆斯林民族都是在第二次世界大战中被迁徙到中亚的。奥塞梯人留了下来，并占有了印古什人的土地。1956－1957 年，在二战中被迁徙的人民获准返回，因而出现了围绕土地所有权和地区控制权的纷争。1992 年 11 月，印古什人为了收复普里戈罗德尼地区而发动了进攻（该地区是苏联政府划给奥塞梯人的)。俄罗斯人对此进行了大规模的干预，包括派遣哥萨克部队支持信奉东正教的奥塞梯人。一位旁观者这样评论道：“1992 年 11 月，奥塞梯境内的印古什人的村庄被包围并遭到了俄罗斯坦克的轰击，那些在炮火中幸免于难的人或被枪杀、或被带走。”这场大屠杀是由奥塞梯特种警察部队执行的，但俄罗斯派往该地区“维持和平”的部队却为其提供了掩护。[注24]英国《经济学家》杂志报道说：“在不足一周的时间内造成如此之大的破坏，简直令人难以置信。”这是俄罗斯联邦内的“第一次种族清洗行动”。接着，俄罗斯利用这一冲突恐吓印古什人的车臣同盟者，“结果导致了车臣人以及成员绝大部分是穆斯林的高加索人民联盟的迅速动员。该联盟威胁要派 50 万名志愿兵对抗俄罗斯军队，如果它不从车臣领土撤离。在一段紧张的相持之后，为了避免北奥塞梯—印古什冲突升级为整个地区的冲突，莫斯科作出了让步。”(注25)

1994 年 12 月，俄罗斯对车臣发动了全面的军事进攻，引发了更激烈、更广泛的冲突。两个东正教共和国格鲁吉亚和亚美尼亚的领导人支持俄罗斯的行动，乌克兰总统则“在外交上含糊其辞，仅仅号召和平解决危机”。俄罗斯的行动亦得到了东正教北奥塞梯政府和 55％－60％的北奥塞梯人民的支持。(注26) 与此形成对照的是，俄罗斯联邦内外的绝大部分穆斯林站在车臣人一边。伊斯兰国际纵队立即从阿塞拜疆、阿富汗、巴基斯坦、苏丹等地开来支援。穆斯林国家支持车臣的事业，而且据说土耳其和伊朗提供了物质援助，这一举动进一步刺激了俄罗斯与伊朗和解的愿望。为车臣提供的武器开始源源不断地从阿塞拜疆进入俄罗斯联邦，迫使俄罗斯封闭了它与阿塞拜疆的边境，从而也切断了运往车臣的医药和其他物资供应。(注27)

俄罗斯联邦境内的穆斯林团结一致支持车臣的行动。尽管号召全高加索的穆斯林发动反俄罗斯的圣战没有产生效果，但伏尔加—乌拉尔地区六个共和国的领导人要求俄罗斯停止其军事行动，高加索各穆斯林共和国的代表呼吁民众进行反对俄罗斯统治的不服从运动。楚瓦什共和国总统则同意楚瓦什的应征入伍者不参加反对其穆斯林同胞的军事行动。“对战争最强烈的抗议”发生在车臣的两个邻近共和国——印古什共和国和达吉斯坦共和国。印古什人在俄罗斯军队开往车臣的途中袭击了它，致使俄罗斯国防部长宣布印古什政府“事实上已对俄罗斯宣战”。在达吉斯坦也发生了攻击俄罗斯军队的事件。俄罗斯人以炮轰印古什和达吉斯坦村庄作为反击。(注28) 车臣人袭击基兹利亚尔市之后，俄罗斯军队在 1996 年 1 月将佩尔沃马伊斯科伊村夷为平地，进一步激起了达吉斯坦人对俄罗斯人的仇视。

车臣的事业也得到了在外散居的车臣人的帮助，他们当年的出走在很大程度上是由 19 世纪俄罗斯对高加索山区的入侵造成的。在外散居者筹集资金、采办武器，并为车臣提供志愿兵。为数众多的车臣族在外散居者居住在约旦和土耳其，因而导致约旦对俄罗斯采取了强硬立场，并使土耳其更情愿支持车臣人。1996 年 1 月，当战火蔓延到土耳其之时，土耳其公众舆论对车臣族在外散居者扣押渡船和俄罗斯人质的行动表示了同情。在车臣领导人的帮助下，土耳其政府与俄罗斯谈判达成了一项解决危机的协议，然而却使双方已经很紧张的关系更为恶化。

车臣冲突蔓延到达吉斯坦，俄罗斯作出的反应，以及 1996 年初的扣押渡船事件，凸显了这一冲突升级为俄罗斯同高加索山区人民之间沿着 19 世纪持续了几十年的斗争线而展开的冲突扩大为全面冲突的可能性。菲奥纳·希尔 1995 年警告说："北高加索是一堆干柴，在那里，任何一个共和国发生的冲突都可能点燃一场地区性大火，这场大火将越过边界蔓延到俄罗斯联邦的其他地区，并将格鲁吉亚、阿塞拜疆、土耳其、伊朗和北高加索的在外散居者牵连进去。正如车臣的情况所显示的那样，控制该地区的冲突并非易事……那里的战火已经蔓延到与车臣毗邻的共和国的领土之上。"一位同意这一看法的俄罗斯分析家指出："非正式联盟"正沿着文明线发展。"基督教格鲁吉亚人、亚美尼亚人、纳戈尔诺—卡拉巴赫人和北奥塞梯人正团结起来对抗穆斯林阿塞拜疆人、阿布哈兹人、车臣人和印古什人。"在塔吉克斯坦参战的俄罗斯人"正冒着被卷入与穆斯林世界持久对抗的风险"。(注29)

在另一场东正教徒与穆斯林之间的断层线战争中，第一层次的参与者是纳戈尔诺—卡拉巴赫的亚美尼亚人和阿塞拜疆政府及人民，前者是为从后者中独立而战。第二层次参与者是亚美尼亚政府，第三层次参与者是俄罗斯、土耳其和伊朗。此外，在西欧和北美的大量亚美尼亚族在外散居者也扮演了重要的角色。战争始于苏联解体前的 1988 年，于 1992—1993 年加剧，1994 年达成停火协议后平息下来。土耳其和其他穆斯林国家支持阿塞拜疆，俄罗斯则支持亚美尼亚人，并利用它对亚美尼亚人的影响抵制土耳其在阿塞拜疆的势力。这场战争是新近的一幕，就其斗争而言可以追溯到几百年前俄罗斯帝国和奥斯曼帝国为争夺黑海地区和高加索控制权的斗争，而就亚美尼亚人和土耳其人之间强烈的对抗而言，则可以追溯到 20 世纪初后者对前者的大屠杀。

在这场战争中，土耳其始终如一地支持阿塞拜疆人和反对亚美尼亚人。土耳其是首先承认非波罗的海的苏联共和国阿塞拜疆独立的国家。在整个冲突中，土耳其都为阿塞拜疆提供了财政和物质援助，并为其训练军队。随着 1991—1992 年暴力冲突的加剧，以及亚美尼亚人挺进阿塞拜疆领土，土耳其人群情激奋，受到压力的土耳其政府开始支持其种族—宗教兄弟。但土耳其也担心这将突出穆斯林和基督教徒之间的差异，导致西方对亚美尼亚的全力支持，并激怒其北约盟友。因此，土耳其受到了断层线战争第二层次参与者传统上面临的多重压力。然而，土耳其政府发现，支持阿塞拜疆和对抗亚美尼亚是对自己有利的。一位土耳其官员说：“当你的兄弟遭受杀害之时，你不可能无动于衷”；另一位官员补充道：“我们感到了压力。我们的报纸上充满了这些暴行的照片……我们或许应当让亚美尼亚人看看，这个地区还有一个强大的土耳其。”土耳其总统奥扎尔则说：土耳其“应当吓唬吓唬亚美尼亚人”。土耳其和伊朗一道警告亚美尼亚人，它将不赞同边界的任何改动。奥扎尔拦截了经过土耳其运往亚美尼亚的粮食和其他物资，结果使亚美尼亚人在1992－1993年冬天濒于饥荒。对此，俄罗斯元帅叶夫根尼·沙波什尼科夫警告说：“如果另一方（即土耳其）卷入”了战争，“那我们就将处于第三次世界大战的边缘”。一年之后，奥扎尔仍然是一副好战面孔。他嘲笑道：“亚美尼亚人能怎么样，如果打起来了……他们能打进土耳其吗?”土耳其“将给他们点厉害尝尝”。(注30)

1993年夏季和秋季，进攻的亚美尼亚人接近了伊朗边界，这进一步引起了土耳其和伊朗的反应，这两个国家正彼此争夺在阿塞拜疆和中亚穆斯林国家内的影响。土耳其宣称：进攻威胁了土耳其的安全，要求亚美尼亚部队“立即无条件地”撤出阿塞拜疆领土。并向土耳其与亚美尼亚的边界增派了军队。据报道，俄罗斯和土耳其军队在边界上交了火。土耳其总理奇莱尔宣布，如果亚美尼亚军队进入邻近土耳其的阿塞拜疆飞地纳希切万，她将要求宣战。伊朗也向阿塞拜疆调遣军队并进入了该地区，据说是为因亚美尼亚入侵而造成的难民建立避难所。伊朗的行动据说使得土耳其人相信，他们可以进一步采取行动而不会招致俄罗斯的报复，同时这也进一步刺激了土耳其在为阿塞拜疆人提供保护方面与伊朗展开竞争。这场危机最终通过土耳其、亚美尼亚和阿塞拜疆领导人在莫斯科举行的谈判，以及美国政府对亚美尼亚政府施加压力，亚美尼亚政府对纳戈尔诺—卡拉巴赫的亚美尼亚人施加压力，而得以平息。(注31)

生活在地域狭小、资源贫乏且与充满敌意的土耳其接壤的内陆国家里的亚美尼亚人，历史上就不断寻求其东正教亲族格鲁吉亚和俄罗斯的保护，特别是将俄罗斯视为老大哥。然而随着苏联的解体，纳戈尔诺—卡拉巴赫的亚美尼亚人开始发起独立运动，戈尔巴乔夫的政权拒绝了他们的要求，并派兵支持该地区被认为是忠于共产党政权的巴库政府。苏联解体后，上述考虑让位于更为久远的历史和文化方面的考虑，俄罗斯开始积极地支持基督教亚美尼亚人，对此阿塞拜疆指责说：“俄罗斯政府的态度来了个180度大转弯。”实际上，俄罗斯军人对亚美尼亚人的支持早就存在于苏联军队中。军队中的亚美尼亚人比穆斯林更经常地得到提升并被派往战斗部队。战争开始后，俄罗斯军队驻防于纳戈尔诺—卡拉巴赫的第366机动化步兵团在亚美尼亚人对科德扎利镇的进攻中起了主要作用。在那次行动中，据说有1000名阿塞拜疆人被屠杀。此后，俄罗斯的特种部队也参加了战斗。1992—1993年冬。当亚美尼亚遭到土耳其禁运时，它“由于从俄罗斯得到了几十亿卢布的贷款而免于全面的经济崩溃”。1993年春季，俄罗斯军队参加了亚美尼亚军队开辟连接亚美尼亚与纳戈尔诺—卡拉巴赫的走廊的行动。据报道，俄罗斯一支拥有40辆坦克的装甲部队参加了1993年夏季在卡拉巴赫的进攻。[注32]而亚美尼亚，正如希尔和朱厄特所指出的，“除了与俄罗斯紧密结盟外，别无选择。它在原材料、能源、食品供应，以及在边界防范像阿塞拜疆和土耳其这样的历史夙敌上，都依赖于俄罗斯。亚美尼亚签署了独联体所有的经济和军事协议，并允许俄罗斯在其领土上驻军，为了让俄罗斯满意，还放弃了对苏联财产权利的全部要求”。[注33]

俄罗斯对亚美尼亚人的支持扩大了它对阿塞拜疆人的影响。1993年6月，阿塞拜疆民族主义领导人埃尔奇贝伊在一场政变中被赶了下台，被据信是亲俄的前共产党领导人盖达尔·阿利耶夫所取代。阿利耶夫认识到，为了制约亚美尼亚人，有必要讨好俄罗斯人。他改变了阿塞拜疆拒绝加入独联体的态度，并允许俄罗斯在其领土上驻军。他还同意俄罗斯参加开发阿塞拜疆油田的国际合作。作为回报，俄罗斯开始为阿塞拜疆训练部队，向亚美尼亚人施加压力要其停止支持卡拉巴赫武装力量，并劝说他们从阿塞拜疆撤军。通过把支持的重心从一方转向另一方，俄罗斯也得以对阿塞拜疆施加影响，并得以在该国对抗伊朗和土耳其的影响。因此，俄罗斯对亚美尼亚的支持，不仅加强了它在高加索关系最密切的盟友的力量，而且削弱了它在该地区的主要穆斯林对手。

除俄罗斯外，亚美尼亚获得的重大支持来自其生活在西欧和北美的为数众多、富有和颇具影响力的在外散居者，包括在美国的约100万亚美尼亚裔人和在法国的约45万亚美尼亚裔人。他们为帮助亚美尼亚人度过由于土耳其封锁而造成的危机提供了资金和生活用品，还为亚美尼亚政府提供了官员，为军队提供了志愿兵。来自美国亚美尼亚群体的援助，在20世纪90年代中期每年达5000万至 7500 万美元。亚美尼亚族的在外散居者还对其居住国的政府施加了相当大的政治影响。亚美尼亚裔人在美国最大的社会群体是居住在像加利福尼亚、马塞诸塞和新泽西这样的重要州内，他们的影响致使美国国会禁止向阿塞拜疆提供任何外援，并使亚美尼亚成为人均接受美国援助额占第三位的国家。从外国获得的支援对于亚美尼亚的生存是必不可少的，它还因此获得了一个非常贴切的绰号——“高加索的以色列”。[注34] 正如 19 世纪俄罗斯对北高加索的占领造成了那些现今支持车臣人反抗俄罗斯的在外散居者一样，20 世纪初土耳其人对亚美尼亚人的屠杀造成了那些现今使亚美尼亚人得以抵抗土耳其人、击败阿塞拜疆人的在外散居者。

南斯拉夫地区是 20 世纪 90 年代初发生最复杂、最混乱和最全面的断层线战争的场所。在第一层次上，克罗地亚政府和克族与克罗地亚塞族在克罗地亚交火；在波斯尼亚—黑塞哥维那，波斯尼亚政府与波斯尼亚塞族和波斯尼亚克族开战，而且后两者还相互开战。在第二层次上，塞尔维亚政府通过帮助波斯尼亚和克罗地亚塞族的方式来推行“大塞尔维亚”；而渴望建立“大克罗地亚”的克罗地亚政府则支持波斯尼亚克族。在第三层次上，是各个文明的大集结：德国、奥地利、梵蒂冈、其他欧洲基督教国家和集团。以及后来的美国，站在克罗地亚人一边；俄罗斯、希腊、其他东正教国家和集团，支持塞尔维亚人；伊朗、沙特阿拉伯、土耳其、利比亚、伊斯兰国际和伊斯兰国家则普遍支持波斯尼亚穆斯林，后者亦同时得到了美国的支持，这是亲缘国家支持亲缘国家普遍模式的一个破例现象。克罗地亚在德国的在外散居者以及波斯尼亚在土耳其的在外散居者都行动起来支持其母国。在对这三方面的支持中，教会和宗教团体都非常活跃。至少德国、土耳其、俄罗斯和美国政府的行动受到了其社会中的压力集团和公众舆论的重大影响。

第二和第三层次参与者提供的支持对于战争的进行至关重要，它们的制约对于制止战争也是至关重要的。克罗地亚政府和塞尔维亚政府为它们在其他共和国参战的本族人提供了武器、供给品、资金和庇护所，有时还提供武装部队。塞族、克族和穆斯林都从南斯拉夫之外的本文明亲族那里得到了以资金、武器、供给品、志愿兵和军事训练形式提供的帮助，以及政治和外交支持。第一层次上的非政府塞族人和克族人通常都是最极端的民族主义分子，他们对自己提出的要求绝不退让，为达目的不惜使用武力。第二层次上的克罗地亚政府和塞尔维亚政府，最初虽积极支持其在第一层次上作战的亲族，但其更多重的利益后来导致它们发挥了调解和制约作用。同样，第三层次上的俄罗斯、德国和美国政府，也推动了一直得到它们支持的第二层次上的政府采取制约和妥协的态度。

南斯拉夫的分裂始于 1991 年，当时斯洛文尼亚和克罗地亚正在争取独立并寻求西欧国家的支持。西方的反应取决于德国，而德国的反应又在很大程度上取决于它的天主教联系。波恩政府在来自德国天主教集团、执政伙伴巴伐利亚基督教社会联盟、《法兰克福汇报》和其他媒介的压力下采取了行动。特别是巴伐利亚新闻媒介，在激发公众赞同承认克罗地亚独立上起了决定性的作用。弗洛拉·刘易斯指出：“巴伐利亚电视台，受到非常保守的巴伐利亚政府，以及与克罗地亚教会有密切联系的、强大的和态度坚决的巴伐利亚天主教教会的巨大压力，战争开始后便热切地向全国作了报道，而且报道是非常片面的。”德国政府在承认两国独立的问题上犹豫不决，但在德国社会的压力下并无选择余地。“在德国，支持承认克罗地亚是由于舆论的推动，而不是政府的推动。”德国首先向欧洲联盟施加压力，要它承认斯洛文尼亚和克罗地亚的独立，在确保了这一点之后又先于欧盟在 1991 年 12 月独自承认了这两个国家。一位德国学者在 1995 年评论说：“在整个冲突中，波恩都将克罗地亚及其领导人弗拉尼奥·图季曼作为德国对外政策的某种保护对象，尽管克罗地亚反复无常的举动令人愤怒，它却依然得到了德国的坚决支持。”(注35)

奥地利和意大利紧接着承认了这两个新的国家，包括美国在内的其他西方国家紧随其后。梵蒂冈在对这两个国家的承认中也起了重要的作用。教皇宣称克罗地亚是“（西方）基督教的防护堤”，并抢在欧盟之前承认了这两个国家。(注36) 于是梵蒂冈也成为冲突一方的支持者，由此 1994 年教皇访问这三个共和国的计划受到了影响。由于塞尔维亚东正教会的反对，教皇未能前往贝尔格莱德，而塞尔维亚不愿保障他的安全又致使他取消了对萨拉热窝的访问。不过，他访问了萨格勒布，并在那里向塞普蒂纳茨红衣主教致意。这位红衣主教与第二次世界大战中迫害和屠杀塞尔维亚人、吉卜赛人和犹太人的克罗地亚法西斯政权曾有过联系。

克罗地亚在西方承认其独立之后，便开始发展军事力量。尽管联合国在 1991 年 9 月宣布对所有南斯拉夫共和国实行武器禁运，武器还是通过德国、波兰和匈牙利等欧洲天主教国家，以及巴拿马、智利、玻利维亚等拉丁美洲国家流入了克罗地亚。1991 年战争升级后，西班牙的武器出口在短短的时间内增长了 6

倍，据说这些武器出口“大部分为天主事工会所控制”，其中大部分可能进入了卢布尔雅那和萨格勒布。据报道，1993 年克罗地亚从德国和波兰购买了一些米格—21 型飞机，并且得到了两国政府的认可。克罗地亚国防军得到了成百上千名“来自西欧、克罗地亚在外散居者以及东欧天主教国家”志愿兵的支持。他们迫切地要参加“反对塞尔维亚共产主义和伊斯兰原教旨主义的基督教十字军”的战斗。西方国家的军事专家还为其提供了技术援助。部分是由于这些亲缘国家的帮助，克罗地亚加强了军事力量，因而能够与塞族控制的南斯拉夫军队相抗衡。[注37]

西方对克罗地亚人的支持，还包括无视其种族清洗、侵犯人权和违反战争法的行为，而塞尔维亚人恰恰是在这些方面经常遭到谴责。1995 年当休整后的克罗地亚军队对克拉伊纳地区的塞族人发动进攻，把在那里居住了几个世纪的数十万的塞族人驱逐到波斯尼亚和塞尔维亚时，西方保持了沉默。克罗地亚还从它为数众多的在外散居者那里得到了好处。居住在西欧和北美的富有的克罗地亚裔人为购买武器和装备而捐款。在美国的各类克罗地亚裔人协会则代表其母国游说国会和总统。特别重要和有影响的是居住在德国的 60 万克罗地亚裔人。“加拿大、美国、澳大利亚和德国的克罗地亚社会群体动员起来捍卫其新近独立的母国”，他们提供了几百名志愿兵。[注38]

1994 年，美国也加入了支持克罗地亚军队建设的行列。美国无视克罗地亚人严重违反联合国武器禁运决议的状况，为克罗地亚人进行军事训练，还派遣退役的高级将领做顾问。1995 年，美国和德国政府还为克罗地亚军队进攻克拉伊纳大开绿灯。美国军事顾问参与计划了这次美国式的进攻。据克罗地亚人说，这次进攻还得益于美国间谍卫星提供的情报。一位美国国务院官员称，克罗地亚已成为“我们事实上的战略盟友”。据称，这一事态发展表明了“一个深谋远虑的打算，即估计到世界的这一部分最终将由两个地区势力中心主导，一个在萨格勒布，另一个在贝尔格莱德；前者与美国相联系，后者则加入了一直扩展到莫斯科的斯拉夫集团。”[注39]

南斯拉夫战争事实上使得东正教世界在塞尔维亚身后紧密地团结起来。俄罗斯民族主义者、军人、议员和东正教领袖都毫不掩饰他们对塞尔维亚的支持，对波斯尼亚“土耳其人”的蔑视，以及对西方和北约帝国主义的批评。俄罗斯和塞尔维亚的民族主义分子一道在两国国内掀起了反对西方“新世界秩序”的浪潮。

俄罗斯公众在相当大的程度上也怀有同样的情绪，例如，60％以上的莫斯科人反对北约1995年夏天发动的空袭。俄罗斯民族主义集团在几个大城市里成功地招募年轻的俄罗斯人加入“斯拉夫兄弟的事业”。据报道，有1000名或更多的俄罗斯人与来自罗马尼亚、希腊的志愿者一道加入了塞尔维亚人的军队，对他们所谓的“天主教法西斯分子”和“伊斯兰好战分子”作战。1992年，据报道，一支“穿着哥萨克军装”的俄罗斯部队活跃在波斯尼亚。1995年，有俄罗斯人在塞族精锐部队中服役，而且，据联合国的一份报告称，俄罗斯和希腊的士兵参加了塞族对联合国泽帕安全区的进攻。(注40)

尽管有武器禁运决议，塞尔维亚的东正教朋友还是向它提供了所需的武器和装备。1993年初，俄罗斯军事和情报机构显然向塞尔维亚人出售了价值3亿美元的T－55型坦克、反导弹导弹和防空导弹。据报道，俄罗斯的军事技术人员被派往塞尔维亚操作这些装置，并训练塞尔维亚人如何使用它们。塞尔维亚还从其他东正教国家购买武器，罗马尼亚和保加利亚是其“最积极的”供应者，乌克兰也是其武器来源之一。此外，俄罗斯驻东斯拉沃尼亚的维和部队将联合国的物资转手给塞尔维亚人，为塞尔维亚的军事行动提供设施，并帮助塞尔维亚军队获得武器。(注41)

尽管受到了经济制裁，塞尔维亚人依然较好地维持了生存，这是因为罗马尼亚政府官员从蒂米什瓦拉组织偷运了大量燃料和其他物资，以及先是意大利公司，然后是在希腊政府的默许之下，希腊的公司从阿尔巴尼亚组织了偷运。从希腊运来的食品、化学药品、电脑和其他物资通过马其顿进入了塞尔维亚，还有相应数量的塞尔维亚产品被运了出来。(注42)金钱的诱惑和对文化亲族的同情加在一起，使联合国对塞尔维亚实行的经济制裁成为笑柄，正如这两者的结合使联合国对所有南斯拉夫共和国实行的武器禁运成为笑柄一样。

在整个南斯拉夫战争中，希腊政府一直同北约西方成员国支持的措施保持距离，反对北约在波斯尼亚采取的军事行动，在联合国投票支持塞尔维亚，并游说美国政府解除对塞尔维亚的经济制裁。1994年，希腊总理安德雷亚斯·帕潘德里欧强调希腊与塞尔维亚之间的东正教联系的重要性，公开谴责梵蒂冈、德国和欧盟在1991年底草率地给予斯洛文尼亚和克罗地亚外交承认。(注43)

鲍里斯·叶利钦作为第三层次参与者的领导人受到了两种愿望的双重压力，他一方面想要保持、发展与西方的关系，并从中得到好处；另一方面想要帮助塞尔维亚人，以借此使那些经常谴责他屈服于西方的政治对手解除武装。总体说来，他的后一种愿望占了上风，因而俄罗斯持续不断地给予塞尔维亚人外交支持。1993 和 1995 年，俄罗斯政府坚决抵制对塞尔维亚实行较严厉的经济制裁，俄议会几乎是全票通过了解除现行的对塞尔维亚制裁的决议。俄罗斯还推动加紧对波黑穆斯林的武器禁运，以及对克罗地亚实行的经济制裁。1993 年 12 月，俄罗斯极力主张放松对塞尔维亚的经济制裁，以便允许它为塞尔维亚提供越冬取暖用的天然气，但俄的提议遭到了美国和英国的阻挠。1994 年和 1995 年，俄罗斯强硬地反对北约轰炸波斯尼亚塞族。1995 年，俄罗斯国家杜马几乎全票通过了谴责北约轰炸的决议，并要求外交部长安德烈·科济列夫辞职，批评他捍卫俄罗斯在巴尔干的国家利益不力。同样是在 1995 年，俄罗斯谴责北约对塞尔维亚人的“种族灭绝行为”。叶利钦总统警告说：继续轰炸将严重影响俄罗斯与西方的合作，包括俄罗斯参加北约的和平伙伴计划。他质问道：“当北约在轰炸塞尔维亚人的时候，我们怎能和它达成协议？”西方明显地采取了双重标准：“穆斯林进攻之时，为什么不对其采取行动？还有克罗地亚进攻之时？”(注44)俄罗斯还一贯反对中止对南斯拉夫各共和国的武器禁运（这一禁运已对波斯尼亚穆斯林产生了重要影响），并经常试图加强禁运措施。

俄罗斯还以其他各种方式利用它在联合国和其他一些机构中的地位保护塞尔维亚人的利益。1994 年 12 月，俄否决了穆斯林国家向联合国安理会提交的一项决议，该决议禁止从塞尔维亚向波斯尼亚塞族和克罗地亚塞族转运燃料。1994 年 4 月，俄罗斯阻止了联合国通过一项谴责塞尔维亚人种族清洗行为的决议。它还阻止任命来自任何一个北约国家的人担任联合国战争罪行公诉人，因为这样的人可能有反塞尔维亚的倾向，它还反对国际战争罪行法庭起诉波斯尼亚塞族司令官姆拉迪奇，并允许他在俄罗斯避难。(注45)1993 年 9 月，俄罗斯阻止联合国延长派驻南斯拉夫 2.2 万人维和部队的授权。1995 年夏，俄罗斯反对但未否决联合国安理会增派 1.2 万维和人员的决议，并谴责克罗地亚人对克拉伊纳塞族的进攻，以及西方国家政府未对这次进攻采取行动。

最广泛而有效的文明集结，是穆斯林世界支持波斯尼亚穆斯林所作的努力。波斯尼亚的事业在穆斯林国家深得人心；对波斯尼亚的援助来自各个方面，包括公开的或私下的援助；穆斯林国家政府，特别是伊朗和沙特阿拉伯政府，在提供援助上相互竞争，试图通过援助扩大影响。从摩洛哥到马来西亚，逊尼派和什叶派，原教旨主义者和世俗主义者，阿拉伯和非阿拉伯穆斯林社会，都加入了援助的行列。穆斯林对波斯尼亚人的援助有不同的形式，既有人道主义援助（包括1995年由沙特阿拉伯提供的9000万美元），也有外交支持和大规模军事援助，还有暴力行动，例如1993年伊斯兰极端主义分子在阿尔及利亚杀害12名克罗地亚人的事件，就是“为报复在波斯尼亚屠杀我们穆斯林兄弟的罪行”。(注46)这种支援对战争进程产生了重大的影响，它对于波斯尼亚国家的生存，以及在塞尔维亚人最初横扫一切的胜利之后成功地收复领土，是必不可少的；它强烈地刺激了波斯尼亚社会的伊斯兰化，以及波斯尼亚穆斯林对全世界伊斯兰社会的认同；它还使得美国对波斯尼亚人的要求产生了同情心。

穆斯林国家政府单独地或集体地反复重申它们与波斯尼亚的教友休戚与共。1992年，伊朗率先将这场战争称为反对信仰基督的塞尔维亚族对波斯尼亚穆斯林进行种族灭绝的宗教冲突。阿贾米指出，伊朗为得到“波斯尼亚的感谢预付了定金”，而且为土耳其、沙特阿拉伯等穆斯林国家树立了榜样，刺激它们也照此行事。在伊朗的鼓动下，伊斯兰会议组织讨论了波斯尼亚问题，并成立了一个小组在联合国为波斯尼亚人的事业游说。1992年8月，伊斯兰国家的代表在联合国大会上谴责了所谓的种族灭绝行为，土耳其代表伊斯兰会议组织提出了一个决议案，号召根据联合国宪章第七条对该地区进行军事干预。1993年初，穆斯林国家为西方采取行动保护波斯尼亚人规定了最后期限，期限过后它们将不受限制地为波斯尼亚提供武器。1993年5月，伊斯兰会议组织谴责西方国家和俄罗斯制定的为穆斯林提供避难所、监视塞尔维亚边境但放弃任何军事干预的计划。它提出如下要求：结束武器禁运，使用武力对抗塞尔维亚的重型武器，在塞尔维亚边境巡逻，以及将穆斯林国家的军队纳入维和部队。同年6月，尽管遭到西方和俄罗斯的反对，伊斯兰会议组织还是使联合国人权会议通过了一项决议，谴责塞尔维亚和克罗地亚的侵略行为，并呼吁解除武器禁运。1993年7月，令西方感到有些尴尬的是，伊斯兰会议组织提出由它向联合国提供1.8万人的维和部队，而这些士兵来自伊朗、土耳其、马来西亚、突尼斯、巴基斯坦和孟加拉国。美国否决了伊朗，塞尔维亚人则坚决反对让土耳其人加入维和部队。然而土耳其部队还是于1994年夏进入了波斯尼亚。至1995年，在联合国2.5万人的保护部队中，有7000名官兵来自土耳其、巴基斯坦、马来西亚、印度尼西亚和孟加拉国。1993年8月，由土耳其外交部长率领的伊斯兰会议组织代表团游说联合国秘书长布特罗斯。布特罗斯·加利和美国国务卿沃伦·克里斯托弗，要求支持北约立即进行空袭，保护波斯尼亚人不受塞尔维亚人的进攻。据报道说，由于西方未能采取这一行动，土耳其和北约盟国的关系曾处于严重紧张状态。(注47)

土耳其和巴基斯坦的总理先后大张旗鼓地访问了萨拉热窝，以表示对穆斯林的关切，伊斯兰会议组织则再次要求向波斯尼亚提供军事援助。1995 年夏，西方未能使安全区免遭塞族的进攻，因而导致了下述后果：土耳其向波斯尼亚提供军事援助，并为其训练军队，马来西亚违反联合国的禁运决议，向波斯尼亚人出售武器，阿拉伯联合酋长国同意为军事目的和人道目的提供资金。1995 年 8 月，9 个伊斯兰会议组织国家的外交部长宣布联合国武器禁运无效，9 月，伊斯兰会议组织的 52 个成员一致同意向波斯尼亚提供武器和经济援助。

波斯尼亚穆斯林的困境在土耳其引起了特殊的反响，而在整个伊斯兰世界，没有哪个问题得到过如此一致的支持。事实上直至 1878 年，从理论上说则直至 1908 年，波斯尼亚一直是奥斯曼帝国的一部分。现今，波斯尼亚移民和难民占土耳其人口的将近 5%。对波斯尼亚人事业的同情，以及对西方未能保护波斯尼亚人的义愤，在土耳其人中极为普遍。反对党伊斯兰繁荣党利用这个问题来反对政府。政府官员则强调土耳其对所有巴尔干穆斯林负有特殊的责任，并不断地推动联合国进行军事干预，保护波斯尼亚的穆斯林。(注48)

伊斯兰世界给予波斯尼亚穆斯林的最为重要的帮助是军事援助：武器、购买武器的资金、军事训练和志愿兵。战争开始后，波斯尼亚政府立即请来了圣战者组织志愿兵，据说志愿兵的总人数达到了将近 4000 人，多于为塞族或者克族作战的外国人。他们包括来自伊朗共和国卫队和曾经在阿富汗作战的士兵。还有巴基斯坦、土耳其、伊朗、阿尔及利亚、沙特阿拉伯、埃及和苏丹的国民，也有来自德国、奥地利和瑞士的阿尔巴尼亚籍和土耳其籍工人。沙特宗教组织招募了许多志愿兵。20 多名沙特人在 1992 年战争刚开始的头几个月中阵亡。世界穆斯林青年大会将受伤的士兵运回吉达治疗。1992 年秋天，什叶派黎巴嫩真主党游击队赶来训练波斯尼亚军队，此后训练主要由伊朗共和国卫队接替。1994 年春，西方情报机构报告说，一支 400 人的伊朗共和国卫队分队正在组织极端主义游击队和恐怖分子的队伍。一位美国官员说："伊朗将此作为进入欧洲薄弱地区的一种方法。"根据联合国的消息，圣战者组织为伊斯兰特种旅训练了 3000—5000 名波斯尼亚士兵。波斯尼亚政府利用圣战者组织从事"恐怖主义的、非法的行动和突击行动”，尽管这些部队常常骚扰当地居民，并给政府带来了其他问题。代顿协议要求所有的外国士兵撤离波斯尼亚，但波斯尼亚政府通过给予一些士兵波斯尼亚国籍和招收一些伊朗共和国卫队人员作为救援人员，帮助他们留了下来。一位美国官员在1996年初警告说：“波斯尼亚政府多亏了这些集团，特别是伊朗人。但政府已表现出没有能力对付这些人。12个月之后我们将撤离，但圣战者组织执意留下。”(注49)

以沙特阿拉伯和伊朗为首的富有的伊斯兰国家，为波斯尼亚发展军事实力提供了大量资金。1992年在战争初始的几个月里，沙特政府和个人为波斯尼亚提供了1.5亿美元的援助，这笔钱表面上是用于人道主义目的，但人们普遍认为，其中大部分被用于了军事目的。据报道，在战争开始的头两年，波斯尼亚就得到了价值1.6亿美元的武器。1993—1995年，波斯尼亚又从沙特获得了3亿美元的军火援助，还有5亿美元的据称为人道主义的援助。伊朗也是军事援助的主要提供者，据美国官员称，它每年向波斯尼亚提供几亿美元用于购置武器。根据另一份报告，在战争头几年进入波黑的总价值为20亿美元的武器中，有80%—90%交到了穆斯林手中。由于这些财政援助，波斯尼亚人得以购置成千上万吨的武器。这些武器中被拦截的第一批武器包括4000支步枪和百万发子弹，第二批中有1.1万支步枪、30门迫击炮、75万发子弹和炮弹，第三批中有地对地火箭、弹药、吉普车和手枪。所有这些都是从武器的主要来源伊朗运出的，此外土耳其和马来西亚也是重要的武器提供者。有些武器是直接运往波斯尼亚的，但其中大多数是经过克罗地亚转运的，先空运至萨格勒布再转陆路，或者从海上运至斯普利特和克罗地亚其他港口再转陆路。作为准许运输的回报，据说克罗地亚得到了这些武器中的三分之一。克罗地亚人考虑到他们在今后很可能也要跟波斯尼亚打仗，因而禁止经其领土运送坦克和重炮。(注50)

从伊朗、沙特阿拉伯、土耳其和其他穆斯林国家得到的资金、人员、训练和武器，使得人们所说的波斯尼亚“杂牌”军变成了一支相对来说装备精良、具有实力的军队。1994年冬，外国观察员报告说，波斯尼亚军队在凝聚力和战斗力方面有了巨大的改观。(注51)为了将新的军事实力用于实践，波斯尼亚人撕毁了停火协议，首先成功地发动了对克族民兵的攻击，随后又在1994年春攻击了塞族。1994年秋，波斯尼亚第五军从比哈奇联合国安全区出动，击败了塞族军队，获得了波斯尼亚自战争开始以来的最大胜利，从塞族手中收复了大片领土，而后者的实力则由于米洛舍维奇总统禁止对其提供援助而下降。1995 年 3 月，波斯尼亚军队再次破坏了停战协议，开始向图兹拉附近地区大举推进，随后于 6 月份在萨拉热窝周围地区进攻。穆斯林亲族的支持，对于波斯尼亚政府得以造成波斯尼亚军事力量对比方面的变化，是一个不可或缺的、决定性的因素。

波斯尼亚战争是文明之间的战争。三个主要参与者来自三个不同的文明，信仰不同的宗教。除了一个例外，第二层次和第三层次的参与者都严格地按文明模式行事。穆斯林国家和组织集结起来支持波斯尼亚穆斯林，反对克族和塞族。东正教国家和组织普遍支持塞族而反对克族和穆斯林。西方国家政府和精英们则支持克族，谴责塞族，对穆斯林普遍表示出冷漠或担忧。随着战争的继续，各集团间的仇恨和分歧加深了，其宗教的和文明的认同加强了，特别是在穆斯林当中。总体说来，波斯尼亚战争的教训是：首先，断层线战争的主要参与者能够指望从本文明亲族那里得到大量的帮助；其次，这种帮助能够极大地影响战争的进程；第三，一个文明的政府和人民不会用鲜血和财富去帮助属于另一个文明的人进行断层线战争。

这个文明模式的唯一例外就是美国，其领导人在言辞上支持穆斯林，然而在实践中，美国的支持是有限的。克林顿政府同意使用美国空军而不是地面部队保护联合国安全区，并倡议结束武器禁运。美国没有认真地向盟国施加压力，要它们支持结束武器禁运，却容忍了伊朗向波斯尼亚运送武器和沙特阿拉伯为波斯尼亚提供购买武器的资金，并于 1994 年停止执行禁运。(注52)美国的这些行为引起了盟国的反感，导致了被普遍视为北约内部重大危机的后果。代顿协议签订后，美国同意在训练和装备波斯尼亚军队方面与沙特阿拉伯和其他穆斯林国家合作。现在的问题是：为什么在战争期间和战后，美国会打破文明模式，成为促进波斯尼亚穆斯林的利益、并与穆斯林国家合作的唯一的非穆斯林国家？美国这种反常行为的原因何在？

一个可能的原因是，这并非是一种反常行为，而是经过深思熟虑的文明现实政治。美国试图通过站在波斯尼亚人一边和建议（尽管不成功）结束禁运，来削弱像伊朗和沙特阿拉伯这样的原教旨主义国家对原来是世俗的、倾向欧洲的波斯尼亚人的影响。然而，如果这便是动机，那么美国为什么默许伊朗和沙特进行援助，为什么不更积极地推动取消禁运以使西方的援助合法化？美国官员为什么不公开警告伊斯兰原教旨主义会在巴尔干造成危险？对美国行为的另一个可能的解释是，美国受到了来自穆斯林世界朋友的压力，特别是来自土耳其和沙特阿拉伯的压力，为了与它们保持良好关系而按照它们的愿望行事。然而，这些关系本是基于同波斯尼亚无关的综合利益，它们并不会因美国未能帮助波斯尼亚而受到严重伤害。此外，这一解释也不能说明，为什么美国在其他方面经常向伊朗提出挑战，并在沙特阿拉伯和伊朗竞相扩大在波斯尼亚的影响之时，默许大量伊朗武器进入波斯尼亚。

文明现实政治的考虑可能对美国的态度产生了某些影响，但其他因素似乎产生了更大的影响。在对待外国的冲突时，美国人总想将善的力量和恶的力量区分开来，并与前者结盟。塞族人在战争初期的残暴行为，使美国人将其视为杀害无辜、进行种族灭绝的“坏家伙”，而波斯尼亚人却为自己树立了孤立无助的受害者的形象。整个战争期间，美国新闻界都忽视了克族和穆斯林的种族清洗行为和战争罪行，以及波斯尼亚军队对联合国安全区和停火协议的破坏。按照丽贝卡·韦斯特的话说，在美国人眼中，波斯尼亚人成了“他们心目中无辜受难、被他人屠杀却从不屠杀他人的可怜的巴尔干人。”(注53)

美国的精英也倾向于波斯尼亚人，因为他们偏好多文化国家的观念，而在战争初始阶段，波斯尼亚政府恰恰成功地塑造了这一形象。在整个战争期间，美国奉行维护一个多民族的波斯尼亚的政策，而不顾绝大多数波斯尼亚塞族和克族的反对。既然他们相信一个民族正在对另一个民族进行种族灭绝，那么建立一个多民族的国家就显然是不可能的，但美国精英仍将这两个相互矛盾的景象结合在一起，因而对波斯尼亚人的事业产生了广泛的同情。美国人的理想主义、道德主义、人道主义本能、天真和对巴尔干的无知，导致了他们亲波反塞的立场。与此同时，美国在波斯尼亚既无重要的安全利益，也无任何文化联系，因而美国政府没有理由去大力帮助波斯尼亚人，而只是默许伊朗人和沙特人去武装他们。由于美国政府拒绝如实地认识战争的真相，它便疏远了自己的盟友，延长了战争，并协助在巴尔干建立了一个受到伊朗极大影响的穆斯林国家。到头来，波斯尼亚人对美国深怀不满，认为它说得多而做得少，但对其穆斯林兄弟则感激不尽，因为他们提供了维持生存和打胜仗所需的资金和武器。

伯纳德—亨利·利维说：“波斯尼亚是我们的西班牙”；一位沙特编辑也同意他的看法：“在波斯尼亚和黑塞哥维那发生的这场战争，从感情上说已经成了西班牙内战中反对法西斯主义的战斗的同义语。在战争中阵亡的人被当作为拯救穆斯林兄弟而牺牲的烈士。”(注54)这个比喻是贴切的。在各种文明共存的时代，波斯尼亚是所有人的西班牙。西班牙内战是一场不同政治制度和意识形态之间的战争，波斯尼亚战争则是不同文明和宗教之间的战争。民主主义者、共产主义者和法西斯分子都到西班牙去与他们各自的意识形态兄弟并肩作战，而民主的政府、共产党的政府，以及最为积极的法西斯政府则分别对之提供援助。南斯拉夫战争同样得到了外界的巨大支持，西方基督教徒、东正教徒和穆斯林都为了本文明亲族的利益加入了支持者的行列。东正教、伊斯兰教和西方主要国家都深深地卷入了这场战争。四年之后，西班牙战争由于佛朗哥军队的胜利而最后结束。巴尔干不同宗教群体之间的战争可能会平息甚至暂时停止，但任何一方都不可能取得决定性的胜利，没有胜利就意味着没有结束。西班牙内战是第二次世界大战的序幕，而波斯尼亚战争则是不断进行中的文明冲突的又一流血插曲。

终止断层线战争

“任何战争都有终结”，这是常规。断层线战争也是如此吗？是，也不是。断层线暴力冲突在一个时期内可能完全停止，但很少永久终结。断层线战争的特征是：不断地休战、停火和停战，而不是达成解决主要政治问题的全面和平条约。它们之所以具有时起时伏的性质，是因为断层线战争是深深基于涉及不同文明集团间持久对立关系的断层线冲突，这些冲突又源于地理上的相邻、不同的宗教和文化、彼此各异的社会结构和双方社会的历史记忆。在几百年的历史进程中，这一切都可能演化，潜在的冲突也可能消散。或者，如果一个集团消灭了另一个集团，这种冲突也可能迅速、突然地消失。然而，如果上述两种情况并未出现，冲突就会继续下去，暴力阶段就会周而复始。断层线战争是断断续续的，断层线冲突则是漫无止境的。

断层线战争哪怕是暂时的停止，通常也有赖于两个因素。首先，是主要参与者精力耗尽。当伤亡人数达到数以万计、难民人数达到几十万人，贝鲁特、格罗兹尼、武科瓦尔等城市变成一片废墟，人们高喊着“疯狂啊，疯狂，不能再继续下去了”之时，双方的激进分子就不再能够煽动起公众的狂怒，停歇了几年的无成效的谈判会开始恢复，温和派会重新坚持自己的主张，并最终会达成停止残杀的某种协议。至1994年春，就纳戈尔诺—卡拉巴赫争端展开的持续了六年的战争，已使亚美尼亚人和阿塞拜疆人“筋疲力尽”，因而双方都同意停战。1995年秋，同样有报告说，波斯尼亚的“参战各方都已筋疲力尽”，因而代顿协议便应运而生。(注55)然而，如此停战只是一种自我限制，它使双方都得到了休整和补充给养的机会。当一方看到有机可乘之时，战争便会重新开始。

战争暂时停止所需的第二个因素是：非第一层次的参与者出于自身利益的考虑，通过其影响将交战各方拉到一起。断层线战争几乎从来不是通过第一层次参与者之间的直接谈判而停止，也极少通过利益不相关者的调解而停止。文化差异、强烈的仇恨和相互使用暴力，使第一层次的参与方极难坐下来进行有成效的讨论，寻求某种形式的停火。由谁、在何种条件下控制领土和人民的基本政治问题，此时就会凸显出来，并阻止它们就更为有限的问题达成协议。

拥有共同文化的国家和集团之间的冲突，有时可能通过拥有共同文化且无相关利益的第三方的调停得以解决，因为在该文化之内，人们承认这个第三方的合法性，所以双方都能信任它去寻求基于共同文化价值的解决方案。教皇能够成功地调解阿根廷—智利之间的边界纠纷。但是，在不同文明集团间的冲突中并不存在非相关利益方，因此寻找一个双方都能够信赖的个人、机构或国家极为困难。任何一个潜在的调解者都会是属于相互冲突的文明中的一方，或属于另一种文化和其他利益的第三种文明，无法获取双方的信任。车臣人和俄罗斯人，或泰米尔和僧伽罗人都不会寻求教皇的帮助。国际组织在调解时也经常失败，原因在于它们缺乏使双方付出重大代价或满足它们重大利益的能力。

断层线战争不会由不具有相关利益的个人、集团或组织的调解，而只能由具有相关利益的第二和第三层次参与者的调解而结束。一方面，第二和第三层次的参与者集结起来为其亲族提供支持，而且能够与其对等者谈判协议，另一方面，它们能够说服自己的亲族接受达成的协议。虽然第二和第三层次参与者的集结会加剧和拖延战争，但它通常也是限制和终止战争的必要条件，尽管不是充分的条件。在一般的情况下，第二和第三层次的支持者并不想转变成第一层次的直接参战方，因而希望将战争置于控制之下。与第一层次全力以赴的参与者相比，它们的利益是更多方面的，并要考虑双方关系中的其他问题。因此，在某一时刻，它们可能认为停止战争是对自己有利的。由于它们集结起来支持自己的亲族，它们便对其具有了影响力。支持者因此成为战争的制约者和终止者。

没有第二和第三层次参与者的战争比起其他战争来说扩大的可能性要小，但也更难终止，属于缺少核心国家文明的集团间战争也是如此。涉及一个已经建立的国家的内部暴动和缺少重要集结的断层线战争，也同样构成了特殊的问题。如果战争延续一定时间，反叛者的要求往往从某种形式的自治升级为要求完全独立，而这正是政府所反对的。政府通常要求反叛者放下武器，以此作为停止战斗的第一步，但反叛者往往不接受。同样非常自然的是，政府反对外来者介入它认为涉及“犯罪分子”的纯内政事务。将此定义为内政事务也为其他国家提供了不介入的理由，如西方国家与车臣的关系就是这样。

对于缺少核心国家的有关文明来说，这些问题便成了综合性问题。例如，始于 1956 年的苏丹战争于 1972 年停止，当时交战双方都已筋疲力尽，世界基督教协进会和全非基督教协进会成功地促使双方经过谈判达成了亚的斯亚贝巴协议，使南苏丹获得了自治。这事实上是非政府国际组织取得的唯一胜利。然而，10 年之后，苏丹政府撕毁了协议，战争再起，此时反叛分子的要求提高了，政府的立场也更为强硬，另一次停战谈判以失败而告终。阿拉伯世界和非洲都没有既有相关利益、又有能力向参战方施加压力的核心国家。吉米·卡特和几位非洲国家领导人的调解都未获成功，一个由肯尼亚、厄立特里亚、乌干达和埃塞俄比亚组成的东非国家委员会的努力也无成效。与苏丹有深刻对立关系的美国不能直接采取行动，亦不能请与苏丹关系密切的伊朗、伊拉克或利比亚出面斡旋，因此剩下的唯一选择就是沙特阿拉伯，但是它对苏丹的影响也有限。[注56]

一般说来，停火谈判参加者的范围会扩大到双方的第二和第三层次参与者相对平行和平等地参与其中的程度。但是，在某种情况下，一个强有力的核心国家可能足以使双方停战。1992 年，欧洲安全与合作会议试图调解亚美尼亚和阿塞拜疆的争端，成立了一个委员会——明斯克集团。该委员会包括冲突的第一、第二和第三层次参与者（纳戈尔诺—卡拉巴赫的亚美尼亚人、亚美尼亚、阿塞拜疆、俄罗斯和土耳其），外加法国、德国、意大利、瑞典、捷克共和国、白俄罗斯和美国。除了拥有大量亚美尼亚在外散居者的美国和法国外，后几个国家既无相关利益亦无能力制止战争。这样，得到两个第三层次参与者俄罗斯和土耳其以及美国同意的一个方案，却遭到纳戈尔诺—卡拉巴赫亚美尼亚族人的反对。然而，俄罗斯单独在莫斯科组织了亚美尼亚和阿塞拜疆之间的一系列谈判，它“创造了替代明斯克集团的另一种选择……抵消了国际社会的努力”。[注57] 最后，在第一层次参与者变得筋疲力尽、俄罗斯确保得到伊朗对谈判的支持的情况下，停火协议终于在俄罗斯的努力下达成。作为第二层次的参与者，俄罗斯和伊朗还就安排塔吉克斯坦停火进行了合作，并断断续续地获得了成功。

俄罗斯的影响将继续存在于外高加索，而且它具有强制实行其倡议的停火的能力，只要它认为这样做对自己有利。这与美国在波斯尼亚的境况形成了对照。代顿协议是基于利益相关的核心国家（德国、英国、法国、俄罗斯和美国）组成的联络小组的建议，其他第三层次的参与国并未积极参与最后协议的起草，三个主要参战方中有两个在谈判期间是被置于边缘地位。协议的执行依赖于美国起主导作用的北约部队，如果美国撤出它在波斯尼亚的军队，那么，不论是欧洲国家还是俄罗斯都不会有继续执行协议的动力，波斯尼亚政府、塞族人和克族人一旦恢复了精力，都会重燃战火，塞尔维亚政府和克罗地亚政府也会寻求机会实现其建立“大塞尔维亚”和“大克罗地亚”的梦想。

罗伯特·普特南强调，各国之间的谈判是一种“双层次游戏”，外交家们同时与其国内选民和来自另一方的对等者谈判。在一个类似的分析中，亨廷顿展示了一个独裁国家的改革者如何既要就向民主制过渡的问题与温和的反对派谈判，又要与政府中的强硬派谈判或作斗争，而那些温和的反对派也要与激进的反对派谈判或斗争。[注58]这种双层次游戏至少包括四个方面的参与者，它们之间至少有三种，而且常常有四种关系。然而，一场复杂的断层线战争是一种三层次游戏，至少有六个方面的参与者，而且它们之间至少存在着七种关系（见图 11.1）。跨断层线的平行关系存在于第一、第二和第三层次的两边参与者之间。垂直关系则存在于各文明之内不同层次的参与者之间。因而，终止一场“完整模式”的战争可能需要：

- 第二和第三层次参与者的积极介入；
- 第三层次的参与者就终止战争的广泛条件进行谈判；
- 第三层次的参与者用胡萝卜加大棒的手段使第二层次的参与者接受这些条件，并施加压力使第一层次的参与者接受；
- 第二层次的参与者撤销支持，事实上是背弃第一层次的参与者；
- 上述压力的结果是，第一层次的参与者接受那些条件，当然在它们认为破坏这些条件有利于自己时还会破坏它们。

波斯尼亚和平进程涉及所有这些因素。个人活动者，美国、俄罗斯和欧盟，为谈判协议所作的努力收效甚微。西方国家不情愿将俄罗斯作为全面参与这一进程的伙伴。俄罗斯则坚决抗议自己被排除在外，强调它与塞尔维亚人有着历史上的联系，而且在巴尔干比其他任何主要国家都有着更为直接的利益。俄罗斯坚持自己应作为解决冲突的全面参与者，并严厉谴责“美国按照自己的意愿制定条件的倾向”。1994 年，将俄罗斯包括进去的必要性变得很明显。在未与俄罗斯商议的情况下，北约向波斯尼亚塞族人发出了最后通牒，要他们撤除在萨拉热窝周围部署的重型武器，否则就对他们进行轰炸。塞族人拒绝了这一要求，因此很可能与北约发生暴力对抗。叶利钦警告说：“有些人试图在没有俄罗斯参与的情况下解决波斯尼亚问题，我们决不允许这样的情况发生。”接着俄罗斯政府掌握了主动，劝说塞族在俄罗斯向萨拉热窝地区派驻维和部队的情况下撤出重型武器。这一外交行动阻止了暴力的升级，向西方证明了俄罗斯对塞族的影响力，并使俄罗斯军队进入了波斯尼亚穆斯林和塞族争议地区的心脏。[注59]通过这一措施，俄罗斯使自己作为西方的“平等伙伴”处理波斯尼亚问题的权利要求得到了实际承认。

然而 4 月份，北约再次未与俄罗斯商量便授权轰炸塞族阵地。这一举动在整个俄罗斯政坛引起了严重的负面反应，加强了民族主义分子对叶利钦和科济列夫的反对。紧接着，第三层次的相关国家英国、法国、德国、俄罗斯和美国，组成了设计解决方案的“联络小组”。1994 年 6 月，该小组提出一个计划，将波斯尼亚 51％的领土划归穆斯林－克罗地亚族联邦，49％的领土划归波斯尼亚塞族，这一计划成为后来的代顿协议的基础。次年，安排俄罗斯部队参与代顿协议的执行便成为必需。

第三层次参与者之间达成的协议必须得到第一和第二层次参与者的认可。正如俄罗斯外交官丘尔金所言，美国人必须依靠波斯尼亚人，德国人必须依靠克罗地亚人，而俄罗斯人则必须依靠塞尔维亚人。[注60]在南斯拉夫战争的初始阶段，俄罗斯曾作出重大的让步，同意对塞族进行经济制裁。作为塞族可以信赖的亲缘国家，俄罗斯有时也能对塞族施加强制力和压力，迫使他们接受他们原本可能拒绝的妥协方案。例如在 1995 年，俄罗斯和希腊一起要求波斯尼亚塞族确保释放其扣押的荷兰维和人员。然而，波斯尼亚塞族有时亦会违反其在俄罗斯压力下签署的协议，从而使俄罗斯因无能力为其亲缘一方代言而感到难堪。举例说，1994 年 4 月，波斯尼亚塞族曾答应俄罗斯停止对戈拉日代的进攻，然后又撕毁了协议。俄罗斯为此大发雷霆，一位俄罗斯外交官就此说，波斯尼亚塞族“成了战争狂”，叶利钦则坚持“塞尔维亚领导人必须履行向俄罗斯保证承担的义务”，而且俄罗斯还撤回了对北约轰炸的反对。(注61)

通过支持和加强克罗地亚的实力，德国和其他西方国家也得以制约克罗地亚人的行动。图季曼总统急切地希望他的天主教国家能够为欧洲国家所接受，并获准加入欧洲的组织。西方国家利用它们为克罗地亚提供的外交、经济和军事援助，以及克罗地亚想要加入“俱乐部”的愿望，诱使图季曼在许多问题上作出让步。1995 年 3 月，西方国家向图季曼提出，如果克罗地亚想成为西方的一员，就必须同意联合国保护部队驻扎在克拉伊纳。一位欧洲外交官说：“加入西方对于图季曼来说非常重要。他不愿意被留下来单独对付塞尔维亚人和俄罗斯人。”西方国家警告图季曼说，他的部队在征服克拉伊纳和塞族人居住的其他地区时不得进行种族清洗，不得将进攻扩大到东斯拉沃尼亚。在另一个问题上，西方国家警告克罗地亚人，正如一位美国官员说的，如果他们不与穆斯林组成联邦，“西方的大门将永远向他们关闭”。(注62)作为克罗地亚外部财政援助的主要提供者，德国处于影响克罗地亚人行为的特别强有力的地位。美国与克罗地亚发展的密切关系，也有助于阻止图季曼追求其经常表现出来的由克罗地亚和塞尔维亚瓜分波斯尼亚—黑塞哥维那的愿望，至少在整个 1995 年是如此。

与俄罗斯和德国不同，美国与波斯尼亚受援者之间没有文化共性，因而在迫使穆斯林妥协方面处于软弱地位。此外，除了在口头上说说外，美国对波斯尼亚人的帮助，不过是对伊朗和其他穆斯林国家违反武器禁运视而不见，结果使得波斯尼亚穆斯林对更广泛的伊斯兰社会群体的感激之情和认同感日益增长。同时，他们指责美国采取“双重标准”，没有打击对他们的入侵，就像美国打击伊拉克对科威特的入侵那样。他们将自己装扮成受害者，因而使美国更难以迫使他们接受和解。这样，波斯尼亚穆斯林便得以拒绝和平建议，在其穆斯林朋友的帮助下增强了军事实力，最终采取主动收复了失去的相当一部分领土。

在第一层次的参与者中，抵制妥协的情绪十分强烈。在外高加索战争中，得到亚美尼亚族在外散居者坚决拥护的极端民族主义者组织——亚美尼亚革命联盟党，控制了纳戈尔诺—卡拉巴赫，拒绝了由土耳其、俄罗斯和美国于 1993 年 5 月提出的、已为亚美尼亚政府和阿塞拜疆政府接受的和平建议，发动了被指控为种族清洗的军事进攻，使战争出现了有可能扩大的前景，并使它与较为温和的亚美尼亚政府的关系发生了恶化。进攻纳—卡的成功给亚美尼亚带来了问题，因为它正急于改善与土耳其和伊朗的关系，以便缓解因战争和土耳其的封锁而造成的食品和能源短缺。一位西方外交官评论说："卡拉巴赫的战况越好，埃里温遇到的困难就越大。"(注63)亚美尼亚总统彼得罗相同叶利钦总统一样，不得不在来自立法机构内的民族主义分子的压力与同其他国家和解的更大外交政策利益之间搞平衡。1994 年末，他的政府开始禁止亚美尼亚革命联盟党在亚美尼亚活动。

波斯尼亚塞族和克族也像纳—卡的亚美尼亚族人一样，采取了强硬立场。结果，当克罗地亚政府和塞尔维亚政府受到压力去推动和平进程时，它们与各自的波斯尼亚亲族的关系便出现了一些问题。在克罗地亚人中这些问题不甚严重，因为波斯尼亚克族至少在形式上，如果不是在实践中，同意加入穆克联邦。由米洛舍维奇和波斯尼亚塞族领导人卡拉季奇之间对立的个人关系而引发的冲突则日益紧张和公开化。1994 年 8 月，卡拉季奇拒绝了米洛舍维奇赞同的和平计划。急于让西方结束制裁的塞尔维亚政府，宣布中断与波斯尼亚塞族除食品和药品以外的一切贸易往来。作为回报，联合国放松了对塞尔维亚的制裁。第二年，米洛舍维奇允许克罗地亚军队将塞族人驱逐出克拉伊纳，允许克族和穆斯林武装力量将塞族人赶回到波斯尼亚西北地区。他还与图季曼达成协议，答应逐步归还被塞族占领的东斯拉沃尼亚，变由克罗地亚控制。在几个大国的支持下，当时他事实上在代顿协议的谈判中为波斯尼亚塞族"代言"，并把波斯尼亚塞族代表并入了自己的代表团。

米洛舍维奇的行动使联合国解除了对塞尔维亚的制裁，并使他得到了在某种程度上感到意外的国际社会的谨慎认可。1992 年时的民族主义者、侵略者、种族清洗分子和大塞尔维亚战争贩子，于 1995 年摇身一变而成了和平缔造者。然而，对许多塞尔维亚人来说，米洛舍维奇已成为叛徒。在贝尔格莱德，他遭到塞尔维亚民族主义者和东正教会领袖的谴责，克拉伊纳和波斯尼亚塞族人则严厉地指控他犯有叛国罪。他们的这一做法，无疑是与约旦河西岸犹太居民对与巴勒斯坦解放组织签订协议的以色列政府的指控如出一辙。在断层线战争中，和平的代价便是对亲族的背叛。

被战争耗尽了精力、受到第三层次参与者刺激和压力的第二和第一层次的参与者改变了他们的态度，不论是由于温和派取代了极端主义者的权力，还是像米洛舍维奇这样的极端主义者发现成为温和派对自己有利。但是，他们的改变要冒一定风险。那些被视为叛徒的人会激起比对敌人还强烈的仇恨。克什米尔穆斯林、车臣人和斯里兰卡僧伽罗人的领袖也遭到了与萨达特和拉宾同样的命运，他们被指控为背叛事业，企图与头号敌人妥协。1914 年，一个塞尔维亚民族主义分子暗杀了一名奥地利公爵。在代顿协议之后，米洛舍维奇最可能成为民族主义分子的攻击目标。

如果一项结束断层线战争的协议反映了该地区第一层次参与者之间的地区均势，以及第二和第三层次参与者的利益，那么它即使是暂时的，也是一个成功之举。把波斯尼亚按 51％与 49％的比例划分开来的做法，在 1994 年塞族控制这个国家 70％的领土时是不可行的；它只有在克族和穆斯林的进攻使塞族控制的领土减少了几乎一半之时才是可能的。已经发生的种族清洗也有助于和平进程，它使塞族在克罗地亚人口中所占比例减至不足 3％，并使波斯尼亚所有三个集团的成员被暴力或者自愿地分离开来。此外，第二和第三层次的参与者（后者往往是文明的核心国家）只有获得真正的安全或在战争中有共同的利益，才会提出可行的解决办法。第一层次的参与者不能单独结束断层线战争。能否结束这些战争和防止它们升级为全球战争，主要取决于世界各主要文明的核心国家的利益和行动。断层线战争自下而上地爆发，断层线上的和平却要自上而下地慢慢推动。

第五部分

文明的未来

第十二章

西方、各种文明和全球文明

西方的复兴?

在任何文明的历史中，历史都曾经有过一次终结，有时还不止一次。随着一种文明的普遍国家的出现，它的人民由于汤因比所说的“不朽的幻想”而变得盲目，确信他们的文明就是人类社会的最终形态。人们对于罗马帝国、阿拔斯哈里发王朝、莫卧儿帝国和奥斯曼帝国就曾抱有这样的想法。这些普遍国家的公民“不顾显而易见的事实……倾向于将其视为希望之乡、人类奋斗的目标，而不是夜幕下荒野中的蔽身之地”。当英国统治下的和平达到顶峰之际，也出现了同样的情景。对于1897年时的英国中产阶级来说，“正如他们所看到的，历史已经终结……他们完全有理由为这一历史终结给他们带来的永久的幸福国家而庆幸”。(注1)然而，凡是认为历史已经终结的社会，通常是其历史即将衰微的社会。

西方是这个模式的例外吗？梅尔科提出了两个关键性的问题：

> 第一，西方文明是否是一个自成体系的新类型，与曾经存在过的所有其他文明都截然不同？
>
> 第二，它在全世界的扩张是否会断送（或者可能断送）所有其他文明发展的可能性？(注2)

大部分西方人相当自然地倾向于给予这两个问题以肯定的回答。他们或许是正确的。然而，在过去，其他文明中持类似看法的人却是错误的。

西方与所有已经存在过的文明显然是不同的，因为它已经对公元1500年以来存在着的所有文明都产生了势不可挡的影响。它开创了在世界范围内展开的现代化和工业化的进程，其结果是，所有其他文明的社会都一直试图在财富和现代化方面赶上西方。然而，西方的这些特点是否意味着，它作为一种文明的演进和变动根本不同于所有其他文明中普遍存在的模式？历史的证据和比较文明史学者的判断却表明并非如此。迄今为止，西方的发展与历史上诸文明共同的演进模式并无重大的不同。伊斯兰复兴运动和亚洲经济的发展势头表明，其他文明是生机勃勃的，而且至少潜在地对西方构成了威胁。一场涉及西方和其他文明核心国家的大战并不是不可避免的，但有可能发生。而西方始于 20 世纪初的逐渐且无规律的衰落，可能会持续几十年，甚至几百年。或者，西方可能经历一个复兴阶段，扭转它对世界事务影响力下降的局面，再次确立它作为其他文明追随和仿效的领袖的地位。

在对文明史演进所作的或许是最有用的分期中，卡罗尔·奎格利发现了可分为七个阶段的共同模式。[注3]（见上文第二章）他认为，西方文明在公元 370－750 年间通过融合古典的、闪米特的、撒拉逊的和野蛮的文化因素而开始形成。西方文明的孕育阶段从 8 世纪中期一直延续到 10 世纪末，随后便出现了在其他文明中不多见的扩张阶段和冲突阶段的拉锯运动。根据西方和其他文明中的学者的观点，西方目前似乎正走出冲突阶段。西方文明已经成为一个安全区，除了偶然发生的鳕鱼战外，西方内部的战争事实上是不可设想的。正如我在第二章中所论述的，西方正在发展一个相当于普世帝国的体系，其表现形式为邦联、联邦、政权和其他形式的合作机构的复合体系，它在文明的层面上推行民主和多元政治。简而言之，西方已经成为一个成熟的社会，正进入这样的一个时代，当后人回顾以往时，将会按照历史上反复重现的文明演进模式称其为“黄金时代”。用奎格利的话说，就是一个“由于这个文明本身的区域内不存在任何竞争对手，以及远离其他外部社会的竞争，甚至不存在这样的竞争”而产生的和平时期。它也是一个“结束了内部战争破坏，减少了内部贸易壁垒，建立起共同的度量衡制度和货币制度，以及由于广泛实行了与建立普世帝国相关的政府开支制度”而产生的一个繁荣时期。

在以往的各文明中，这样一个怀着文明可以不朽的幻想的极乐黄金时代，不是由于一个外部社会取得的急剧胜利，就是由于内部缓慢但同样痛苦的解体而终结。文明内部发生的事件，对于其抵御外部摧毁力量的能力与对于阻止内部的衰败来说，同样至关重要。奎格利于 1961 年指出，文明之所以能够发展，是因为它具有一个“扩张的工具”，即一个军事的、宗教的、政治的或经济的组织，它将盈余积累起来，并将其投入建设性的创新。当文明停止“将盈余用于创新，用现代的说法就是投资率下降”之时，文明便衰败了。这种情况的发生，是由于控制了盈余的社会集团为满足“非生产性的、个人享受的既得利益……将盈余用于消费而不是提供更有效的生产方法”。当人们依靠资本生活之时，文明便从普遍国家走向衰败阶段。它是这样一个阶段：

> 经济急剧衰退，生活水平下降，各种既得利益集团之间发生内战，文盲增加，社会日益虚弱。人们徒劳地进行努力，想通过立法来制止浪费。但衰退在继续。社会在宗教、知识、社会和政治层面的大范围内失去了人民群众的忠诚。新的宗教运动开始遍及社会。人民越来越不情愿为这个社会而战，甚至不愿意通过纳税来支持它。

伴随衰败而来的是入侵阶段，“当一个文明不再能够捍卫自己，因为它不再愿意捍卫自己之时，它便向野蛮的入侵者敞开了大门”，他们常常来自“另一个年轻的、更强有力的文明”。(注4)

然而，文明史中压倒一切的教训是，很多事情都是可能的，但任何事情都不是不可避免的。文明能够，并且已经自我改革和更新。西方的中心问题是，除了任何外部挑战之外，它能否制止和扭转内部的衰败进程。西方是进行自我更新，还是任凭内部持续的腐败加速其终结和（或者）屈服于其他在经济和人口方面更充满活力的文明？*

20 世纪 90 年代中期，在西方出现了许多被奎格利确认为一个成熟文明濒于衰败的特征。在经济方面，西方远比其他任何文明都更富裕，但其经济增长率、储蓄率和投资率很低，特别是与东亚社会相比较。在西方，个人和集体消费优先于未来经济和军事实力的建设。人口自然增长率很低，特别是与伊斯兰国家相比。但是这些问题并不会不可避免地造成灾难性的后果。西方的经济仍在增长；

---

* 奎格利在一个可能是正确的，但未得到理论分析和经验分析有力支持的预测中总结道：“西方文明于大约公元 500 年时尚不存在；在将近公元 1500 年时达到鼎盛时期，它在未来的某一时刻肯定会消亡，或许是在公元 2500 年之前。”他指出，那时，中国和印度的新的文明将取代被西方破坏了的文明并进入扩张阶段，对西方和东正教文明构成威胁。见奎格利著《文明的演变：历史分析导论》（印第安纳波利斯：自由出版社，1979 年版；该书由麦克米伦出版公司初版于 1961 年），第 127 页，164－166 页。——原书脚注

西方人基本上仍过着富裕的生活；此外，西方在科学研究和技术创新方面仍处于领先地位。低出生率的问题不可能由政府来解决，这方面的努力一般要比降低人口增长率更不成功。然而，在具备下述两个先决条件时，移民会成为新的充满活力的人口资本的潜在来源：首先，接收国给予它所需要的有能力、有资格和精力充沛的人才和专业人员以优先权；其次，新移民及其子女能够融入接收国和西方的文化。美国可能在满足第一个条件上存在问题，欧洲则可能在满足第二个条件上存在问题。但是，以西方国家政府的经验和能力，完全能够制定出管理移民人数、来源、特性和同化移民的政策。

在西方，比经济和人口远为重要的问题是道德衰落、文化自绝和政治分裂。经常被提及的道德衰落表现包括：

1. 反社会行为的增长，诸如普遍的犯罪、吸毒和暴力行为；

2. 家庭的衰败，包括离婚、私生、未成年人怀孕和单亲家庭的增加；

3. 至少是在美国出现了“社会资本”的下降，即志愿组织成员的减少，以及与此相关的人与人之间信任程度的下降；

4.“职业道德”的普遍下降和自我放纵现象的增加；

5. 对知识和学术活动投入减少，在美国表现为学术成果水平降低。

西方未来的健康及其对于其他社会的影响，在很大程度上取决于它能否成功地应付上述趋势。当然，这些趋势增强了穆斯林和亚洲人对其道德力量的优越感。

西方文化受到了来自西方社会内部集团的挑战。其中一种挑战来自其他文明的移民，他们拒绝融入西方社会，继续坚持和宣扬他们原有社会的价值观、习俗和文化。这一现象在欧洲的穆斯林中最为显著，不过他们人数不多。它在美国为数众多的拉美裔少数民族中也很显著，尽管程度较轻。在这种情况下，如果同化移民的努力归于失败，美国便会成为一个分裂的国家，并存在内部冲突和由此造成分裂的潜在可能。在欧洲，西方文明也会由于其主要组成部分基督教的衰弱而遭到破坏。欧洲人崇尚宗教信仰、遵守宗教习俗和参加宗教活动的人数比率正在下降。[注5]这一趋势反映出的不是对宗教的敌视，而是对宗教的冷漠。然而在欧洲文明中仍然渗透着基督教的理念、价值观和实践。一位瑞典人说：“瑞典人的宗教信仰在欧洲大概是最薄弱的，但是，如果你没有认识到我们的体制、社会实践、家庭、政治和生活方式受到了路德宗的根本影响，你就无法理解这个国家。”

与欧洲人不同，绝大部分美国人都信仰上帝，自认为是宗教民族，许多人去教堂做礼拜。有证据显示，尽管在美国直到20世纪80年代中期没有出现宗教复兴，但是在其后的10年中，宗教活动似乎在加强[注6]。基督教在西方人心目中地位的下降，最多只会对西方文明的健康构成一种非常长远的威胁。

美国面临着一个较为直接和危险的挑战。在历史上，美国的民族认同在文化上是由西方文明的遗产所界定的，在政治上则是由美国信条的原则所界定的，即绝大多数美国人都赞同的自由、民主、个人主义、法律面前人人平等、宪政和私人财产权。20世纪末，美国认同的这两个组成部分受到了为数不多但极有影响的知识分子和国际法专家集中而持久的攻击。他们以多元文化主义的名义攻击美国对西方文明的认同，否认存在着一个共同的美国文化，提倡种族的、民族的和亚民族的文化认同和分类。他们谴责，用其报告中的一段话来说，在教育中“有系统地倾向于欧洲文化及其分支”，以及“欧美单一文化观点的统治地位”。正如小阿瑟·施莱辛格所言：“多元文化主义者常常是坚持种族中心的分裂主义者，在西方的遗产中，他们除了西方的罪行外几乎看不到任何东西。”他们的“态度是抛弃不道德的欧洲遗产，而从非西方文化中寻求补充”。[注7]

20世纪60年代民权法案通过后制定的各项立法也表现了多元文化的趋势，而在90年代，克林顿政府把鼓励多样性作为其主要目标之一。这些做法与以往形成了鲜明的对照。美国的创始者将多样性视为一个现实和一个问题，因而有了国家的座右铭“合众为一”。这是大陆会议的一个由包括本杰明·富兰克林、托马斯·杰弗逊和约翰·亚当斯组成的委员会制定的。后来的政治领袖们也担心种族的、地方的、民族的、经济的和文化的多样性构成的威胁（事实上它们在1815－1914年间导致了美国的最大的战争），并响应“让我们团结起来”的号召，视促进国家的统一为其主要责任。西奥多·罗斯福警告说：“有一种情况绝对会导致国家的崩溃并阻碍美国作为一个国家继续存在的一切可能，那就是听任美国成为一个充满民族纠纷的国家。”[注8]然而，20世纪90年代的美国领导人却不仅允许并且努力促进多样性的发展，而不是促进他们所管理的人民的团结。

正如我们已经看到的，另一些国家的领导人有时企图摈弃本国的文化遗产，使自己国家的认同从一种文明转向另一种文明。然而迄今为止，他们非但没有成功，反而使自己的国家成为精神分裂的无所适从的国家。美国的多元文化主义者同样拒绝接受本国的文化遗产。然而，他们并非要美国认同另一种文明，而是要建立一个拥有众多文明的国家，即一个不属于任何文明的、缺少一个文化核心的国家。历史表明，如此构成的国家不可能作为一个具有内聚力的社会而长期存在。一个多文明的美国将不再是美利坚合众国，而是联合国。

多元文化主义者还通过以集体权利代替个人权利来对美国信条的中心内容提出挑战，而集体权利在很大程度上是根据种族、民族、性别和性别偏好来界定的。冈纳·默达尔在20世纪40年代指出，美国信条是“这个伟大的、无可比拟的国家的聚合剂”，此话进一步证实了自赫克托·圣约翰·德·克雷夫科尔和阿利克斯·德·托克维尔以来的外国观察家的论点。理查德·霍夫施塔德赞同道：“作为一个国家，我们的命运依赖于一种而不是多种意识形态。”(注9)如果这种意识形态被其相当一部分公民所摈弃，那么在美国会出现什么情况？与美国相比较，另一个大国苏联更是以意识形态形式来界定其统一，它的命运对于美国来说是一个令人清醒的实例。日本哲学家梅原猛指出：“马克思主义的彻底失败……苏联的急剧解体，仅仅是西方自由主义这一现代主流思潮失败的先兆。自由主义远不是取代马克思主义和在历史终结之时占统治地位的一种意识形态，它将成为另一块倒坍的多米诺骨牌。”(注10)在一个世界各国人民都以文化来界定自己的时代，一个没有文化核心而仅仅以政治信条来界定自己的社会哪里会有立足之地？政治原则对于一个持久的共同体来说只是一个易变的基础。在一个讲求文化的多文明的世界里，美国可能不过是一个正在消失的讲求意识形态的西方世界中残留下来的最后一个不合时宜者。

摈弃美国信条和西方文明，就意味着我们所认识的美利坚合众国的终结。实际上这也意味着西方文明的终结。如果美国非西方化了，那么西方就缩小到只剩下欧洲和几个欧洲移民人口不多的国家。没有美国，西方便会成为世界人口中的一个微不足道的和衰落的部分，居住在欧亚大陆一端的一个小而无关紧要的半岛之上。

多元文化主义者与西方文明和美国信条维护者之间的冲突，用詹姆斯·库尔思的话来说，是西方文明美国部分之中的“一场真正的冲突”。(注11)美国人无法回避这样的问题：我们是西方人，还是其他什么人？美国和西方的未来取决于美国人再次确认他们对西方文明的责任。在美国国内，这意味着拒绝造成分裂的多元文化主义的诱人号召。在国际上，则意味着拒绝要求美国认同亚洲的令人难以理解的、虚幻的号召。不论亚洲和美国社会之间存在着怎样的经济联系，根本的文化差异将使二者无法同居一室。在文化上，美国是西方大家庭的一员；多元文化主义者可能损害甚至破坏这种关系，但却不能替换它。美国人如果要寻找其文化根基，他们会在欧洲找到。

20 世纪 90 年代中期，人们就西方的性质和未来展开了新的讨论，再次认识到这是一个现实存在的问题，对如何确保其继续存在也更为关切。这部分是由于认识到了扩大西方的重要机构北约、将东面的西方国家包括进来的必要性，部分是由于西方内部在如何对南斯拉夫的分裂作出反应的问题上产生了严重分歧。它也更广泛地反映了，在苏联威胁已不复存在的情况下，人们对西方未来的统一，特别是这一点对于美国对欧洲承担的义务意味着什么，感到忧虑。随着西方国家与日益强大的非西方社会的相互作用日益增强，西方人越来越意识到将他们联结在一起的共同的西方文化核心。大西洋两岸的领导人都强调恢复大西洋共同体活力的必要性。1994 年末和 1995 年，德国国防部长、英国国防大臣、法国外交部长和美国国务卿、亨利·基辛格以及各类其他重要人物都对这一目标表示了拥护。英国国防大臣马尔科姆·里夫金德对他们的观点作了总结，他于 1994 年 11 月论证了建立“大西洋共同体”的必要，并指出它将建立在四个支柱上：“北约框架内的防务和安全”；“对法治和议会民主的共同信仰”；“自由资本主义和自由贸易”；“从通过文艺复兴而继承的希腊和罗马的共同欧洲文化遗产，到我们本世纪的共同价值观、信仰和文明。”(注12) 1995 年欧洲委员会启动了一个“更新”跨大西洋关系的计划，使得欧盟和美国签署了一个内容广泛的协议。同时，许多欧洲政要和商界领袖都支持建立跨大西洋自由贸易区。尽管美国的劳联－产联反对北美自由贸易区和其他贸易自由化的措施，但是其领导人却热情地支持建立一个跨大西洋自由贸易区的协议，认为它不会使美国的就业机会受到来自低工资国家的竞争。它还得到了欧洲保守派（玛格丽特·撒切尔）和美国保守派（纽特·金里奇）以及加拿大和其他英国领导人的支持。

正如第二章所论述的，西方的发展和扩张经历了持续几个世纪之久的第一个阶段欧洲阶段，接着在 20 世纪又经历了第二个阶段美国阶段。如果北美和欧洲能够更新建立在文化共性基础上的道德生活，并发展紧密的经济和政治一体化形式来补充其在北约内的安全合作，它们便能够创造出西方经济富裕和政治影响扩大的第三个阶段欧美阶段。富有意义的政治一体化在某种程度上能够抵消西方在世界人口、经济生产和军事能力中所占比率的相对下降，并使其他文明的领导人看到西方力量的恢复。马哈蒂尔总理警告亚洲人说："由于其贸易影响，联合起来的欧盟和北美自由贸易区就可能对世界其他地区发号施令。"(注13)但是，西方能否在政治和经济上走到一起，主要取决于美国是否再次确认自己的西方认同，并把自己的全球作用确定为西方文明的领袖。

世界之中的西方

一个以文化认同——种族的、民族的、宗教的、文明的认同——为中心，按照文化的相似和差异来塑造联盟、对抗关系和国家政策的世界，对于整个西方，特别是对于美国来说，有三个广泛的含义。

首先，政治家只有承认和理解现实，才能建设性地改变现实。文化政治正在形成，非西方文明的力量正在上升，这些社会日益伸张自己的文化，已得到非西方世界的公认。欧洲领导人曾指出，文化的力量既可以使人团结，又可以使人分离。相反，美国的精英们在接受和把握这些正在形成的现实时却反应迟钝。布什和克林顿政府曾支持多种文明共存的苏联、南斯拉夫、波斯尼亚和俄罗斯的统一，却无力制止造成分裂的强大的种族和文化力量。他们推动多文明的经济一体化，然而这种一体化要么像亚洲太平洋经济共同体那样没有意义，要么就像与墨西哥搞在一起的北美自由贸易协定那样带来未曾预料的巨大经济和政治代价。它们试图跟其他文明的核心国家发展紧密关系，与俄罗斯建立"全球伙伴关系"，与中国建立"建设性接触关系"，即使在美国和这些国家之间存在着天然的利益冲突。与此同时，克林顿政府并未全心全意地让俄罗斯参与在波斯尼亚寻求和平的努力，尽管作为东正教的核心国家，俄罗斯在那场战争中有重大的利益。为了实现波斯尼亚多文明国家的幻想，克林顿政府拒绝给予塞族和克族这两个少数民族自决的权利，却在巴尔干扶持了一个伊朗的一党专政的伊斯兰伙伴。同样，美国政府还支持穆斯林服从东正教国家的统治，坚持认为"毫无疑问，车臣是俄罗斯联邦的一部分"。(注14)

虽然欧洲人普遍承认，在以西方基督教为一方、以东正教和伊斯兰教为另一方之间的分界线有根本的重要性，但是美国国务卿却说：美国"不承认欧洲的天主教、东正教和欧洲伊斯兰教之间的根本差异"。然而，正是那些不承认这些根本差异的人，注定要为这些差异而灰心丧气。克林顿政府起初好像没有看到美国和东亚社会之间力量对比的变化，因而一再提出有关贸易、人权、核扩散和其他一些根本无法实现的目标。总体说来，美国政府在适应受文化和文明潮流影响的全球政治的时代时遇到了非同一般的困难。

其次，美国的对外政策思考也因不情愿放弃、改变，有时甚至是重新思考那些适应冷战需要的政策，而深受困扰。在一些情况下这表现为，仍然将苏联的复活视为潜在的威胁。在更多的情况下，人们倾向于认为：应尊重冷战时的盟友和武器控制协议；北约应保持其冷战期间的状态；日美安全条约对东亚安全至关重要；反弹道导弹条约不可违反；欧洲常规力量条约必须遵守。显然，所有这些和另一些冷战遗产都不应轻易抛弃。但是，继续保持它们在冷战期间的形式，也不一定符合美国或者西方的利益。多文明世界的现实表明，北约应当扩大，将愿意加入的其他西方社会包括进去，还应当承认，让两个互为仇敌、而且都与其他成员国缺少文化共性的国家作为成员国，实质上毫无意义。反弹道导弹条约的签订是为了满足冷战的需要，确保苏联和美国互不伤害，从而阻止苏美核战争，但它也会极大地削弱美国和其他社会保护自己不受预想不到的核威胁、恐怖分子和无理性的独裁者攻击的能力。日美安全条约是为了威慑苏联对日本的进攻。那么在冷战后时代，它的目的又是什么？遏制和威慑中国？推迟日本对崛起的中国的顺应？阻止日本进一步军事化？日本人对于美国在日本的军事存在，以及美国人对自己为防卫日本而承担的非互惠义务的必要性，都产生了越来越大的疑问。欧洲常规力量条约的签订是为了缓解北约和华约组织在中欧的对抗，但这种对抗已不复存在。目前这一协议的主要影响，是给俄罗斯在对付来自南面穆斯林国家造成的安全威胁时造成了困难。

第三，文化和文明的多样性对西方，特别是对美国的西方文化普世信念形成了挑战。这一信念是以诠释和规范的方式来表达的。用诠释的方式说，它认为所有社会的所有人民都想接受西方的价值观、体制和实践。如果他们没有这种愿望并坚持自己的传统文化，那他们便会成为“错误意识”的牺牲品，这与马克思主义者在那些支持资本主义的无产阶级中发现的“错误意识”相类似。用规范方式说，西方的普世主义信念断定全世界人民都应当信奉西方的价值观、体制和文化，因为它们包含了人类最高级、最进步、最自由、最理性、最现代和最文明的思想。

在当今正在呈现的存在民族冲突和文明冲突的世界中，西方文化的普世观念遇到了三个问题：它是错误的；它是不道德的；它是危险的。它是错误的，这是本书的中心论题，迈克尔·霍华德对此作了很好的总结："西方的一种假设是，文化多样性是一个特殊的历史现象，它正在迅速地受到一个共同的、西方取向的、以英语为基础的世界文化的侵蚀，这种文化造就了我们的基本价值观……这一假设是根本不真实的。"(注15) 如果一个读者迄今尚不能信服包含在霍华德这番话中的智慧，那他一定是生活在一个远离本书所描绘的世界里。

认为非西方国家的人民应当接受西方的价值观、体制和文化，是不道德的，因为实现这一目标是不道德的。19 世纪末欧洲国家几乎遍及世界的扩张和 20 世纪末美国在全球的主导地位，使得西方文明传播到世界的大部分地区。然而，欧洲人在全世界的扩张已经结束。美国的霸权也正在后撤，因为它仅仅是为了在冷战期间保护美国不受来自苏联的威胁，而这种需要已不复存在。正如我们所论证的，权力的扩大带来文化的传播。如果非西方社会再次受到西方文化的塑造，那只能是西方权力扩大、部署和影响的结果。帝国主义是普世主义的必然逻辑结果。此外，作为一个成熟的文明，西方已不再具有将自己的意志强加于其他社会所需的经济动力或者人口动力，而且，以此为目的的任何努力都有悖于西方的自决和民主价值观。随着亚洲文明和穆斯林文明开始越来越坚信其文化的普遍适用性，西方人将日益认识到普世主义和帝国主义之间的联系。

西方的普世主义对于世界来说是危险的，因为它可能导致核心国家之间的重大文明间战争；它对于西方来说也是危险的，因为它可能导致西方的失败。苏联的崩溃使西方人认为自己的文明处于空前的统治地位，而与此同时，较弱的亚洲、穆斯林和其他社会正开始积聚力量。西方人可能被引导去应验布鲁图*的众所周知的有力逻辑：

时机已熟我兵强，
敌势日增需谨防，
纵处高峰防滑落，
潮涨潮落有文章。

---

* 布鲁图（公元前 85—42 年），古罗马人物，刺杀凯撒的密谋集团首领，行刺后逃往马其顿，兴兵与凯撒派势力交战，公元前 42 年取得第一次腓利皮战役的胜利，但在三周后的第二次交锋中，败于安东尼和屋大维联军，遂自杀。——编者注

随潮进取操胜券，
错过机缘引恨长，
而今正是适航日，
抓紧时机旌旗扬。

然而正是这一逻辑导致了布鲁图在腓利皮的失败。对于西方来说，明智之举不是试图制止权力的转移，而是学会在浅水中航行，忍受痛苦、减少冒险和捍卫自己的文化。

所有的文明都经历了形成、上升和衰落的类似过程。西方文明与其他文明的不同之处，不在于发展方式的不同，而在于它的价值观和体制的独特性。这些特性包括最为显著的基督教、多元主义、个人主义和法制，它们使得西方能够创造现代性，在全球范围内扩张，并成为其他社会羡慕的目标。这些特性作为一个整体是西方所独有的。正如小阿瑟·施莱辛格所言，欧洲是“个人自由、政治民主、法制、人权和文化自由思想的发源地，是唯一的源泉”，“这些思想是欧洲的思想，而不是亚洲、非洲或者中东的思想，除非被它们所接受。”[注16]这些特性使得西方文明成为独一无二的文明。西方文明的价值不在于它是普遍的，而在于它是独特的。因此，西方领导人的主要责任，不是试图按照西方的形象重塑其他文明，这是西方正在衰弱的力量所不能及的，而是保存、维护和复兴西方文明独一无二的特性。由于美国是最强大的西方国家，这个责任就不可推卸地主要落在了美利坚合众国的肩上。

面对西方力量的衰落，保护西方文明对于美国和欧洲国家是有利的，为达到这个目的，它们需要：

加强政治、经济和军事一体化，协调政策，以防止属于其他文明的国家利用它们之间的分歧；

把中欧的西方国家，即维谢格拉德集团国家、波罗的海各共和国、斯洛文尼亚和克罗地亚纳入欧洲联盟和北约；

鼓励拉丁美洲的“西方化”，并尽可能地使拉丁美洲国家与西方紧密结盟；

抑制伊斯兰和华人国家常规和非常规军事力量的发展；

延缓日本脱离西方而顺应中国；

承认俄罗斯是东正教的核心国家和一个区域大国，承认确保南部边界的安全是俄罗斯的合法利益；

保持西方技术和军事力量相对于其他文明的优势；

最为重要的是，认识到西方对其他文明事务的干预，可能是造成多文明世界中的不稳定和潜在全球冲突的唯一最危险的因素。

冷战后，美国就正确的对外政策展开了大规模的辩论。在这样的一个时代，美国既不能统治世界也无法逃避世界。不论是国际主义还是孤立主义，不论是多边主义还是单边主义，都不能很好地为美国的利益服务。只有避免这些极端的做法，采取与欧洲伙伴紧密合作的大西洋主义政策，保护和促进大家共同拥有的、独一无二的文明的利益和价值观，才能够最有力地促进美国的利益。

文明间战争与秩序

涉及世界主要文明核心国家的全球战争很可能不会发生，但不是不可能发生。前面已经提及，这样的战争可能由不同文明集团间的断层线战争升级而引发，特别是当一方为穆斯林而另一方为非穆斯林之时。如果雄心勃勃的穆斯林核心国家竞相为其参战的宗教亲族提供援助，战争就较有可能升级。如果第二和第三层次的亲缘国家认为不深入地卷入战争符合自己的利益，战争升级的可能性就小一些。引发文明间全球战争的一个更为危险的因素，就是各文明之间及其核心国家之间均势的变化。如果，中国的崛起和这个“人类历史上最大角色”的日益自我伸张继续下去，就将在21世纪初给世界的稳定造成巨大的压力。中国作为东亚和东南亚支配力量的出现，与历史已经证明的美国利益相悖。(注17)

鉴于美国的利益，美国与中国之间若是发生战争，它将会如何发展？假设在2010年，美国军队撤出了已经统一的朝鲜，在日本的驻军也大幅度减少。台湾和大陆已和解，台湾继续保持它事实上拥有的大部分独立，但明确承认北京的宗主权，而且依照1946年乌克兰和白俄罗斯的模式，在中国的倡议下进入了联合国。南中国海石油资源的开发进展迅速，大部分区域是在中国的保护之下，而越南控制的一些区域则由美国公司开发。中国因拥有新的兵力投放能力而信心大增，宣布它将建立对整个南中国海的控制，中国对整个海区一直宣称拥有主权。越南开始抵抗，中越之间随之发生海战。急于雪1979年之耻的中国人入侵了越南，越南求助于美国。中国人警告美国不要插手，日本和亚洲其他国家则惊恐万状。美国人表示不能容忍中国对越南的入侵，呼吁对中国实行经济制裁，并将少数仅存的航空母舰特混舰队中的一支派往南中国海。中国谴责美国的行动侵犯了中国的领海，于是对特混舰队发动空袭。联合国秘书长和日本首相为推动停火谈判所作的努力失败，战火蔓延到东亚的其他地区。日本禁止美国使用美军在日本的基地从事反对中国的活动，美国无视禁令，日本宣布保持中立并封锁美军基地。中国人从台湾地区和大陆派出的潜艇和陆基飞机重创美军舰队和在东亚的军事设施。与此同时，中国的地面部队挺进河内，占领了越南的大片领土。

由于中国和美国都拥有向对方领土发射核弹的能力，因此双方心照不宣地采取了克制态度，在战争初始阶段没有使用核武器。然而，两国国内都存在对核袭击的恐惧，在美国尤为强烈。于是，很多美国人开始发问：为什么我们要面对这种危险？即使中国控制了南中国海、越南甚至整个东南亚，对于我们又会有什么不同？反战情绪在美国西南部拉美裔控制的州内最为强烈，那里的人民和州政府宣布“这不是我们的战争”，并试图效仿 1812 年战争期间新英格兰的模式，选择退出战争。在中国人巩固了它在东亚的最初战果之后，美国的公众舆论开始向日本人在 1942 年时曾希望的那个方向转变，他们认为：击败这个新近宣称霸权的国家代价太大，还是让我们满足于通过谈判来结束目前在西太平洋进行的零星战斗或“虚构的战争”吧。

然而，与此同时，这场战争对其他文明的主要国家产生了影响。印度抓住中国的精力被牵制在东亚的机会，对巴基斯坦发动了致命的攻击，旨在彻底摧毁该国的核武器和常规军事力量。印度取得了最初的胜利，但是巴基斯坦、伊朗和中国之间的军事联盟因此正式建立，伊朗派遣现代化和装备精良的军队前去支援巴基斯坦。与伊朗军队和由不同民族集团组成的巴基斯坦游击队作战的印度陷入了困境。巴基斯坦和印度都呼吁阿拉伯国家的支持，印度警告说伊朗可能控制西南亚。但是，中国对抗美国的最初胜利在穆斯林社会中激起了声势浩大的反西方运动，剩下的几个亲西方的阿拉伯国家和土耳其的政府一个接一个地被伊斯兰主义运动推翻。这个运动的主力军来自穆斯林人口暴增的最后一代青年人。由西方的软弱而引发的反西方浪潮导致了阿拉伯人对以色列的大举进攻，对此，已被大大缩编的美国第六舰队无力制止。

中国和美国都试图在其他重要国家中寻求支持。由于中国在军事上得手，日本开始紧张不安地追随中国，变以前的正式中立立场为亲中国的积极中立，随后又按中国的旨意行事而成为参战方。日本军队占领了存留下来的日本美军基地，美军人员匆忙撤出。美国宣布对日本实行封锁，美日舰艇在西太平洋展开了零星战斗。战争伊始，中国提议与俄罗斯签署一个共同安全条约（令人隐约地联想起希特勒—斯大林条约）。然而，中国的战果对俄罗斯产生了与日本相反的效果。中国赢取胜利和全面控制东亚的前景吓坏了莫斯科。俄罗斯向反对中国的方向发展，开始向西伯利亚增派军队，居住在西伯利亚的大量中国人干预了这些行动。中国进行军事干预来保护自己的同胞，并占领了海参崴、黑龙江流域和东西伯利亚的其他重要地区。随着俄罗斯和中国的战斗在中西伯利亚蔓延，在原先被中国置于“保护”之下的蒙古出现了暴动。

控制和获取石油对于所有参战方都是至关重要的。日本尽管对核能源进行了巨额投资，但仍然严重地依赖于石油进口，这进一步加强了日本顺应中国的倾向，以及它确保波斯湾、印度尼西亚和南中国海石油渠道畅通的倾向。战争期间，随着阿拉伯国家被伊斯兰好战分子所控制，波斯湾对西方石油的供应已减少到杯水车薪，于是西方日益依赖于俄罗斯、高加索和中亚的石油。这导致西方加紧了把俄罗斯纳入自己一方的努力，并支持俄罗斯加强对其南面石油蕴藏丰富的穆斯林国家的控制。

与此同时，美国急切地动员欧洲盟国给予全面支持。欧洲国家虽然扩大了对美国的外交和经济援助，但不情愿在军事上卷入。然而，中国和伊朗担心西方国家最终会集结起来支持美国，甚至像美国在两次世界大战中最终支持了英国和法国那样。为了防止这一情况的出现，它们秘密地向波斯尼亚和阿尔及利亚部署能携带核弹头的中程导弹，警告欧洲国家不要介入战争。除日本外，中国对其他国家的恐吓几乎总是产生与中国预期相反的效果，此次亦不例外。美国情报机构发现并报告了这一部署行动，北约理事会声明必须立即撤出这些导弹。然而，在北约未及采取行动之前，一直想重新扮演反对土耳其的基督教卫士之历史角色的塞尔维亚，入侵了波斯尼亚。克罗地亚也参加了进去，于是两个国家占领和分割了波斯尼亚，缴获了导弹并继续进行它们在 20 世纪 90 年代被迫终止的种族清洗。阿尔巴尼亚和土耳其试图帮助波斯尼亚人；希腊和保加利亚发动了对土耳其欧洲地区的入侵，土耳其人纷纷逃过博斯普鲁斯海峡，伊斯坦布尔市内一片恐慌。同时，从阿尔及利亚发射的一枚装有核弹头的导弹在马赛附近爆炸，北约以对北非目标进行毁灭性轰炸来进行报复。

就这样，美国、欧洲、俄罗斯和印度展开了一场反对中国、日本和大多数伊斯兰国家的真正的全球战争。这样的战争将如何终止呢？双方都拥有大量的核武器，很明显，只要对它们的使用超过最低限度，双方的主要国家都将被严重损毁。如果相互威慑能够起作用，筋疲力尽的双方就有可能达成停战协议，但这并不能解决中国在东亚的霸权这一根本问题。另一种可能是，西方企图使用常规军事力量来击败中国。然而，由于日本已与中国结盟，日本岛便成为中国的防护体，这使得美国无法使用海军攻击中国沿海的人口和工业中心。替代办法便是从西面对付中国。中俄之间的战斗促使北约接纳俄罗斯为成员国，与它合作抵御中国对西伯利亚的入侵，并维持俄罗斯对中亚富有石油和天然气的穆斯林国家的控制，同时还促进藏族、维吾尔族和蒙族人反对中国的统治，逐步调动和部署西方和俄罗斯军队东进西伯利亚，旨在越过长城向北京、满洲和汉族中心地带发起最后的攻击。

不论这场全球文明之战的直接后果如何，是相互核摧毁，或是双方都精力耗尽之后通过谈判而停战，还是俄罗斯和西方军队最终进入天安门广场，其更大范围的长期后果都几乎不可避免的是，所有主要参战方的经济、人口和军事实力急剧下降。其结果是，几个世纪来全球权力先是从东向西，然后又反过来从西向东转移，现在变为从北向南转移。文明间战争的最大受益者是那些免于参战的文明。西方、俄罗斯、中国和日本遭到不同程度的破坏，如果印度逃避了这场劫难，即使它也是参战方，那也将为印度沿着印度路线重塑世界敞开大门。大批美国公众指责盎格鲁—撒克逊白人新教徒精英以其狭隘的西方取向导致了美国的严重衰弱。拉美裔领导人通过允诺可从置身战争之外的繁荣的拉丁美洲国家得到马歇尔计划式的广泛援助，得以上台执政。另一方面，非洲不仅对欧洲的重建没有帮助，被社会动员起来的民众反而出动掠夺欧洲残存的财富。在亚洲，既然中国、日本和朝鲜遭到了严重的战争破坏，权力也向南转移，在战争中保持中立的印度尼西亚成为占主导地位的国家，并在澳大利亚顾问的指导下，开始对东起新西兰、西至缅甸和斯里兰卡、北到越南的事务指手画脚。所有这一切都预示着，在未来，印度尼西亚将与印度和复兴了的中国发生冲突。无论如何，世界政治的中心都在向南转移。

如果读者认为这一场景似乎是令人难以置信的离奇幻想，那倒是幸事。还是让我们希望，不会出现比它更看似可信的其他全球文明间的战争场景吧。然而，这一场景最看似可信、因而也最令人担忧的一点是战争的起因：一个文明的核心国家（美国）干预另一个文明的核心国家（中国）与该文明成员国（越南）之间的争端。对于美国来说，为了维护国际法、抵抗侵略、保卫海洋自由、保证获取南中国海的石油，以及阻止东亚为一个国家所控制，这样的干预是必要的。但是对于中国来说，美国的干预是完全不能忍受的。中国认为，这是西方大国羞辱、恐吓中国的典型狂妄企图，是在中国合法的势力范围内挑动其他国家反对中国，是否认中国在世界事务中应起的作用。

简而言之，在即将到来的时代，要避免文明间大战，各核心国家就应避免干涉其他文明的冲突。但事实是，一些国家，特别是美国，毫无疑问会认为这一点是难以接受的。“避免原则”，即核心国家避免干涉其他文明的冲突，是在多文明、多极世界中维持和平的首要条件。第二个条件是“共同调解原则”，即核心国家相互谈判遏制或制止这些文明的国家间或集团间的断层线战争。

对于西方以及那些旨在补充或取代西方主导作用的文明来说，接受这些原则和各文明之间更加平等相待的世界，并非易事。例如，在这样的世界里，核心国家可能会把拥有核武器视为它们的特权，而不允许为本文明的其他国家所拥有。祖尔菲卡尔·阿里·布托在回顾他为发展巴基斯坦的“全面核能力”所作的努力时曾辩护道：“我们知道以色列和南非具备全面核能力，基督教、犹太教和印度教文明都具备这种能力，唯独伊斯兰文明不具备，但是这一状况即将改变。”(注18) 在缺少核心国家的文明中，为争夺领导地位展开的竞争亦会激发为拥有核武器而展开的竞争。伊朗尽管与巴基斯坦有着紧密的合作关系，但显然仍认为它与巴基斯坦同样需要核武器。另一方面，巴西和阿根廷放弃了朝这一方向发展的计划，南非也销毁了它的核武器，但如果尼日利亚开始发展其核能力，南非可能重新希望获得核武器。核扩散显然具有危险性，正如斯科特·萨根和其他人所指出的，各主要文明的一个或两个核心国家拥有核武器而其他国家不拥有核武器的世界，可能是个适度稳定的世界。

第二次世界大战后不久成立的大部分主要国际机构，都是依据西方的利益、价值观和实践建立的。当西方的权力相对于其他文明衰落之时，这些国际机构将在压力之下进行重组，以适应其他文明的利益。最明显、最重要或许也是争议最大的问题，是联合国安理会常任理事国的席位问题。常任理事国是由第二次世界大战的主要战胜国组成的，但是这一状况与世界的权力现实日益不符。为此，在今后的长时间内将会发生两种变化，一是改变成员国的构成，二是可能发展一些不那么正式的程序来处理安全问题，甚至像七国首脑会议处理全球经济问题那样。在多文明的世界里，理想的状况是每个主要文明都在安理会至少拥有一个永久席位，但目前仅有三个文明拥有。美国赞成给予日本和德国常任理事国地位，但显然只有在其他国家进入的情况下，这两个国家才可能成为常任理事国。巴西提出增加五个不拥有否决权的常任理事国，它们是德国、日本、印度、尼日利亚和巴西。然而，这样便使世界上的10亿穆斯林没有代表，除非尼日利亚能够担当起这一责任。从文明的角度看，日本和印度显然应当是常任理事国，非洲、拉丁美洲和穆斯林世界也应当拥有常任理事国席位，这些席位可由这些文明的主要国家轮流担任，由伊斯兰会议组织、非洲统一组织、美洲国家组织（美国弃权）作出选择。将英国和法国的席位合并为一个欧洲联盟的席位，由欧盟决定轮流担任，也是恰当的。这样，七个文明可各自拥有一个常任理事国席位，西方则拥有两个。此分配方案广泛地体现了世界人口、财富和权力的分布。

文明的共性

一些美国人在国内推行多元文化主义，一些美国人在国外推行普世主义，另一些美国人则两者都推行。美国国内的多元文化主义对美国和西方构成了威胁，在国外推行普世主义则对西方和世界构成了威胁。它们都否认西方文化的独特性。全球单一文化论者想把世界变成像美国一样。美国国内的多元文化论者则想把美国变成像世界一样。一个多元文化的美国是不可能的，因为非西方的美国便不成其为美国。多元文化的世界则是不可避免的，因为建立全球帝国是不可能的。维护美国和西方，就需要重建西方认同；维护世界安全，则需要接受全球的多元文化性。

西方普世主义者的幻想和全球文化多样性的现实，是否会不可避免和无法改变地导致道德和文化的相对主义？如果普世主义使帝国主义合法化，那么相对主义是否会使压制合法化？对于这些问题的答案再次是肯定和否定兼而有之。文化是相对的，道德是绝对的。正如迈克尔·沃尔泽所指出的，文化是“深厚”的，它们规定体制和行为模式以引导人们走上一条对某一特定社会来说是正确的道路。然而，高于、超出和产生于这一最高标准道德的，是“浅显”的最低标准道德，它体现了“得到重申的最深厚的或最高标准道德的特性”。关于真理和正义的最低道德观念存在于一切深厚的道德之中，与其不可分离。也存在着最低道德的“否定性戒律，最可能的就是反对谋杀、欺诈、酷刑、压迫和暴政的规则”。人们共有的“更多的是共同的敌人（或罪恶），而不是对共同文化的责任感”。人类社会是“普遍的，因为它是人类的，特别是因为它是一个社会”。“有时候我们与他人一同前进，但更多的时候我们是独自行进”。(注19) 然而，“浅显”的最低道德的确产生于人类共同的状况，而且“普遍趋向”存在于一切文化之中。(注20) 文化共存，需要寻求大多数文明的共同点，而不是促进假设中的某个文明的普遍特征。在多文明的世界里，建设性的道路是弃绝普世主义，接受多样性和寻求共同性。

20 世纪 90 年代初，新加坡这个小国为确认共性作出了努力。新加坡的人口构成大约是，76％为华人，15％为马来人和穆斯林，以及 6％为印度教徒和锡克教徒。过去，新加坡政府在人民中倡导“儒教价值观”的同时，坚持所有人必须接受英语教育并能够讲流利的英语。1989 年 1 月，黄金辉总统在议会开场演讲中指出，270 万新加坡人对来自西方的外部文化影响是极为开放的，这使得他们“与国外的新思想、新技术有着密切的接触”，但也使他们向“外国的生活方式和价值观”开放。他指出：“以往支撑我们发展的传统的亚洲道德、责任和社会观念，正让位于较为西方化的、个人主义的和自我中心的生活观”。他认为有必要确立新加坡各民族和宗教群体所共有的核心价值观，“它们应体现作为一个新加坡人的最基本点”。

黄金辉总统提出了四个基本的价值观：“将社会置于个人之上，将家庭作为社会的基石，通过共识而不是斗争来解决重大争议问题，强调种族和宗教的相互容忍与和谐。”他的讲话引起了关于新加坡价值观的广泛讨论。两年后，一本白皮书提出了政府的立场。白皮书赞同总统提出的所有四个价值观，但又补充了一条，即尊重个人，目的在于强调个人价值在新加坡社会中的优先地位，以抗衡可能导致裙带关系的儒教等级观念和家庭观念。白皮书将新加坡人的“共同价值观”确定为：

国家先于（民族）群体，社会高于个人；

家庭是社会的基础单位；

个人应受到重视和得到群体的支持；

重视共识而不是斗争；

种族和宗教和谐。

在列举新加坡人对议会民主的信奉和政府美德之时，“共同价值观”声明却只字不提政治价值观。政府强调新加坡“在关键方面是一个亚洲社会”，并且仍将如此。“尽管我们讲英语、穿西装，但新加坡人不是美国人或盎格鲁—撒克逊人。如果在更长的时间里新加坡人变得与美国人、英国人和澳大利亚人难以区别，或者更坏，成为他们可怜的仿制品（即一个无所适从的国家），那我们就丧失了与西方社会的区别，而正是这些区别使我们能够在国际上保持自我。”(注21)

新加坡要界定各民族和宗教社会群体共同的、区别于西方的文化认同，这是一个雄心勃勃的和有见识的努力。当然，西方、特别是美国的价值观声明，会更强调相对于社会群体权利而言的个人权利、言论自由、真理源于思想争论、政治参与和竞争，强调法治而不是由专家、智者和负责任的统治者治国。然而，尽管西方人会补充新加坡所没有的一些价值观，降低新加坡某些价值观的优先位置，但几乎没有西方人会把新加坡这些价值观当作没有价值的东西加以拒绝。至少在基本的“浅显”道德层面上，亚洲和西方之间存在着某些共性。此外，正如很多人已经指出的，不论世界上的几大宗教——西方基督教、东正教、印度教、佛教、伊斯兰教、儒教、道教和犹太教——在何种程度上把人类区分开来，它们都共有一些重要的价值观。如果人类有朝一日会发展一种世界文明，它将通过开拓和发展这些共性而逐渐形成。因而，除了“避免原则”和“共同调解原则”外，在多文明的世界里维护和平还需要第三个原则，即“共同性原则”：各文明的人民应寻求和扩大与其他文明共有的价值观、制度和实践。

这样的努力不仅有助于减少各文明的冲突，而且有助于加强单一的全球文明。这样的文明可能是更高层次的道德、宗教、知识、艺术、哲学、技术、物质福祉等等的混合体。显然，这一切并不一定要同时改变。然而学者们从文明史中很容易确认文明发展水平的高低。那么问题是，人们如何标示出人类文明发展的起伏？是否存在着一个世俗的、超越个别文明的、向更高水平的文明发展的总趋向？如果这一趋向确实存在，它是否是现代化进程的产物（这一进程增强了人类对生存环境的控制能力，因而产生出水平越来越高的先进技术和富裕的物质生活）？在当今时代，更高水平的现代化是否是更高水平的文明的先决条件？抑或是，文明水平的升降主要存在于各别文明的历史之中？

这个问题是关于历史发展是直线式的还是循环式的辩论的另一种表现形式。可以设想，加强教育和自觉性，以及提高对人类社会和自然环境的理解水平所导致的现代化和人类道德的发展，会使文明向越来越高的水平持续发展。另一种可能是，文明的水平不过反映了各文明的演进阶段。一个文明形成之初，其人民往往生气勃勃，充满活力，粗悍，具有流动性和扩张性。他们相对来说是不文明的。随着文明的演进，人们日益定居下来，并发展了使其变得较为文明的技术和工艺。随着其主要组成部分之间竞争的减少和普遍国家的出现，该文明便达到了文明的最高水平，即它的"黄金时代"，道德、艺术、文学、哲学、技术以及军事、经济和政治能力均达到鼎盛时期。当它作为一个文明开始衰落时，其文明的水平亦开始下降，直至它在另一个水平较低但蓬勃发展的文明的进攻下消失。

总体说来，现代化在全世界提高了文明的物质水平。但是，它是否也提高了文明的道德和文化水平呢？在某些方面似乎是如此。在当代世界，奴役、酷刑和对个人的恶毒侮辱越来越不为人们所接受。然而，这是否仅仅是西方文明对其他文明影响的结果，如果是如此，那么在西方文明衰落之时是否会出现道德的回复？20世纪90年代，在世界事务中存在着众多可以说明"大混乱"现象的相关证据：在世界的许多地方法律和秩序崩溃，国家管理不力，无政府状态日益蔓延；在许多社会中，出现了全球性犯罪浪潮；跨国犯罪集团和贩毒集团猖獗，吸毒现象泛滥；在许多国家中家庭普遍削弱，信任感和社会团结下降；在世界的很大一部分地区，民族、宗教和文明间的暴力活动以及武力统治盛行。在一座又一座城市里——莫斯科、里约热内卢、曼谷、上海、伦敦、罗马、华沙、东京、约翰内斯堡、德里、卡拉奇、开罗、波哥大和华盛顿，犯罪现象几乎直线上升，文明的一些基本因素正在消失。人们在谈论全球性的政府危机。跨国犯罪组织、贩毒集团以及以暴力打击文明的恐怖主义组织的兴起，越来越可与跨国公司生产的经济产品的增长相比。法律和秩序是文明首要的先决条件，然而在世界的许多地区——非洲、拉丁美洲、苏联、南亚和中东，它似乎正在消失，而它在中国、日本和西方也在遭到严重破坏。在世界范围内，文明似乎在许多方面都正在让位于野蛮状态，它导致了一个前所未有的现象，一个全球的"黑暗时代"也许正在降临人类。

20世纪50年代，莱斯特·皮尔逊曾警告说：人类正在进入"一个不同文明必须学会在和平交往中共同生活的时代，相互学习，研究彼此的历史、理想、艺术和文化，丰富彼此的生活。否则，在这个拥挤不堪的窄小世界里，便会出现误解、紧张、冲突和灾难”。[注22] 和平与文明的未来都取决于世界各大文明的政治、精神和知识领袖之间的理解和合作。在文明的冲突中，欧洲和美国将彼此携手或彼此分离。在文明和野蛮之间的更大的冲突，即全球性的“真正的冲突”中，已经在宗教、艺术、文学、哲学、科学、技术、道德和情感上取得了丰硕成果的世界各伟大文明也将彼此携手或彼此分离。在正在来临的时代，文明的冲突是对世界和平的最大威胁，而建立在多文明基础上的国际秩序是防止世界大战的最可靠保障。

附录

注　释

第一章

1. Henry A. Kissinger, Diplomacy (New York: Simon & Schuster, 1994), pp 23-24.
2. H. D. S. Greenway's phrase, Boston Globe, 3 December 1992, p. 19.
3. Vaclav Havel, "The New Measure of Man," New York Times, 8 July 1994, p. A27; Jacques Delors, "Questions Concerning European Security," Address, International Institute for Strategic Studies, Brussels, 10 September 1993, p. 2.
4. Thomas S. Kuhn, The Structure of Scientific Revolutions, (Chicago: University of Chicago Press, 1962), pp. 17-18.
5. John Lewis Gaddis, "Toward the Post-Cold War World." Foreign Affairs, 70 (Spring 1991), 101; Judith Goldstein and RobertO. Keohane, "Ideas and Foreign Policy: An Analytical Framework," in Goldstein and Keohane, eds., Ideas and Foreign Policy: Beliefs, Institutions, and Political Change (Ithaca: Cornell University Press, 1993), pp. 8-17.
6. Francis Fukuyama, "The End of History," The National Interest, 16 (Summer 1989), 4, 18.
7. "Address to the Congress Reporting on the Yalta Conference," 1 March 1945, in Samuel I. Rosenman, ed., Public Papers and Addresses of Franklin D. Roosevelt (New York: Russell and Russell, 1969), XIII, 586.
8. See Max Singer and Aaron Wildavsky, The Real World Order: Zones of Peace, Zones of Turmoil (Chatham, NJ: Chatham House, 1993); Robert o. Keohane and Joseph S. Nye, "Introduction: The End of the Cold War in Europe," in Keohane, Nye, and Stanley Hoffmann, eds., After the Cold War: International Institutions and State Strategies in Europe, 1989-1991 (Cambridge: Harvard University Press, 1993), p. 6; and James M. Goldgeier and Michael McFaul, "A Tale of Two Worlds: Core and Periphery in the Post-Cold War Era," International Organization, 46 (Spring 1992), 467-491.
9. See F. S. C. Northrop, The Meeting of East and West: An Inquiry Concerning World Understanding (New York: Macmillan, 1946).
10. Edward W. Said, Orientalism (New York: Pantheon Books, 1978), pp. 43-44.
11. See Kenneth N. Waltz, "The Emerging Structure of International Politics," International Security, 18 (Fall 1993), 44-79; John J. Mearsheimer, "Back to the Future: Instability in Europe after the Cold

War," International Security, 15 (Summer 1990), 5-56.

12. Stephen D. Krasner questions the importance of Westphalia as a dividing point. See his "Westphalia and All That," in Goldstein and Keohane, eds. , Ideas and Foreign Policy , pp. 235-264.

13. Zbignew Brzezinski, Out of Control: Global Turmoil on the Eve of the Twenty-first Century (New York: Scribner, 1993); Daniel Patrick Moynihan, Pandaemonium: Ethnicity in International Politics (Oxford: Oxford University Press, 1993); see also Robert Kaplan, "The Coming Anarchy," Atlantic Monthly, 273 (Feb. 1994), 44-76.

14. See New York Times, 7 February 1993, pp. 1, 14; and Cabriel Schoenfeld, "Outer Limits," Post-Soviet Prospects, 17 (Jan. 1993), 3, citing figures from the Russian Ministry of Defense.

15. See Gaddis, "Toward the Post-Cold War World"; Benjamin R. Barber, "Jihad vs. McWorld," Atlantic Monthly, 269 (March 1992), 53-63, and Jihad vs. McWorld (New York: Times Books, 1995); Hans Mark, "After Victory in the Cold War: The Global Village or Tribal Warfare," in J. J. Lee and Walter Korter, eds. , Europe in Transition: Political, Economic, and Security Prospects for the 1990s (LBJ School of Public Affairs, University of Texas at Austin, March 1990), pp. 19-27.

16. John J. Mearsheimer, "The Case for a Nuclear Deterrent," Foreign Affairs, 72 (Summer 1993), 54.

17. Lester B. Pearson, Democracy in World Politics (Princeton: Princeton University Press, 1955), pp. 82-83.

18. Quite independently Johan Galtung developed an analysis that closely parallels mine on the salience to world politics of the seven or eight major civilizations and their core states. See his "The Emerging Conflict Formations," in Katharine and Majid Tehranian, eds. , Restructuring for World Peace: On the Threshold of the Twenty-First Century (Cresskill NJ: Hampton Press, 1992), pp. 23-24. Galtung sees seven regional-cultural groupings emerging dominated by hegemons: the United States, European Community, Japan, China, Russia, India, and an "Islamic core. " Other authors who in the early 1990s advanced similar arguments concerning civilizations include: Michael Lind, "American as an Ordinary Country," American Enterprise, 1 (Sept. /Oct. 1990), 19-23; Barry Buzan," New Patterns of Global Security in the Twenty-first Century," International Affairs, 67 (1991), 441, 448-449; Robert Gilpin, "The Cycle of Great Powers: Has It Finally Been Broken?" (Princeton University , unpublihed paper, 19 May 1993), pp. 6ff. ; William S. Lind, "North-South Relations: Returning to a World of Cultures in Conflict," Current World Leaders, 35 (Dec. 1992), 1073-1080, and "Defending Western Culture," Foreign Policy, 84 (Fall 1994), 40-50; "Looking Back from 2992: A World History, chap. 13: The Disastrous 21st Century," Economist, 26 December 1992-8 January 1993, pp. 17-19; "The New World Order: Back to the Future," Economist, 8 January 1994, pp. 21-23; "A Survey of Defence and the Democracies," Economist, 1 September 1990; Zsolt Rostovanyi, "Clash of Civilizations and Cultures:" Unity and Disunity of World Order," (unpublished paper, 29 March 1993); Michael Vlahos, "Culture and Foreign Policy," Foreign policy, 82 (Spring 1991), 59-78; Donald J. Puchala, "The History of the Future of International Relations," Ethics and International Affairs, 8 (1994), 177-202; Mahdi El-

mandjra, "Cultural Diversity: Key to Survival in the Future," (Paper presented to First Mexican Congress on Future Studies, Mexico City, September 1994) . In 1991 Elmandjra published in Arabic a book which appeared in French the following year entitled Premiere Guerre Civilisationnelle (Casablanca: Ed. Toubkal, 1982, 1994) .

19. Fernand Braudel, On History (Chicago: University of Chicago Press, 1980), pp. 210-211.

第二章

1. "World history is the history of large cultures." Oswald Spengler, Decline of the West (New York: A. A. Knopf, 1926-1928), II, 170. The major works by these scholars analyzing the nature and dynamics of civilizations include: Max Weber, The Sociology of Religion (Boston: Beacon Press, trans. Ephraim Fischoff, 1968); Emile Durkheim and Marcel Mauss, "Note on the Notion of Civilization," Social Research, 38 (1971), 808-813; Oswald Spengler, Decline of the West; Pitirim Sorokin, Social and Cultural Dynamics (New York: American Book Co., 4 vols., 1937-1985); Arnold Toynbee, A Study of History (London: Oxford University Press, 12 vols., 1934-1961); Alfred Weber, Kulturgeschichte als Kultursoziologie (Leiden: A. W. Sijthoff's Uitgerversmaatschappij N. V., 1935); A. L. Kroeber, Configurations of Culture Growth (Berkeley: University of California Press, 1944), and Style and Civilizations (Westport, CT: Greenwood Press, 1973); Philip Bagby, Culture and History: Prolegomena to the Comparative Study of Civilizations (London: Longmans, Green, 1958); Carroll Quigley, The Evolution of Civilizations: An Introduction to Historical Analysis (New York: Macmillan, 1961); Rushton Coulborn, The Origin of Civilized Societies (Princeton: Princeton University Press, 1959); S. N. Eisenstadt, "Cultural Traditions and Political Dynamics: The Origins and Modes of Ideological Politics," British Journal of Sociology, 32 (June 1981), 155-181; Fernand Braudel, History of Civilizations (New York: Allen Lane—Penguin Press, 1994) and On History (Chicage: University of Chicago Press, 1980); William H. McNeill, The Rise of the West: A History of the Human Community (Chicago: University of Chicago Press, 1963); Adda B. Bozeman, "Civilizations Under Stress," Virginia Quarterly Review, 51 (Winter 1975), 1-18, Strategic Intelligence and Statecraft (Washington: Brassey's (US), 1992), and Politics and Culture in International History: From the Ancient Near East to the Opening of the Modern Age (New Brunswick, NJ: Transaction Publishers, 1994); Christopher Dawson, Dynamics of World History (LaSalle, IL: Sherwood Sugden Co., 1978), and The Movement of World Revolution (New York: Sheed and Ward, 1959); Immanuel Wallerstein, Geopolitics and Geoculture: Essays on the Changing World-system (Cambridge: Cambridge University Press, 1992); Felipe Fernandez-Armesto, Millennium: A History of the Last Thousand Years (New York: Scribners, 1995) . To these works could be added the last, tragically marked work of Louis Hartz, A Synthesis of World History (Zurich: Humanity Press, 1983), which "with remarkable prescience," as Samuel Beer commented, "foresees a division of mankind very much like the present pattern of the post-Cold War world" into five great "culture areas": Christian, Muslim, Hindu, Confucian, and African. Memorial Minute, Louis

Hartz, Harvard university Gazette, 89 (May 27, 1994) . An indispensable summary overview and introduction to the analysis of civilizations is Matthew Melko, The Nature of Civilizations (Boston: Porter Sargent, 1969) . I am also indebted for useful suggestions to the critical paper on my Foreign Affairs article by Hayward W. Alker, Jr., "If Not Huntington's 'Civilizations,' Then Whose?" (unpublished paper, Massachusetts Insitute of Technology, 25 March 1994) .

2. Braudel, On History, pp. 177-181, 212-214, and History of Civilizations, pp. 4-5; Gerrit W. Gong, The Standard of "Civilization" in International Society (Oxford; Clarendon Press, 1984), 81ff., 97-100; Wallerstein, Geopolitics and Geoculture, pp. 160ff. and 215ff.; Arnold J. Toynbee, Study of History, X, 274-275, and Civilization on Trial (New York: Oxford University Press, 1948), p. 24.

3. Braudel, On History, p. 205. For an extended review of definitions of culture and civilization, especially the German distinction, see A. L. Kroeber and Clyde Kluckhohn, Culture: A Critical Review of Concepts and Definitions (Cambridge: Papers of the Peabody Museum of American Archaeology and Ethnology, Harvard Vniversity, Vol. Ⅺ Ⅶ, No. 1, 1952), passim but esp. pp. 15-29.

4. Bozeman, "Civilizations Under Stress," p. 1.

5. Durkheim and Mauss, "Notion of Civilization," p. 811; Braudel, On History, pp. 177, 202; Melko, Nature of Civilizations, p. 8; Wallerstein, Geopolitics and Geoculture, p. 215; Dawson, Dynamics of World History, pp. 51, 402; Spengler, Decline of the West, I, p. 31. Interestingly, the International Encyclopedia of the Social Sciences (New York: Macmillan and Free Press, ed. David L. Sills, 17 vols., 1968) contains no primary article on "civilization" or "civilizations." The "concept of civilization" (singular) is treated in a subsection of the article called "Urban Revolution," while civilizations (plural) receive passing mention in an article called "Culture."

6. Herodotus, The Persian Wars (Harmondsworth, England: Penguin Books, 1972), pp. 543-544.

7. Edward A. Tiryakian, "Reflections on the Sociology of Civilizations," Sociological Analysis, 35 (Summer 1974), 125.

8. Toynbee, Study of History, I, 455, quoted in Melko, Nature of Civilizations, pp. 8-9; and Braudel, On History, p. 202.

9. Braudel, History of Civilizations, p. 35, and On History, pp. 209-210.

10. Bozeman, Strategic Intelligence and Statecraft, p. 26.

11. Quigley, Evolution of Civilizations, pp. 146ff.; Melko, Nature of Civilizations, pp. 101ff. See D. C. Somervell, "Argument" in his abridgment of Arnold J. Toynbee, A Study of History, vols. I-VI (Oxford: Oxford University Press, 1946), pp. 569ff.

12. Lucian W. Pye, "China: Erratic State, Frustrated Society," Foreign Affairs, 69 (Fall 1990), 58.

13. See Quigley, Evolution of Civilizations, chap. 3, esp. pp. 77, 84; Max Weber, "The Social Psychology of the World Religions," in From Max Weber: Essays in Sociology (London: Routledge, trans. and ed. H. H. Gerth and C. Wright Mills, 1991), p. 267; Bagby, Culture and History, pp. 165-174; Spengler, Decline of the West, Ⅱ, 31ff; Toynbee, Study of History, Ⅰ, 133; Ⅻ, 546-547; Braudel,

History of Civilizations, passim; McNeill, The Rise of the West, passim; and Rostovanyi, "Clash of Civilizations," pp. 8-9.

14. Melko, Nature of Civilizations, p. 133.

15. Braudel, On History, p. 226.

16. For a major 1990s addition to this literature by one who knows both cultures well, see Claudio Veliz, The New World of the Gothic Fox (Berkelely: University of California Prees, 1994).

17. See Charles A. and Mary R. Beard, The Rise of American Civilization (New York: Macmillan, 2 vols., 1927) and Max Lerner, America as a Civilization (New York: Simon & Schuster, 1957). With patriotic boosterism, Lerner argues that "For good or ill, America is what it is-a culture in its own right, with many characteristic lines of power and meaning of its own, ranking with Greece and Rome as one of the great distinctive civilizations of history." Yet he also admits, "Almost without exception the great theories of history find no room for any concept of America as a civilization in its own right" (pp. 58-59).

18. On the role of fragments of European civilization creating nwe societies in North America, Latin America, South Africa, and Australia, see Louis Hartz, The Founding of New Societies: Studies in the History of the United States, Latin America, South Africa, Canada, and Australia (New York: Harcourt, Brace & World, 1964).

19. Dawson, Dynamics of World History, p. 128., See also Mary C. Bateson, "Beyond Sovereignty: An Emerging Global Civilization," in R. B. J. Walker and Saul H. Mendlovitz, eds., Contending Sovereignties: Redefining Political Community (Boulder: Lynne Rienner, 1990), pp. 148-149.

20. Toynbee classifies both Therevada and Lamaist Buddhism as fossil civilizations, Study of History, I, 35, 91-92.

21. See, for example, Bernard Lewis, Islam and the West (New York: Oxford University Press, 1993); Toynbee, Study of History, chap. Ⅸ, "Contacts between Civilizations in Space (Encounters between Contemporaries)," Ⅷ, 88ff; Benjamin Nelson, "Civilizational Complexes and Intercivilizational Encounters," Sociological Analysis, 34 (Summer 1973), 79-105.

22. S. N. Eisenstadt, "Cultural Traditions and Political Dynamics: The Origins and Modes of Ideological Politics," British Journal of Sociology, 32 (June 1981), 157, and "The Axial Age: The Emergence of Transcendental Visions and The Rise of Clerics," Archives Europeennes de Sociologie, 22 (No. 1, 1982), 298. See also Benjamin I. Schwartz, "The Age of Transcendence in Wisdom, Revolution, and Doubt: Perspectives on the First Millennnium B. C.," Daedalus, 104 (Spring 1975), 3. The concept of the Axial Age derives from Karl Jaspers, Vom Ursprung und Ziel der Geschichte (Zurich: Artemisverlag, 1949).

23. Toynbee, Civilization on Trial, p. 69. Cf. William H. McNeill, The Rise of the West, pp. 295-298, who emphasizes the extent to which by the advent of the Christian era, "Organized trade routes, both by land and by sea, …linked the four great cultures of the continent."

24. Braudel, On History, p. 14: "…cultural influence came in small doses, delayed by the length and slow-

ness of the journeys they had to make. If historians are to be believed, the Chinese fashions of the T'ang period [618-907] travelled so slowly that they did not reach the island of Cyprus and the brilliant court of Lusignan until the fifteenth century. From there they spread, at the quicker speed of Mediterranean trade, to France and the eccentric court of Charles Ⅵ, where hennins and shoes with long pointed toes became immensely popular, the heritage of a long vanished world-much as light still reaches us from stars already extinct."

25. See Toynbee, Study of History, Ⅷ, 347-348.
26. McNeill, Rise of the West, p. 547.
27. D. K. Fieldhouse, Economics and Empire, 1830-1914 (London: Macmillan, 1984), p. 3; F. J. C. Hearnshaw, Sea Power and Empire (London: George Harrap and Co, 1940), p. 179.
28. Geoffrey Parker, The Military Revolution: Military Innovation and the Rise of the West (Cambridge: Cambridge University Press, 1988), p. 4; Michael Howard, "The Military Factor in European Expansion," in Hedley Bull and Adam Watson, eds., The Expansion of International Society (Oxford: Clarendon Press, 1984). pp. 33ff.
29. A. G. Kenwood and A. L. Lougheed, The Growth of the International Economy 1820-1900 (London: Routledge, 1992), pp. 78-79; Angus Maddison, Dynamic Forces in Capitalist Development (New York: Oxford University Press, 1991), pp. 326-327; Alan S. Blinder, reported in the New York Times, 12 March 1995, p. 5E. See also Simon Kuznets, "Qtantitalive Aslpects of the Economic Growth of Nations-Ⅹ. Level and Structure of Foreign Trade: Long-term Trends, "Economic Development and Cultural Change, 15 (Jan. 1967, part Ⅱ), pp. 2-10.
30. Charles Tilly, "Reflections on the History of European State-making," in "Tilly, ed., The Formation of National States in Western Europe (Princeton: Princeton University Press, 1975), p. 18.
31. R. R. Palmer, "Frederick the Great, Guibert, Bulow: From Dynastic to National War," in Peter Paret, ed., Makers of Modern Strategy from Machiavelli to the Nuclear Age (Princeton: Princeton University Press, 1986), p. 119.
32. Edward Mortimer, "Christianity and Islam," International Affairs, 67 (Jan. 1991), 7.
33. Hedley Bull, The Anarchical Society (New York: Columbia University Press, 1977), pp. 9-13. See also Adam Watson, The Evolution of International Society (London: Routledge, 1992), and Barry Buzan, "From International System to International Society: Structural Realism and Regime Theory Meet the English School," International Organization, 47 (Summer 1993), 327-352, who distinguishes between "civilizational" and "functional" models of international society and concludes that "Civilizational international societies have dominated the historical record" and that there "appear to be no pure cases of functional international societies." (p. 336).
34. Spengler, Decline of the West, Ⅰ, 93-94.
35. Toynbee, Study of History, I, 149ff, 154, 157ff.
36. Braudel, On History, p. xxxiii.

第三章

1. V. S. Naipaul, "Our Universal Civilization," The 1990 Wriston Lecture, The Manhat-ten Institute, New York Review of Books, 30 October 1990, p. 20.
2. See James Q. Wilson, The Moral Sense (New York: Free Press, 1993); Michael Walzer, Thick and Thin: Moral Argument at Home and Abroad (Notre Dame: University of Notre Dame Press, 1994), esp. chaps. 1 and 4; and for a brief overview, Frances V. Harbour, "Basic Moral Values: A Shared Core," Ethics and International Affairs, 9 (1995), 155-170.
3. Vacav Havel, "Civilization's Thin Veneer," Harvard Magazine, 97 (July-August 1995), 32.
4. Hedley Bull, The Anarchical Society: A Study of Order in World Politics (New York: Columbia University Press, 1977), p. 317.
5. John Rockwell, "The New Colossus: American Culture as Power Export," and several authors, "Channel-Surfing Through U. S. Culture in 20 Lands," New York Times; 30 January 1994, sec. 2, pp. lff; David Rieff, "A Global Culture," World Policy Journal, 10 (Winter 1993-94), 73-81.
6. Michael Vlahos, "Culture and Foreign Policy," Foreign Policy, 82 (Spring 1991), 69; Kishore Mahbuhani, "The Dangers of Decadence: What the Rest Can Teach the West," Foreign Affairs, 72 (Sept./Oct. 1993), 12.
7. Aaron L. Friedberg, "The Future of American Power," Political Science Quarterly, 109 (Spring 1994), 15.
8. Richard Parker, "The Myth of Global News," New Perspectives Quarterly, 11 (Winter 1994), 41-44; Michael Gurevitch, Mark R. Levy, and Itzhak Roeh, "The Global Newsroom: convergences and diversities in the globalization of television news," in Peter Dahlgren and Colin Sparks, eds., Communication and Citizenship: Journalism and the Public Sphere in the New Media (London: Routledge, 1991), p. 215.
9. Ronald Dore, "Unity and Diversity in World Culture," in Hedley Bull and Adam Wat-son, eds., The Expansion of International Society (Oxford: Oxford University Press, 1984), p. 423.
10. Robert L. Bartley, "The Case for Optimism—The West Should Believe in Itself," Foreign Affairs, 72 (Sept./Oct. 1993), 16.
11. See Joshua A. Fishman, "The Spread of English as a New Perspective for the Study of Language Maintenance and Language Shift," in Joshua A. Fishman, Robert L. Cooper, and Andrew W. Conrad, The Spread of English: The Sociology of English as an Additional Language (Rowley, MA: Newbury House, 1977), pp. 108ff.
12. Fishman, "Spread of English as a New Perspective," pp. 118-119.
13. Randolf Quirk, in Braj B. Kachru, The Indianization of English (Delhi: Oxford, 1983), p. ii; R. S. Gupta and Kapil Kapoor, eds., English in India—Issues and Problems (Delhi: Academic Foundation, 1991), p. 21. Cf. Sarvepalli Gopal, "The English Language in India," Encounter, 73 (July/

Aug. 1989), 16, who estimates 35 million Indians "Speak and write English of some type or other." World Bank, World Development Report 1985, 1991 (New York: Oxford University Press), table 1.

14. Kapoor and Gupta, "Introduction," in Gupta and Kapoor, eds., English in India, p. 21; Gopal, "English Language," p. 16.
15. Fishman, "Spread of English as a New Perspective," p. 115.
16. See Newsweek, 19 July 1993, p. 22.
17. Quoted by R. N. Srivastava and V. P. Sharma, "Indian English Today," in Gupta and Kapoor, eds., English in India, p. 191; Gopal, "English Language," p. 17.
18. New York Times, 16 July 1993, p. A9; Boston Globe, 15 July 1993, p. 13.
19. In addition to the projections in the World Christian Encyclopedia, see also those of Jean Bourgeois-Pichat, "Le nombre des hommes: Etat et prospective," in Albert Jacquard et al., Les Scientifiques Parlent (Paris: Hachette, 1987), pp. 140, 143, 151, 154-156.
20. Edward Said on V. S. Naipaul, quoted by Brent Staples, "Con Men and Conquerors," New York Times Book Review, 22 May 1994, p. 42.
21. A. G. Kenwood and A. L. Lougheed, The Growth of the International Economy 1820-1990 (London: Routledge, 3rd ed., 1992), pp. 78-79; Angus Maddison, Dynamic Forces in Capitalist Development (New York: Oxford University Press, 1991), pp. 326-327; Alan S. Blinder, New York Times, 12 March 1995, p. 5E.
22. David M. Rowe, "The Trade and Security Paradox in International Politics," (unpub-lished manuscript, Ohio State University, 15 Sept. 1994), p. 16.
23. Dale C. Copeland, "Economic Interdependence and War: A Theory of Trade Expecta-tions," International Security 20 (Spring 1996), 25.
24. William J. McGuire and Claire V. McGuire, "Content and Process in the Experience of Self," Advances in Experimental Social Psychology, 21 (1988), 102.
25. Donald L. Horowitz, "Ethnic Conflict Management for Policy-Makers," in Joseph V. Montville and Hans Binnendijk, eds., Conflicl and Peacemaking in Multiethnic Societies (Lexington, MA: Lexington Books, 1990), p. 121.
26. Roland Robertson, "Globalization Theory and Civilizational Analysis," Comparative Civilizations Review, 17 (Fall 1987), 22; Jeffery A. Shad, Jr., "Globalization and Islamic Resurgence," Comparative Civilizations Review, 19 (Fall 1988), 67.
27. See Cyril E. Black, The Dynamics of Modernization: A Study in Comparative History (New York: Harper & Row, 1966), pp. 1-34; Reinhard Bendix, "Tradition and Modernity Reconsidered," Comparative Studies in Society and History, 9 (April 1967), 292-293.
28. Femand Braudel, On History (Chicago: University of Chicago Press, 1980), p. 213.
29. The literature on the distinctive characteristics of Western civilization is, of course, immense. See, among others, William H. McNeill, Rise of the West: A History of the Human Community (Chicago:

University of Chicago Press, 1963) Braudel, On History and earlier works; Immanuel Wallerstein, Geopolitics and Geoculture: Essays on the Changing World-System, (Cambridge: Cambridge University Press, 1991) . Karl W. Deutsch has produced a comprehensive, succinct, and highly suggestive comparison of the West and nine other civilizations in terms of twenty-one geographical, cultural, economic, technological, social, and political factors, emphasizing the extent to which the West differs from the others. See Karl W. Deutsch, "On Nationalism, World Regions, and the Nature of the West," in Per Torsvik, ed. , Mobilization, Center-Periphery Structurs, and Nation-building: A Volume in Commemoration of Stein Rokkan (Bergen: Universitetsforlaget, 1981), pp. 51-93. For a succinct summary of the salient and distinctive features of Western civilization in 1500, see Charles Tilly, "Reflections on the History of European State-making," in Tilly, ed. , The Formation of National States in Westem Europe (Princeton: Princeton University Press, 1975), pp. 18ff.

30. Deutsch, "Nationalism, World Regions, and the West," p. 77.
31. See Robert D. Putnam, Making Democracy Work: Civil Traditions in Modem Italy (Princeton : Princeton University Press, 1993), p. 121ff.
32. Deutsch, "Nationalism, World Regions, and the West," p. 78. See also Stein Rokkan, "Dimensions of State Formation and Nation-building: A Possible Paradigm for Research on Variations within Europe," in Charles Tilly, The Formation of National States in Western Europe (Princeton: Princeton University Press, 1975), p. 576, and Putnam, Making Democracy Work, pp. 124-127.
33. Geert Hofstede, "National Cultures in Four Dimensions: A Research-based Theory of Cultural Differences among Nations," International Studies of Management and Organization, 13 (1983), 52.
34. Harry C. Triandis, "Cross-Cultural Studies of Individualism and Collectivism," in Nebraska Symposium on Motivation 1989 (Lincoln: University of Nebraska Press, 1990), 44-133, and New York Times, 25 December 1990, p. 41. See also George C. Lodge and Ezra F. Vogel, eds. , Ideology and National Competitiveness: An Analysis of Nine Countries (Boston: Harvard Business School Press 1987), passim.
35. Discussions of the interaction of civilizations almost inevitably come up with some variation of this response typology. See Arnold J. Toynbee, Study of History (London: Oxford University Press, 1935-61), Ⅱ, 187ff. , Ⅷ, 152-153, 214; John L. Esposito, The Islamic Threat: Myth or Reality (New York: Oxford University Press, 1992), pp. 53-62; Danicl Pipes, In the Path of God: Islam and Political Power (New York: Basic Books, 1983), pp. 105-142.
36. Pipes, Path of God, p. 349.
37. William Pfaff, "Reflections: Economic Development," New Yorker, 25 December 1978, p. 47.
38. Pipes, Path of God, pp. 197-198.
39. Ali Al-Amin Mazrui, Cultural Forces in World Politics (London: James Currey, 1990), pp. 4-5.
40. Esposito, Islamic Threat, p. 55; See generally, pp. 55-62; and Pipes, Path of God, pp. 114-120.
41. Rainer C. Baum, "Authority and Identity-The Invariance Hypothesis Ⅱ ," Zeitschrift für Soziologie, 6 (Oct. 1977), 368-369. See also Rainer C. Baum, "Authority Codes: The Invariance Hypothesis,"

Zeitschrift für Soziologie, 6 (Jan. 1977), 5-28.

42. See Adda B. Bozeman, "Civilizations Under Stress," Virginia Quarterly Review, 51 (Winter 1975), 5ff. ; Leo Frobenius, Paideuma: Umrisse einer Kultur-und Seelenlehre (Munich: C. H. Beck, 1921), pp. 11ff; Oswald Spengler, The Decline of the West (New York: Alfred A. Knopf, 2 vols. , 1926, 1928), Ⅱ, 57ff.

43. Bozeman, "Civilizations Under Stress," p. 7.

44. William E. Nail, "Reflections on the Question of 'East and West' from the Point of View of Japan," Comparative Civilizations Review, 13/14 (Fall 1985 & Spring 1986), 222.

45. David E. Apter, "The Role of Traditionalism in the Political Modernization of Ghana and Uganda," World Politics, 13 (Oct. 1960), 47-68.

46. S. N. Eisenstadt, "Transformation of Social, Political, and Cultural Orders in Modernization," American Sociological Review, 30 (Oct. 1965), 659-673.

47. Pipes, Path of God, pp. 107, 191.

48. Braudel, On History, pp. 212-213.

第四章

1. Jeffery R. Barnett, "Exclusion as National Security Policy," Parameters, 24 (Spring 1994), 54.

2. Aaron L. Friedberg, "The Future of American Power," Political Science Quarterly, 109 (Spring 1994), 20-21.

3. Hedley Bull, "The Revolt Against the West," in Hedley Bull and Adam Watson, eds. , Expansion of International Society (Oxford: Oxford University Press, 1984), p. 219.

4. Barry G. Buzan, "New Patterns of Global Security in the Twenty-first Century," International Affairs, 67 (July 1991), 451.

5. Project 2025, (draft) 20 September 1991, p. 7; World Bank, World Development Report 1990 (Oxford: Oxford University Press, 1990), pp. 229, 244; The World Almanac and Book of Facts 1990 (Mahwah, NJ: Funk & Wagnalls, 1989), p. 539.

6. United Nations Development Program, Human Development Report 1994 (New York: Oxford University Press, 1994), pp. 136-137, 207-211; World Bank, "World Development Indicators," World Development Report 1984, 1986, 1990, 1994; Bruce Russett et at. , World Handbook of Political and Social Indicators (New Haven: Yale University Press, 1994), pp. 222-226.

7. Paul Bairoch, "International Industrialization Levels from 1750 to 1980," Journal of European Economic History, 11 (Fall 1982), 296, 304.

8. Economist, 15 May 1993, p. 83, citing International Monetary Fund, World Economic Outlook; "The Global Economy," Economist, 1 October 1994, pp. 3-9; Wall Street Journal, 17 May 1993, p. A12; Nicholas D. KristoI, "The Rise of China," Foreign Affaris, 72 (Nov. /Dec. 1993), 61; Kishore Mahbubani, "The Pacific Way," Foreign Affairs, 74 (Jan. /Feb. 1995), 100-103.

9. International Institute for Strategic Studies, "Tables and Analyses," The Military Balance 1994-1995 (London: Brassey's, 1994),

10. Project 2025, p. 13; Richard A. Bitzinger, The Globalization of Arms Production: Defense Markets in Transition (Washington, D. C.: Defense Budget Project, 1993), passim.

11. Joseph S. Nye, Jr., "The Changing Nature of World Power," Political Science Quarterly, 105 (Summer 1990), 181-182.

12. William H. McNeill, The Rise of the West: A History of the Human Community (Chicago: University of Chicago Press, 1963), p. 545.

13. Ronald Dore, "Unity and Diversity in Contemporary World Culture," in Bull and Watson, eds., Expansion of International Society, pp. 420-421.

14. William E. Naff, "Reflections on the Question of 'East and West' from the Point of View of Japan," Comparative Civilizations Review, 13/14 (Fall 1985 and Spring 1986), 219; Arata Isozaki, "Escaping the Cycle of Eternal Resources," New Perspectives Quarterly, 9 (Spring 1992), 18.

15. Richard Sission, "Culture and Democratization in India," in Larry Diamond, Political Culture and Democracy in Developing Countries (Boulder: Lynne Rienner, 1993), pp 55-61.

16. Graham E. Fuller, "The Appeal of lran," National Interest, 37 (Fall 1994), 95.

17. Eisuke Sakakibara, "The End of Progressivism: A Search for New Goals," Foreign Affairs, 74 (Sept. / Oct. 1995), 8-14.

18. T. S. Eliot, Idea of a Christian Society (New York: Harcourt, Brace and Company, 1940), p. 64.

19. Gilles Kepel, Revenge of God: The Resurgence of Islam, Christianity and Judaism in the Modern World (University Park, PA: Pennsylvania State University Press, trans. Alan Braley 1994), p. 2.

20. George Weigel, "Religion and Peace: An Argument Complexified," Washington Quarterly, 14 (Spring 1991), 27.

21. James H. Billington, "The Case for Orthodoxy," New Republic, 30 May 1994, p. 26; Suzanne Massie, "Back to the Future," Boston Globe, 28 March 1993, p. 72.

22. Economist, 8 January 1993, p. 46; James Rupert, "Dateline Tashkent: Rost-Soviet Central Asia;" Foreign Policy, 87 (Summer 1992), 180.

23. Fareed Zakaria, "Culture Is Destiny: A Conversation with Lee Kuan Yew," Foreign Affairs, 73, (Mar. /Apr, 1994), 118.

24. Hassan Al-Turabi, "The Islamic Awakening's Second Wave," New Perspectives Quarterly, 9 (Summer 1992), 52-55; Ted G. Jelen, The Political Mobilization of Religious Belief (New York: Praeger, 1991), pp. 55ff.

25. Bernard Lewis, "Islamic Revolution," New York Review of Books, 21 January 1988, P. 47; Kepel, Revenge of God, p. 82,

26. Sudhir Kakar, "The Colors of Violence: Cultural Identities, Religion, and Conflict" (Unpublished manuscript), chap. 6, "A New Hindu Identity," p. 11.

27. Suzanne Massie, "Back to the Future," p. 72; Rupert, "Dateline Tashkent," p. 180.

28. Rosemary Radford Ruther, "A World on Fire with Faith," New York Times Book Review, 26 January 1992, p. 10; William H. McNeill, "Fundamentalism and the World of the 1990s," in Martin E. Marly and R. Scott Appleby, eds., Fundamentalisms and Society (Chlcago: University of Chicago Press, 1993), p. 561.

29. New York Times, 15 January 1993, p. A9; Henry Clement Moore, lmages of Development : Egyptian Engineers in Search of Industry (Cambridge: M. I. T. Press, 1980), pp. 227-228.

30. Henry Scott Stokes, "Korea's Church Militant," New York Times Magazine, 28 November 1972, p. 68.

31. Rev. Edward J. Dougherty, S. J., New York Times 4 July 1993, p. 10; Timothy Goodman, "Latin America's Reformation, "American Enterprise, 2 (July-August 1991), 43; New York Times, 11 July 1993, p. 1; Time, 21 January 1991, p. 69.

32. Economist, 6 May 1989, p. 23; 11 November 1989, p. 41 ; Times (London), 12 April 1990, p. 12; Observer, 27 May 1990, p. 18.

33. New York Times, 16 July 1993, p. A9; Boston Globe, 15 July 1993, p. 13.

34. See Mark Juergensmeyer, The New Cold War? Religious Nationalism Confronts the Secular State (Berkeley: University of California Press, 1993) .

35. Zakaria, "Conversation with Lee Kuan Yew," p. 118; Al-Turabi, "Islamic Awakening's Second Wave," p. 53. See Terrance Carroll, "Secularization and States of Modernity," World Politics, 36 (April 1984), 362-382.

36. John L. Esposito, The Islamic Threat: Mytb or Reality (New York: Oxford Universily Press, 1992), p. 10.

37. Régis Debray, "God and the Political Planet," New Perspectives Quarterly, 11 (Spring 1994), 15.

38. Esposito, Islamic Threat, p. 10; Gilles Kepel quoted in Sophie Lannes, "Larevanehe de Dieu-Interview with Gilles Kepel," Geopolitique, 33 (Spring 1991), 14; Moore, Images of Development, pp. 214-216.

39. Juergensmeyer, The New Cold War, p. 71; Edward A. Gargan, "Hindu Rage Against Muslims Transforming Indian Politics," New York Times, 17 September 1993, p. Al; Khushwaht Singh, "India, the Hindu State," New York Times, 3 August 1993, p. A17.

40. Dore in Bull and Watson, eds., Expansion of International Society, p. 411 ; McNeill in Marly and Appleby, eds., Fundamentalisms and Society, p. 569.

第五章

1. Kishore Mahbubani, "The Pacific Way," Foreign Affairs, 74 (Jan. /Feb. 1995), 100-103; IMD Executive Opinion Survey, Economist, 6 May 1995, p. 5; World Bank, Global Economic Prospects and the Developing Countries 1993 (Washington: 1993) pp. 66-67.

2. Tommy Koh, America's Role in Asia: Asian Views (Asia Foundation, Center for Asian Pacific Affairs, Report No. 13, November 1993) p. 1.

3. Alex Kerr, Japan Times, 6 November 1994, p. 10.

4. Yasheng Huang, "Why China Will Not Collapse," Foreign Policy, 95 (Summer 1995), 57.

5. Cable News Network, 10 May 1994; Edward Friedman, "A Failed Chinese Modernity," Daedalus, 122 (Spring 1993), 5; Perry Link, "China's 'Core' Problem," ibid., pp. 201-204.

6. Economist, 21 January 1995, pp. 38-39; William Theodore de Bary, "The New Confucianism in Beijing," American Scholar, 64 (Spring 1995), 175ff.; Benjamin L. Self, "Changing Role for Confucianism in China," Woodrow Wilson Center Report, 7 (September 1995), 4-5; New York Times, 26 August 1991, A19.

7. Lee Teng-hui, "Chinese Culture and Political Renewal," Journal of Democracy, 6 (October 1995), 6-8.

8. Alex Kerr, Japan times, 6 November 1994, p. 10; Kazuhiko Ozawa, "Ambivalence in Asia," Jopan Update, 44 (May 1995), 18-19.

9. For some of these problems, see Ivan P. Hall, "Japan's Asia Card," National Interest, 38 (Winter 1994-95), 19ff.

10. Casimir Yost, "America's Role in Asia: One Year Later," (Asia Foundation, Center for Asian Pacific Affairs, Report No, 15, February 1994), p. 4; Yoichi Funabashi, "The Asianization of Asia," Foreign Affairs, 72 (Nov./Dec. 1993), 78; Anwar Ibrahim, International Herald Tribune, 31 January 1994, p. 6.

11. Kishore Mahbubani, "Asia and a United States in Decline," Washington Quarterly, 17 (Spring 1994), 5-23; For a counteroffensive, see Eric Jones, "Asia's Fate: A Response to the Singapore School," National Interest, 35 (Spring 1994), 18-28.

12. Mahathir bin Mohamad, Mare jirenma (The Malay Dilemma) (Tokyo: Imura BunkaJigyo, trans. Takata Masayoshi, 1983), p. 267, quoted in Dgura Kazuo, "A Call for a New Concept of Asia," Japan Echo, 20 (Autumn 1993), 40.

13. Li Xiangiu, "A Post-Cold War Alternative from East Asia," Straits Times, 10 February 1992, p. 24.

14. Yotaro Kobayashi, "Re-Asianize Japan," New Perspectives Quarterly, 9 (Winter 1992), 20; Funabashi, "The Asianization of Asia," pp. 75ff; George Yong-Soon Yee, "New East Asia in a Multicultural World," International Herald Tribune, 15 July 1992, p. 8.

15. Yoichi Funabashi, "Globalize Asia," New Perspectives Quarterly, 9 (Winter 1992), 23-24; Kishore M. Mahbubani, "The West and the Rest," National Interest, 28 (Summer 1992), 7; Hazuo," New Concept of Asia," p. 41.

16. Economist, 9 March 1996, p. 33.

17. Bandar bin Sultan, New York Times, 10 July 1994, p. 20.

18. John L. Esposito, The Islamic Threat: Myth or Reality (New York: Oxford University Press, 1992), p. 12; All E. Hillal Dessouki, "The Islamic Resurgence," in All E. Hillal Dessouki, ed., Islamic Re-

surgence in the Arab World (New York: Praeger, 1982), pp. 9-13.

19. Thomas Case, quoted in Michael Walzer, The Revolution of the Saints: A Study in the Origins of Radical Politics (Cambridge: Harvard University Press, 1965), pp. 10-11; Hassan Al-Turabi, "The Islamic Awakening's Second Wave," New Perspectives Quarterly, 9 (Summer 1992), 52. The single most useful volume for understanding the character, appeal, limitations, and historical role of late-twentieth-century Islamic fundamentalism may well be Walzer's study of sixteenth-and seventeenth-century English Calvinist Puritanism.

20. Donald K. Emerson, "Islam and Regime in Indonesia: Who's Coopting Whom?" (unpublished paper, 1989), p. 16; M. Nasir Tamara, Indonesia in the Wake of Islam, 1965-1985 (Kuala Lumpur: Institute of Strategic and International Studies Milaysia, 1986), p. 28; Economist, 14 December 1985, pp. 35-36; Henry Tanner, "Islam Challenges Secular Society," International Herald Tribune, 27 June 1987, pp. 7-8; Sabri Sayari, "Politicization of Islamic Re-traditionalism: Some Preliminary Notes," in Metin Heper and Raphael Israeli, eds., Islam and Politics in the Modern Middle East (London: Croom Helm, 1984), p. 125; New York Times, 26 March 1989, p. 14; 2 March 1995, p. A8. See, for example, reports on these countries in New York Times, 17 November 1985, p. 2E; 15 November 1987, p. 13; 6 March 1991, p. All; 20 October 1990, p. 4; 26 December 1992, p. I; 8 March 1994, p. A15; and Economist, 15 June 1985, pp. 36-37 and 18 September 1992, pp. 23-25.

21. New York Times, 4 October 1993, p. A8; 29 November 1994, p. A4; 3 February 1994, p. 1; 26 December 1992, p. 5; Erika G. Alin, "Dynamics of the Palestinian Uprising: An Assessment of Causes, Character, and Consequences," Comparative Politics, 26 (July 1994), 494; New Vork Times, 8 March 1994, p. A15; James Peacock, "The Impact of Islam," Wilson Quarterly, 5 (Spring 1981), 142; Tamara, Indonesia in the Wake of Islam, p. 22.

22. Olivier Roy, The Failure of Political Islam (London: Taurls, 1994), p. 49ff., New York Times, 19 January 1992, p. E3; Washington Post, 21 November 1990, p. A1. See Gilles Keppel, The Revenge of God: The Resurgence of Islam, Christianity, and Judaism in the Modemrn World (University Park, PA: Pennsylvania State University Press, 1994), p. 32; Farida Faouzia Charfi, "When Galileo Meets Allah," New Perspectives Quarterly, 11 (Spring 1994), 30; Esposlto, Islamic Threat, p. 10.

23. Mahnaz Ispahani, "Varieties of Muslim Experience," Wilson Quarterly, 13 (Autumn 1989), 72.

24. Sand Eddin Ibhrahim, "Appeal of Islamic Fundamentalism," (Paper presented to the Conference on Islam and Politics in the Contemporary Muslim World, Harvard University, 15-16 October 1985), pp. 9-10, and "Islamic Militancy as a Social Movement: The Case of Two Groups in Egypt," in Dessouki, ed., Islamic Resurgence, pp. 128-131.

25. Washington Post, 26 October 1980, p. 23; Peacock, "Impact of Islam," p. 140; Ilkay Sunar and Binnaz Toprak, "Islam in Politics: The Case of Turkey," Government and Opposition, 18 (Autumn 1983), 436; Richard W. Bulliet, "The Israeli-PLO Accord: The Future of the Islamic Movement," Foreign Affairs, 72 (Nov/Dec. 1993), 42.

26. Ernest Gellner, "Up from Imperialism," New Republic, 22 May 1989, p. 35; John Murray Brown, "Tansu Ciller and the Question of Turkish Identity," World Policy Journal, 11 (Fall 1994), 5 8; Roy, Failure of Political Islam, p. 5 3.

27. Fouad Ajami, "The Impossible Life of Muslim Liberalism, "New Republic, 2 June 1986, p. 27.

28. Clement Moore Henry, "The Mediterranean Debt Crescent," (Unpublished manuscript), p. 346; Mark N. Katz, "Emerging Patterns in the International Relations of Central Asia, "Central Asian Monitor, (No. 2, 1994), 27; Mehrdad Haghayeghi, "Islamic Revival in the Central Asian Republics," Central Asian Survey, 13 (No. 2, 1994), 255.

29. New York Times, 10 April 1989, p. A3; 22 December 1992, p. 5; Economist, 10 October 1992, p. 41.

30. Economist, 20 July 1991, p. 35; 21 December 1991-3 January 1992, p. 40; Mahfulzul Hoque Choudhury," Nationalism, Religion and Politics in Bangladesh," in Rafiuddin Ahmed, ed. , Bangladesh: Society, Religion and Politics (Chittagong: South Asia Studies Group, 1985), p. 68; New York Times, 30 November 1994, p. A14; Wall Street Journal, I March 1995, pp. 1, A6.

31. Donald L. Horowitz, "The Qur' an and the Common Law: Islamic Law Reform and the Theory of Legal Change," American Journal of Comparative Law, 42 (Spring and Summer, 1994), 234ff.

32. Dessouki, "Islamic Resurgence," p. 23.

33. Daniel Pipes, In the Path of God: Islam and Political Power (New York: Basic Books, 1983), pp. 282-283, 290-292; John Barrett Kelly, Arabia, the Gulf and the West (New York: Basic Books, 1980), pp. 261, 423, as quoted in Pipes, Path of God, p. 291.

34. United Nations Population Division, World Population Prospects: The 1992 Revision (New York: United Nations, 1993), table A18; World Bank, World Development Report 1995 (New York: Oxford University Press, 1995), table 25; Jean Bourgeois Pichat, "Le Nombre des Hommes: Etat et Prospective," in Albert Jacquard, ed. , Les Scientifiques Patient (Paris: Hachette, 1987), pp. 154, 156.

35. Jack A. Goldstone, Revolution and Rebellion in the Early Modern World (Berkeley: University of California Press, 1991), passim, but esp. 24-39.

36. Herbert Moeller, "Youth as a Force in the Modem World," Comparative Studies in Society and History, 10 (April 1968), 237-260; Lewis S. Feuer, "Generations and the Theory of Revolution," Survey, 18 (Summer 1972), pp. 161-188.

37. Peter W. Wilson and Douglas F. Graham, Saudi Arabia: The Coming Storm (Armonk, NY: M. E. Sharpe, 1994), pp. 28-29.

38. Philippe Fargues, "Demographic Explosion or Social Upheaval," in Ghassen Salame, ed. , Democracy Without Democrats? The Renewal of Politics in the Muslim Word (London. I. B. Tauris, 1994), pp. 158-162, 175-177.

39. Economist, 29 August 1981, p. 40; Denis Dragounski, "Threshold of Violence," Freedom Review, 26 (March/April 1995), 11.

第六章

1. Andreas Papandreou, "Europe Turns Left," New Perspectives Quarterly, 11 (Winter 1994), 53; Vuk Draskovic, quoted in Janice A. Broun, "Islam in the Balkans," Freedom Review, 22 (Nov. /Dec. 1991), 31 ; F. Stephen Larrabee, "Instability and Change in the Balkans," Survival, 34 (Summer 1992), 43; Misha Glenny, "Heading Off War in the Southern, Balkans," Foreign Affairs, 74 (May/June 1995), 102-103.

2. Ali Al-Amin Mazrui, Cultural Forces in World Politics (London: James Currey, 1990), p. 13.

3. See e. g. , Economist, 16 November 1991, p. 45, 6 May 1995, p. 36.

4. Ronald B. Palmer and Thomas J. Reckford, Building ASEAN: 20 Years of Southeast Asian Cooperation (New York: Praeger, 1987), p. 109; Economist, 23 July 1994, pp. 31-32.

5. Barry Buzan and Gerald Segal, "Rethinking East Asian Security," Survival, 36 (Summer 1994), 16.

6. Far Eastern Economic Review, 11 August 1994, p. 34.

7. An interview between Datsuk Seri Mahathir bin Mohamad of Malaysia and Kenichi Ohmae, pp. 3, 7; Rafidah Azia, New York Times, 12 February 1991, p. D6.

8. Japan Times, 7 November 1994, p. 19; Economist, 19 November 1994, p. 37.

9. Murray Weidenbaum, "Greater China: A New Economic Colossus?" Washington Quarterly, 16 (Autumn 1993), 78-80.

10. Wall Street Journal, 30 September 1994, p. A8; New York Times, 17 February 1995, p. A6.

11. Economist, 8 October 1994, p. 44; Andres Serbia, "Towards an Association of Caribbean States: Raising Some Awkward Questions," Journal of Interamerican Studies, 36 (Winter 1994), 61-90.

12. Far Eastern Economic Review, 5 July 1990, pp. 24-25, 5 September 1991, pp. 26-27; New York Times, 16 February 1992, p. 16; Economist, 15 January 1994, p. 38; Robert D. Hormats, "Making Regionalism Safe," Foreign Affairs, 73 (March/April 1994), 102-103; Economist, 10 June 1994, pp. 47-48; Boston Globe, 5 February 1994, p. 7. On Mercosur, see Luigi Manzetti, "The Pohtical Economy of MERCOSUR," Journal of lnteramerican Studies, 35 (Winter 1993/94), 101-141, and Felix Pena, "New Approaches to Economic Integration in the Southern Cone," Washington Quarterly, 18 (Summer 1995), 113-122.

13. New York Times, 8 April 1994, p. A3, 13 June 1994, pp. D1, D5, 4 January 1995, p. A8; Mahathir Interview with Ohmae, pp. 2, 5; "Asian Trade New Directions," AMEX Bank Review, 20 (22 March 1993), 1-7.

14. See Brian Pollins, "Does Trade Still Follow the Flag?" American Political Science Re view, 83 (June 1989), 465-480; Joanne Gowa and Edward D. Mansfield, "Power Politics and International Trade," American Political Science Review, 87 (June 1993), 408-421; and David M. Rowe, "Trade and Security in International Relations," (unpublished paper, Ohio State University, 15 September 1994), passim.

15. Sidney W. Mintz, "Can Haiti Change?" Foreign Affairs, 75 (Jan. /Feb. 1995), 73; Ernesto Perez Bal-

ladares and Joycelyn McCalla quoted in "Haiti's Traditions of Isolation Makes U. S. Task Harder," Washington Post, 25 July 1995, p. A1.

16. Economist, 23 October 1993, p. 53.

17. Boston Globe, 21 March 1993, pp. I, 16, 17; Economist, 19 November 1994, p. 23, 11 June 1994, p. 90. The similarity between Turkey and Mexico in this respect has been pointed out by Barry Buzan, "New Patterns of Global Security in the Twenty-first Century," International Affairs, 67 (July 1991), 449, and Jagdish Bhagwati, The World Trading System at Risk (Princeton: Princeton University Press, 1991), p. 72.

18. See Marquis de Custine, Empire of the Czar: A Journey Through Eternal Russia (New York: Doubleday, 1989; originally published in Paris in 1844), passim.

19. P. Ya. Chaadayev, Articles and Letters [Statyi i pisma] (Moscow: 1989), p. 178 and N. Ya. Danilevskiy, Russia and Europe [Rossiya i Yevropa] (Moscow: 1991), pp. 267-268, quoted in Sergei Vladislavovich Chugrov, "Russia Between East and West," in Steve Hirsch, ed., MEMO 3: In Search of Answers in the Post-Soviet Era (Washington, D. C.: Bureau of National Affairs, 1992), p. 138.

20. See Lcon Aron, "The Battle for the, Soul of Russian Foreign Policy," The American Enterprise, 3 (Nov/Dec. 1992), 10ff; Alexei G. Arbatov, "Russia's Foreign Policy Alternatives," International Security, 18 (Fall 1993), 5ff.

21. Sergei Stankevich, "Russia in Search of Itself," National Interest, 28 (Summer 1992), 48-49.

22. Albert Motivans, "'Openness to the West' in European Russia," RFE/RL Research Report, 1 (27 November 1992), 60-62. Scholars have calculated the allocation of votes in different ways with minor differences in results. I have relied on the analysis by Sergei Chugrov, "Political Tendencies in Russia's Regions: Evidence from the 1993 Parliamentary Elections" (Unpublished paper, Harvard University, 1994).

23. Chugrov, "Russia Between," p. 140.

24. Samuel P. Huntington, Political Order in Changing Societies (New Haven: Yale University Press, 1968), pp. 350-351.

25. Duygo Bazoglu Sezer, "Turkey's Grand Strategy Facing a Dilemma," International Spectator, 27 (Jan. / Mar. 1992), 24.

26. Clyde Haberman, "On Iraq's Other Front," New York Times Magazine, 18 November 1990, p. 42; Bruce R. Kuniholm, "Turkey and the West," Foreign Affairs, 70 (Spring 1991), 35-36.

27. Ian Lesser, "Turkey and the West after the Gulf War," International Spectator, 27 (Jan. /Mar. 1992), 33.

28. Financial Times, 9 March 1992, p. 2; New York Times, 5 April 1992, p. E3; Tansu Ciller, "The Role of Turkey in 'the New World,'" Strategic Review, 22 (Winter 1994), p. 9; Haberrnan, "Iraq's Other Front," p. 44; John Murray Brown, "Tansu Ciller and the Question of Turkish Identity," World Policy Journal, 11 (Fall 1994), 58.

29. Sezer, "Turkey's Grand Strategy," p. 27; Washington Post, 22 March 1992; New York Times, 19 June 1994, p. 4.
30. New York Times, 4 August 1993, p. A3; 19 June 1994, p. 4; Philip Robins, "Between Sentiment and Self-Interest: Turkey's Policy toward Azerbaijan and the Central Asian States," Middle East journal, 47 (Autumn 1993), 593-610; Economist, 17 June 1995, pp. 38-39.
31. Bahri Yilmaz, "Turkey's new Role in International Politics," Aussenpolitik, 45 January 1994), 94.
32. Eric Rouleau, "The Challenges to Turkey," Foreign Affairs, 72 (Nov. /Dec. 1993), 119.
33. Roulean, "Challenges," pp. 120-121; New York Times, 26 March 1989, p. 14.
34. Ibid.
35. Brown, "Question of Turkish Identity," p. 58.
36. Sezer, "Turkey's Grand Strategy," pp. 29-30.
37. Ciller, "Turkey in 'the New World,' " p. 9; Brown, "Question of Furkish Identity," p. 56; Tansu Ciller, "Turkey and NATO: Stability in the Vortex of Change," NATO Review, 42 (April 1994), 6; Suleyman Demirel, BBC Summary of World Broadcasts, 2 February 1994. For other uses of the bridge metaphor, see Bruce R. Kuniholm, "Turkey and the West," Foreign Affairs, 70 (Spring 1991), 39; Lesser, "Turkey and the West," p. 33.
38. "Octavio Paz," The Border of Time,' interview with Nathan Gardels, New Perspectives Quarterly, 8 (Winter 1991), 36.
39. For an expression of this last concern, see Daniel Patrick Moynihan, "Free Trade with an Unfree Society: A Commitment and its Consequences," National Interest, (Summer 1995), 28-33.
40. Financial Times, 11-12 September 1993, p. 4; New York Times, 16 August 1992, p. 3.
41. Economist, 23 July 1994, p. 35; Irene Moss, Human Rights Commissioner (Australia) New York Times, 16 August 1992, p. 3; Economist, 23 July 1994, p. 35; Boson Globe, 7 July 1993, p. 2; Cable News Network, News Report, 16 December 1993; Richard Higgott, "Closing a Branch Office of Empire: Australian Foreign Policy and the UK at Century's End," International Affairs, 70 (January 1994), 58.
42. Jat Sujamiko, The Australian, 5 May 1993, p. 18 quoted in Higgott, "Closing a Branch," p. 62; Higgott, "Closing a Branch," p. 63; Economist, 12 December 1993 p. 34.
43. Transcript, Interview with Keniche Ohmae, 24 October 1994, pp. 5-6. See also Japan Times, 7 November 1994, p. 19.
44. Former Ambassador Richard Woolcott (Australia), New York Times, 16 August 1992, p. 3.
45. Paul Kelly, "Reinvenling Australia," National Interest, 30 (Winter 1992), 66; Economist, 11 December 1993, p. 34; Higgott, "Closing a Branch," p. 58.
46. Lee Kuan Yew quoted in Higgott, "Closing a Branch," p. 49.

第七章

1. Economist，14 January 1995，p. 45；26 November 1994，p. 56，summarizing Juppe article in Le Monde，18 November 1994；New York Times，4 September 1994，p. 11.

2. Michael Howard，"Lessons of the Cold War，" Survival，36 (Winter 1994)，102-103；Pierre Behar，"Central Europe：The New Lines of Fracture，" Geopolitique，39 (English ed.，August 1992)，42；Max Jakobson，"Collective Security in Europe Today" Washington Quarterly，18 (Spring 1995)，69；Max Beloff，"Fault Lines and Steeples：The Divided Loyalties of Europe，" National Interest，23 (Spring 1991)，78.

3. Andreas Oplatka，"Vienna and the Mirror of History，" Geopolitique，35 (Englished.，Autumn 1991)，25；Vytautas Landsbergis，"The Choice，" Geopolitique，35 (English ed.，Autumn 1991)，3；New York Times，23 April 1995，p. 5E.

4. Carl Bildt，"The Baltic Litmus Test，" Foreign Affairs，73 (Sept. /Oct. 1994)，84.

5. New York Times，15 June 1995，p. A10.

6. RFE/RL Research Bulletin，10 (16 March 1993)，1，6.

7. William D. Jackson，"Imperial Temptations：Ethnics Ahroad，" Orbis，38 (Winter 1994)，5.

8. lan Brzezinski，New York Times，13 July 1994，p. A8.

9. John F. Mearsheimer，"The Case for a Ukrainian Nuclear Deterrent：Debate，" Foreign Affairs，72 (Summer 1993)，50-66.

10. New York Times，31 January 1994，p. A8.

11. Quoted in Ola Tunander，"New European Dividing Lines?" in Valter Angell，ed.，Norway Facing a Changing Europe：Perspectives and Options (Oslo：Norwegian Foreign Policy Studies No. 79，Fridtjof Nansen Institute et al.，1992)，p. 55.

12. John Morrison，"Pereyaslav and After：The Russian-Ukrainian Relationship，" International Affairs，69 (October 1993)，677.

13. John King Fairbank，ed.，The Chinese World Order：Traditional China's Foreign Relations (Cambridge：Harvard University Press，1968)，pp. 2-3.

14. Perry Link，"The Old Man's New China，" New York Review of Books，9 June 1994，p. 32.

15. Perry lank，"China's 'Core' Problem"，Daedalus，122 (Spring 1993)，205；Weiming Tu，"Cultural China：The Periphery as the Center，" Daedalus，120 (Spring 1991)，22；Economist，8 July 1995，pp. 31-32.

16. Economist，27 November 1993，p. 33；17 July 1993，p. 61.

17. Economist，27 November 1993，p. 33；Yoichi Funabashi，"The Asianization of Asia，" Foreign Affairs，72 (Nov. /Dec. 1993)，80. See in general Murray Weidenbaum and Samuel Hughes，The Bamboo Network (New York：Free Press，1996) .

18. Christopher Gray，quoted in Washington Post，1 December 1992，p. A30；Lee Kuan Yew，quoted in

Maggie Farley, "The Bamboo Network," Boston Globe Magazine, 17 April 1994, p. 38; International Herald Tribune, 23 November 1993.

19. International Herald Tribune, 23 November 1993; George Hicks and J. A. C. Mackie, "A Question of Identity: Despite Media Hype, They Are Firmly Settled in Southeast Asia," Far Eastern Economic Review, 14 July 1994, p. 47.

20. Economist, 16 April 1994, p. 71; Nicholas D. Kristof, "The Rise of China," Foreign Affairs, 72 (Nov. /Dec. 1993), 48; Gerrit W. Gong, "China's Fourth Revolution," Washington Quarterly, 17 (Winter 1994), 37; Wall Street Journal, 17 May 1993, p. A7A; Murray L. Weidenbaum, Greater China: The Next Economic Superpower? (St. Louis: Washington University Center for the Study of American Business, Contemporary Issues Series 57, February 1993), pp. 2-3.

21. Steven Mufson, Washington Post, 14 August 1994, p. A30; Newsweek, 19 July 1993, p. 24; Economist, 7 May 1993, p. 35.

22. See Walter C. Clemens, Jr. and Jun Zhan, "Chiang Ching-Kuo's Role in the ROCPRC Reconciliation," American Asian Review, 12 (Spring 1994), 151-154.

23. Koo Chen Foo, quoted in Economist, I May 1993, p. 31; Link, "Old Man's New China," p. 32. See "Cross-Strait Relations: Historical Lessons," Free China Review, 44 (October 1994), 42-52. Gong, "China's Fourth Revolution," p. 39; Economist, 2 July 1994, p. 18; Gerald Segal, "China's Changing Shape: The Muddle Kingdom?" Foreign Affairs, 73 (May/June 1994), 49; Ross H. Munro, "Giving Taipei a Place at the Table," Foreign Affairs, 73 (Nov. /Dec. 1994), 115; Wall Street Journal, 17 May 1993, p. A7A; Free China Journal, 29 July 1994, p. 1.

24. Economist, 10 July 1993, pp. 28-29; 2 April 1994, pp. 34-35; International Herald Tribune, 23 November 1993; Wall Street Journal, 17 May 1993, p. A7A.

25. Ira M. Lapidus, History of Islamic Societies (Cambridge, UK: Cambridge University Press, 1988), p. 3.

26. Mohamed Zahi Mogberbi, "Tribalism, Religion and the Challenge of Political Participation: The Case of Libya," (Paper presented to Conference on Democratic Challenges in the Arab World, Center for Political and International Development Studies, Cairo, 22-27 September 1992, pp. 1, 9; Economist, (Survey of the Arab East), 6 February 1988, p. 7; Adlan A. El-Hardallo, "Sufism and Tribalism: The Case of Sudan," (Paper prepared for Conference on Democratic Challenges in the Arab World, Center for Political and International Development Studies, Cairo, 22-27 September 1992), p. 2; Economist, 30 October 1987, p. 45; John Duke Anthony, "Saudi Arabia: From Tribal Society to Nation-State," in Ragaei El Mellakh and Dorotliea H. El Mellakh, eds. , Saudi Arabia, Energy, Developmental Planning, and Industrialization (Lexington, MA: Lexington, 1982), pp. 93-94.

27. Yalman Onaran, "Economics and Nationalism: The Case of Muslim Central Asia," Central Asian Survey, 13 (No. 4, 1994), 493; Denis Dragounski, "Threshold of Violence," Freedom Review, 26 (Mar. /April 1995), 12.

28. Barbara Daly Metcalf, "The Comparative Study of Muslim Societies," Items, 40 (March 1986), 3.

29. Metcalf, "Muslim Societies, p. 3

30. Boston Globe, 2 April 1995, p. 2. On PAIC generally, see "The Popular Arab and Islamic Conference (PAIC): A New 'Islamist International'? " 'TransState Islam, 1 (Spring 1995), 12-16.

31. Bernard Schechterman and Bradford R. McGuinn, "Linkages Between Sunni and Shi' i Radical Fundamentalist Organizations: A New Variable in Middle Eastern Politics?" The Political Chronicle, 1 (February 1989), 22-34; New York Times , 6 December 1994, p. 5.

第八章

1. Georgi Arbatov, "Neo-Bolsheviks of the I. M. F. ," New York Times, 7 May 1992, p. A27.

2. North Korean views summed up by a senior U. S. analyst, Washington Post, 12 June 1994, p. Cl; Indian general quoted in Les Aspin, "From Deterrence to Denuking: Dealing with Proliferation in the 1990's," Memorandum, 18 February 1992, p. 6.

3. Lawrence Freedman, "Great Powers, Vital Interests and Nuclear Weapons," Survival, 36 (Winter 1994), 37; Les Asin, Remarks, National Academy of Sciences, Committee on International Security and Arms Control, 7 December 1993, p. 3.

4. Stanley Norris quoted, Boston Globe, 25 November 1995, pp. 1, 7; Alastair lain Johnston, "China's New 'Old Thinking': The Concept of Limited Deterrence," International Security, 20 (Winter 1995-1996), 21-23.

5. Philip L. Ritcheson, "Iranian Military Resurgence: Scope, Motivations, and Implications for Regional Security," Armed Forces and Society, 21 (Summer 1995), 575-576. Warren Christopher Address, Kennedy School of Government, 20 January 1995; Time, 16 December 1991, p. 47; Ali Al-Amin Mazrui, Cultural Forces in World Politics (London: J. Currey, 1990), pp. 220, 224.

6. New York Times, 15 November 1991, p. A1; New York Times, 21 February 1992, p. A9; 12 December 1993, p. 1; Jane Teufel Dreyer, "U. S. /China Military ReLations: Sanctions or Rapprochement?" In Depth, 1 (Spring 1991), 17-18; Time, 16 December 1991, p. 48; Boston Globe, 5 February 1994, p. 2; Monte R. Bullard, "U. S. -China Relations: The Strategic Calculus," Parameters, 23 (Summer 1993), 88.

7. Quoted in Karl W. Eikenberry, Explaining and Influencing Chinese Arms Transfers (Washington, D. C. : National Defense University, Institute for National Strategic Studies, McNair Paper No. 36, February 1995), p. 37; Pakistani government statement, Boston Globe, 5 December 1993, p. 19; R. Bates Gill, "Curbing Beijing's Arms Sales," Orbis, 36 (Summer 1992), p. 386; Chong-pin Lin, "Red Army," New Republic, 20 November 1995, p. 28; New York Times, 8 May 1992, p. 31.

8. Richard A. Bitzinger, "Arms to Go: Chinese Arms Sales to the Third World," International Security, 17 (Fall 1992), p. 87; Philip Ritcheson, "Iranian Military Resurgence," pp. 576, 578; Washington Post, 31 October 1991, pp. A1, A24; Time, 16 December 1991, p. 47; New York Times, 18 April 1995,

p. A8; 28 September 1995, p. 1; 30 September 1995, p. 4; Monte Bullard, "U. S. -China Relations," p. 88, New York Times, 22 June 1995, p. 1; Gill, "Curbing Beijing's Arms," p. 388; New York Times, 8 April 1993, p. A9; 20 June 1993, p. 6.

9. John E. Reilly, "The Public Mood at Mid-Decade," Foreign Policy, 98 (Spring 1995), p. 83; Executive Order 12930, 29 September 1994; Executive Order 12938, 14 November 1994. These expanded on Executive Order 12735, 16 November 1990, issued by President Bush declaring a national emergency with respect to chemical and biological weapons.

10. James Fallows, "The Panic Gap: Reactions to North Korea's Bomb," National Interest, 38 (Winter 1994), 40-45; David Sanger, New York Times, 12 June 1994, pp. 1, 16.

11. New York Times, 26 December 1993, p. 1,

12. Washington Post, 12 May 1995, p. 1.

13. Bilahari Kausikan, "Asia's Different Standard," Foreign Policy, 92 (Fall 1993), 28-29.

14. Economist, 30 July 1994, p. 31; 5 March 1994, p. 35; 27 August 1994, p. 51; Yash Ghai, "Human Rights and Governance: The Asian Debate," (Asia Foundation. Center for Asian Pacific Affairs, Occasional Paper No. 4, November 1994), p. 14.

15. Richard M. Nixon, Beyond Peace (New York: Random House, 1994), pp. 127-128.

16. Economist, 4 February 1995, p. 30.

17. Charles J. Brown, "In the Trenches: The Battle Over Rights," Freedom Review, 24 (Sept./Oct. 1993), 9; Douglas W. Payne, "Showdown in Vienna," ibid., pp. 6-7.

18. Charles Norchi, "The Ayatollah and the Author: Rethinking Human Rights," Yale Journal of World Affairs, 1 (Summer 1989), 16; Kausikan, "Asia's Different Standard," p. 32.

19. Richard Cohen, The Earth Times, 2 August 1993, p. 14.

20. New York Times, 19 September 1993, p. 4E; 24 September 1993, pp. 1, B9, B16; 9 September 1994, p. A26; Economist, 21 September 1993, p. 75; 18 September 1993, pp. 37-38; Financial Times, 25-26 September 1993, p. 11; Straits Times, 14 October 1993, p. 1.

21. Figures and quotes are from Myron Weiner, Global Migration Crisis (New York: Harper Collins, 1995), pp. 21-28.

22. Weiner, Global Migration Crisis, p. 2.

23. Stanley Hoffmann, "The Case for Leadership," Foreign Policy, 81 (Winter 1990-91), 30.

24. See B. A. Roberson, "Islam and Europe: An Enigma or a Myth?" Middle East Journal, 48 (Spring 1994), p. 302; New York Times, 5 December 1993, p. 1; 5 May 1995, p. 1; Joel Klotkin and Andries van Agt, "Bedouins: Tribes That Have Made it," New Perspectives Quarterly, 8 (Fall 1991), p. 51; Judith Miller, "Strangers at the Gate," New York Times Magazine, 15 September 1991, p. 49.

25. International Herald Tribune, 29 May 1990, p. 5; New York Times, 15 September 1994, p. A21. The French poll was sponsored by the French government, the German poll by the American Jewish Committee.

26. See Hans-George Betz, "The New Politics of Resentment: Radical Right-Wing Populist Parties in Western Europe," Comparative Politics, 25 (July 1993), 413-427.

27. International Herald Tribune, 28 June 1993, p. 3; Wall Street Journal, 23 May 1994; p. B1; Lawrence H. Fuchs, "The Immigration Debate: Little Room for Big Reforms," American Experiment, 2 (Winter 1994), 6.

28. James C. Clad, "Slowing the Wave," Foreign Policy, 95 (Summer 1994), 143; Rita J. Simon and Susan H. Alexander, The Ambivalent Welcome: Print Media, Public Opinion and Immigration (Westport, CT: Praeger, 1993), p. 46.

29. New York Times, 11 June 1995, p. E 14.

30. Jean Raspail, The Camp of the Saints (New York: Scribner, 1975) and Jean-Claude Chesnais, Le Crepuscule de I'Occident: Demngraphie et Politique (Paris: Robert Laffont, 1995); Pierre Lellouche, quoted in Miller, "Strangers at the Gate," p. 80.

31. Philippe Fargues, "Demographic Explosion or Social Upheaval?" in Ghassan Salame, ed., Democracy Without Democrats? The Renewal of Politics in the Muslim World (London: I. B. Taurus, 1994), pp. 157ff.

第九章

1. Adda B. Bozeman, Strategic Intelligence and Statecraft: Selected Essays (Washington: Brassey's (US), 1992), p. 50; Berry Buzan, "New Patterns of Global Security in the Twenty-first Century," International Affairs, 67 (July 1991), 448-449.

2. John L. Esposito, The Islamic Threat: Myth or Reality (New York: Oxford University Press, 1992), p. 46.

3. Bernard Lewis, Islam and the West (New York: Oxford University Press, 1993), p. 13.

4. Esposito, Islamic Threat, p. 44.

5. Daniel Pipes, In the Path of God: Islam and Political Power (New York: Basic Books, 1983), 102-103, 169-173; Lewis F. Richardson, Statistics of Deadly Quarrels (Pittsburgh: Boxwood Press, 1960), pp. 235-237.

6. Ira M. Lapidus, A History of Islamic Societies (Cambridge: Cambridge University Press, 1988), pp. 41-42; Princess Anna Comnena, quoted in Karen Armstrong, Holy War: The Crusades and Their Impact on Today's World (New York: Doubleday-Anchor, 1991), pp. 3-4 and in Arnold J. Toynbee, Study of History (London: Oxford University Press, 1954), VIII, p. 390.

7. Barry Buzan, "New Patterns," pp. 448-449; Bernard Lewis, "The Roots of Muslim Rage: Why So Many Muslims Deeply Resent the West and Why Their Bitterness Will Not Be Easily Mollified," Atlantic Monthly, 266 (September 1990), 60.

8. Mohamed Sid-Ahmed, "Cybernetic Colonialism and the Moral Search", New Perspectives Quarterly, 11 (Spring 1994), 19; M. J. Akbar, quoted Time, 15 June 1992, p. 24; Abdelwahab Belwahl, quoted

ibid. , p. 26.

9. William H. McNeill, "Epilogue: Fundamentalism and the World of the 1990's," in Martin E. Marry and R. Scott Appleby, eds. , Fundamentalisms and Society: Reclaiming the Sciences, the Family, and Education (Chicago: University of Chicago Press), p. 569.
10. Fatima Memissi, Islam and Democracy: Fear of the Modern World (Reading, MA: Addison-Wesley, 1992) .
11. For a selection of such reports, see Economist, 1 August 1992, pp. 34-35.
12. John E. Redly, ed. , American Public Opinion and U. S. Foreign Policy 1995 (Chicago: Chicago Council on Foreign Relations, 1995), p. 21; Le Monde, 20 September 1991, p. 12, cited in Margaret Blunden, "Insecurity on Europe's Southern Flank," Survival, 36 (Summer 1994), 138; Richard Morin, Washington Post (National Weekly Ed.), 8-14 November 1993, p. 37; Foreign Policy Association, National Opinion Ballot Report, November 1994, p. 5.
13. Boston Globe, 3 June 1994, p. 18; John L. Esposito, "Symposium: Resurgent Islam in the Middle East," Middle East Policy 3 (No. 2, 1994), 9; International Herald Tribune, 10 May 1994, pp. 1, 4; Christian Science Monitor, 24 February 1995, p. 1.
14. Robert Ellsworth, Wall Street Journal, 1 March 1995, p. 15; William T. Johnson, NATO's New Front Line: The Growing Importance of the Southern Tier (Carlisle Barracks, PA: Strategic Studies Institute, U. S. Army War College, 1992), p. vii; Robbin Laird, French Security Policy in Transition: Dynamics of Continuity and Change (Washington, D. C. : Institute for National Strategic Studies, McNair paper 38, March 1995), pp. 50-52.
15. Ayatollah Ruhollah Khomeini, Islam and Revolution (Berkeley CA: Mizan Press, 1981), p. 305.
16. Economist, 23 November 1991, p. 15.
17. Barry Buzan and Gerald Segal, "Rethinking East Asian Security," Survival, 36 (Summer 1994), 15.
18. Can China's Armed Forces Win the Next War?, excerpts translated and published in Ross H. Munro, "Eavesdropping on the Chinese Military: Where It Expects War-Where It Doesn' t," Orbis, 38 (Summer 1994), 365. The authors of this document went on to say that the use of military force against Taiwan "would be a really unwise deci-sion. "
19. Buzan and Segal, "Rethinking East Asian Security," p. 7; Richard K. Betts, "Wealth, Power and Instability: East Asia and the United States After the Cold War," International Security, 18 (Winter 1993/94), 34-77; Aaron L. Friedberg, "Ripe for Rivalry: Prospects for Peace in Multipolar Asia," International Security, 18 (Winter 1993/94), 5-33.
20. Can China's Armed Forces Win the Next War? excerpts translated in Munro, "Eavesdropping on the Chinese," pp. 355ff. ; New York Times, 16 November 1993, p. A6; Friedberg, "Ripe for Rivalry," p. 7.
21. Desmond Ball, "Arms and Affluence: Military Acquisitions in the Asia-Pacific Region," International Security, 18 (Winter 1993/94), 95-111; Michael T. Klare, "The Next Great Arms Race," Foreign Affairs, 72 (Summer 1993), 137ff. ; Buzan and Segal, "Rethinking East Asian Security," pp. 8-11;

Gerald Segal, "Managing New Arms Races in the Asia/Pacific," Washington Quarterly, 15 (Summer 1992), 83-102; Economist, 20 February 1993, pp. 19-22.

22. See, e.g., Economist, 26 June 1993, p. 75; 24 July 1995, p. 25; Time, 3 July 1995, pp. 30-31; and on China, Jacob Heilbrunn, "The Next Cold War," New Republic, 20 November 1995, pp. 27ff.

23. For discussion of the varieties of trade wars and when they may lead to military wars, see David Rowe, Trade Wars and International Security: The Political Economy of International Economic Conflict (Working paper no. 6, Project on the Changing Security Environment and American National Interests, John M. Olin Institute for Strategic Studies, Harvard University, July 1994), pp. 7ff.

24. New York Times, 6 July 1993, p. A1, A6; Time, 10 February 1992, pp. 16ff.; Economist, 17 February 1990, pp. 21-24; Boston Globe, 25 November 1991, pp. 1, 8; Dan Oberdorfer, Washington Post, 1 March 1992, p. Al.

25. Quoted New York Times, 21 April 1992, p. A10; New York Times, 22 September 1991, p. E2; 21 April 1992, p. A1; 19 September 1991, p. A7; 1 August 1995, p. A2; International Herald Tribune, 24 August 1995, p. 4; China Post (Taipei), 26 August 1995, p. 2; New York Times, 1 August 1995, p. A2, citing David Shambaugh report on interviews in Beijing.

26. Donald Zagoria, American Foreign Policy Newsletter, October 1993, p. 3; Can China's Armed Forces Win the Next War? in Munro, "Eavesdropping on the Chinese Military," pp. 355ff.

27. Roger C. Airman, "Why Pressure Tokyo? The US-Japan Rift," Foreign Affairs, 73 (May-June 1994), p. 3; Jeffrey Garten, "The Clinton Asia Policy," International Economy, 8 (March-April 1994), 18.

28. Edward J. Lincoln, Japan's Unequal Trade, (Washington, D.C.: Brookings Institution, 1990), pp. 2-3. See C. Fred Bergsten and Marcus Noland, Reconcilable Differences? United States-Japan Economic Conflict (Washington: Institute for International Economics, 1993); Eisuke Sakakibara, "Less Like You," International Economy, (April-May 1990), 36, who distinguishes the American capitalistic market economy from the Japanese noncapitalistic market economy; Marie Anchordoguy, "Japanese-American Trade Conflict and Supercomputers," Political Science Quarterly, 109 (Spring 1994), 36, citing Rudiger Dornbush, Paul Krugman, Edward J. Lincoln, and Mordechai E. Kreinin; Eamonn Fingleton, "Japan's Invisible Leviathan," Foreign Affairs, 74 (Mar./April 1995), p. 70.

29. For a good summary of differences in culture, vatues, social relations, and attitudes, see Seymour Martin Lipset, American Exceptionalism: A Double-Edged Sword (New York: W. W. Norton, 1996), chapter 7, "American Exceptionalism-Japanese Uniqueness."

30. Washington Post, 5 May 1994, p. A38; Daily Telegraph, 6 May 1994, p. 16; Boston Globe, 6 May 1994, p. 11; New York Times, 13 February 1994, p. 10; Karl D. Jackson, "How to Rebuild America's Stature in Asia," Orbis, 39 (Winter 1995), 14; Yohei Kono, quoted in Chalmers Johnson and E. B. Keehn, "The Pentagon's Ossified Strategy," Foreign Affairs, 74 (July-August 1995), 106.

31. New York Times, 2 May 1994, p. A10.

32. Barry Buzan and Gerald Segal, "Asia: Skepticism About Optimism," National Interest, 39 (Spring

1995), 83-84; Arthur Waldron, "Deterring China," Commentary, 100 (October 1995), 18; Nicholas D. Kristof, "The Rise of China," Foreign Affairs, 72 (Nov. /Dec. 1993), 74.

33. Stephen P. Walt, "Alliance Formation in Southwest Asia: Balancing and Bandwagoning in Cold War Competition," in Robert Jervis and Jack Snyder, eds. , Dominoes and Bandwagons: Strategic Beliefs and Great Power Competition in the Eurasian Rimland (New York: Oxford University Press, 1991), pp. 53, 69.

34. Randall L. Sehweller, "Bandwagoning for Profit: Bringing the Revisionist State Back In," International Security, 19 (Summer 1994), 72ff.

35. Lucian W. Pye, Dynamics of Factions and Consensus in Chinese Politics: A Model and Some Propositions (Santa Moniea, CA: Rand, 1980), p. 120; Arthur Waldron, From War to Nationalism: China's Turning Point, 1924-1925 (Cambridge: Cambridge University Press, 1995), pp. 48-49, 212; Avery Coldstein, From Bandwagon to Balance-of-Power Politics: Structured Constraints in Polities in China, 1949-1978 (Stanford, CA: Stanford University Press: 1991), pp. 5-6, 35ff. See also, Lucian W. Pye, "Social Science Theories in Search of Chinese Realities," China Quarterly, 132 (December 1992), 1161-1171.

36. Samuel S. Kim and Lowell Dittmer, "Whither China's Quest for National Identity," in Lowell Dittmer and Samuel S. Kim, eds. , China's Quest for National Identity (Ithaca, NY: Cornell University Press, 1991), p. 240; Paul Dibb, Towards a New Balance of Power in Asia (London: International Institute for Strategic Studies, Adelphi Paper 295, 1995), pp. 10-16; Roderiek MaeFarquhar, "The Post. -Confucian Challenge," Economist, 9 February 1980, pp. 67-72; Kishore Mahbubani, " 'The Pacific Impulse,' " Survival, 37 (Spring 1995), 117; James L. Richardson, "Asia-Pacific: The Case for Geopolitical Optimism," National Interest, 38 (Winter 1994-95), 32; Paul Dibb, Towards a New Balance, "p. 13. See Nicola Baker and Leonard C. Sebastian, The Problem with Parachuting: Strategic Studies and Security in the Asia/Pacific Region," Jgurnal of Strategic Studies, 18 (September 1995), 15ff. for an extended discussion of the inapplicability to Asia of European-based concepts, such as the balance of power and the security dilemma.

37. Economist, 23 December 1995; 5 January 1996, pp. 39-40.

38. Richard K. Betts, "Vietnam's Strategic Predicament," Survival, 37 (Autumn 1995) 61ff, 76.

39. New York Times, 12 November 1994, p. 6; 24 November 1994, p. Al 2; International Herald Tribune, 8 November 1994, p. 1 ; Michel Oksenberg, Washington Post, 3 September 1995, p. Cl.

40. Jitsuo Tsuchiyama, "The End of the Alliance? Dilemmas in the U. S. -Japan Relations," (Unpublished paper, Harvard University, John M. Olin Institute for Strategic Studies, 1994), pp. 18-19.

41. Ivan P. Hall, "Japan's Asia Card," National Interest, 38 (Winter 1994-95), 26; Kishore Mahbubani, "The Pacific Impulse," p. 117.

42. Mike M. Mocbizuki, "Japan and the Strategic Quadrangle," in Michael Mandelbaum, ed. , The Strategic Quadrangle: Russia, China, Japan, and the United States in East Asia (New York: Council on

Foreign Relations, 1995), pp. 130-139; Asahi Shimbon poll reported in Christian Science Monitor, 10 January 1995, p. 7.

43. Financial Times, 10 September 1992, p. 6; Samina Yasmeen, "Pakistan's Cautious Foreign Policy," Survival, 36 (Summer 1994), p. 121, 127-128; Bruce Vaughn, "Shifting Geopolitical Realities Between South, Southwest and Central Asia," Central Asian Survey, 13 (No. 2, 1994), 313; Editorial, Hamshahri, 30 August 1994, pp. 1, 4, in FBIS-NES-94-173, 2 September 1994, p. 77.

44. Graham E. Fuller, "The Appeal of Iran," National Interest, 37 (Fall 1994), p. 95; Mu' ammar al-Qadhdhafi, Sermon, Tripoli, Libya, 13 March 1994, in FBIS-NES-94-049, 14 March 1994, p. 2 1.

45. Fereidun Fesharaki, East-West Center, Hawaii, quoted in New York Times, 3 April 1994, p. E3.

46. Stephen J. Blank, Challenging the New World Order: The Arms Transfer Policies of the Russian Republic (Carlisle Barracks, PA: U. S. Army War College, Strategic Studies Institute, 1993), pp. 53-60.

47. International Herald Tribune, 25 August 1995, p. 5.

48. J. Mohan Malik, "India Copes with the Kremlin's Fall," Orbis, 37 (Winter 1993), 75.

第十章

1. Mahdi Elmandjra, Der Spiegel, 11 February 1991, cited in Elmandjra, "Cultural Diversity: Key to Survival in the Future," (First Mexican Congress on Future Studies, Mexico City, 26-27 September 1994), pp. 3, 11.

2. David C. Rapoport, "Comparing Militant Fundamentalist Groups," in Martin E. Marty and R. Scott Appleby, eds., Fundamentalisms and the State: Remaking Polities, Economies, and Militance, (Chicago: University of Chicago Press, 1993), p. 445.

3. Ted Galen Carpenter, "The Unintended Consequences of Afghanistan," World Policy Journal, 11 (Spring 1994), 78-79, 81, 82; Anthony Hyman, "Arab Involvement in the Afghan War," Beirut Review, 7 (Spring 1994), 78, 82; Mary Anne Weaver, "Letter from Pakistan: Children of the Jihad," New Yorker, 12 June 1995, pp. 44-45; Washington Post, 24 July 1995, p. A1; New York Times, 20 March 1995, p. 1, . 28 March 1993, p. 14.

4. Tim Weiner, "Blowback from the Afghan Battlefield," New York Times Magazine, 13 March 1994, p. 54.

5. Harrison J. Goldin, New York Times, 28 August 1992, p. A25.

6. james Piscatori, "Religion and Realpolitik: Islamic Responses to the Gulf War," in James Piscatori, ed., Islamic Fundamentalisms and the Gulf Crisis (Chicago: Fundamentalism Project, American Academy of Arts and Sciences, 1991), pp. 1, 6-7. See also Fatima Mernissi, Islam and Democracy: Fear of the Modem World (Reading, MA: Addison-Wesley), pp. 16-17.

7. Rami G. Khouri, "Collage Of Comment: The Gulf War and the Mideast Peace; The Appeal of Saddam Hussein," New Perspectives Quarterly, 8 (Spring 1991), 56.

8. Ann Mosely Lesch, "Contrasting Reactions to the Persian Gulf Crisis: Egypt, Syria, Jordan, and the

Palestinians," Middle East Journal, 45 (Winter 1991), p. 43; Time, 3 December 1990, p. 70; Kanan Makiya, Cruelty and Silence: War, Tyranny, Uprising and the Arab World (New York: W. W. Norton, 1993), pp. 242ff.

9. Erie Evans, "Arab Nationalism and the Persian Gulf War," Harvard Middle Eastern and Islamic Review, 1 (February 1994), p. 28; Sari Nusselbeh, quoted Time, 15 October 1990, pp. 54-55.

10. Karin Haggag, "One Year After the Storm," Civil Society (Cairo), 5 (May 1992), 12.

11. Boston Globe, 19 February 1991, p. 7; Safar al-Hawali, quoted by Mamoun Fandy, New York Times, 24 November 1990, p. 21; King Hussein, quoted by David S. Landes, "Islam Dunk: the Wars of Muslim Resentment," New Republic, 8 April 1991, pp. 15-16; Fatima Mernissi, Islam and Democracy, p. 102.

12. Safar Al-Hawali, "Infidels, Without, and Within," New Perspectives Quarterly, 8 (Spring 1991), 51.

13. New York Times, 1 February 1991, p. A7; Economist, 2 February 1991, p. 32.

14. Washington Post, 29 January 1991, p. A10; 24 February 1991, p. Bl; New York Times, 20 October 1990, p. 4.

15. Quoted in Saturday Star (Johannesburg), 19 January 1991, p. 3; Economist, 26 January 1991, pp. 31-33.

16. Sohail H. Hasmi, review of Mohammed Haikal, "Illusions of Triumph," Harvard Middle Eastern and Islamic Review, 1 (February 1994), 107; Mernissi, Islam and Democracy, p. 102.

17. Shibley Telhami, "Arab Public Opinion and the Gulf War," Political Science Quarterly, 108 (Fall 1993), 451.

18. International Herald Tribune, 28 June 1993, p. 10.

19. Roy Licklider, "The Consequences of Negotiated Settlements in Civil Wars, 1945-93," American Political Science Review, 89 (September 1995), 685, who defines communal wars as "identity wars," and Samuel P. Huntington, "Civil Violence and the Process of Development," in Civil Violence and the International System (London: International Institute for Strategic Studies, Adelphi Paper No. 83, December 1971), 12-14, who cites as the five major characteristics of communal wars a high degree of PO larization, ideological ambivalence, particularism, large amounts of violence, and protracted duration.

20. These estimates come from newspaper accounts and Ted Robert Gurr and Barbara Harff, Ethnic Conflict in World Politics (Boulder: Westview Press, 1994), pp. 160-165.

21. Richard H. Shultz, Jr. and William J. Olson, Ethnic and Religious Conflict: Emerging Threat to U. S. Security (Washington, D. C.: National Strategy Information Center), pp. 17ff.; H. D. S. Greenway, Boston Globe, 3 December 1992, p. 19.

22. Roy Licklider, "Settlements in Civil Wars," p. 685; Gurr and Harff, Ethnic Conflict, p. 11; Trent N. Thomas, "Global Assessment of Current and Future Trends in Ethnic and Religious Conflict," in Robert L. Pfaltzgraff, Jr. and Richard H. Shutz, Jr., eds., Ethnic Conflict and Regional Instability:

Implications for U. S. Policy and Army Roles and Missions (Carlisle Barracks, PA: Strategic Studies Institute, U. S. Army War College, 1994), p. 36.

23. See Shultz and Olson, Ethnic and Religious Conflict, pp. 3-9; Sugata Bose, "Factors Causing the Proliferation of Ethnic and Religious Conflict," in Pfaltzgraff and Shultz, Ethnic Conflict and Regional Instability, pp. 43-49 ; Michael E. Brown, "Causes and Implications of Ethnic Conflict," in Michael E. Brown, ed. , Ethnic Conflict and International Security (Princeton, NJ: Princeton University Press, 1993), pp. 3-26. For a counterargument that ethnic conflict has not increased since the end of the Cold War, see Thomas, "Global Assessment of Current and Future Trends in Ethnic and Religious Conflict," pp. 33-41.

24. Ruth Lager Sivard, World Military and Social Expenditures 1993 (Washington, D. C. : World Priorities, Inc. , 1993), pp. 20-22.

25. James L. Payne, Why Nations Arm (Oxford: B. Blackwell, 1989), p. 124.

26. Christopher B. Stone, "Westphalia and Hudaybiyya: A Survey of Islamic Perspectives on the Use of Force as Conflict Management Technique" (unpublished paper, Harvard University), pp. 27-31, and Jonathan Wilkenfeld, Michael Brecher, and Sheila Moser, eds. , Crises in the Twentieth Century (Oxford: Pergamon Press, 1988-89), II, 15, 161.

27. Gary Fuller, "The Demographic Backdrop to Ethnic Conflict: A Geographic Overview," in Central Intelligence Agency, The Challenge of Ethnic Conflict to National and International Order in the 1990's: Geographic Perspectives (Washington, D. C. : Central Intelligence Agency, RTT 95-10039, October 1995), pp. 151-154.

28. New York Times, 16 October 1994, p. 3; Economist, 5 August 1995, p. 32.

29. United Nations Department for Economic and Social Information and Policy Analysis, Population Division, World Population Prospects: The 1994 Revision (New York: United Nations, 1995), pp. 29, 51 ; Denis Dragounski, "Threshold of Violence," Freedom Review, 26 (March-April 1995), 11.

30. Susan Woodward, Balkan Tragedy: Chaos and Dissolution after the Cold War (Washington, D. C. : Brookings Institution, 1995), pp. 32-35; Branka Magas, The Destruction of Yugoslavia: Tracking the Breakup 1980-92 (London: Verso, 1993), pp. 6, 19.

31. Paul Mojzes, Yugoslavian Inferno: Ethnoreligious Warfare in the Balkans (New York: Continuum, 1994), pp. 95-96; Magas, Destruction of Yugoslavia, pp. , 49-73; Aryeh Neier, "Kosovo Survives," New York Review of Books, 3 February 1994, p. 26.

32. Aleksa Djilas, "A Profile of Slobodan Milosevic," Foreign Affairs, 72 (Summer 1993), 83.

33. Woodward, Balkan Tragedy, pp. 33-35, figures derived from Yugoslav censuses and other sources; William T. Johnsen, Deciphering the Balkan Enigma: using History to Inform Policy (Carlisle Barracks: Strategic Studies Institute, 1993), p. 25, citing Washington Post, 6 December 1992, p. C2; New York Times, 4 November 1995, p. 6.

34. Bogdan Denis Denitch, Ethnic Nationalism: "The Tragic Death of Yugoslavia (Minneapolis: University

of Minnesota Press, 1994), pp. 108-109.

35. Payne, Why Nations Arm, pp. 125, 127.

36. Middle East International, 20 January, 1995, p. 2.

第十一章

1. Roy Licklider, "The Consequences of Negotiated Settlements in Civil Wars, 1945-93," American Political Science Review, 89 (September 1995), 685.

2. See Barry R. Posen, "The Security Dilemma and Ethnic Conflict," in Michael E. Brown, ed., Ethnic Conflict and International Security (Princeton: Princeton University Press, 1993), pp. 103-124.

3. Roland Dannreuther, Creating New States in Central Asia (International Institute for Strategic Studies/Brassey's, Adelphi Paper No. 288, March 1994), pp. 30-31; Dodjoni Atovullo, quoted in Urzula Doroszewska, "The Forgotten War: What Really Happened in Tajikistan," Uncaptive Minds, 6 (Fall 1993), 33.

4. Economist, 26 August 1995, p. 43; 20 January 1996, p. 21.

5. Boston Globe, 8 November 1993, p. 2; Brian Murray, "Peace in the Caucasus: Multi-Ethnic Stability in Dagestan," Central Asian Survey, 13 (No. 4, 1994), 514-515; New York Times, 11 November 1991, p. A7; 17 December 1994, p. 7; Boston Globe, 7 September 1994, p. 16; 17 December 1994, pp. 1ff.

6. Raju G. C. Thomas, "Secessionist Movements in South Asia," Survival, 36 (Summer 1994), 99-101, 109; Stefan Wagstyl, "Kashmiri Conflict Destroys a Paradise,' " Financial Times, 23-24 October 1993, p. 3.

7. Alija Izetbegovic, The Islamic Declaration (1991), pp. 23, 33.

8. New York Times, 4 February 1995, p. 4; 15 June 1995, p. A12; 16 June 1995, p. A12.

9. Economist, 20 January 1996, p. 21; New York Times, 4 February 1995, p. 4.

10. Stoijan Obradovic, "Tuzla: The Last Oasis," Uncaptive Minds, 7 (Fall-Winter 1994), 12-13.

11. Fiona Hill, Russia's Tinderbox: Conflict in the North Caucasus and Its Implications for the Future of the Russian Federation (Harvard University, John F. Kennedy School of Government, Strengthening Democratic Institutions Project, September 1995), p. 104.

12. New York Times, 6 December 1994, p. A3.

13. See Mojzes, Yugoslavian Inferno, chap. 7, "The Religious Component in Wars"; Denitch, Ethnic Nationalism: The Tragic Death of Yugoslavia, pp. 29-30, 72-73, 131-133 ; New York Times, 17 September 1992, p. A14 ; Misha Glenny "Carnage in Bosnia, for Starters," New York Times, 29 July 1993, P. A23.

14. New York Times, 13 May 1995, p. A3; 7 November 1993, p. E4; 13 March 1994, P. E3; Boris Yeltsin, quoted in Barnett R. Rubin, "The Fragmentation of Tajikistan," Survival, 35 (Winter 1993-94), 86.

15. New York Times, 7 March 1994, p. 1; 26 October 1995, p. A25; 24 September 1995, p. E3; Stanley

Jeyaraija Tambiah, Sri Lanka: Ethnic Fratricide and the Dismantling of Democracy (Chicago: University of Chicago Press, 1986), p. 19.

16. Khalid Duran, quoted in Richard H. Schultz, Jr. and William J. Olson, Ethnic and Religious Conflict: Emerging Threat to U. S. Security (Washington, D. C.: National Strategy Information Center), p. 25.

17. Khaching Tololyan, "The Impact of Diasporas in U. S. Foreign Policy," in Robert L. Pfaltzgraff, Jr. and Richard H. Shultz, Jr., eds., Ethnic Conflict and Regional Instability: Implications for U. S. Policy and Army Roles and Missions (Carlisle Barracks, PA: Strategic Studies Institute, U. S. Army War College, 1994), p. 156.

18. New York Times, 25 June 1994, p. A6; 7 August 1994, p. A9; Economist, 31 October 1992, p. 38; 19 August 1995, p. 32; Boston Globe, 16 May 1994, p. 12; 3 April 1995, p. 12.

19. Economist, 27 February 1988, p. 25; 8 April 1995, p. 34; David C. Rapoport "The Role of External Forces in Supporting Ethno-Religious Conflict," in Pfaltzgraff and Shultz, Ethnic Conflict and Regional Instability, p. 64.

20. Rapoport, "External Forces," p. 66; New York Times, 19 July 1992, p. E 3; Carolyn Fluehr-Lobban, "Protracted Civil War in the Sudan: Its Future as a Multi-Religious, Multi-Ethnic State," Fletcher Forum of World Affairs, 16 (Summer 1992), 73.

21. Steven R. Weisman, "Sri Lanka: A Nation Disintegrates," New York Times Magazine, 13 December 1987, p. 85.

22. New York Times, 29 April 1984, p. 6; 19 June 1995, p. A3; 24 September 1995, P. 9; Economist, 11 June 1988, p. 38; 26 August 1995, 21P. 29; 20 May 1995, p. 35; 4 November 1995, p. 39.

23. Barnett Rubin, "Fragmentation of Tajikistan," pp. 84, 88; New York Times, 29 July 1993, p. 11; Boston Globe, 4 August 1993, p. 4. On the development of the war in Tajikistan, I have relied largely on Barnett R. Rubin, "The Fragmentation of Tajikistan," Survival, 35 (Winter 1993-94), 71-91; Roland Dannreuther, Creating New States in Central Asia (International Institute for Strategic Studies, Adelphi Paper No. 288, March 1994); Hafizulla Emadi, "State, Ideology, and Islamic Resurgence in Tajikistan," Central Asian Survey, 13 (No. 4, 1994), 565-574; and newspaper accounts.

24. Urszula Doroszewska, "Caucasus Wars," Uncaptive Minds, 7 (Winter-Spring 1994), 86.

25. Economist, 28 November 1992, p. 58; Hill, Russia's Tinderbox, p. 50.

26. Moscow Times, 20 January 1995, p. 4; Hill, Russia's Tinderbox, p. 90.

27. Economist, 14 January 1995, pp. 43ff.; New York Times, 21 December 1994, p. A18; 23 December 1994, pp. A1, AI0; 3 January 1995, p. 1; 1 April 1995, p. 3; 11 December 1995, p. A6; Vicken Cheterian, "Chechnya and the Transcaucasian Republics," Swiss Review of World Affairs, February 1995, pp. 10-11; Boston Globe, 5 January 1995, pp. 1ff.; 12 August 1995, p. 2.

28. Vera Tolz, "Moscow and Russia's Ethnic Republics in the Wake of Chechnya," Center for Strategic and International Studies, Post-Soviet Prospects, 3 (October 1995), 2; New York Times, 20 December 1994, p. A14.

29. Hill, Russia's Tinderbox, p. 4; Dmitry Temin, "Decision Time for Russia," Moscow Times, 3 February 1995, p. 8.

30. New York Times, 7 March 1992, p. 3; 24 May 1992, p. 7; Boston Globe, 5 February 1993, p. 1; Bahri Yilmaz, "Turkey's New Role in International Politics," Aussenpolitik, 45 (January 1994), 95; Boston Globe, 7 April 1993, p. 2.

31. Boston Globe, 4 September 1993, p. 2; 5 September 1993, p. 2; 26 September 1993, p. 7 ; New York Times, 4 September 1993, p. 5; 5 September 1993, p. 19; 10 September 1993, p. A3.

32. New York Times, 12 February 1993, p. A3; 8 March 1992, p. 20; 5 April 1993, p. A7; 15 April 1993, p. A9; Thomas Goltz, "Letter from Eurasia: Russia's Hidden Hand," Foreign Policy, 92 (Fall 1993), 98-104 ; Hill and jewett, Back in the USSR, p. 15.

33. Fiona Hill and Pamela Jewett, Back in the USSR: Russia's Intervention in the Internal Affairs of the Former Soviet Republics and the Implications for the United States Policy Toward Russia (Harvard University, John F. Kennedv School of Government, Strengthening Democratic Institutions Project, January 1994), P. 10.

34. New York Times, 22 May 1992, p. A29; 4 August 1993, p. A3; 10 July 1994, p. E4; Boston Globe, 25 December 1993, p. 18; 23 April 1995, pp. 1, 23.

35. Flora Lewis, "Between TV and the Balkan War," Germany New Perspectives Quarterly, 11 (Summer 1994), 47. Hanns W. Maull, "in the Yugoslav Crisis," Survival, 37 (Winter 1995-96), 112; Wolfgang Krieger, "Toward a Gaullist Germany? Some Lessons from the Yugoslav Crisis," World Policy Journal, 11 (Spring 1994), 31-32.

36. Misha Glenny, "Yugoslavia: The Great Fall," New York Review of Books, 23 March 1993, p. 61; Pierre Behar, "Central Europe: The New Lines of Fracture," Geopolitique, 39 (Autumn 1994), 44.

37. Pierre Behar, "Central Europe and the Balkans Today: Strengths and Weaknesses," Geopolitique, 35 (Autumn 1991), p. 33; New York Times, 23 September 1993, p. A9; Washington Post, 13 February 1993, p. 16; Janusz Bugajski, "The Joy of War," Post-Soviet Prospects, (Center for Strategic and International Studies), 18 March 1993, p. 4.

38. Dov Ronen, The Origins of Ethnic Conflict: Lessons from Yugoslavia (Australian National University, Research School of Pacific Studies, Working Paper No. 155, November 1994), pp. 23-24; Bugajski, "Joy of War," p. 3.

39. New York Times, 1 August 1995, p. A6; 28 October 1995, pp. 1, 5; 5 August 1995, p. 4; Economist, 11 November 1995, pp. 48-49.

40. Boston Globe, 4 January 1993, p. 5; 9 February 1993, p. 6; 8 September 1995, p. 7; 30 November 1995, p. 13; New York Times, 18 September 1995, p. A6; 22 June 1993, p. A23; Janusz Bugajski, "Joy of War," p. 4.

41. Boston Globe, 1 March 1993, p. 4; 21 February 1993, p. 11; 5 December 1993, p. 30; Times (London), 2 March 1993, p. 14; Washington Post, 6 November 1995, p. A15.

42. New York Times, 2 April 1995, p. 10; 30 April 1995, p. 4; 30 July 1995, p. 8; 19 November 1995, p. E3.

43. New York Times, 9 February 1994, p. A12; 10 February 1994, p. A1; 7 June 1995, p. A1 ; Boston Globe, 9 December 1993, p. 25 ; Europa Times, May 1994, p. 6; Andreas Papandreou, "Europe Turns Left," New Perspectives Quarterly, 11 (Winter 1994), 53.

44. New York Times, 10 September 1995, p. 12; 13 September 1995, p. All; 18 September 1995, p. A6; Boston Globe, 8 September 1995, p. 2; 12 September 1995, p. 1; 10 September 1995, p. 28.

45. Boston Globe, 16 December 1995, p. 8; New York Times, 9 July 1994, p. 2.

46. Margaret Blunden, "Insecurity on Europe's Southern Flank,' " Survival, 36 (Summer 1994), 145; New York Times, 16 December 1993, p. A7.

47. Fouad Ajami, "Under Western Eyes: The Fate of Bosnia" (Report prepared for the International Commission on the Balkans of the Carnegie Endowment for International Peace and The Aspen Institute, April 1996), pp. 5ff. ; Boston Globe, 14 August 1993, p. 2; Wall Street Journal, 17 August 1992, p. A4.

48. Yilmaz, "Turkey's New Role," pp. 94, 97.

49. Janusz Bugajski, "Joy of War," p. 4; New York Times, 14 November 1992, p. 5; 5 December 1992, p. 1; 15 November 1993, p. 1; 18 February 1995, p. 3; 1 December 1995, p. A14; 3 December 1995, p. 1; 16 December 1995, p. 6; 24 January 1996, pp. AI, A6; Susan Woodward, Balkan Tragedy: Chaos and Dissolution After the Cold War (Washington, D. C. : Brookings Institution, 1995), pp. 356-357; Boston Globe, 10 November 1992, p. 7 ; 13 July 1993, p. 10 ; 24 June 1995, p. 9 ; 22 September 1995, pp. 1, 15; Bill Gertz, Washington Times, 2 June 1994, p. A1.

50. Jane's Sentinel, cited in Economist, 6 August 1994, p. 41; Economist, 12 February 1994, p. 21; New York Times, 10 September 1992, p. A6; 5 December 1992, p. 6; 26, January 1993, p. A9; 14 October 1993, p. A14; 14 May 1994, p 6; 15 April 1995, p. 3; 15 June 1995, p. A12; 3 February 1996, p. 6; Boston Globe, 14 April 1995, p. 2; Washington Post, 2 February 1996, p. 1.

51. New York Times, 23 January 1994, p. 1; Boston Globe, 1 February 1994, p. 8.

52. On American acquiescence in Muslim arms shipments, see New York Times, 15 April 1995, p. 3; 3 February 1996, p. 6; Washington Post, 2 February 1996, p. 1; Boston Globe, 14 April 1995, p. 2.

53. Rebecca West, Black Lamb and Grey Falcon: The Record of a Journey through Yugoslavia in 1937 (London: Macmillan, 1941), p. 22 quoted in Charles G. Boyd, "Making Peace with the Guilty: the Truth About Bosnia," Foreign Affairs, 74 (Sept. / Oct. 1995), 22.

54. Quoted in Timothy Garton Ash, "Bosnia in Our Future," New York Review of Books, 21 December 1995, p. 27; New York Times, 5 December 1992, p. 1.

55. New York Times, 3 September 1995, p. 6E; Boston Globe, 11 May 1995, p. 4.

56. See U. S. Institute of Peace, Sudan: Ending the War, Moving Talks Forward (Washington, D. C. : U. S. Institute of Peace Special Report, 1994); New York Times, 26 February 1994, p. 3.

57. John J. Maresca, War in the Caucasus (Washington: United States Institute of Peace, Special Report, no date), p. 4.

58. Robert D. Putnam, "Diplomacy and Domestic Politics: The Logic of Two Level Games," International Organization, 42 (Summer 1988), 427-460; Samuel P. Huntington, The Third Wave: Democratization in the Late Twentieth Century (Norman, OK: University of Oklahoma Press, 1991), pp. 121-163.

59. New York Times, 27 January 1993, p. A6; 16 February 1994, p. 47. On the Russian February 1994 initiative, see generally Leonard J. Cohen, "Russia and the Balkans: Pan Slavism, Partnership and Power," International Journal, 49 (August 1994), 836-845.

60. Economist, 26 February 1994, p. 50.

61. New York Times, 20 April 1994, p. A1 2; Boston Globe, 19 April 1994, p. 8.

62. New York Times, 15 August 1995, p. 13.

63. Hill and Jewitt, Back in the USSR, p. 12; Paul Henze, Georgia and Armenia-Toward Independence (Santa Monica, CA: RAND P-7924, 1995), p. 9; Boston Globe, 22 November 1993, p. 34.

第十二章

1. Arnold J. Toynbee, A Study of History (London: Oxford University Press, 12 vols., 1934-1961), VII, 7-17; Civilization on Trial: Essays (New York: Oxford University Press, 1948), 17-18; Study of History, IX, 421-422.

2. Matthew Melko, The Nature of Civilizations (Boston: Porter Sargent, 1969), p. 155.

3. Carroll Quigley, The Evolution of Civilizations: An Introduction to Historical Analysis (New York: Macmillan, 1961), pp. 146ff.

4. Quigley, Evolution of Civilizations, pp. 138-139, 158-160.

5. Mattei Dogan, "The Decline of Religious Beliefs in Western Europe," International Social Science Journal, 47 (Sept. 1995), 405-419.

6. Robert Wuthnow, "Indices of Religious Resurgence in the United States," in Richard T. Antoun and Mary Elaine Hegland, eds., Religious Resurgence; Contemporary Cases in Islam, Christianity, and Judaism (Syracuse: Syracuse University Press, 1987), pp. 15-34. Economist, 8 (July 1995), 19-21.

7. Arthur M. Schlesinger, Jr., The Disuniting of America: Reflections on a Multicultural Society (New York: W. W. Norton, 1992), pp. 66-67, 123.

8. Quoted in Schlesinger, Disuniting of America, p. 118.

9. Gunnar Myrdal, An American Dilemma (New York: Harper & Bros., 1944), 1, 3. Richard Hofstadter quoted in Hans Kohn, American Nationalism: An Interpretive Essay (New York: Macmillan, 1957), p. 13.

10. Takeshi Umehara, "Ancient Japan Shows Post-Modernism the Way" New Perspectives Quarterly, 9 (Spring 1992), 10.

11. James Kurth, "The Real Clash," National Interest, 37 (Fall 1994), 3-15.

12. Malcolm Rifkind, Speech, Pilgrim Society, London, 15 November 1994 (New York: British Information Services, 16 November 1994), p. 2.

13. International Herald Tribune, 23 May 1995, p. 13.

14. Richard Holbrooke, "America: A European Power," Foreign Affairs, 74 (March/April 1995), 49.

15. Michael Howard, America and the World (St. louis: Washington University, the Annual Lewin Lecture, 5 April 1984), p. 6.

16. Schlesinger, Disuniting of America, p. 127.

17. For a 1990s statement of this interest, see "Defense Planning Guidance for the Fiscal Years 1994-1999," draft, 18 February 1992; New York Times, 8 March 1992, p. 14.

18. Z. A. Bhutto, If I Am Assassinated (New Delhi: Vikas Publishing House, 1979), pp. 137-138, quoted in Louis Delvoie, "The Islamization of Pakistan's Foreign Policy," International Journal, 51 (Winter 1995-96), 133.

19. Michael Walzer, Thick and Thin: Moral Argument at Home and Abroad (Notre Dame: University of Notre Dame Press, 1994), pp. 1-11.

20. James Q. Wilson, The Moral Sense (New York: Free Press, 1993), p. 225.

21. Government of Singapore, Shared Values (Singapore: Cmd. No. 1 of 1991, 2 January 1991), pp. 2-10.

22. Lester Pearson, Democracy in World Politics (Princeton: Princeton University Press, 1955), pp. 83-84.

《文明的冲突与世界秩序的重建》导读

潘忠岐

《文明的冲突与世界秩序的重建》一书包括五部分。第一部分，标题为“一个多文明的世界”。亨廷顿认为，冷战后，全球政治成为多极和多文明的。冷战后的世界是由七个或八个主要文明构成的。它们是：西方文明、中华文明、印度文明、日本文明、伊斯兰文明、东正教文明、拉丁美洲文明和可能的非洲文明。国际关系的主要行为者不再是一般的民族国家，而是文明的核心国家。亨廷顿指出，文明是人的最高文化归属，是人必不可少的文化认同的最大层面，是人区别于其他物种的根本。现代化不同于西方化，它既不会形成任何意义上的普世文明，也不会导致非西方社会西方化。

第二部分，标题为“变动中的各文明力量对比”。亨廷顿指出，文明之间的权力均势正在变更。西方文明正在衰落，它在世界政治、经济、军事力量中所占的比重相比其他文明正日益缩小；相反，亚洲文明却在发展壮大它们的经济、军事和政治力量；伊斯兰文明的人口正在激增，打破了穆斯林国家与其邻国的平衡关系。一般来说，非西方文明都在重新肯定他们自身的文化价值。在21世纪初期，人类将经历非西方权力与文化的复兴，经历非西方文明内部相互之间以及与西方文明之间的冲突。

第三部分，标题为“正在形成的文明秩序”。亨廷顿认为，受现代化的驱使，全球的政治正沿着文明界线进行重组。具有相似文化的人民和国家正在聚合。具有不同文化的人民和国家正在分离。由意识形态和超级大国关系界定的联盟正让位于由文化和文明界定的联盟。文化社会正在取代冷战集团。文明之间的断层线正在变成全球政治冲突的中心地带。因此，一个以文明为基础的世界秩序正在出现。

第四部分，标题为“文明的冲突”。这是全书的核心。亨廷顿首先指出，文明是人类的终极部落，文明的冲突就是全球规模的部落冲突。文明间冲突一般有两种形式，在地区或微观层次上，不同文明的邻国或一国内不同文明的集团之间的断层线冲突；在全球或宏观层次上，不同文明的主要国家之间的核心冲突。其次，亨廷顿认为断层线战争具有相对持久、时断时续、暴力水平高、意识形态混乱、难以通过协商解决等特点。不仅如此，断层线战争通常发生在信仰不同宗教、不同神的人民之间。再次，亨廷顿从历史学、人口学和政治学角度分析了断层线战争爆发的原因：历史上的冲突遗产，恐惧不安和彼此仇恨的历史记忆；人口比例的巨大变化，一方对另一方造成的政治、经济和社会压力；政治上新兴政治实体对民主化进程的强烈要求。最后，亨廷顿指出，由于断层线战争是间断性的，断层线冲突是无休止的，因此永久性地结束断层线战争是不可能的，而只能暂时性地休止断层线冲突。这通常需要主要参与者的疲惫衰竭和非主要参与者的积极介入。休止断层线战争，阻止它们升级为全球战争，主要依靠世界主要文明核心国的利益和行动。断层线战争自下而上，断层线和平却只能自上而下。

第五部分，标题为“文明的未来”。亨廷顿认为，西方的生存有赖于美国人重新肯定他们的西方认同，以及西方人把他们的文明看作是独特的而非普世的，并团结一致对付来自非西方社会的挑战。全球文明间战争的避免则有赖于世界领袖接受并合作维持全球政治的多元文明性质。由世界主要文明核心国卷入的全球战争虽然爆发的可能性极小，但并不是不可能的。这种危险的根源在于：文明及其核心国之间均势的变换。在未来时代，主要文明间战争的防止需要各国遵守三个规则：(1) 避免原则，即核心国避免干涉其他文明的冲突，这是多文明和多极世界的和平的首要前提条件；(2) 共同调解原则，即核心国相互协商遏制和休止彼此文明间的断层线战争；(3) 求同原则，即所有文明的人民都应探寻并努力扩展与其他文明在价值观、惯例和习俗方面的共性。人类必须学会如何在复杂的多极的多文明的世界内共存。在书的结尾，亨廷顿指出：“文明的冲突是对世界和平的最大威胁，而建立在多文明基础之上的国际秩序是防止世界战争的最可靠保障。”

正如《外交》杂志的编辑们所指出的，亨廷顿的“文明的冲突”是继 20 世纪 40 年代坎南提出“遏制”思想之后另一最富争议的国际关系理论。它几乎刺激了所有文明的神经。自然，对文明冲突理论的评价褒贬不一，见仁见智。《文明的冲突与世界秩序的重建》一书的出版商认为，过去几年的事件证实了亨廷顿的判断，世界政治的热点恰恰发生在文明之间的断层线上：波斯尼亚、车臣、外高加索、中亚、克什米尔、中东、斯里兰卡、苏丹以及其他许多地区的战斗就是明证。《文明的冲突与世界秩序的重建》是对今天和下个世纪全球政治发展动力的深刻而有力的分析，它的确是近十年来最富有争议的著作之一。前美国国务卿基辛格指出："亨廷顿是西方最优秀的政治学家之一，他为理解下个世纪全球政治的现实提供了一个极具挑战性的分析框架。《文明的冲突与世界秩序的重建》是冷战结束以来出版的最重要的一本著作。"布热津斯基认为，《文明的冲突与世界秩序的重建》"是一本理性的杰作，思想开阔、想象丰富、发人深省，它将使我们对国际事务的理解发生革命性的变革。"

当然，对文明冲突理论提出质疑甚至批判的也不乏其人，哈佛大学的另一位资深教授奈（J. Nye）指出："亨廷顿认为，冷战后一个主要的冲突根源是宗派主义以及与之相匹配的认同感。此话不假，但他只抓住了认同感冲撞的一个方面、一个角度。大文化内部的认同冲突要远远多于大文化之间的认同冲突。而且亨廷顿把整个非洲称为一种文明，但事实上今日世界上大多数的冲突都发生在非洲内部。"前美国驻联合国大使柯克帕特里克说："存在于文明内部的狂热派与立宪主义之间、极权野心与法治之间的冲突以一种比存在于文明之间的冲突更触目、更完全的形式出现。"福勒认为："因权力、财富、影响分配不公以及大国不尊重小国引起的世界性冲突大大超过基督教、儒教与伊斯兰教之间的文明冲突。文化是表达冲突的载体，而非原因。"麦哲在透彻分析了亨廷顿的观点之后得出结论："冲突的真正原因是社会经济，而不是文明。虽然文明差异确实助长、促成了许多讨厌的冲突，但它们与一些冲突并无必然的关联，而只是作为诸多因素中的一个起作用，或许在有些情况下，文明的差异甚至有助于避免战争。"卢本斯特恩和克罗克专门撰文《挑战亨廷顿》对亨廷顿提出挑战，认为亨廷顿犯了两个主要错误："第一，他没有认识到种族和民族将会像抵制殖民帝国对它们的侵吞一样，抵制多民族文明集团对它们的兼并；第二，为了强调文化因素在国际政治中的重要性，他承袭自由主义和马克思主义的简化论，把文化差异看作是国际冲突最根本的促动力，而不是诸多因素中的一种。"大多数中国学者对亨廷顿的文明冲突理论也持一种批判的态度。这与亨廷顿把儒家和世界其他文明，特别是西方文明对立起来，认为儒家文明是对世界秩序的潜在威胁，并预言中国的崛起将导致全球文明冲突不无关联。

（摘编自《现代外国哲学社会科学文摘》）

数量优势下的恐惧

——评亨廷顿第三篇关于文明冲突论的文章

李慎之

1993年夏季号的美国《外交》季刊发表了美国著名政治学者塞缪尔·亨廷顿的文章《文明的冲突?》。其主要意思是说在华约垮台、苏联瓦解、两大阵营的对抗（也就是冷战）消失以后，国际舞台上的冲突将不再以意识形态为界限展开，而主要以不同文明之间的斗争的形式展开。按照他的分类，现在世界上还有七八种文明，即：（一）西方即基督教文明、（二）儒教主要是中国文明、（三）日本文明、（四）伊斯兰文明、（五）印度教文明、（六）斯拉夫即东正教文明、（七）拉丁美洲文明，加上可能还有的（八）非洲文明。亨廷顿还强调他本人所属的西方文明要受到所有其他文明的挑战，他特别担心的是儒教文明（实际上是指中国）与伊斯兰文明（主要指阿拉伯人和波斯人）可能联合起来对西方文明构成最严重的挑战。亨廷顿把“文明”定义为“文化的实体”，在行文中常把文明与文化混用。这倒无悖于通行的概念，1926年张申府先生在《文明与文化》一文中即详论两者实无区别，本文亦取此意，需要首先交代明白。

这篇文章发表以后，立即在国际舆论界与学术界引起相当强烈的反响，尤其以第三世界和中国为甚。秋季号的《外交》季刊就发表了七篇驳斥亨廷顿的文章。但是亨廷顿对此并不服气，又在当年《外交》的11/12月号（按：就从这一期起，《外交》从季刊改为双月刊）撰文反驳。题为《如果不是文明，那又是什么?》，副标题是《冷战后世界的范式》，借当代科学哲学家卡尔·波普的理论，说明他提出的“文明”已代替民族国家、意识形态等而成为今后观察、讨论、判断一切国际纷争的“范式”，衮衮诸公的各种评论统统无异于废话。在此以后，世界各国的评论不断。就我的视野所及似乎尤以中国为多，猜想这大概是与他明确以中国文明为西方文明的第一号敌手有关，因此难免不引起中国学者义愤填膺。美国研究所所长王缉思同志还特地在1995年编了一本《文明与国际政治》，把中国学者的各种评论收集起来。除了一篇介绍亨氏理论要旨与他自己写的对中国学者论点的总评介外，收文26篇，据说还远未收全，真是洋洋大观，使我大开眼界。

不过，亨氏意兴未尽，大概真想给冷战后的国际关系创立一个欧几里得式或者爱因斯坦式的范式，又在1996年底出版了一本书，题为《文明的冲突与世界秩序的重建》。全书还来不及看到，可是他又在同年末一期《外交》双月刊发表了一篇18页的长文《西方文明只此一家，并非普遍适用》作为他那本书的摘要。中国的《参考消息》曾予详细译介，读者应当超过百万。只是迄今为止，中国学术界还没有多少反应，《文汇报》最近倒连续发表了两篇文章，但多囿于三年前的那些老观点，看起来有点不对题。现在只好由我来凑趣试加评论，以期作为引玉之砖。

这篇文章的题目，明言西方文明并无普世性。而且全文反复申明的主旨就是：现代化并不等于西化。已经有越来越多的非西方国家实现了现代化，而实现之后又都反对西方价值而复兴本土文化，实行自我伸张（self—assertion），甚至引用信奉伊斯兰教的马来西亚的总理马哈蒂尔的话说："欧洲价值只是欧洲价值，亚洲价值才是普世价值。"既然如此，发展中国家的爱国主义者或者民族主义者大可表扬亨廷顿进步了。他确实认识到西方中心主义已经没落，今后的世界将是越来越多元化或者曰多极化的世界。这个事实或者趋势，已经为西方世界中心的美国，而且为自美国独立运动以来就是美国WASP（指白种盎格鲁撒克逊人新教徒，几百年来一直是决定美国的价值标准与文化走向的美国社会的主体）的名门望族的当代名教授所肯定、所承认，当然是值得称道，值得欢迎的。

这样说，绝没有美化亨廷顿之嫌，细读全文，他除了在解释何为西方文化时不免有点自我表扬之外，对其他文明、宗教、种族……并无恶毒攻击或贬低之词。相反，他还看到了西方"四分五裂，将成为非西方国家利用其内部分歧的尝试的牺牲品"的可能。他还认为西方已经在衰落。要"延缓西方的衰落""保持西方的团结"，其方案就是守住北大西洋公约，以之为"西方文明的保障机构"，而且要明确"它的主要目的就是保卫和维护这个文明"，完全是一副退守和无可奈何的姿态。

但是，从亨廷顿的三篇文章仔细寻绎，可以发现他并不是没有"难言之隐"，不过是在三年过程中通过三篇文章慢慢地、点点滴滴地透露出来的，而且最后也并没有明白说透。

这些没有明白说透的话，简单说起来，其实就是，西方把现代化教给了世界，然而其人数却在世界总人口中的比例越来越萎缩，不但已远远被非西方的人口所超过，而且除非发生常情无法预料的激变，还有最后被淹没的危险。这样的一个前景不能不使西方文明最敏感的卫士，如亨廷顿这样的人从内心深处感到忧虑甚至恐惧。

中国的读者一般不大意识到美国近30年逐渐兴起的多元文化主义以至非洲中心主义对美国社会影响之大，然而真正大的影响还在后头。三年半以前亨廷顿的第一篇文章刚发表的时候，我正在华盛顿，我的第一个感觉就是他的文明冲突论的起源还不在于他对国际问题的观察而在于他对国内问题的感受，正如世界上一切大理论都起源于其创立者实际生活中的某一点深切感受一样。正在那个时候，美国《时代》周刊发表了《美国还是一个熔炉吗?》的“封面特写”，列举事实说明，由WASP主宰美国的时代正在过去，相反，不但它在美国已经成为少数而且以它为中心的全体欧裔移民，也就是接受美国价值的全体白人也即将成为少数。而几百年来一向受压迫、受歧视的黑人则已成为越来越活跃的少数民族，而且在一些最激进的左派自由主义白人所制造的理论支持下提出非洲中心论，认为人类文明，包括欧洲文明都源出于非洲黑人，古埃及人、古希腊人都是黑人。他们反对美国以WASP的价值标准同化外来移民的原则，主张大学不再开设单一的教授西方文明精义的课程而要平等对待一切少数民族的母文化。这在某些名牌大学，已经实际施行。除了黑人在人口中的比例上升比白人快之外，上升得最快的是拉美裔人，美国人称之为Hispanics，如果再加上亚裔人，那再过50年就可以超过全部欧裔白种人。除了黑人当年是以奴隶的身份来到美国因而已失去自己固有的语言外，其他族系，尤其是西班牙语系的拉美裔人（大多是本地印第安人与西班牙人和黑人的混血种）还强烈要求不能以英语为唯一的法定语言。在许多地方，西班牙语已取得与英语并用的合法地位，不但大街上的招牌与告示已双语并用，而且在有些社区说英语甚至没有人理你。总而言之，美国这口坩埚虽然在过去200多年里（美国历史实际应从立国前的殖民主义时代算起）曾经熔化了从欧洲去的各个民族，但是现在却明显地表现出投料太多，老汁太少，火力不足，锅也太小，再也熔化不了越来越多的各种成分了。甚至于被钉着镣铐从非洲运到美洲的黑人，本来在语言与宗教这两方面已不得不接受主人给予他们的东西而且信奉基督教已达200年之久，自从40年前的民权运动以来也竟然有越来越多的人改宗皈依了美国从来没有的伊斯兰教，而且一再声言要成立"伊斯兰国"，甚至要求把带有黑人发音特色与非规范的语法特色的黑人英语制定为美国法定语言之一。诸如此类种种事实都不但使以正宗西方文化自傲的白种美国人极厌恶，而且不寒而栗。随着人口数量的下降，他们知道他们还能够雄踞权力与财富的巅峰的时间已经指日可数了。

可以猜想，在迄今为止还是白人占多数的美国，这是一种有相当广泛的群众基础的感情或者思想，但是外人却几乎看不出多少表露。其原因就在于亨廷顿所谓的"西方文明的悖论"，美国的自由主义已经发展到不容许人们有任何种族歧视、宗教歧视、语言歧视、性别歧视的公开表现，如果你是一个处于社会下层的"粗人"，你可以参加臭名昭著的"三K党"或者近年才出现的白人"民兵"，但是如果你是一个道貌岸然的西方价值与美国理想的卫士——一个有身份的自由主义者，你就只能把这种思想和感情压在心底。因为在几百年特别近几十年的自由主义与民权运动的传统下，美国已经出现了一个概念，名曰PC（political correctness），直译就是政治正确性。在美国要做一个政治上正确的人必须不能表露出任何歧视性的情绪。约定俗成，越来越严。比如对黑人吧。本来叫nigger（黑鬼）也无所谓，叫negro则是正规的用法，现在则这样的称呼完全可以挨耳光，起码要叫black，最文明正规的叫法是African Americans（非裔美国人）。你嫌啰唆麻烦吗？可这才是政治上完全正确。学过英文的人全知道，主席的对辞是chairman，可是现在就得叫chairperson，因为如果你称呼的主席是女性，你就犯了侮辱女性，在政治上不正确，或曰违犯PC的错误了。这方面的清规戒律极多，对英语和对美国的知识两者都极为有限如我个人，实在说不清楚，只知道一不留神就会犯规出错，招人鄙视（以为你不文明），甚至仇恨（以为你冒犯了他或她）。因此李光耀在向美国人宣扬"亚洲价值"的时候，说完了"美国人认为'人生而平等'，其实不然"这句刺耳的话以后，还要自我解嘲地加上一句"这样，我在政治上就不正确了"。他可以这样大胆狂言，因为他是一个亚洲的政治家。要是他是像亨廷顿一样的一位哈佛大学的教授，等待他的命运就很可能先是群众的抗议，然后是学校的解聘与失业（因为这样的人别的大学也不敢要）。正因为如此，亨廷顿写《文明的冲突?》实在是努力压低了嗓门。而我们对他的心事的猜测也只有凭我们作为非美国人的特权了。

亨廷顿以文明为"范式"立说，而在诸文明因素中又特别强调宗教，实际上他是以文明—宗教—种族三位一体的。明眼人一望而知，他最深刻、最核心的范式恰恰是他不愿意多谈的种族界限，原因就在于，在美国当前的政治—文化气氛下，这是一个最危险的题目。但是这又是他实在躲不过的话题，事实上在各方批评的压力下也不得不挤出一点儿来，比如直到他被迫答辩的第二篇文章中才透露出他真正的恐惧来。他说："文明的范式也许也能适用于美国……美国已经变成了一个肤色意识强烈的社会……美国正在变成族群和种族（ethnically and racially）问题上越来越殊异的社会。据国情调查局估计，到 2050 年，美国人口中将有 23％是拉美裔人，16％是黑人，10％是亚裔人。"换言之，2050 年是欧裔白人从多数变为少数的临界点。亨廷顿担心"如果新移民不能融入迄今为止支配美国的欧裔文化……那么美国人口的非西方文化是否会意味着它的非美国化。"如果那样，"我们所知道的美国，将不再存在，而将随历史上其他思想体系不同的大国被扔进历史的垃圾堆了"。

中国的老话说"非我族类，其心必异"。亨廷顿不会不知道人类几百万年进化造成的血缘、形体、肤色等的种族差异远比几千年造成的文明差异更难弥平。他只是不敢冒被视为"种族主义者"的大不韪而公开说出来罢了。

不要以为只有亨廷顿一个人有这样的危机感，在美国，这一批越来越多地被称为"新悲观主义者"的共识。在文明冲突论发表的前一年，也许可称为当代美国最著名的史学权威小阿瑟·施莱辛格就出版了《美利坚的非合众化》（The Disuniting of America)，表示了与亨廷顿同样的忧心。与亨廷顿几乎同时，前总统安全顾问布热津斯基也出版《大失控》一书，一再强调美国社会有"解体的危险"，其最主要的论据就是到 2050 年美国人口中的种族构成将发生根本性的逆转。大家知道，在美国的国徽和硬币上都印着美国的国训 E PLURIBUS UNUM 三个拉丁字，意思是"一出于多"或者"合众为一"，现在，潮流倒过来了。

正因为如此，1993 年 6 月我在华盛顿刚看到《文明的冲突?》的第一个印象是：亨廷顿把对美国前途的忧虑投射到全世界去了。三个月以后，我到了夏威夷的东西方中心，与一位年轻的日本学者谈天，问他对亨廷顿的文章印象如何，他的回答十分简单："desperate"（绝望)，倒也干脆。

亨廷顿有没有理由把美国的问题投射到全世界呢？答案是肯定的。

首先，按照亨廷顿的标准，作为西方文化载体的欧洲北美人口历来不足世界 1/5，何况近几十年来一方面它本身的生育率下降，而另一方面其他地区的人口生育率却不断上升，比例的反差越来越大。对亨廷顿来说也许更加重要的是：基督徒的人数日益减少，他认定十年之后，穆斯林的人数将超过基督徒。其次，西欧北美的非白人移民近年急剧上升，许多国家因此而出现了与美国相同的内部问题。亨廷顿指出欧洲国家已在收紧移民政策，并且建议美国也要这样做，但是能否收效尚未可知。像美国出现的白人“民兵”组织、欧洲出现的新右派、德国出现的新纳粹和澳大利亚最近出现的反亚洲人浪潮都在加强着亨廷顿的论据。

亨廷顿在最近这篇文章中说：“西方已经没有经济的或者人口的活力足以把自己的意志强加于人了。”“人口的活力”这几个字泄露了亨廷顿的真意。

另外，亨廷顿对国际形势提出的若干自己的观察，确实可以说是深刻的，而且已被事实所证实。例如：他认为现代化与经济发展既无必要也不可能造成文化的西化，而只会导致本土文化的复兴。他看到虽然美国的大众文化（包括电影、电视、流行歌曲……）看来似乎是以不可阻挡之势席卷世界，但都受到精英分子越来越强的抵抗。他看到第二代第三代受西方教育的非西方知识分子与第一代不同，后者更强调本土文化与本土价值。由于他所谓“西方价值的悖论”，正是全球化带来了民族主义，也正是现代化带来了各种宗教（或者更笼统地说各种本土文化）的“原教旨主义”的复兴。他还看到，英语表面上似乎越来越国际化，但是英语的实际势力正在减弱。民主政治往往趋于使政府乡土化而不是世界化。还有，在西方认为有普遍价值的东西，如果推广到非西方就是帝国主义……

绝不能随随便便把亨廷顿叫作种族主义者，在他的文章中并不能容易地嗅出这种味道来。他无疑是西方中心主义的遗老，但是他已不敢公然嗟叹盛世难再，而只敢承认西方已经衰落。他说“西方价值之所以可贵正在于它的独特性，而不在于他的普遍性”。不难推断，从西方中心时代的巅峰跌落下来，他心里是不会好过的。他为西方设计的战略只是严守北大西洋公约以自保，但是在铺天盖地而来的“黄祸、绿祸与黑祸”面前，他并没有表现出强烈的信心（这是一位亚洲朋友的话，绿祸指伊斯兰、黑祸指黑非洲，因此还不能把这样“政治上不正确”的“反 PC”的话安在亨氏头上）。对于黑祸，在世界范围内，他的恐惧要小一些。这可能是因为黑非洲迄今为止还没有表现出强大的经济活力，因此在他的文明分类中，只是把“非洲文明”列为“可能有的第八种文明”。他也有相当的“统一战线”意识，把日本文明单列而且与西方文明拉在一起就是一个突出的例子。此外他极力想把拉美文明也拉作西方文明的同盟军，而且对俄罗斯也偶露拉拢之意。考虑到俄罗斯人既是白种人又是基督徒，这一意向不难理解；但是几十年的敌对，以及天主教与东正教上千年的分裂又使他顾虑重重。

亨廷顿的理论内在的悖论是十分明显的，人类自古以来的各大宗教，各大思想体系，都不但把自己的价值观看成是普世性的，而且都预设人性有统一的价值标准，近代的启蒙思想家和革命思想家（如马克思主义）也并不例外。亨廷顿鼓吹的“西方文明”比之于历史上的英国文明、德国文明、法国文明、西班牙文明……各种各样的特殊文明来已经可以说是一种范围相当广大的“普遍文明”了，如果对照他自己说的“第一、第二次世界大战不过是西方的内战”的话，矛盾尤其明显。为什么50年前还在打得你死我活的国家今天就已经可以统一在“西方文明”的旗帜下了呢？但是亨廷顿所说的“在可见的将来，不会有普世的文明”这话应当是可信的。人类的历史已经有几百万年，而文明的历史从苏美尔人算起还不过7000多年，即使是一个理想主义者，在经历了这么多的挫折以后也不敢相信再有几十年的时间就能实现世界大同。因此亨廷顿的下一句话，也就是第一篇《文明的冲突?》的结语——“有的只是一个包含不同文明的世界，而其中每一种文明都得学习与其他文明共处”听起来有一点伪善的味道。

总而言之，亨廷顿的观点值得重视，因为它们代表着一种深刻的恐惧。正如我们上面所分析的，这种恐惧绝不仅仅代表他一个人，而是代表着一大批人。大家知道，恐惧会产生仇恨，仇恨又能孕育战争，而亨廷顿所设计的自保方案竟还是已有半个世纪历史的人类史上最大的战争机器——拥有核弹的北大西洋公约组织，这不能不引起我们的警惕。虽然亨廷顿声称冲突并不等于战争，然而他也不排除冲突可以是战争。“文明的冲突”是一种说着说着就会自动实现的带恶兆的语言（self-fulfiling expectation）。大家都知道，人类的生存空间几乎已经塞满了，甚至已经是过度拥挤了。布热津斯基曾经说20世纪是人类历史上最丑恶的“大死亡的世纪”，同时他也不能排除21世纪不爆发同样的惨祸。我相信我自己是一个理想主义者，我相信普世文明终会出现，但是几十年，一二百年对人类的文明史只不过是一瞬间。人类是否还要流血流泪再走过一段满布荆棘的道路才能通到开满玫瑰花的芳草地呢？

（原载《太平洋学报》1997年第2期）

编后记

塞缪尔·亨廷顿教授提出的“文明冲突”论，近年来引起了国际学术界的普遍关注和争论。他授权我社翻译出版系统阐述他这一论点的《文明的冲突与世界秩序的重建》，并为此书中文版写了序言，我们谨在此表示谢意。

读者可以看到，此书对当今世界提出了不少精辟的见解，但也有一些观点是值得商榷的，对某些非西方文化甚至有一定误解和偏见。

前国务院副总理兼外交部长钱其琛在读了全国人大常委会副委员长、“中华和合文化弘扬工程”组委会主任委员程思远 1997 年 6 月在《人民日报》、《光明日报》和《人民政协报》同时发表的重要文章《世代弘扬中华和合文化精神——为“中华和合文化弘扬工程”而作》之后，曾表示赞扬，指出：“现在世界向多极化发展，不同的思想文化可以相互交流，而绝不应该只引起冲突。”

我们高兴地看到，亨廷顿教授在此书中文版序言中，针对上述观点，又指出：“我所期望的是，我唤起人们对文明冲突的危险性的注意，将有助于促进整个世界上‘文明的对话’。”

潘忠岐先生曾撰文介绍亨廷顿此书，李慎之先生曾对“文明冲突”论作过评述。征得二位先生同意，我们将他们的文章附录于此书，并向他们致谢。

此书的翻译工作由周琪、刘绯、张立平和王圆完成。具体分工如下：中文版序言、前言、第一章、第二章和第三章由周琪负责，第四章和第五章由王圆负责，第六章和第七章由张立平负责，第八章、第九章、第十章、第十一章和第十二章由刘绯负责。刘绯对此书的部分章节作了初校，周琪对全书通校并审订。书中有些术语和名词的译法还吸收了李慎之等先生的意见。谨在此一并致谢。

本书出版后，得到了学术界与读者的一致好评，评论与引述见诸多家报刊。为了方便读者更加准确地理解，满足读者的阅读要求，我们在以前译本的基础上进行了系统修订，重新推敲译名，订正若干译文，推出了这部最新的修订版本。相信会受到广大读者的欢迎。

编　者

2010 年 1 月

新 华 版 常 销 书

重 点 推 荐

信心与希望——温家宝总理访谈实录	新华社总编室　编	26.00
有尊严的生活	吴甘霖　邓小兰　著	29.00
工作重在到位	吴甘霖　邓小兰　著	26.00
西部大开发决策回顾	曾培炎　著	58.00
王光美私人相册	罗海岩　编著	42.00
往事回首	刘丽英　著	32.00
经典人文（全4册）	余秋雨　主编	180.00
给领导干部提个醒	刘玉瑛　著	26.00
关键在于落实	刘玉瑛　著	23.00
妈妈是孩子最好的老师	毕淑敏　著	30.00
文学七七级的北大岁月	岑献青　主编	86.00
新闻老照片的背后	钱嗣杰　余玮　著	38.00
大家风范——我所知道的民主党派领袖	肖伟俐　著	38.00
极端的人群：群体行为的心理学	[美] 凯斯·桑斯坦　著	29.00
大空战：世界空战一百年（上下册）	戴旭　著	68.00
盛世狼烟	戴旭　著	48.00

新华国际政治精品文库

情感地缘政治学	[法] 多米尼克·莫伊西	32.00
文明的冲突与世界秩序的重建（修订版）	[美] 塞缪尔·亨廷顿　著	39.80
国富国穷（修订版）	[美] 戴维·S·兰德斯　著	62.00
大国悲剧——苏联解体的前因后果（修订版）	[俄] 尼古拉·伊万诺维奇·雷日科夫	49.00
文化的重要作用（修订版）	[美] 塞缪尔·亨廷顿等　主编	42.80
谁是美国人	[美] 塞缪尔·亨廷顿等　著	38.00
中国力量的三面：军力、财力和智力（修订版）	[美] 戴维·蓝普顿　著	29.00
大博弈：全球政治觉醒对美国的挑战	[美] 布热津斯基　斯考克罗夫特　著	32.00
战后日本国家安全战略的历史原点	肖伟　著	32.00

新华新闻传播精品书系

舆论引导艺术——领导干部如何面对媒体	任贤良　著	56.00
社区新闻报道指引	栗玉晨　著	40.80
中国名记者传略与名篇赏析（修订版）	新华出版社　编	39.80
媒介公信论	江作苏等　著	39.00
通讯名作100篇（修订版）	冯健　李峰　主编	76.00
实用新闻采访	戚鸣　著	38.00
中国电视娱乐节目形态学	孙宝国　著	38.00
实用新闻发布学	靖鸣　刘建明等　著	36.00